簡明中國文字學

（修訂版）

許進雄　編撰

中華書局

圖書在版編目(CIP)數據

簡明中國文字學/許進雄編撰. —修訂版. —北京：
中華書局,2009.2(2019.5 重印)
ISBN 978－7－101－05970－0

Ⅰ. 簡…　Ⅱ. 許…　Ⅲ. 漢字－文字學　Ⅳ. H12

中國版本圖書館 CIP 數據核字(2007)第 189155 號

責任編輯：秦淑華

簡明中國文字學
(修訂版)

許進雄 編撰

*

中 華 書 局 出 版 發 行

(北京市豐臺區太平橋西里 38 號　100073)

http://www.zhbc.com.cn

E-mail：zhbc@zhbc.com.cn

北京市白帆印務有限公司印刷

*

700×1000 毫米 1/16 · 31¾ 印張 · 2 插頁 · 350 千字

2009 年 2 月第 1 版　2019 年 5 月北京第 3 次印刷

印數：5001－5900 册　　定價：98.00 元

ISBN 978－7－101－05970－0

目　录

認真、隨緣而無悶

黃啟方

真有些不可思議呀！

與進雄竟然能持續四十年如兄弟般的情誼，甚至包括自己在內，都會有不可思議的感覺。四十年前，剛考上臺大中文系，從榜單上知道，系狀元是個叫許進雄的好漢——必定不會是女生的！心想倒要先會會這號人物。在九月中的入學典禮上，赫然發現坐在自己前排左邊、留着平頭、戴着眼鏡、正聚精會神地在看武俠小說的人，就是系狀元許進雄。一時興奮，就親切地拍拍他的肩膀跟他打招呼，原希望他也能有同樣的回應——因為大家都是第一次見面，而那個年代像我們這些由臺灣中南部鄉下來臺北的大孩子，說有多青澀就有多青澀，急於認識同班同學的意念是相當強烈的，又何況許進雄他是系狀元呢！不想被我拍了兩下，他只轉過頭瞄了我一眼，透過鏡片流出來的眼神是冷峻的，神色中似乎在怪我打斷了他的"練功"，並且又迅速地回過頭去繼續他的"功課"。我大為反感，心中不停地嘀咕着：這傢伙、有什麼了不起、以後絕不理他……

不想一轉眼四十年漫長的歲月過去了！我不但不能不理他，四十年來，越來越能欣賞他認真純樸、隨緣無悶的性情。

進雄在古文字學上的天分，就像他在玩電腦上的高超表現一樣令人咋舌；當我們這一個年齡層的"中古"人面對日新月異的電腦欲迎還拒以至手足無措時，進雄卻早已能完全掌握電腦精密多樣的功能，能隨心所欲地驅遣運用；就像當年大部分中文系二年級的學生都為文字學而苦惱時，進雄則早已跨越古文字而進入甲骨文的殿堂，日後更以精深的研究改寫了許多卜辭上的成說，奠定了他在甲骨學上的地位；河南安陽博物苑甲骨文展覽館中懸掛的甲骨學權威學者的肖像，他是臺灣地區除了前輩甲骨學大師董作賓彥堂先生外唯一的一位。這也是我們兄弟們津津樂道而引以為榮的。

進雄在臺大拿了碩士學位後，奉屈翼鵬師之命，遠渡重洋，到加拿大多倫多安大略省皇家博物館去整理館藏的甲骨片。這一去沒想到就回不了臺灣：以進雄率真的個性與略無避諱的言談，竟使他成了黑名單中的一個。當我們知道他被懷疑到這種程度時，不禁要慨嘆那些打小報告的所謂“忠貞分子”，不知傷害多少真正忠貞的心！經過各方人士的解釋，總算能讓他回臺灣了。闊別多年，進雄仍然是那個樣子，除了增加一句習慣性的口頭語“我們那邊外”，幾乎一點也沒變。在臺灣只有短暫停留，當我們為他送行時，他竟情不能已、熱淚盈眶，我們知道他是多麼珍惜兄弟朋友的感情呀！此後，我們儘可能安排請他回臺大中文系擔任客座教授，而他也有強烈的意願想回來貢獻所學，好好教幾個學生。七年前，我有個機會要籌備一個新的中文系，打了一通長途電話邀他回來一同打拼，他二話不說就答應了，並且立刻作回臺的準備；後來得知我又放棄了那個機會時，他也沒說半句不滿的話，因為他總是相信我的決定是必有道理的。

進雄終於回到臺大中文系專任教授，回到他當年讀書的研究室了！而造化弄人，我卻在同時從臺大中文系退休了！誰能料得到？

世新大學成立了中文系，我要求他來教文字學，他就來了，然後就著手寫這本《簡明中國文字學》。他總是這麼認真，無論是玩電腦遊戲、交朋友、教書或作學問，他都是這樣認真的。認真是認真，卻無所爭，也因此雖然天天生活在這擾嚷不安的濁世中，但從沒有刻意逃避，而一樣可以達到無所罣礙之境。這就是進雄！

書要印行了，進雄對我說：“你就寫一篇序吧！”那麼，這就算是序吧！

二〇〇〇年六月二十日於新店心隱居

緒論　中國文字學的內涵

顧名思義，中國文字學是研究有關中國文字的學問。所謂文字，一般把這兩個字合為一個詞彙，指稱記錄語言、傳達情意或概念的複雜書寫符號，是高度文明社會的產物。如分別言之，今以"字"指稱表達意義的個別符號，"文"則為由字組成的辭句。但傳統的中國文字學家卻給予很不同的定義。東漢許慎撰寫了中國最早的字書或字典《說文解字》（以後簡稱《說文》），他的意見是，"倉頡之初作書，蓋依類象形，故謂之文。其後形聲相益，即謂之字。文者，物象之本。字者，言孳乳而寖多也"（《說文·敘》）。意思是說，"文"是最早出現的表意符號，"字"是自基本字形的"文"滋生的複體結構，"字"與"文"的意義同屬一個範疇。但如從創意的觀點來看，兩者的初義則頗有不同。

先看《說文》的解釋，文（字1）【𢒉，錯畫也。象交文。凡文之屬皆从文】①、字（字2）【㝊，乳也。从子在宀下。子亦聲】。

這兩個字的創意，許慎都沒有掌握到真正的重點。從較早期的商、周字形看，"文"作一個人的胸上有各種形狀的花紋之狀。它是古代葬儀的一種形式，用刀在屍體胸上刺刻花紋，讓血流出來，代表放血出魂以便前往投生的觀念。它被用於讚美施行過釋放靈魂儀式的高貴死者，如金文銘文所常見的前文人、文父、文母、文祖、文妣等。"文"在

---

① 除非另有說明，如《廣韻》為《宋本廣韻》的說解，否則以後【】內文字即為段玉裁《說文解字注》的相關內容。

商、周文物中從不用於稱呼活人，後來才引申指有文采的事物，如文才、文章、文學等。許慎的東漢時代，"文"的字形已起了極大的變化，難以看出它源自人的形體以及真正的刺紋創意，因而以為是與符號的形構有關。至於"字"的字形，自周初以來就固定了，作建築物中有個男孩之狀。創意大致是在廟內或屋中給小孩命名。因為古代嬰兒多夭折，要等經過了相當長的一段時間，確定嬰兒可生存下來之後，才在廟內或家裏舉行儀式，介紹給祖先並給予命名，正式成為家族的成員。此段等待命名的時間，中國古代一般的習俗，根據《禮記·內則》"三月之末，擇日翦髮為鬌，男角女羈，否則男左女右。……姆先相曰：母某敢用時日祇見孺子。夫對曰：欽有帥。父執子之右手，咳而名之"或《儀禮·喪服》"子生三月，則父名之"的記載，是選擇出生後第三個月之末的吉日。其他的民族則有等待數年之久的。許慎大致也不很了解此字的創意，故以為子的構件也充當字的聲符。"字"因與古代命名的禮儀有關，孩子命名與給予事物名稱的方式相類，作用相同，後來才與文複合而成"文字"，以指稱典雅的記錄符號。從字形看，"字"才是"文字"一詞的主體，"文"則是"字"的形容，強調其為文雅的辭章，非鄙俗的口語。許慎卻把它們主客易位，"文"成為名詞，且成為基本字形的指稱。

現今記錄事物的媒體雖有多種形式，而文字是其中很重要的形式，在古代尤為重要。文字在高度文明的社會，是初入學者的重要學習項目，故中國自漢代開始，經常稱研究文字之學為"小學"，意即小兒入門之學。這不是貶低其重要性，而是強調其為人人必修的基礎之學。任何一種文字，除了是某一地區的一群人所具有的共識，有一定的意義外，同時還必須具有字形、字義與字音三個方面的條件，缺一不可。故歷來稱呼研究一切有關文字的形、音、義的學問都為小學。近來在大學裏，更分別細分之為文字學、聲韻學和訓詁學等三門學科。文字學是講授有關文字形體的知識；聲韻學是討論其音讀的演變；訓詁學則是探索字義的應用。三門學問的教學內容，經常涉及彼此各自的內涵。 但文字學與聲韻學、訓詁學的關係都很密切，它們之間的關係要比訓詁學與聲韻學之間的關係更為密切。學習這三門學問，如缺乏其中某一學問的知識，不管是學習或研究，都會有所不足，因此要三者皆有所了解才容易進行。辨識文字雖是小兒初學的科目，但其內涵卻非常深廣。深奧的部分需要多年的時間、專門的研究，才能有所得或領會。 文字學所學習的內容，是有關中國文化教學及研究的基礎知識，是日常生活常用得到的東西，故列為大學中文系的必修課程。中國文字既是基於象形的原則而創造的，則字形的重要性更為顯著。或許可以說，文字學是研究中國文字的基本內容，而聲韻學與訓詁學則是其擴充。

編號①	商甲骨文	兩周金文	秦小篆	漢隸書	現代/創意
1			𡥩 S	文	文 一人的胸上刺有花紋之狀，古代喪葬的美化儀式。
2			𡥩 S	字	字 於建築物內對小孩行命名儀式。

　　中國的漢字與西洋拼音文字的起源一致，都是源出於圖像，但兩者發展的途徑卻非常不同。口講的語言一直在變化，拼音系統的文字經常因反映語言的變化而改變了其拼寫的方式，使得同一語言的古今階段，成為看似完全沒有關係的異質語文。音讀的變化不但表現在個別的詞

---

　　① 　為幫助對各字創意解說的理解，本書附有如上的甲骨文以來字形演變的簡要示例圖欄。第一欄為編號，是為了方便今後的討論所加的序列。沒有序列號的字表示該字不附字形演變表。第二欄為商代的文字，絕大多數取自甲骨卜辭，少量商代銅器上的字形暫納入下一欄。字形主要取自黃沛榮先生根據《甲骨文編》所開發的電腦字形。第三欄為兩周文字，主要取自金文，來自黃沛榮先生根據《金文編》所開發的電腦字形，其他載體的字形暫不列示。第四欄為《說文》所收，代表秦朝文字的小篆，例子取自網絡上根據中華書局 1963 年影印宋本《說文》的小篆字體。字形之旁加注的英文字母，s 代表小篆字形，z 代表籀文，k 代表古文，h 代表其他書體。沒有注明的則為《說文》沒有清楚說明的。第五欄代表漢朝的文字，取自電腦的華康隸書體 W5。第六欄乃今日通行的字體以及對創意的簡要解說。在本論的第四節尚有對各書體的介紹。

彙，有時也會改變其語法的結構，使得同一語言系統的方言，有時會差異得完全不能交流。但中國的漢字，由於形體的變化不與語音的演變發生直接或同步的關係，如根據周法高的擬音①，大字在先秦時代讀若 dar，唐宋時讀如 dai，而今日讀成 da。又如木字，先秦時代讀若 mewk，唐宋時讀如 muk，今日則讀成 mu。它們的差異都很大。不過，在實際使用時，除非是韻文，我們可以不必理會一個字音讀的歷史變化，甚至不必理會其古代或現代的音讀有什麼不同。至於字形方面，幾千年來，漢字雖然也由圖畫般的象形文字外觀，漸漸演變成今日非常抽象的結構，象形的特徵幾已無保留。其字義也多少有點變化，如書字（字 3）【書，箸也。从聿，者聲】，甲骨文作手持有毛之筆在墨汁容器之上，表達即將書寫之意。它的本義是書寫，但現在較常用的意義卻是書冊；又如金字（字 4）【金，五色金也。黃為之長。久薶不生衣，百鍊不輕。從革不韋，西方之行。生於土，从土。ナ又注，象金在土中形。今聲。凡金之屬皆从金。𨤾，古文金】，作泥土的型與範已套好之形，可以灌注銅液以鑄造器物。由於中國的銅器皆經熔鑄之法製作所成，連零件也是用這種方法套合。不像西洋製造金屬器物初期採用搥打自然金屬若紅銅或黃金的方法，後以失蠟法澆鑄為主，輔以搥打、焊接、鉚釘等各種方式。故中國古人創造文字時，就以型與範已套好的金字代表銅這種物質。金的早期意義是鑄銅的材料，現在則較常用以指稱黃金。

　　這些古今字形與意義，彼此之間的差異大都有所聯繫，比較容易學習與把握。只要稍加訓練，就可以比較容易通讀千年前的文獻。不像拼音文字，由於語言的變遷，各個時代的拼寫方式都不一樣。學習古代文字，一切都要重新開始，增加許多的困難。現今中國人的生活與千年來的歷史、傳統還有密切的關係，使用漢字就是其中一個重要的因素。現今中國不同地區的方言雖經常不能交談，但卻可以書寫和通讀一種共通的文字形式，因而也得以彼此交換意見。中國的疆域那麼廣大，地域

① 為電腦打字的方便，本書所標的上古或先秦音讀，暫時採用周法高《漢字古今音彙》（香港：香港中文大學 1973）的擬音及其拼寫方式。

又常隔絕，其包容的種族也很複雜，方言更呈現多種樣貌，而猶能融合成有共識的一個團體，其特殊的語文特性應是其中重要的因素。

編號	商甲骨文	兩周金文			秦小篆	漢隸書	現代/創意
3	[甲骨文字形]	[金文字形] [金文字形] [金文字形] [金文字形] [金文字形] [金文字形] [金文字形] [金文字形]			書 s	書	書 手持毛筆在墨瓶之上，即將蘸墨書寫之狀。
4		[金文字形組]			金 s 金 k	金	金 型與範已經套好，將可澆鑄銅器。用以指稱用以鎔鑄的物質。

　　中國文化有三千年以上不間斷的歷史，使用的文字雖一脈相承，畢竟字形和字義都不盡完全相同，還需講求一些辨識的功夫，才可能通讀古代的文獻。其細節及深奧部分，不但需要較長時間的探討，也不能避免學者之間的意見有所不同。它或許不是一般學者所樂意從事或容易從事的工作。但具有文字學的常識，無疑會對古代文獻的閱讀、文化的了解，帶來相當大的便利。所以打算以中國文字或相關學識為專業的人，有必要充實一些中國文字學的知識。中文系的學生，一般有文字學是枯燥無味的課而對之生畏的恐懼。為減少這種學習的障礙，本書的編寫就以文字學的要點為目標，反映新出土的訊息，介紹新的研究方式，敘說也以簡明為要務，以期不使學生視中國文字學為一門令人畏懼的學科，也盡量使學生在每一章節都能認識新的古代文字。

本論　學習中國文字學的要點

　　舉凡與文字賦形、創意、音讀、使用意義有關的，應都是文字學研究的範圍。但在目前的大學裏，已針對文字形、音、義的各個領域分門別戶，設定範圍，開有專門課程。三者之間的互動，聲韻學可以不必太理會字的創意與使用意義，而訓詁學也可以不太注重字的形體變化，但文字學卻與聲韻和訓詁學都有密切的關係，不具三門學問的通識，就沒有辦法從事更進一步的研究，故是中文系必修的學科。本課程擬定的主要探尋要點約為以下的八項，茲分別介紹於下。

第一節　中國文字的體系始於何時

　　語言是群居社會為了溝通相互的思想而發展起來的。一旦社群擴大，事務繁多，就有必要用某種方式把它的內容記載下來，傳給他人，傳到遠地，傳至後世，而不是讓話說完之後即消失無蹤。這種把內容永久保留下來的需要就發展成為文字的符號。現在更有了影音數字的訊號。文字是高度文明社會的產物，被視為國家建立的重要條件，並不是每個社區或族群都必然會發展成功的。中國有黃帝的史官倉頡創造文字的傳說，也有以黃帝為歷史開始的傳統，都說明人們普遍認為文字與文明的關係密切。文字既是經歷了一段很長的時間，經過眾多人員的創造、選擇、改良，才慢慢形成，然後在某些社區中擴展開來的，則要留下確實反映文字體系存在的物證，一定是出現在體系雛形已完成以後很久的事。所以不管哪一種文字，要探明其體系成立初階的年代都是非常不容易的。

一個真正的文字體系，要有一貫的形式及原則，能代表某個社區所公認的意義及讀音，而且其序列也要合乎說話的順序及不造成語義上的混淆。雖然不是所有古代的圖畫或符號都是文字，或必然會演化成為文字，但是有意的或無意的，以表現事物形象或概念的描寫，卻是古代文字共同的創造出發點。世界上各古老文化，其文字的創造、應用的方法、發展的途徑，其規律都是一致的。往往都是先標出記錄內容的主要關鍵部分，然後才發展成有文法的完整語句。初期的文字以代表具體事物的表形期為主，漸次進入指示概念、訴諸思考的表意期，最後因需求量太多，不勝造字之繁雜，才發展以音標表達意義為主的表音期。中國文字的發展應也不例外，也經過這三個時期，由表形進入表意、最後進入表音的階段。

中國文字發展的歷史到底有多長，目前還沒有足夠的資料可作確實的解答。學者們過去只能根據現存的中國最早文字，即商代的甲骨文，推測其發展所需經歷的時間。近年考古不斷有相關的新材料出土，增加了推論所需的依據。上已言之，文字演進的步驟是從表形、表意而到達表聲的方式。表形的象形、表意的象意及表聲的形聲的造字法都已在甲骨文中出現。其可認識以及不能辨識的字已有四千五百個以上。李孝定先生對一千多個可識字的分析（見第五節附錄），最進步的形聲字已達百分之二十七[1]。它說明晚商的甲骨文已是相當成熟的文字系統，必是經過了長期的發展。但到底它經歷了多久，各人的推測就頗懸殊。其期間之長者，或以為可達萬年之久。但一般相信，中國文字的醞釀及發展，只經過了兩三千年的時間，就達到了甲骨文的成熟程度。甲骨文是公元前 14 至前 11 世紀商代的占卜文字，故以為五千年前或稍早，即在傳說的黃帝時代，中國文字就已萌芽了。它也與傳說的黃帝史官倉頡

---

① 對於各類別所舉之個別文字的分類，學者間雖可能有異議（詳後），但甲骨文的形聲字大致佔有可識字的百分之二十的意見是可以接受的。

創造文字的時代相合，故得到很多
人的信從。 但保守的人，則以為要
等到商代才有真正的文字體系。

　　近年一些出土的材料，對於探
討中國文字產生的年代或許可以有
所啟發。在好些仰韶文化的遺址
裏，都發現了刻劃各種不同記號的
陶器。根據碳 14 年代測定（本書所
舉年代大都是不經樹輪校正的年
代），這些遺址的年代距今已有六千
多年以上。它與某些人根據甲骨文
的成熟度，推測所得的中國文字的
萌芽年代相當。故有不少人相信，
那些陶器上簡單而類似文字的刻劃
記號就是中國初期的文字符號。這
些記號幾乎都刻劃在相同的部位，
即容易見到的位置，在早期類型的
直口缽的外口緣上。這充分說明它
們不是任意的刻劃，而是具有某種
作用的。這些陶器上的個別記號，
如發現於陝西中、西部的仰韶文化
遺址（圖 1），見於甘肅、青海一
帶，繼承仰韶文化的半山、馬廠等
文化的遺址（圖 2），甚至遠在東海
岸地區的良渚文化遺址（圖 3）。有
的記號在好幾件陶器上出現。在同
一個窖穴或地區，也往往見到相同
的記號。故或以為它們是器物所有
者或燒造者的花押，或族徽一類的

圖1　六千多年前仰韶文化遺址陶器
上的刻劃符號

圖2　五千多年前半山、馬廠等文化遺
址陶器上的刻劃符號

圖3　四千八百多年前東海岸地區良
渚文化陶器上的刻劃符號

記號。有些記號與後世的數字或方位字相似，故有人以為它們是燒製陶器時的序列或放置方位的記號。又由於它們發現於不同地區與不同時代的遺址，有人不但認為它們已具有文字的作用，也相信中國文字的起源是單元的，即從仰韶文化發展起來的。不過，也有學者以各遺址顯示的文化內涵都有所不同，認為它們是多元發展的。近年更在某些更為古老的遺址，如七千八百年前的河南舞陽賈湖，發現幾個在龜殼上

圖 4　七千多年前河南舞陽龜殼上的
刻劃符號

有意刻劃的圖像（圖 4）。它的形狀比仰韶的記號更為複雜，更接近甲骨文的象形形態。相信不少的論者又會把中國使用文字的時代推溯到更前。

　　但是，到底要達到怎麼樣的階段，一個記號才能被算作是在社會上已通行的文字符號？由於得到共識的理論迄今尚未建立，故還是一個很有爭論性的問題。雖然傳達信息的符號能成為法定的記錄概念或意義的語文，主要是得力於當政者用以記錄有關宗教和政治活動的複雜內容。但一般說，人們最先覺得有必要把它記下來的事務，大半是屬於容易錯亂或忘記的日常使用物體的數目或日期。故在中國的好幾種創造文字的傳說中，如許慎的《說文‧敘》："古者，庖犧氏之王天下也。仰則觀象於天，俯則觀法於地。視鳥獸之文與地之宜。近取諸身，遠取諸物。於是，始作易八卦以垂憲象。及神農氏，結繩為治而統其事，庶業其繁，飾偽萌生。黃帝之史倉頡，見鳥獸蹄迒之迹，知分理之可相別異也，初造書契。百工以乂，萬品以察。"其提到的結繩記事最為人們所稱道，因為在甚為晚近的中外氏族社會仍有遺存，外國如南美的秘魯，中國如雲南。那是在一條橫的綱領上垂掛着很多條繩索，並在繩索上打造繩結。其所打的繩結，有顏色及大小不同的種種形式，以代表不同的事物、數量與日期。這種習俗也反映於中國的文字，祘【祘，明視以筭之。从二示。逸周書曰：士分民之祘。均分以祘之也。讀若筭】，從中國文字的演變趨勢看，字的初形應該表現一條橫綱上繫有多條打結

的繩子狀。字的形體後來離析並且訛變，才變成從二示。

　　此傳說提示創造文字的目的，有可能與結繩的目的一致，是為了幫助記憶與計算事物的數量或日期。在伊朗發現的四千多塊公元前四千至前三千年的泥土版，也大都是與記帳有關的計數。說明計數是文字書寫初期的一個非常重要的目的。既然陶器上的記號有可能作為數目字，與文字初期的作用一致，似乎不妨承認它們已是文字符號了。但是我們還是不能不慎重考慮，是否只因有些記號有可能作為某些私人的計數記號或族徽，或甚至具有某種意義的功能，就可以肯定它們已具有真正文字的功能，普遍為社會所接受呢？

　　當一個記號或圖形，比較固定地作為語言中某個詞素的符號時，可以說它已具有文字的初步性質了。但它距語言中大部分成分都有符號代表的真正的文字系統，仍有一大段距離。以上所舉新石器時代陶器上的記號，雖然在時間上有千年的差別，都還是單獨出現。它們不但沒有語言系統所必要的序列，其形態也和以象形、表意為主要基礎的中國古代漢字，亦即商代的甲骨文和周代的金文，顯然不是從同一系統發展起來的。上已言之，個人或社區所擁有的器物、財寶應該是早期社會文字記載的最重要內容。這些內容在早期的文字，主要是以描寫具體物象的象形形式表現的。但新石器時代陶器上的符號都是些抽象的記號，不見有明確不誤的具體物象的描繪，反映它們尚不能記錄事件而成為文字的體系。譬如說，陶器上的符號如有 X，與甲骨文數字五的寫法相似。就算 X 的記號確可代表有關五的數目，但在實際應用時，X 並不代表抽象的數目字五，而是隨意地、在不同時間、不固定地表示具體的五頭牛、五個陶罐或五個人。那是未有文字的氏族或不識字的人所經常使用的辦法。換句話說，X 的記號在社群中，甚至是某個人，並沒有固定的意義與音讀，它是個人即興給予的意義，亦即與語言的詞素沒有嚴格的聯繫。何況這些陶器尚不見描繪具體器物的符號，故最好還是保守點，暫時不把它們當作有系統的文字階段。

　　如果六千多年前的陶器刻畫，與有體系的文字階段的聯繫還不夠明顯，那麼，什麼時候中國才見真正文字的徵兆呢？迄今所知最早的跡

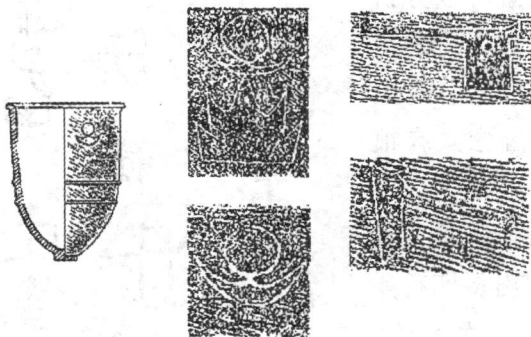

圖 5　山東莒縣陵陽河的大汶口文化晚期陶器上的刻劃符號

象，可能要以見於山東莒縣陵陽河的大汶口文化晚期遺址（圖5），碳 14 測定時代約是公元前二千五百到二千年的陶器上的刻劃符號為代表①。我們可以認識其中的一些形象，如有柄的石斧、石錛等。它們與仰韶文化的刻劃一樣，都單獨地刻劃在大口缸外壁靠近口沿的部位，非常顯眼的位置，顯然是有意的展示。其中一個圖形見於相距七十公里的遺址。它們不但很可能就是物主的名字，也與甲骨文、金文的字形有一脈相承的關係，即都具有圖繪物體具體形象的性質，而且也已採用線條、輪廓的手法描繪物體。在一些商代晚期、西周初期的銅器上，往往鑄有比甲骨文字形看起來更為原始、更為接近圖象的所謂族徽文字（或稱為記名金文）（圖6）。學者們一般相信，這些作為族徽的圖形保存了比日常使用的文字更為古老的字形傳統。這種非常接近圖像的性質正是大汶口晚期陶文的特點所在。

大汶口的陶文刻畫，其中一形（圖 5 之左上）具有重要的意義。它可能是旦字（字 5）【旦，明也。从日見一上。一，地也。凡旦之屬皆从旦】的早期字形，象太陽上升到有雲的山上之意②。甲骨及金文的"旦"字可能表現太陽即將跳離海面的大清早景象。古人多居住於山丘水涯，每每以所居之山丘或河流自名其氏族，以表示居處的自然環境，

―――――――――――――――――――――

①　或以為下限為公元前二千五百年，那是經樹輪校正後的數值。

②　或以為山上的形象為日與火，皆為發光與熱能的物質，為炅字【炅，見也。从火日】。

如吾丘氏、梁丘氏等。此記號可以分析為从山旦聲。它用來表示居於山區的旦族。以象形的符號作為氏族名字或人名，就與隨意、即興的刻劃圖像具有很不同的意義。

　　當某個人看到一把石斧的圖形時（圖5之右下），他很可能即時叫出長柄石斧的象形字"斤"（字6）【𣂠，斫木斧也。象形。凡斤之屬皆从斤】，或形聲字"斧"【𣀗，所以斫也。从斤，父聲】這個詞來。但並不是每個人都會把它讀作斤或斧，或當作斤或斧之詞來使用，而且各個社區對石斧的稱呼也不一定相同。但是當這個圖形被選擇作為代表特定的部族或個人時，所有熟悉該部族或個人的人們，就比較可能通過這個環

圖6　商末周初銅器上非常接近圖書性質的族徽文字（記名金文）

節，牢牢地把其圖形與同一音讀、同一意義結合起來。這種讀音、意義、圖形三者的密切結合，就具備了文字的基本條件。因此把圖形符號作為氏族的代表，往往是有定法的文字體系產生的一個重要途徑。

編號	商甲骨文	兩周金文	秦小篆	漢隸書	現代/創意
5			旦 s	旦	旦 太陽將跳出海面的早晨景象。
6	𠂤 𠂤	斤 斤	斤 s	斤	斤 裝有柄的石錛形。

　　從造字法的觀點看，圖5左上之形，由兩個或三個圖像組合而成，顯然已不是原始的象形字，應是第二類表達抽象意義的象意字，或甚至是第三類，最進步的標出音讀的形聲字了。大汶口的陶文雖也是單獨出

現，不使用完整的句子。但處於其時落後的社會，人們有可能使用圖形的關鍵字去記載事件的中心內容，一如雲南納西族的經文，雖無固定序列，但可達意，勉強具有文字的雛形了。以大汶口陶文為漢字的雛形、甲骨文的前驅，較之以西安半坡仰韶文化一類的純記號刻劃為中國文字之始，要較平實而可靠得多。

　　簡而言之，公元前二千五百至二千年時中國比較可能有某種系統雛形的文字。至於近八千年前舞陽遺址的刻劃，它看起來比大汶口的象形字更抽象、進步。在三者的關係上，年代的序列是舞陽、仰韶而大汶口，但從演進的過程看，似是從最進步演進到最原始，然後是次原始。它與仰韶或大汶口的記號的繼承關係不但有中斷，而且也像是走回頭路，演變到更為原始的階段。所以應該暫時存疑，不宜把它們當作中國使用文字之始。至於發現於山東鄒平丁公村（圖 7）、江蘇高郵龍虯庄，類似草書的所謂五千多年前陶片上的文字，它們非常近似後世草書式的連續書寫，與中國早期的象形書體風格完全不一樣，像是任意的刻劃。而且世界各古老文字系統的演變過程，草寫體也都發展較遲。兩個遺址的刻劃雖都有人聲稱能夠破解其意義，但都不免牽強附會。也有考古學者非常懷疑其發掘情況的不可信，故也宜暫時存疑。

圖 7　聲稱山東鄒平丁公村出土，五千多年前的陶文

　　似乎也可以從字的創意觀點來檢討中國文字起源的問題。商代的甲骨卜辭是用刀刻在龜甲或牛肩胛骨上的。由於刻刀不便刻劃曲線，所

以圓形的形象常刻成方形或多角形。如果一個字有圓圈與方形的兩種寫法，則作圓形的必是較早、較原始的寫法而更近於寫實。甲骨文有**郭**（字7）【𩫖，齊之郭氏虛。善善不能進，惡惡不能退，是以亡國也。從邑𩫵聲】、𩫵【𩫚，度也。民所度居也。從回象城𩫵之重，兩亭相對也。或但從口。凡𩫵之屬皆從𩫵】、**墉**【墉，城垣也。從土庸聲。𩫚，古文墉】，𩫵是這三字的基本形，較早的字形，作一座四個方向都建有看樓的城牆之狀。

　　甲骨由於用刀刻不便畫圓，城周大都作方形，但也有作圓形者，後來也省略了左右兩方向的看樓。此字就分化為二字，郭的字義偏重城的範圍，而墉則偏重城的牆。

編號	商甲骨文				兩周金文				秦小篆	漢隸書	現代/創意
7									𩫚 k s 𩫖 墉 s	郭 墉	𩫵 郭、墉 四面有看樓的城牆建築。

　　關於城周的形狀，目前所發現最早的城牆建築要推河南鄭州北郊的西山遺址，興建於仰韶廟底溝類型的時代而廢棄於秦王寨類型的時代，年代約在距今五千三百年前至四千八百年前之間。其平面略呈圓形，與甲骨文所描寫的形象一致。但是較大量的早期城牆都建於龍山文化的晚期，諸如山東章丘城子崖、河南登封王城崗、淮陽平糧台等，而其平面都作方形。就發展的程序講，圓形的建築一般要早於矩形的，如圓形的穴居要早於矩形的地面建築。經常移動的游牧民族也喜歡採取較省力的圓形形式，而定居的農耕民族就多採用矩形的形式。甲骨文因刀刻不便畫圓的緣故，大都把圓形的東西刻成矩形。因此甲骨文的𩫵（墉、郭）字既然以圓形的形狀表示，就表示創造文字者所見的城周是圓的。雖然商代已不見圓形輪廓的城，字形卻保留了古代所見的正確形象。因此其創造文字的時代應是方形城周的時代之前，即其年代可能早到五千年前的仰韶廟底溝類型，至遲也不晚於修建矩形城牆的龍山文化晚期。

龍山文化晚期的下限是公元前二千年，與上一段根據大汶口圖形符號所得出的推論是一致的。所以有些商代的文字繼承公元前二千年以前已有的文字應不是好高騖遠的論調。

　　討論中國文字體系的年代問題，也可以借重古人使用器物的資訊。酒（字8）【酒，就也。所以就人性之善惡。从水酉。酉亦聲。一曰：造也。吉凶所造起也。古者儀狄作酒醪，禹嘗之而美，遂疏儀狄】，甲骨文作一個裝酒容器及濺出的三酒滴形狀。金文常以酉（字9）表示【酉，就也。八月黍成，可為酎酒。象古文酉之形也。凡酉之屬皆从酉。丣，古文酉从丣。卯為春門，萬物已出。丣為秋門，萬物已入。一，閉門象也】，酉字的初形顯然是描寫窄口細長身的尖底酒罐形狀。　後來字形漸變為平底形。但是商、周遺址出土的文物，裝酒的大型容器都是平底的。

編號	商甲骨文	兩周金文	秦小篆	漢隸書	現代/創意
8			酒 s	酒	酒 一窄口酒罐及濺出的三酒滴形。
9			酉 s 丣 k	酉	酉 窄口細長身的尖底酒罐象形。

　　為什麼文字表現的情況和實際的形狀有所不同呢？　似乎也不是為了和其他形似的字作區別。可能的答案是甲骨文承繼了古代的字形，而時代更早的字形忠實地描寫器形。一般以酒器始見的時代而認為中國在龍山時代開始釀酒，也有人以為可早到六千年前的仰韶文化。酉字的器形大致與仰韶文化高四五十公分的窄口細長身的尖底瓶同形。唯一的差別是尖底瓶常有兩個半圓的鈕在中腹部以便繫繩搬運。也許《說文》酉的古文字形丣就是反映兩個半圓鈕的形象。由於一般認為龍山時代才開始釀酒，認為仰韶的窄口尖底瓶是盛水器，因此不會以之與酒

圖 8　仰韶文化西王村類型的尖底陶器

字的創意取得聯想。但是在加拿大皇家安大略博物館展示的一項西洋酒文化特展的文物，筆者赫然發現古代從歐洲運到北非的葡萄酒盛裝的容器竟然和仰韶文化西王村類型的尖底陶器（圖 8）絕似，其輪廓和酉的字形一模一樣。窄口是為了防止液體外洩，細長的身體是為便利人們或家畜背負，尖底是為便利手的持拿與傾倒。為此便利，尖底有時作成短柄狀，有如甲骨文稻字（字 96），其中有一形，裝米的罐子底下有長柄（𥠔 𥡙 𥡖）。稻米是華南的產品，連株帶葉及穗運到華北將增加費用，故只取其顆粒而裝在罐中。大概以牲畜載運，一如歐洲的葡萄酒，故採用瘦高的罐子，充分利用空間；長柄的製作則是為了方便手的持拿傾倒分裝入其他容器。透過該展覽，可以聯想到這種尖底陶器在廟底溝以後的文化遺址中不見或很少見，可能與水井的普遍開鑿有關。在較早期的年代，水要從遠處的河流搬運回家，故水瓶腹部附加兩個圓鈕以便繫繩背負。後來有了牛馬家畜，可以由之背負而不必用鈕繫繩，一如游牧民族的遼、金時代，製有裝運酒的超過半公尺高、方便以馬負載的窄長陶罐。往後人們在住家的附近鑿井，就不用從遠地運來，故也不再需要這種造形的運水容器了。商代有了牛車，就不必用陶罐運送水酒，故也見不到這種樣子的陶器。商代的酉及稻字，既然描繪的是廟底溝文化類型以前的造型，則和城郭的圓形輪廓一樣，應是創始於四千二百年前才有的事物。具體的中國文字起源問題，雖還有待今後更多出土資料的證實，但晚商的甲骨文已無疑是很成熟的文字體系。《尚書·多士》周公誥誡商遺多士有"惟殷先人，有典有冊，殷革夏命"之句。商人革夏前的文字到底有多成熟，由於沒有

圖9　納西經文《三事記》之一欄

證據，目前還難以猜測。如以雲南少數民族的麼些（納西）經文為例，麼些文創於 13 世紀，還得力於漢字的啟發。但到 19 世紀時，其經典還不免用關鍵字去提示主要的內容，沒有固定的文法形式和語言的序列。 如果不添字講解，根本就不可能了解其內容。譬如其《古事記》有一欄（圖9），裏頭首先繪有一個人雙手拿着一個蛋。其次是上頭有個蛋，兩旁有風，左邊有形容詞白，右邊則為形容詞黑，蛋下為湖的圖形。 最後是一座山，旁邊有蛋發光的圖像。這段圖的意思，根據納西族經師的解釋，意思是"把這蛋拋在湖裏頭，左邊吹白風，右邊吹黑風，風蕩漾着湖水，湖水蕩漾着蛋，蛋撞在山崖上，便生出一個光華燦爛的東西來"①。圖繪只提示大致的意思，具體的經文就要靠口傳了。那麼，不提鄭州圓形城牆、窄口尖底瓶、殷革夏命的時代，就是從晚商的甲骨文上推六百年，也已上及大汶口的下限，或龍山文化的晚期，公元前二千年了。

第二節　書寫方向的習慣

中國文字雖與西洋文字都起源於圖像，但書寫的習慣卻很不同。書寫的方向，西方的主要是先左右橫行，然後行列再自上而下，有時於某種時機而須作上下行時，行列也大都由左而右。不像中國古代漢字書寫的習慣是自上而下，然後行列自右而左。多數的人用右手書寫，自右而左的形式較不切合實際的運作，所以滿文和蒙古文雖也是上下直行，行列則採用由左而右的形式。中國之所以有這種書寫習慣上的獨特性，

---

① 轉引自裘錫圭《文字學概要》頁9。

一定有它獨特的原因。通過考察，應該可以說，它完全是受中國古代書寫工具的影響。

迄今所知，大量存在的中國最早文獻，是三千多年前用刀刻在獸骨或龜甲上的商代貞卜文字。因此有少數人誤會，以為商代的人們日常是以刀刻字作記錄的，甚至有人以為要等到秦朝的蒙恬發明毛筆後，中國人才有以毛筆書寫的事實，不知商代的甲骨和陶器都有以毛筆書寫的事實。其實我們還有相當充分的理由相信，商代的人已普遍使用毛筆書寫文字了。

從字形看，筆的初形是聿（字10）【聿，所以書也。楚謂之聿，吳謂之不律，燕謂之弗。从聿一。凡聿之屬皆从聿】，它在甲骨文作一隻手握着一枝有毛的筆之狀。中國從來普遍以竹管為筆桿，乃於聿字之上加竹字而成筆字。不著墨汁時，筆的毛散開。但一蘸了墨汁，筆尖就合攏而可書寫圖畫細緻或粗大的線條了。甲骨文的書（字3），就作手握有毛的筆管於一瓶墨汁之上之狀，點明毛筆蘸了墨汁就可以書寫的意思。還有，甲骨文的畫（字11）【畫，介也。从聿，象田四介，聿所以畫之。凡畫之屬皆从畫。劃，古文畫】，作手握尖端合攏或散開的筆，畫一個交叉或更複雜的圖案形。金文的肅（字12）【肅，持事振敬也。从聿在㶕上，戰戰兢兢也。㣊，古文肅从心卪】，作一手握着筆畫出較複雜的圖案形，以便依圖案刺繡之意。甲骨文的晝（字13）【晝，日之出入與夜為介。从畫省从日。劃，籀文，作一隻手握着筆與日字組合之形，表達持筆寫字的白天時候。推知商代已普遍使用毛筆，故才以之表達與書寫、繪畫、刺繡和時刻等有關的意義。其實，六千多年前的半坡遺址，從陶器上的彩繪就可充分看到使用毛筆的痕跡。

由於中國人寫字的筆尖是用柔軟的毛製作的，書寫的人可以在一道筆劃中控制有粗、有細、有波折，再加上中國文字結構的複雜多樣性，可呈現無窮的造形和體勢上的變化。不像其他地區使用堅硬的書寫工具，較難作筆勢上的變化，而且其字形的種類也有限，不像中國文字的外觀有千萬種變化。中國書法所講求的美善外形和內在精神，需要長期的練習功力和一定的天分才情，才能達成精巧的程度。也因

此，在各種文字中，中國文字的書法才成為一種很受社會崇敬的獨特
藝術形式。

編號	商甲骨文	兩周金文	秦小篆	漢隸書	現代/創意
10			肀 s	聿	聿 一手持有毛之筆狀。
11			畫 s 畫 k	畫	畫 手握尖端合攏或散開的筆，畫一個圖案狀。
12			肅 s 肅 k	肅	肅 手握筆畫圖案，以便依圖案刺繡。
13			晝 s 晝 z	晝	晝 手持筆寫字的白天時候。

　　導致中國獨特的書寫方向應是來自書寫的材料。任何有乾燥平面
的東西都可以用於書寫，土石、布帛、樹皮等都可以利用。但從幾方面
看，影響中國書寫方向習慣的是竹簡，而且起碼從商代起已是如此。
但因竹子易於腐化，難於地下保存，我們才不易見到其痕跡。《尚書·
多士》有“惟殷先人，有典有冊”之句子。典與冊都是用竹簡編成的書
冊。甲骨文的冊（字14）【冊，符命也。諸侯進受於王者也。象其札一
長一短，中有二編之形。凡冊之屬皆从冊。簡，古文冊从竹】，作許多
根長短不齊的竹簡，用繩索加以編綴而成為書冊的樣子。典（字15）
【典，五帝之書也。从冊在丌上尊閣之也。莊都說：典大冊也。奠，
古文典从竹】則用以表示重要的典籍，不是日常的記錄，故像恭敬地以
雙手捧着的樣子。

編號	商甲骨文	兩周金文	秦小篆	漢隸書	現代/創意
14	卌卌卌卌 卌卌卌卌 卌卌卌卌	卌卌卌卌 卌卌卌卌 卌	冊 s 冊 k	冊	冊 一卷由長短不一的竹簡所編綴的書冊形。
15	𢍅𢍅𢍅𢍅 𢍅𢍅𢍅𢍅 𢍅𢍅𢍅𢍅	典典典典 典典典	典 s 樂 k	典	典 雙手慎重地捧著的重要典籍。

　　竹子現今不是華北常見的植物，但在距今三千年之前的幾千年間，華北的氣候要較今日溫暖而濕潤，竹子不難生長。以竹子當書寫的材料，有價廉、易於製作以及耐用等多種好處。只要把竹子縱向直劈，就成長條。稍為加工，就可得平坦而可以書寫的表面。若再於火上烤乾，表面就容易書寫而且不易朽蠹。若在窄長的表面上書寫，由上而下作縱行的書寫，比較橫列的左右書寫方便得多。如果橫着書寫，竹片的窄面與背面的彎曲，都會妨害書寫時手勢的運轉和穩定。一般人以右手書寫，也易於左手拿着直豎的竹片。寫完後，大致是習慣性，就順勢以左手將竹簡由右而左依序一一排列，故由上而下、由右而左的排列，就成為中國特有的書寫習慣。

　　甲骨文偶有橫着書刻的辭句。從後世的實例看，也可推測商代應有利用木牘、布帛一類有寬廣表面的材料作為書寫的載體。使用毛筆吸墨書寫時，因墨汁乾燥緩慢，如果在可以書寫多行的表面上寫字，行列最理想是由左而右，手才不致於髒污墨跡。但是中國的書寫習慣竟然是相反的由右而左，就可以推測主要是由於使用單行的竹簡書寫。寫字時，左手拿着竹片，右手持筆。寫完後以左手安放竹片，因習慣或方便而由右至左一一排列，故而成為中國特有的書寫習慣。很多條的竹片用繩索編綴之後可捲成一握，故以卷稱書的篇幅。後來雖於紙上印刷，猶有以墨線間隔，就是保持了一片片竹簡的古老傳統。由於修整後的竹片寬度有限，不但不能作多行的書寫，文字也不便寫得過於肥胖寬大，因此字的結構也自然地往窄長的格式發展。多構件組合的字，也儘量以上下疊置的方式而避免橫向的舒展，以致連有寬長身子的動物，也不得不轉向，讓它們頭朝上，四足懸空，尾巴在底下成為窄長的形式，如象（字16）【象，南越六獸，長鼻牙，三年一乳。象耳牙四足尾之形。凡象之屬皆从象】、虎（字17）【虎，山獸之君。从虍从儿。虎足象人足。凡虎之屬皆从虎。虎，古文虎。虎，亦古文虎】、馬（字18）【馬，怒也。武也。象馬頭髦尾四足之形。凡馬之屬皆从馬。馬，古文。馬，籀文馬與影同有髦】、兕（字19）【兕，如野牛，青色，其皮堅厚可制鎧。象形。兕頭與禽离頭同。凡兕之屬皆从兕。兕，古文从儿】【兕，徼外牛。一角在鼻，一角在頂。似豕。从牛尾聲】、犬【犬，狗之有縣蹄者也。象形。孔子曰，視犬之字如畫狗也。凡犬之屬皆从犬】（犬 犬 犬 犬 犬 犬）、豕【豕，彘也。竭其尾故謂之豕。象毛足而後有尾。讀與豨同。……凡豕之屬皆从豕。豕，古文】（豕 豕 豕 豕 豕 豕 豕）等動物的象形字都是如此。橫寬的形象或是轉向，或是簡省部分使成窄長之狀，如上節介紹的郭字（字7），本有四座看樓，東西兩邊的看樓就被簡省而成窄長的樣子了。

　　從有寬廣表面的龜甲、獸骨上的貞卜文字已是以窄長為主要的書寫形式，就可以推斷商代最普及的書寫材料是竹簡，而不是木牘或布帛等有寬廣表面的東西，否則就不必限定字形的寬度或上下堆疊的字形結構形式了。以竹簡書寫不必預計文章的長度，只要隨時增加竹片的數量就行了。如果使用木牘，就不易確定需用的寬度了，所以後來雖發明了紙張，但因字形受限於竹簡寬度的古老傳統，字的結構也始終保持往窄長的結構發展的傾向，也偶而模仿一根根的竹簡而加分隔線。竹簡一吸墨就擦不掉，而且寬度也不容劃掉之後而另在旁邊寫字加以改正。如果寫錯了字形，只有用刀把字跡削去再寫。故於文字，刪（字20）【刪，剟也。从刀冊。冊，書也】，就以一把刀在書冊之旁，以表達刪削之意。在紙張未普及前，書刀是文士隨身攜帶的必備文具，故東周時期的墓葬中，銅削經常與書寫的工具一起出土。有人不明白其用途，才誤會它是用來刻字的。

編號	商甲骨文	兩周金文	秦小篆	漢隸書	現代/創意
16				象	象 整隻象的形狀。
17			s k k	虎	虎 整隻虎的形狀。
18			s k z	馬	馬 馬的形象。戰國時有只剩頭部的，因為馬頭形特殊。
19			s k z	兕 犀	兕 整隻犀牛形。 犀 從牛，尾聲
20				冊	冊 以刀刪削簡冊上的錯誤。

第三節　文學形式的特點

　　中國文字的形象與音讀都影響了中國文學的形式與內容。中國文字源自象形、表意。形有繁複與簡易之差，意象也有繁簡之別，因此創造的字形就很難大小都一致，如以甲骨卜辭作例子（第四節圖10－14），在早期，一段句子之中，字的大小有時相差甚大，但寬度卻頗一致，顯然是反映書寫於竹簡的傳統。後期大致是為了整齊、美觀的原因，繁複的字就慢慢地簡化。相反地，簡易的字就慢慢地增繁。周代這種趨勢更為明顯，遲至戰國時代，終使每一個字的大小，不管構形是繁複或簡單，都習慣寫成一樣的大小。它使得句子的字數，亦即句子排列的長度非常地整齊，甚至為了取得句子長度一致的效果，就加上沒有意義的襯字。如《詩經》的很多句子便是，《毛詩・國風・卷耳》"采采卷耳，不盈頃筐。嗟我懷人，寘彼周行"，第一句重複采字，便是為了使行列整齊。不但寫詩歌如此，就是寫作敘事的文章，也喜歡用對偶的排列，因此形成四、六字成句的駢體文，也有撰寫聯對的習俗。

編號	商甲骨文	兩周金文	秦小篆	漢隸書	現代/創意
21			s k	風	風 初借鳳鳥形象。商代加上凡或兄聲而與鳳字區別。
22			s k k	鳳	鳳 鳳鳥象形。

　　至於音讀方面，雖然有學者以為，在商代之前中國文字有可能有一個字讀兩個以上音節的現象。因甲骨文的風（字21）【，八風也。東方曰明庶風，東南曰清明風，南方曰景風，西南曰涼風，西方曰閶闔風，西北曰不周風，北方曰廣莫風，東北曰融風。从虫凡聲。風動蟲生，故蟲八日而匕。凡風之屬皆从風】，古文風】、鳳（字22）【，神鳥也。天老曰，鳳之象也，麐前鹿後蛇頸魚尾龍文龜背燕頷雞喙，五色備舉。出於東方君子之國，翱翔四海之外，過崑崙，飲砥柱，濯羽弱水，莫宿風穴。見則天下大安寧。从鳥凡聲。，古文鳳，象形。鳳飛群鳥從以萬數。，亦古文鳳】，本作鳳鳥的形象，被假借為流動的空氣。後來有在鳳鳥字形之上加凡聲與兄聲的兩種標音形態（雖有可能表現不同強度的風而非一字的不同標音，但兩者的辭例相同〔《甲骨文字合集》27459，簡稱《合》〕，都有大的形容詞，比較不會是表達不同強度的風），故懷疑在更早的時代，中國的語言是複音節

的，後來才變成單音節，風字的兩個標音就是其孑遺①。

筆者曾經研究，漢族傳說中的伏犧和女媧就是來自台灣高山族的創
生祖先 piru karu 與其妹妹。據周法高《漢字古今音彙》的擬音，伏犧
的先秦讀音約是 bjwak xiab，與高山族故事的主角 piru karu 的第一個
音組的 p 同屬脣音，x 與第二個音組的 k 同屬喉音。伏犧在中國有姓風
的傳說，而甲骨風字的兩個標音，凡與兄，也正好一為脣音，一為喉
音。先秦音讀，絕大多數的字有輔音韻尾，有可能就是受一組的第二個
音節的影響。又如，先秦有從 p 聲母或 k 聲母而與 l 聲母相諧的現象，
有些學者因而推論中國古代有 pl、kl 等複輔音的現象。命、令在金文用
同一字，推論有 ml 複輔音。以籃、藍從監聲，洛、絡從各聲，隔從鬲聲
等現象，推論有 gl 複輔音。其實複輔音在發音的時候也是發兩個音
的。有可能在創製形聲字時，所用的諧聲字根，其音讀有些來自其第一
個音節，有些來自它的第二個音節，導致用同一個諧聲字根的字，聲母
分屬不同的類②。還有，一些雙音節的詞彙，如解豸、倉庚、忍冬、蜈
蚣等，都有可能是古代多音節語言的孑遺。解豸的甲骨文作廌(字 23)
【廌，解廌獸也。古者決訟，令觸不直者。象形。从豸省。 凡廌之屬
皆从廌】，作高大的平行長角的羚羊類動物形。廌是一種真正在華北生
存過的動物，商代曾有田獲記錄，毛色黃。後來因為氣溫轉冷而南移，
終在中國絕跡而變成傳說的神獸。目前在越南的叢林中猶有遺存。在
文字中，此野獸所吃的草為薦(字 24)【薦，獸之所食艸。 从廌艸。古
者神人以廌遺黃帝，帝曰，何食何處？ 曰，食薦。夏處水澤，冬處松
柏】，以廌所吃的草料是編織席子的好材料表意。而灋、法(字 25)
【灋，刑也。平之如水，从水。廌所以觸不直者去之，从廌去。法，今
文省。佱，古文】，以廌構形，傳說可助判案，漢代一位判官的墓門，
就畫有一對低頭欲向前衝突的廌。由於字形演變有如獨角獸，其長而平

① 裘錫圭《文字學概要》頁 26－27 引張政烺之說。
② 唐蘭《中國文字學》頁 35－46 認為不同聲母諧聲的現象，可能是由於異讀造成
的，反對複輔音的假設。

行的角也容易被誤會為獨角，故在漢以後的墓葬，常以細長的獨角出現。而且羈（字 26）【羈，馬落頭也。从网㒷。㒷絆也。　羈，羈或从革】的構形為廌的二角被繩子綁着之狀。卜辭用以為驛站之設施，有二羈、三羈、五羈等，很可能古代以之拉驛站的車。漢以來廌常被稱為解廌、解豸、獬豸等的複音詞，故有可能商代或更早的廌字是發兩個音的。

編號	商甲骨文	兩周金文	秦小篆	漢隸書	現代/創意
23	象 象 象 象		象 s	廌	廌 高大的羚羊類動物象形。
24		象 象 象 象	象 s	薦	薦 廌所吃之草是織席的好材料。
25		象 象 象 象 象 象 象 象	象 s 象 h 象 k	法	法 傳說獬豸可助判案，角觸不直者去之，法律公平如水流之意。

又如甲骨文的录字（字 27）【录，刻木录录也。象形。凡录之屬皆从录】，作汲水的轆轤形，假借為山麓，而後世以轆轤稱之，也有可能是古代一字讀多音節的現象。又如郭字（字 7）的字形在金文用以為郭與墉二字。郭屬於鐸部，讀若 kwak。墉屬於東部，讀若 riewng。也可能分別來自第一音節與第二音節。還有，少數的形聲字是由兩個不同韻部的字組成，也有可能其一代表前一音節，另一代表後一音節。意義為今日之後的昱（字 28）【昱，日明也。从日立聲】，甲骨文第一期時假借描寫鳥類羽毛的羽字（字 29）【羽，鳥長毛也。象形。凡羽之屬皆从羽】去表達，第二期時加日的意符，第三期時增加以羽與立合成的翌字【翌，飛兒。从羽立聲】，立顯然也充當翌字的聲符。根據周法高的擬音，先秦時羽屬於魚部，音如 vjwav。立屬於緝部，音如 liəp。昱屬於之蒸部，音如 vriwəv，三字都不同韻部。此字的演變，從羽到翌再

到昱。想來從商代到兩周，語音已有了變化。羽的聲母與昱同，翊與昱不同類，其變化的途徑較難從 v 到 l 又回到 v，故有可能 v 與 l 分屬昱讀音的第一與第二個音節。

編號	商甲骨文	兩周金文	秦小篆	漢隸書	現代/創意
26			s h	羈	羈 鷹的二角被繩子綁著之狀，卜辭用以為驛站。
27			s	彔	彔 汲水的轆轤形。
28			昱 s 翊 s	昱 翊	昱、翊 羽毛形，假借為日明。後加立聲，又改為從日立聲。
29			羽 s	羽	羽 一隻羽毛形。

　　古代國際的貿易交流，似乎也表現出中國語文有類似多音節的現象。有一幅公元前 16 世紀的埃及壁畫石刻，描寫東方的港口正在上貨，其上有多處的聖書體銘文。在船上方的文字，說明所載的貨物是各式各樣的奇珍與香料。根據 James Henry Breasted 的翻譯：

　　The loading of the ships very heavily with marvels of the country of Punt; all goodly woods of God's-Land, heaps of myrrh-resin, with fresh myrrh trees, with ebony and pure ivory, with green gold of Emu, (mw), with cinnamon wood, khesyt wood, with ihmut-incense, sonter-incense, eye-cosmetic, with apes, monkeys, dogs, and with skins of the southern panther, with natives and their children. Never was brought the like of this for any king who has been since the beginning(*Ancient Records of Egypt*, *Historial Documents* 頁 109).

其中有桂木（with cinnamon wood, khesyt wood）。據原注，khesyt wood 是種製作香料的甜木。埃及的桂木是個象意字，意義為磨粉的樹。銘文對所載的品物，不同的類別前都帶有 with，此 khesyt wood 之前無 with，很可能就是其前表意字桂木香料的讀音。桂木的植物學名是 Cinnamomun cassia auct. family Lauraceae。在公元前 16 世紀時爪哇人控制其貨源，他們以丁香交換中國的桂皮，然後銷到西方的非洲及西亞。植物學名的桂木 cassia 來自北阿薩姆 Assam 語的 khasi。它應來自原產地的語言。爪哇人所販賣桂皮的原產地是中國今日的兩廣地區，桂的《廣韻》切音是古惠切，擬訂的上古音是 kwev。Khasi 有 ks 兩個音節，應是原產地的語言，此物的名稱該有兩個或更多的音節。因此中國桂的上古音的韻尾 v 可能是第二個音節的遺留。筆者向教聲韻學的同事請教，桂的音讀也可能受 s 的影響而變成第四聲。

　　以上所舉兩個例子，雖只是蛛絲馬跡，但一個字讀兩個音節的可能並非絕不可能。畢竟，就目前所知，起碼在西周之後，儘管一個字有時可在不同的時機讀不同的音，代表不同的意義，但每次也只能發一個音節，故不但句子的字數可以等長，連音節也等長。還有，中國的語詞，由於音節短，為避免混淆，更使用聲調以分辨意義。如此則句子的字數、長度既可以一樣，音節也可以同長，甚至平仄的節奏也可以要求一定的模式，從而發展成律詩、詞曲、對聯等講求平仄聲調的特殊文學形式。同時也由於單音節的原因，音讀相近的字就多了起來，導致古代多用假借字的現象，同時也發展了謎語、歇後語一類的文字遊戲。連帶繪畫的題材也受到影響，如年年有餘（魚）、子孫連甲（蓮、鴨）、吉慶平安（戟、磬、瓶）、三陽開泰（羊）、耄耋延年（貓、蝶）、福祿雙全（蝠、鹿、葫蘆）、馬上封侯（馬、猴）等圖案，都是應用音讀的假借原則。

　　中國多同音詞的語言特質，可能也導致中國的文字到現在還保留象形文字的特徵，沒有走上拼音文字的道路。西洋的語言是多音節的，雖然也有少量同音節而不同意義的現象，如英語的 rite、write、right、wright，其意義都不同而讀音卻一樣，但絕大多數的字，用音讀就可以區別意義，於是用一個意符加上多個音標就可以確定一字的意義。所以古埃及的字，除少量的象形、表意字外，主體是意符加音符的形聲字，或整體都是音節。但中國的語言主要是單音節的形式，有很多同音或音近的詞。如果也以少量的意符加上固定的、少量的音符以表達意義，就會引起同形異義的混亂。因此就儘量以表意的方式創造文字，通過生活經驗的聯繫，表達很多概念性的意義。後來窮於象意文字的創造，逐漸發展了形聲字，但也以不同字形的諧聲字根去代表該音讀，以避免發生同音詞也同形的困擾窘態。

第四節　　主要書體

從商代甲骨文到現在，中國文字經歷了三千多年，雖然有些字還可以依稀辨識其象形的特徵，但小篆以後的書體已起了基本性的變化，最先是以平直代替圓潤均勻的筆劃而形成隸書體，再變為以基本的勾勒橫豎等筆劃組成的楷書，就難看出其原來的象形外觀了。7世紀以來，除有意糾正南北朝隨意變更筆劃的習氣而提倡正字樣的措施外，印刷的廣泛應用，也收到了正字的功能，才使得字形少變化而趨於一定。以下介紹幾種比較重要的書體。

一、甲骨文

在商代，如第二節的討論，一般時候應該用竹簡書寫文字。但因竹簡難以在地下長久保存，故目前見到的資料，絕大多數是刻在晚商龜甲或牛羊肩胛骨上的占卜記錄，以及少量澆鑄於青銅器上的銘文，偶而才見使用毛筆書寫於陶器或骨器的例子。由於甲骨文字的數量最多，故以甲骨文泛稱商代的文字。西周早期雖也有甲骨出土，但數量少，重要性大減。商代甲骨文的重要性在於其時代早而數量又多，有刻辭的估計出土十萬片以上（號稱十五萬片）。此系常用的字絕大部分屬象形與表意字，但如計算個別的可識字，已有大致兩成的形聲字，即已有最進步的造字法，且已發展很久了。由於它是目前最早的大量保存的文字，故是探索漢字創意不可或缺的材料。同時，因它是商王室的占卜記錄，包含很多商王個人與治理國家時所面對的諸多問題，是關係商代最高政治決策的第一手珍貴歷史資料。此期字形的結構著重於意念的表達，不拘泥於圖畫的繁簡、筆劃的多寡或部位的安置等細節，故字形的異體很多，詳見以後的討論，現在略舉數例。如漁(字30)【𣴎，搏魚也。从𩺤水。𣻲，篆文漁从魚】，有水中游魚、釣線捕魚、撒網捕魚等多種創意。又如毓、育(字31)【𠫓，養子使作善也。从𠫓，肉聲。虞書曰：教育子。𣥺，育或从每】，甲骨文不但有兩個不同創意的結構，一形作婦女產下帶有血水的嬰兒狀，一形或作嬰兒生出子宮外之狀。前一形的新生孩子有正立與倒栽之異構，有頭上插或不插骨笄的區別，甚至作一般代表男性的人形，更有將生產者省去的，還有又添加一手拿着衣物以包裹新生嬰兒之狀。至於嬰兒滑出子宮外的字形，也有三種位置上的變化。

編號	商甲骨文	兩周金文	秦小篆	漢隸書	現代/創意
30			s	漁	漁 有水中游魚、釣線捕魚、撒網捕魚等多種創意。
31			s h	毓 育	毓、育 一位婦女產下帶有血水的嬰兒狀。或有手持衣物將要包裹之狀。

圖 10　晚商第一期的刻辭　　　　　　圖 11　晚商第二期的刻辭

　　又由於甲骨卜辭絕大部分是用刀刻的，筆劃受刀勢操作的影響，圓形的筆劃被刻成四角或多角狀，較之銅器上的銘文減少了很多圖畫的趣味性。如上舉眾多的漁字，早期金文作為族徽的字形就比甲骨文的逼真得多。此期的文字，由於是商朝建都於河南安陽兩百多年間的占卜紀錄，使用的時間和地點是在限定的範圍內，有規範的結構，每一時期的書體特徵也比較容易把握，已建立起很嚴謹的斷代標準，可以較容易地確定每一片卜辭的書體年代，有利於探索字形演化的趨向以及制度、習俗演變等種種問題，所以是本書討論的主要對象。

圖 12　晚商第三期的卜辭　　　圖 13　晚商第四期的卜辭　　　圖 14　晚商第五期的卜辭

二、金文

指約從公元前 11 世紀，到秦始皇統一中國的公元前 3 世紀之際的文字，但也常包括晚商時期的銅器銘文。過去因為這一時期的主要材料是鑄造於青銅器的銘文，故稱之為金文。此期的文字也出現於武器、璽印、貨幣、陶器、簡牘和布帛等器物和金屬以外載體的材料。近年簡牘和布帛的材料出土很多，使戰國時代的文字資料大大地豐富起來。

青銅器是為禮儀的需要而鑄造的，所記的內容是希望傳之久遠的光榮事跡，故銘文書寫工整，筆法婉轉美麗，故或有金文為正體而甲骨文為俗體的說法。銅器上早期的字形，不但嚴謹工整，尤其是所謂的族徽文字，或稱記名金文，看起來比其前的甲骨文更近圖畫的性質。譬如族徽文字中的人物，都把圓頭顧的形象畫出來，如、等形。動物和器物也都畫得更為仔細，如、、、、、。因此普遍認為它們表現比甲骨文更早的傳統，即更適宜以之探討文字的創意。至於見於銅器以外的文字，因主要目的是實用，不是禮儀所需。故往往書寫草率而筆劃有所省略，甚至訛變，往往不宜用以探討文字的創意，且資料龐雜，故本書所附字例的金文部分暫不舉這一類的字形。

經過秦代朝廷有意的文字整理，也使得一些地方性的文字與後世所發展的字形關係要較疏遠。此期經歷的時間長，銅器的鑄造，前期以周王室為主，後來工藝在各諸侯地區也迅速發展，不免反映出強烈的地區色彩，使鑄銘的書體也呈多樣化，有時字形的結構也非常不同。如以最常見的冶字（字 32）【，銷也。从冫台聲】為例，各地域書寫的歧異就如圖 15 所示。此字的創意不易推測，文字的構成部件包括火、刀、容器、煉渣，可能表達刀劍於火上加熱，並在砧上錘打以擠出雜質的鍛鐵技術。不過此期字形的結構和位置已漸有一貫的安排。

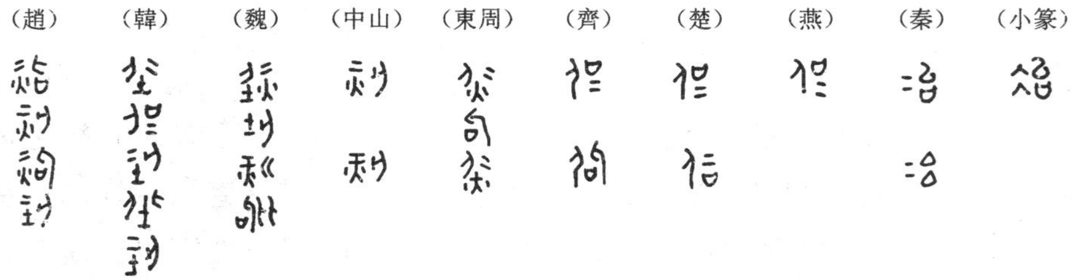

（趙）	（韓）	（魏）	（中山）	（東周）	（齊）	（楚）	（燕）	（秦）	（小篆）

圖15　戰國時代各國冶字的寫法

圖16　西周早期的銅器銘文

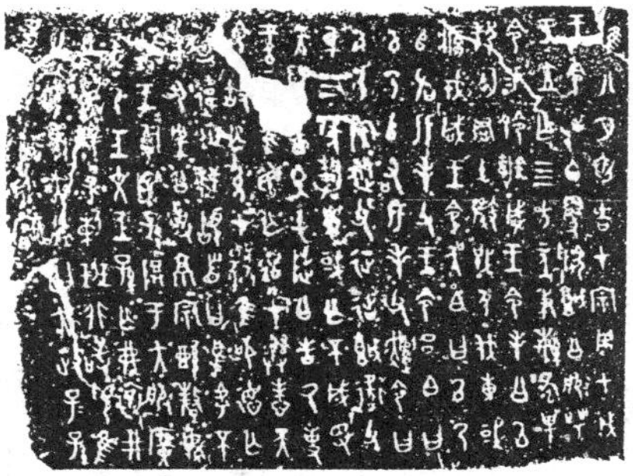

圖17　西周早期的銅器銘文

圖18　西周中期的銅器銘文

圖19　西周中期的銅器銘文

　　春秋之後，新創的象形、表意字大減而形聲字大增。形聲字已普及各詞類，不局限於人地、動植物等名詞。銅器銘文的斷代較不易像甲骨文可具體確定屬某個王的世代。但銅器銘文也可以依據內容或器物形制、花紋等條件而大致判斷出是早期、中期或晚期的作品，西周與東周的作品也容易區分，故而也可以看出在較長期間的字形演化趨向。

編號	商甲骨文	兩周金文	秦小篆	漢隸書	現代/創意
32		役公皆田	焰	冶	冶 可能表達於火上鍛打刀劍的冶鐵技術。

圖 20　西周晚期的銅器銘文

圖 21　西周晚期的銅器銘文

圖 22　春秋時期的銅器銘文

圖 23　春秋時期的銅器銘文

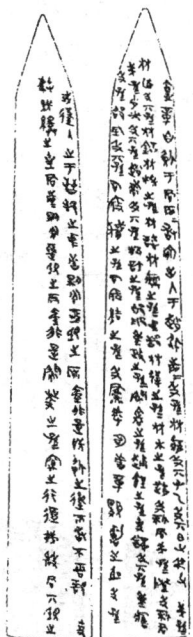

圖 24　春秋時期書寫於石版上的晉
國誓詞

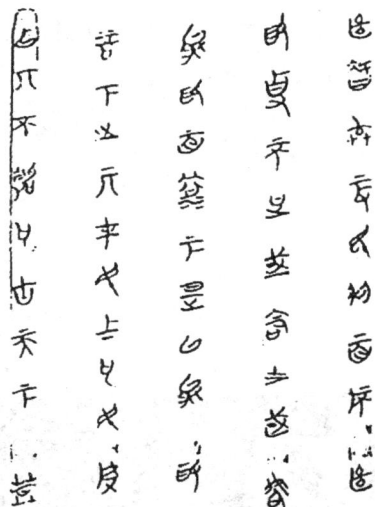

圖 25　戰國時期書寫於竹簡上的楚國文字

圖 26　戰國時期楚國的銅器銘文

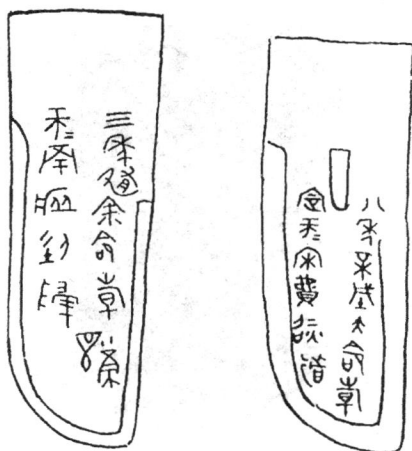

圖 27　戰國時期韓國兵器上的刻銘

三、小篆

指取材自公元 2 世紀東漢許慎《說文解字》中所錄的字形。它反映了先秦以來文字整理的結果，有時字形保持了比戰國晚期還早的傳統，譬如一個字的最高部分如果是橫的筆劃，晚商以來就常在上加一道短的橫筆劃，戰國時代例子更多（見第七節"演變的方向"），而小篆就常選用不加短劃的較早字形。小篆之後，字的結構、筆劃、位置已差不多固定。大致說，此後的文字在筆勢上有所變化，但基本的構架已少變動。《說文》所收的字形主要是小篆，有異體時就標明是古文或籀文等。許慎所根據以編寫的材料，絕大部分大概不早於戰國晚期。小篆的字形，其結構基本上與古文和籀文沒有什麼不同。如有不同時，許慎才特別加以標明。所舉的古文，常有異於自甲骨文、金文演變下來的正規字形，比較可能是地域性或訛變後的字形。近年出土的楚文字常與《說文》所舉的古文有極近似的結構，或許就是《說文》古文取材的源頭。籀文則結構常繁複，但合於傳統的文字組合趨勢，可能與小篆來自相同的源頭。《說文》於標準字形外，常錄不同意符或聲符的異體字，如阱或從穴井聲、岫或從穴由聲、虹或從虫申聲、療或從广樂聲，例子相當多，大致反映各地域的異文。因此小篆可以說是秦朝整理和簡省籀文而

圖 28　戰國時期秦國的石鼓文摹本　　圖 29　戰國晚期秦國詔版上的小篆字形

圖 30　漢代石碑上的小篆字形

圖 31　漢代石碑上的隸書字形

統一各國字形後的結果。小篆是已起了很多變化後的字形，難以依之以探索字源。但小篆有最齊全的材料，是後世書體所據的祖型，也是辨識古代文字的媒體。與簡帛文字相較，常保存較古老的字形，故認識小篆是研究中國古文字必備的知識。

四、隸書

它是戰國以來書體在快速及草率書寫下的結果。先秦與西漢的隸書仍然保留小篆的筆意，到了東漢時代就與小篆的筆勢截然有別。一般以為隸書之名，是官吏為求書寫的快速以應付管理大批勞工罪犯所需的繁重文書工作，官吏乃以簡易的波折改變小篆的渾圓、平衡、典雅的筆勢以求快速。其實這種趨勢，見於各種文書，不限定於有關法律的事務。隸書盛行於漢代，草率的筆勢已漸成有一定波折規律的筆劃，進一步破壞了小篆僅存的圖畫趣味和結構，很多不同部件都被類化或簡化為同樣的部件，因此已不能據以解說文字的創意。

五、楷書

為今日一般使用的書體。它把隸書整理成更有法則、可以用幾種易於書寫的筆劃構成的書體，終於使漢字完全脫離圖形的趣味，變成完全由點、劃組成的抽象形體了。其書寫的體勢從漢代慢慢醞釀，隋唐時候完全建立其筆勢。在要求快速的結果下，東漢以來又同時逐漸發展了行書與草書兩體。但因行書與草書的筆勢較難劃一，個人的風格太突出而不易辨識，加以印刷的廣泛流傳又起着正字的功能，使楷書成為較通行的書體。

第五節　文字的結構和分類

一、《說文解字》

文字雖不是某個人發明的，卻是因某一群人的需要而加速發展起來的。文字對於一般人，主要用途是記錄所擁有的財物數量或重要的吉慶婚喪節日，鮮少涉及思考演繹，及繁雜事務的詳細描述，故不必有多量而成體系的文字符號。但政府的官員、史官為了記錄事件的曲折過程或人事的銓敘；巫師為了不忘記繁複的儀式過程、使用的器物材料以及製造方法，故有必要發展一套體系較完整的記錄制度，因而促進文字制度的推廣與建立。所謂的黃帝史官倉頡創造文字，應視作史官們為本身的業務需要而建立了文字的體系，不當視為文字由一人所創造。　政府的官員在創造文字體系的初期過程中，雖然沒有依據很嚴謹的條例，卻也有相當的共識、一定的原則，譬如說，敲擊樂器的槌大致都是直柄的，但在甲骨文都寫成曲柄，而與以打擊造成傷害為目的的直柄"殳"字有別。如果沒有共識，就不會有這樣違反實物形體的一致作法（請參考第六節"探究創意的方法"）。

在較進化的社會，人的地位有高有低，有些事經常發生在貴族的生活圈中而少見於下層的民眾，記錄時就以畫出眼睛的人加以區別，如履（字33）【履，足所依也。從尸，服履者也。從彳夂。從舟，象履形。一曰尸聲。凡履之屬皆從履。履，古文履從頁從足】，金文畫一個穿鞋子的人，還有一字形多了個水的構件，不知是否表示踐履濕地需要穿鞋子。穿鞋子如果與身份無關，就不必費事把此人的眼睛甚至眉毛都描寫出來。中國有以赤足表示尊敬的傳統，為了保持廟中的潔淨，就有在前往寺廟的途中穿鞋子，而於行禮之前脫鞋，赤足進入神聖的廟堂以保持禮堂潔淨的需要。一般民眾沒有這種需要，也沒有必要穿鞋子，故代表鞋子的字需要強調高級貴族的形象。

順便提一下，《說文》從履之字有屨【屨，履也。从履省婁聲。一曰鞮也】、屜【屜，履下也。从履省歷聲】、屛【屛，履屬。从履省予聲】、屩【屩，履也。从履省喬聲】、屐【屐，屩也。从履省支聲】等字，其意符都作履的省形。這是一種利用空間的創字法，即"省形"。其產生大都因為該字可分析為多個構件，有獨特性，不易與它字混淆，而且字形也方整，只好去其部分以容納聲符。另一方面又有所謂"省聲"者，即省略某字的部分聲符。但是聲符的主要作用在讓人易於見字發音，如果聲符省了形就不易讓人了解其不省之形而失去建構聲符的目的，因此其應用當在不得已時才會使用。《說文》所認定的省聲字絕大多數是有問題的，以後會有所討論。

編號	商甲骨文	兩周金文	秦小篆	漢隸書	現代/創意
33			s k	履	履 有頭臉的貴族穿鞋之狀。
34			s k	沫	沫 一人臨盆雙手洗臉之狀，金文改以雙手持皿倒水向人之沐浴狀。

再舉一例，沫（字34）【沫，洒面也。从水，未聲。頮，古文沫从廾、水，从頁】，甲骨文作一跪坐的人從盤盂中取水洗臉之狀。金文則改作全身洗澡之狀。此字金文出現非常的多，創意是洗澡，但銘文都假借為眉壽的眉。字形繁雜的作雙手持皿倒水向盤皿上的人加以沖洗，此字或省雙手、底下之皿、雙手以及盤皿。最簡省的作有眼睛有眉毛的人

及水滴。中國華北經常缺水，一般人較少沐浴，但貴族可能因經常舉行
祭祀而要經常沐浴潔身，故以貴族形象創字，否則何必費事強調人的頭
部細節。 銘文的眉壽都作沬壽，可能原來表達慶祝高壽時要沐浴整
裝。祝壽是貴族較常舉行之事，故要以貴族形象表達。

　　一個文字被創造後的年代一久，經常由於字形的演變，使得某些字
的創意變得不易了解，於是就有人開始探索個別文字的創意。如果以文
獻的記載為憑，至少自戰國時代起，就零星有分析中國文字結構的例
子。如《左傳・宣公十五年》"故文，反正為乏"。從甲骨文的字形
看，正字(字 35)【正，是也。从一。一以止。凡正之屬皆从正。正，古
文正从二。二，古文上字。正，古文正从一足。足亦止也】的本義是
征伐，以一腳面向一居住區，有加以攻伐之意。正確和適當大致是其引
申義，字形後來演變成從一止，故而才有反正為乏之說【乏，春秋傳
曰：反正為乏】。在較早的時代，正的正反寫法，意義是無別的，而且
從銅器銘文的字形看，乏的字形尚不是正的反向，因此反正為乏之說可
能不是春秋時代的人所能如此分析的。故有人懷疑，這些解析文字的句
子是古文學家為了突顯古文學說而羼入《左傳》的。乏的創意，應該是
正字已演變成象是從一從止，故以一道斜劃表達和正字相反的意義。

編號	商甲骨文	兩周金文	秦小篆	漢隸書	現代/創意
35			正 s 正 k 正 k	正 乏	正 足面對一都邑，征伐的對象。 乏 金文創意不明。小篆以反正表達匱乏之意。
36			蠱 s	蠱	蠱 皿中有蟲，食物不潔可致人生病。

又《左傳・昭公元年》"于文，皿蟲為蠱"。蠱字(字 36)【蠱，腹
中蟲也。春秋傳曰，皿蟲為蠱。晦淫之所生也。梟磔死之鬼亦為蠱。

从蟲从皿。皿，物之用也】以皿中有蟲，表現食物不潔而導致生病，對蟲字創意的解說是正確的。

又如《韓非子‧五蠹》"古者蒼頡之作書也，自環者謂之厶，背厶謂之公"。公字（字37）【ㄐㄥ，平分也。从八厶。八猶背也。韓非曰，背厶為公】，甲骨文作八在口旁，創意可能與兌（字38）【ㄉㄨㄟ，說也。从儿谷聲】類似。兌以喜悅時嘴兩旁的線紋表意，那是男女老幼都有的現象。公大致是以人年老時肌肉鬆弛，在口兩旁形成並行的溝紋來表意。那是老人特有的形象，故用之以表現老人才有的地位。後來口演變成圓圈，類化為厶，難以認出原形，不怪韓非子有如此的分析。還有《左傳‧宣公十二年》"夫文，止戈為武"。武（字39）【ㄓㄢ，楚莊王曰，夫武，定功戢兵，故止戈為武】以兵戈與腳步組成。止字在商代並無阻止、禁止等意義。創意可能來自持戈而行走於路上的人為武士，或持戈而跳的為大武之舞蹈。以上所舉例子，分析字形的都不是從事文字創作的人，如果是文字工作者，當會更加謹慎。

編號	商甲骨文	兩周金文	秦小篆	漢隸書	現代/創意
37				公	公 象老人之口兩旁有直紋狀。
38				兌	兌 一人喜悅時，嘴上方形成的紋線。
39				武	武 持戈行路者為武人，或持戈而舞者為大武舞。

不過從文字出現的時代看，有意分析字的結構，還可上溯到商代的晚期。缶（字40）【缶，瓦器所以盛酒漿，秦人鼓之以節歌。象形。凡缶之屬皆从缶】的創意許慎雖說是象形，但作為容器口緣之上的午

字，實不屬容器上的任何東西，所以酒漿容器象形的創意實在是不適當的。早期的字形實在不像瓦器之形，故近代學者或以為是從口午聲的結構。

編號	商甲骨文	兩周金文	秦小篆	漢隸書	現代/創意
40			s	缶	缶 旬析出，陶拍在土胚上造型。
41			s	匋	匋 一人以陶拍製作陶器之狀。
42			s z k	敢	敢 手持挖掘工具與籃子，挖礦為勇敢的行為。
43			s k	嚴	嚴 手持工具於山洞中挖礦並置之籃中之狀。

缶字為一整體的形象，比較不會是形聲字的結構，應該是從匋字所析出的。匋（字41）【㿼，作瓦器也。从缶包省聲。古者昆吾作匋。案，史篇讀與缶同】作一人蹲踞而以陶拍對一塊黏土製作陶器之狀。缶字的結構是去掉匋字的人形而剩下陶拍與陶器之狀，所以缶必是從匋字析出的創字，而不是以陶拍與陶器表達的。從此字的創造，知商代就已知分析字形的結構以創造新的文字了。

類似的文字分析也可以從敢（字42）【𣪏，敢進取也。从𠬪古聲。𣪊，籀文敢。𢿌，古文敢】看出，敢字作手持挖掘工具與一籃子之狀，實在難以表達勇敢之意。如果不與厰字【厰，㟏也。一曰地名。从厂敢聲】、嚴（字43）【嚴，教命急也。从吅厰聲。𡚁，古文嚴。】比較，就不可能明白其創意。厰、嚴字作手持工具於山洞中挖礦并置之籃中之狀，有時山外也有幾個已運出的籃子。在古代，在山中挖礦是非常危險的事，故有山岩及嚴厲的兩組意義。因需要有相當的勇氣才能從事此等工作，故才分析嚴字，取去山岩部分而創敢字。推知創字的人已從事分析嚴的字形。

商代雖已出現形聲字，但形符數量還有限。春秋時代形聲字才大增，同時擴及各詞類。如頁，為一個特著頭部的人形，之前都是作為表達貴族形象的表意字而與頭的意義無密切關係，但到了春秋時代，從頁的形聲字大增，而且都與頭部的意義有關（詳後，本節第三小節的"分類的意見難一致"）。但是，有系統的專門針對文字結構作分析研究而形之於文字的，首推東漢許慎的《說文解字》。

許慎是東漢人，《後漢書·儒林傳》有傳："字叔重，汝南召陵縣人也。性淳篤，少博學經籍，馬融常推敬之。時人為之語曰：五經無雙許叔重。為郡功曹，舉孝廉。再遷，除洨長，卒于家。初，慎以五經傳說臧否不同，於是撰為《五經異議》，又作《說文解字》十四篇，皆傳於世。"許慎的生卒年月都已不詳。據學者的考證，豫州汝南召陵縣約當今日河南郾城縣，他約生於漢明帝時，即公元 58 年以後。早年當過郡功曹，受到人民的愛戴，被推舉為孝廉。建初四年(79)漢章帝於白虎觀召集學者講學，四年後令賈逵簡選高材生講授古文經學，許慎可能於此時跟從賈逵學習。永初四年詔馬融等校書東觀，許慎參加此項工作，受到馬融的敬重，並被時人推崇為五經無雙。許慎還當過大尉南閣祭酒，故被稱為許祭酒。除《五經異議》外，還著有《孝經古文說》、《淮南子注》等書，現在都已亡佚，只有《說文解字》通行。 許慎於東漢和帝永元十二年(100)完成《說文》的寫作，他的兒子許沖於漢安帝建光元年(121)上表奏獻，當時許慎已老病在床，大概不久就結束生涯。

許慎創作《說文》有其社會背景，不是一時興來之作。許慎接受賈逵之學，而賈逵為劉歆的再傳弟子。劉歆立古文經學，賈逵為古文經學派的創始人。所以《說文》為古文經學，應該是淵源有自的。西漢解除暴秦挾書之禁，提倡經學，除口傳而以當時通行文字寫定的今文經外，陸續有古代文獻出現，為了解讀這些古代文獻，並以之建立於學官，以為仕進之途，就有學者開始研究古代文字，這為《說文》的寫作提供了有利的條件。為了要取代今文經既有的地位，古文經學派只得發展更有說服力與合理的經義，而不是斷以私意、無是非的標準。所以就文字本身的規律去探求字義與詮釋古文經的經義，因此就有了文字本義即創意的探索。

　　《說文》經奏獻之後，很快就廣泛流傳，並有研究《說文》的著作。到了唐代，李陽冰刊定《說文》，可能有些改動，因無更早的版本傳世，所以對許慎《說文》的原貌已無從論定。現在流傳的版本是由兩兄弟的兩個系統所傳下的，一是弟弟的小徐本，南唐徐鍇的《說文解字繫傳》；一是哥哥徐鉉的大徐本，此為宋初的校定本，比小徐本多收 78 字，重文 116 字。對於所收字的說解，兩書有歧異，歷來考訂其間是非的論著也不少。現在最常使用的是段玉裁的《說文解字注》，也是本書引文所據的本子。民國二十年丁福保編纂《說文解字詁林》，採錄有關《說文》之著作 182 種，共 254 家之說。後又有《詁林補遺》，搜羅更為完備。

　　由於今天所傳的《說文》已非許氏的原貌，其著述的真正體例已難究竟，大致可以看出幾點：一是全書 9353 字分隸於 540 部，部的序列是根據字形的繫聯，形體相關或相近的依次排列，始一終亥，看不出有特別的理論根據，其序列見此節後之附錄。部首之後的隸字，每個字先釋字義，再解字形，然後列異體。一部之內的字序，大體也有一定的規律。凡東漢的帝諱必列最前，然後是先吉後凶、先實後虛的意義。與部首形體重疊或相反者在之後。今以示部與牛部所收之字列於此節後之附錄，以略見概況。所收書體以小篆為主，還包括古文、籀文，偶又列或體、奇字、俗體等名目。小篆是《說文》的基本字形，大致是秦朝整理文字、省改籀文的成果。古文來自壁中書，基本上是戰國時期與秦通行者有異的東方六國字形，但有些字形卻保留商代的結構，如農（字 44）【𦦥，耕人也。从晨囟聲。𦦥，籀文農从林。𦥯，古文農。𦦦，亦古文農】，甲骨文作林與辰的組合，表示以蜃製工具在森林從事農業之意。卜辭也用來指早上的時段,因拿農具去林間工作是一大早就要做的事。

編號	商甲骨文	兩周金文	秦小篆	漢隸書	現代/創意
44	（字形）	（字形）	s z k k	農	農 林與辰組合,以蜃製工具在森林從事農業之意。

　　此字西周以後增一田的符號,強調在有規整區劃的田地工作,而古文的其中一個字形（字形）竟然還保留商代及西周時代沒有部件田的形式。籀文的體勢同小篆,但往往較繁,亦為秦國文字。或體是別有寫法的同時代的異體字,有時卻反映更早的字形。俗體是漢代通行的字體而與傳統的字形可能不合者。奇字則是訛變的形體,難於據以說解創意。

　　《說文》對字形常有很好的分析,時有精妙的說解。其錯失大致都是由於沒有見到古代的字形,難以洞見真義。《說文》雖然對文字的創意經常有不當的說解,但也保存了一些古文字與其所演變成的形聲字之間的橋樑,如囿（字45）【（字形）,苑有垣也。从囗有聲。一曰,所以養禽獸曰囿。（字形）,籀文囿】保存了田中有四木的籀文字形,使我們可以辨識田中四中或四木的甲骨文字形,知道其創意是特定範圍內種植草木的遊樂場地。

　　又如野（字46）【（字形）,郊外也。从里予聲。（字形）,古文野从里省从林】保存的古文字形作土上雙木夾予,使我們辨識甲骨文的埜就是其前形,士訛成土而增聲符"予"。野大致以林中豎立性崇拜物之處表意,有別於居住區的邑（字47）【（字形）,國也。从囗。先王之制,尊卑有大小,从卪。凡邑之屬皆从邑】,邑以跪坐之人與一範圍表達家居的生活範圍。也有別於工作區的田（字48）【（字形）,陳也。樹穀曰田。象形。囗十,千百之制也。凡田之屬皆从田。】,象區劃規整的農田形。

編號	商甲骨文	兩周金文	秦小篆	漢隸書	現代/創意
45			s z	囿	**囿** 栽培觀賞類植物的遊樂場地。
46			s k	野	**野** 林中豎立性崇拜物的郊野處。
47			s	邑	**邑** 人跪坐居息的範圍，為居住區。
48			s	田	**田** 區劃規整的農田形。

　　登(字49)【𤇭，上車也。从址豆。象登車形。𤇭，籀文登从収】也保存了和甲骨文字形一樣的雙手捧矮凳讓雙足登上的籀文字形。**秋**(字50)【𤒅，禾穀孰也。从禾熑省聲。𤓯，籀文不省】，讓我們了解甲骨文取象蝗蟲或蝗蟲受火烤、以秋季景象表達秋季是其源頭。其演變的過程，大概蝗蟲之形訛變如龜，乃加禾以示與農事有關，最後省去龜而成从禾从火之字形。

　　上文所舉的**毓**、**育**(字31)也保留了甲骨文的兩個字形，一為婦女產下帶有血水嬰兒的毓字，一為嬰兒滑出子宮外的育字。所以《說文》對古文字的研究還是很重要的。

　　《說文》的研究到了清代的乾隆、嘉慶時代大為興盛，形成專門的研究學科。有清一代研究《說文》而有著述的超過兩百人，其中有四家被認為在不同的研究領域作出了傑出的貢獻，分別為段玉裁的《說文解字注》、桂馥的《說文義證》、王筠的《說文句讀》與《說文釋例》、朱駿聲的《說文通訓定聲》。略為介紹如下。

編號	商甲骨文	兩周金文	秦小篆	漢隸書	現代/創意
49			S Z	登	登 雙手扶持矮凳讓他人上登之狀。
50			S Z	秋	秋 象蝗蟲形或蝗蟲受火烤之狀,為秋季的景象。

　　段玉裁（1735—1815），著述甚豐，《說文解字注》是他傾畢生心力所完成的鉅著。他參考多種本子，對大徐本有所增改與訂正。段注《說文》突破單純校訂、考證的方式，全面地論述文字的形、音、義相互間的關係，作訓詁學上的探討。雖然一般認為他在探求古字的本義，以及闡明形、音、義三者之間的關係上有很精闢的意見，但因為段玉裁是在為《說文》作注，體裁受《說文》本身質量的限制。許慎對於字的創意說解既是基於晚出的訛變字形，以致對於表意字的說解有超過一半以上的錯誤，自然大大影響了對它作注解的正確度。而且此書的校正亦有瑕疵，標明的古韻分部常與所列的諧聲表有出入。

　　桂馥（1736—1805）的《說文義證》，其撰寫的重點是徵引大量的古代文獻資料以佐證《說文》的說解。因體例的關係，對《說文》錯誤的說解也曲予論證，對初學者來說是不適宜的。

　　王筠（1784—1854）的《說文釋例》，其撰寫重點是解釋《說文》的體例。前十四卷說明六書及《說文》的體例，後六卷敘述一些疑惑。王筠能以新出的金石古文字形補正《說文》的說解，就文字學研究的觀點看，較段注有創見。他闡發的《說文》體例指示閱讀《說文》的門徑，也常是現在傳統說文學的研究主題。

　　朱駿聲（1788—1858）的《說文通訓定聲》，其體例是將《說文》所收字重新依諧聲字根分類，理出 1137 個字根，從音韻的切入點全面討論字的創意，也能利用新出的古文字形以說解字義。但過分注重音韻與意義的關係，助長了右文說的傳播。

附：《說文》部首及選例（括弧內數字為卷數）

小篆字形：

（01）一二示三王玉玨三士丨屮艸蓐茻

（02）川八釆半牛犛告口凵吅哭走止癶步此正是辵彳廴延行齒牙足疋品龠冊

（03）嚚舌干谷只商句古十卅言誩音辛丵菐廾𠬞共異舁臼晨爨革鬲䰜爪丮鬥又𠂇史支聿聿畫隶臤臣殳殺几寸皮㼱攴敎卜用爻㸚

（04）𣕚目䁠眉盾自白鼻皕習羽隹奞雈𠁥苜羊羴瞿雔雥鳥烏䏌冓幺𢆶叀玄予放𣦼歺死冎骨肉筋刀刃韧丯耒角

（05）竹箕丌左工𢀛巫甘曰乃丂可兮号亏旨喜𧯋鼓豈豆豊豐虍虎虤皿𠙴去血丶丹青井皀鬯食亼會倉入缶矢高冂𩫖京亯㫯畗㐭嗇來麥夊舛舜韋弟夂久桀

（06）木東林才叒之帀出𣎵生乇𠂹𠌶華𥝌𥠻稽巢桼束㯻囗員貝邑𨛜

（07）日旦倝㫃冥晶月有朙囧夕多毌𢎨東卤齊朿片鼎克彔禾秝黍香米毇臼凶朮𣏟麻尗耑韭瓜瓠宀宮呂穴𥧌疒冖𠔼冃㒳网襾巾帛白㡀黹

（08）人𠤎匕从比北丘㐺𡈼重臥身𠂣衣裘老毛毳尸尺尾履舟方儿兄兂皃兂見𧠻欠㰃㱃㳄

（09）𦣻面丏𦣻首𥄉須彡彣文髟后司卮卩印色𠨍辟勹包茍鬼甶厶嵬山屾屵广厂丸危石長勿冄而豕㣇彑豚豸𤉡易象

（10）馬𢊁廌鹿麤㲋兔萈犬狀鼠能熊火炎黑囪焱炙赤大亦夨夭交尣壺壹㚔奢亢夲夰大夫立竝囟恖心惢

（11）㳍㵎頻𡿦𡿨巜川泉灥永𠂢谷仌雨雲魚𩺵燕龍飛非卂

（12）𠃉不至西鹵鹽戶門耳𦣞手𠦬女毋民丿𠂆乁氏氐戈戉我亅琴𠃊亾匸匚曲甾瓦弓弜弦系

（13）糸𦆅絲率幺𢇅𢆶𢆉玄申𤴯𤴐岫二土垚蕃里田畕黃𤱿𠣬𦔮

（14）金�弓几且斤𢦏車𠂤𨸏闢厽四宀㳄亞五午七九内𥃲中乀丙

个戊己弓辛𢆶壬癸子𠃬𠫓丑寅甲辰巳午未申酉酋戌亥

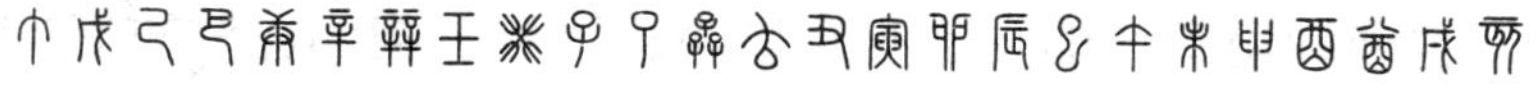

今體字形：

（01）一二示三王玉玨气士丨屮艸蓐薅

（02）小八釆半牛犛告口凵吅哭走止𣥲步此正是辵彳夊延行齒牙足
疋品龠冊

（03）㗊舌干谷只肉句丩古十卅言誩音辛丵菐廾𠬞共異舁臼晨爨革
鬲弼爪丮鬥又屮史支聿聿畫隶臤臣𠬪殺几寸皮蘢攴教卜用爻㸚

（04）夏目眲眉盾自白鼻皕習羽隹奞萑丫苜羊羴瞿雔雥鳥烏華菓幺
絲叀玄予放𠬪叔歺死𠃌骨肉筋刀刃韧丯耒角

（05）竹箕丌左工㘴巫甘旨曰乃丂可兮号于喜壴鼓豈豆豐豐虍虎
虤皿凵去血𠂈丹青井皀�食亼會倉入缶矢高門亯京亶𡦥靣嗇來麥夊舛
舛韋弟夂久桀

（06）木東林才叒之帀出𡳾生乇𣎵㞟華禾稽巢㯥束橐囗員貝邑邒

（07）日旦𠦝㫃冥晶月有明囧夕多冊马東鹵齊朿片鼎克彔禾秝黍香
米毇臼凶木林麻朮耑韭瓜瓠宀宮呂穴夢广厂冂冃月网网襾巾市帛白𠩺黹

（08）人七匕从比北丘众壬重臥身㐆衣裘老毛𣯩尸尺尾履舟方儿兄
先兒兆先禿見覞欠飲次旡

（09）頁百面丏首𥅫須彡彣文髟后司巵卩印色卯辟勹包苟鬼由厶嵬
山屾屵广厂丸危石長勿冄而豕希彑豚豕㢱易象

（10）馬廌鹿麤怠兔莧犬狀鼠能熊火炎黑囪焱炙赤大亦矢夭交尢壺
壹奎㚔本夰大夫立並囟思心惢

（11）水沝瀕く巜川泉灥永辰谷冫雨雲魚鱟燕龍飛非卂

（12）乙不至西鹵鹽戶門耳臣手𠦬女母民丿厂乁氏氐戈戊我亅琴乚
亡匸匚曲甾瓦弓弜弦系

（13）糸素絲率虫虵蟲風它龜黽卵二土垚堇里田畕黃男力劦

（14）金开勺几且斤斗矛車自𨸏𩫏厽四宁叕亞五六七九内𥃲甲乙丙
丁戊己巴庚辛辡壬癸子了孨𠫓丑寅卯辰巳午未申酉酋戌亥

選例：

示【示，天垂象，見吉凶，所以示人也。从上。三垂，日月星也。觀乎天文以察時變。示神事也。凡示之屬皆从示】所屬的字：

祜【祜，上諱】、禮【禮，履也。所以事神致福也》】、禧【禧，禮吉也】、禛【禛，以真受福也】、祿【祿，福也】、禠【禠，福也】、禎【禎，祥也】、祥【祥，福也】、祉【祉，福也】、福【福，備也】、祐【祐，助也】、祺【祺，吉也】、祇【祇，敬也】、禔【禔，安也】、神【神，天神引出萬物者也】、祇【祇，地祇引出萬物者也】、祕【祕，神也】、齋【齋，戒絜也】、禋【禋，絜祀也。一曰精意以享為禋】、祭【祭，祭祀也】、祀【祀，祭無巳也】、祡【祡，燒柴焿祭天也】、禷【禷，以事類祭天神也】、祪【祪，祔祪祖也】、祔【祔，後死者合食於先祖】、祖【祖，始廟也】、祊【祊，門內祭，先祖所旁皇也】、祰【祰，告祭也】、祐【祐，宗廟主也。周禮有郊宗石室。一曰大夫以石為主】、祏【祏，以豚祠司命也】、祠【祠，春祭曰祠。品物少，多文辭也】、礿【礿，夏祭也】、禘【禘，禘祭也。周禮曰，五歲一禘】、祫【祫，大合祭先祖親疏遠近也。周禮曰，三歲一祫】、祼【祼，灌祭也】、禰【禰，數祭也】、祝【祝，祭主贊詞者】、禬【禬，祝禬也】、祓【祓，除惡祭也】、祈【祈，求福也】、禱【禱，告事求福也】、禜【禜，設綿蕝為營，以禳風雨雪霜水旱癘疫于日月星辰山川也。一曰禜，衛使災不生】、禳【禳，磔禳，祀除癘殃也。古者燧人禜子所造】、禬【禬，會福祭也】、禪【禪，祭天也】、禦【禦，祀也】、祔【祔，祀也】、祿【祿，祭也】、禨【禨，祭具也】、祳【祳，社肉。盛之以蜃，故謂之祳】、祴【祴，宗廟奏祴樂】、禡【禡，師行所止，恐有慢其神，下而祀之曰禡】、社【社，地主也】、禓【禓，道上祭】、祲【祲，精气感祥】、禍【禍，害也。神不福也】、祟【祟，神禍也】、祅【祅，地反物為妖也】、祆【祆，明視以筭之】、禁【禁，吉凶之忌也】、禫【禫，除服祭也】

牛【牛，事也，理。像角頭三封尾之形也。凡牛之屬皆从牛】所屬的字：

　　牡【牡，畜父也】、犅【犅，特也】、特【犅，特牛也】、牝【牝，畜母也】、犢【犢，牛子也】、㹄【㹄，二歲牛】、犙【犙，三歲牛】、牭【牭，四歲牛】、犒【犒，騂牛也】、犡【犡，白黑雜色牛也】、㹁【㹁，牛白脊也】、㸤【㸤，黃牛虎文】、犖【犖，駁牛也】、㸿【㸿，牛白脊也】、牫【牫，牛駁如星】、犥【犥，牛黃白色】、犉【犉，黃牛黑脣也】、㹂【㹂，白牛也】、犌【犌，牛長脊】、牧【牧，牛徐行也】、犨【犨，牛息聲。一曰牛名】、牟【牟，牛鳴也】、牷【牷，畜牷，畜牲也】、牲【牲，牛完全也】、牷【牷，牛純色。祭祀牷牲】、牽【牽，引而前也】、牿【牿，牛馬牢也】、牢【牢，閑也。養牛馬圈也】、犓【犓，以芻莖養圈牛也】、㹗【㹗，牛柔謹也】、犕【犕，易曰犕牛乘馬也】、犁【犁，耕也】、㸭【㸭，兩壁耕也。一曰覆耕種也】、㹎【㹎，牛羊無子也】、牴【牴，觸也】、㸰【㸰，牛踶㸰也】、㸲【㸲，牛很不從牽也。一曰大皃】、㸡【㸡，牛卻下骨也】、㹍【㹍，牛舌病也】、犀【犀，微外牛，一角在鼻一角在頂，似豕】、㸚【㸚，滿也】、物【物，萬物也。牛為大物。天地之數起於牽牛】、犧【犧，宗廟之牲也。賈侍中說，此非古字】

二、六書的爭議

　　學習中國文字學，對於“六書”的名稱和爭論是不能不有些常識的。所謂“六書”，或以為就是創造漢字的六種法則，其實應該說是文字結構的類型。它的名稱首見於戰國時代的著作，《周禮·地官·保氏》：“保氏掌諫王惡，養國子以道，乃教之六藝：一曰五禮，二曰六樂，三曰五射，四曰五馭，五曰六書，六曰九數。”可見，六書本是教學的科目，和文字學無關。漢代的學者才開始把它注解為六種造字之法。有些人甚至還以為其法始於造字之初，即黃帝、倉頡的時代，認為其名稱也定於倉頡的時代。文字是為順應生活，慢慢創發而增多的，很多創意是偶發的，並沒有先設立一定的法則，再遵循之以創造。尤其是歸納晚出字形所得的條例，更是難以窺見創字之初的實情。漢人所據以分析的字形，時間已經是文字創造幾千年之後，形體已起了極大的變化，其歸納的結果當然有很多不太可信之處。以前沒有更古的資料可供比較和探索，故要倚重《說文》對小篆字形的分析。如今已有大批更古的資料，自應實事求是，依據古文字的現象去作分析和歸納。今以歷史回顧的態度略為介紹六書於下。

漢代學者對六書的次序及名稱有以下三種意見：

（一）班固《漢書・藝文志》：象形、象事、象意、象聲、轉注、假借

（二）鄭眾《周禮・地官・保氏》鄭注引：象形、會意、轉注、處事、假借、諧聲

（三）許慎《說文解字・敍》：指事、象形、形聲、會意、轉注、假借

這三位解說六書的源頭雖是劉歆的古文經學，但只有許慎給予定義及例子。他對每一法則的說明如下。

"指事者，視而可識，察而見意，上下是也。"

上（字51）【二，高也。此古文上。指事也。凡上之屬皆从上。丄，篆文上】，以一短劃在一長劃之上表示在上的位置關係。

下（字52）【二，底也。从反上為下。丅，篆文下】，以一短劃在一長劃之下表示在下的位置關係。

"象形者，畫成其物，隨體詰詘，日月是也。"

日（字53）【日，實也。大易之精不虧。从○一。象形。凡日之屬皆从日。⊙，古文。象形】，以太陽的輪廓表示其物體。

月（字54）【月，闕也。大侌之精。象形。凡月之屬皆从月】，以常缺的月亮輪廓表示其物體。

"形聲者，以事為名，取譬相成，江河是也。"

江【江，江水出蜀湔氐，徼外崏山入海。从水工聲】，聲讀如工的河流名稱（江、工）。

編號	商甲骨文	兩周金文	秦小篆	漢隸書	現代/創意
51			二 k 上 s	上	上 一短劃在一長劃之上，表達在上的位置。
52			二 k 下 s	下	下 一短劃在一長劃之下，表達在下的形勢。
53			日 s ⊙ k	日	日 太陽的輪廓形。
54			月 s	月	月 月亮的輪廓形。
55			信 s 㐰 k 㜷 k	信	信 持長管樂器作宣告的人，可信的政府政策。

河【河，河水，出敦煌塞外昆侖山，發源注海。从水可聲】，聲讀如可的河流名稱 （字形 ）（字形 ）。

“會意者，比類合誼，以見指撝，武信是也。”

武（字39），以持戈而跳的舞曲，或持戈行路者有勇武之態表意。（字形 ）

信（字55）【信，誠也。从人言。㐰，古文信省也。㜷，古文信】，以持長管樂器作宣告的人才是可信的政府政策。

“轉注者，建類一首，同意相受，考老是也。”

考（字56）【考，老也。从老省丂聲】，作持杖而行的老人狀，或與古代棒殺老人的習俗有關，用以表達已過世的父親。也有可能是从老丂聲的形聲字。

編號	商甲骨文	兩周金文	秦小篆	漢隸書	現代/創意
56	（圖）	（圖）	（圖）s	考	考 持杖老人之狀。
57	（圖）	（圖）	（圖）s	老	老 象長髮持杖的老人狀。
58	（圖）	（圖）	（圖）s	令	令 戴帽跪坐者為下達命令的人。
59	（圖）	（圖）	（圖）s （圖）k （圖）k	長	長 象長髮的年老長者狀。

老（字 57）【（圖），考也。七十曰老。从人毛匕。言須髮變白也。凡老之屬皆从老】，長髮持杖而行者為老人。

"假借者，本無其字，依聲託事，令長是也。"

令（字 58）【（圖），發號也。从亼卪】，跪坐而戴高帽者為發號施令的人。

長（字 59）【（圖），久遠也。从兀从匕，亡聲。兀者高遠意也。久則變匕。亾者到亡也。凡長之屬皆从長。（圖），古文長。（圖），亦古文長】，以一人不梳髻時的長頭髮表達長的概念。

下面先談以上所提及的《周禮》六書的內涵，再談其他問題。關於六書的內涵，近世頗有爭論。其爭論約可分為兩個方面：一為六書是否為造字之法，一為其内容是否皆造字之法。

（一）《周禮》之六書與造字之法無關

（1）六書為六甲，即六十干支表，小童初學的課目

此說起自近人張政烺，認為六書造字法之說都傳自劉歆，之前絕無任何痕跡。而《漢書·食貨志》有"八歲入小學，學六甲、五方書計之事"。認為六甲即六十干支表，與九九算術的九章，皆為學童入門的最實用知識，故《周禮》保氏所教的六書應是指這個最基本知識的六甲，而非高深的造字之法①。此說很得一些學者的支持。

（2）六書為課試學子的六種書體

近人蔣伯潛的《文字學纂要》以為，漢初蕭何律中，以六體考試學子，鄭衆誤以《周禮》的六書釋之。龍宇純《中國文字學》更推展之，以上引《漢書·食貨志》的"書計"與《周禮》保氏之職的六書和九數相當，以為六書不得為六甲。六甲只為書學之一端，未必能獨專書學之稱。《周禮》的五禮、六樂、五射、五馭、九數都是舉多少種類，不應獨六書例外而指六十干支。因《說文解字·敘》有"漢興，尉律學僮十七已上始試，諷籀書九千字，乃得為史；又以八體試之，郡移太史並課，最者以為尚書史。書或不正，輒舉劾之"。以為八體即為八種不同書體。秦的八體是大篆、小篆、刻符、蟲書、摹印、署書、殳書、隸書。王莽時以六體代替八體，其六體為古文、奇字、篆書、左書、繆篆、鳥蟲書。王莽時代的六體大致為三類書體，前兩種是上世的古體，次兩種是當代的標準體，最後兩種是適應不同需要的變體。劉歆為王莽的國師，《周禮》是劉歆所推廣的。《周禮》屬古文經學，劉歆是古文家，足見其間的關係。不過，漢代課試不同的書體是為大人的取士而設，《周禮》的六書是入學兒童所誦習的科目。兩者的程度大有區別，對於剛學識字的小兒來講，一下子就要學六種書體，還包括一般人不常使用的特殊用途的書體，不管是智能或實用上，都是說不過去的，故這種見解不見得合適。

———————————

① 　《六書古義》，見《史語所集刊》10。

（二）許慎等漢儒的六書不都是造字之法

（1）轉注與假借為用字之法

這是常見的所謂四體二用說，戴震受明人楊慎的影響而創，以為象形、象事、象意、象聲四者為造字之法，轉注、假借則為用字之法。依許慎所下的定義，假借是用已有之字去代表另一未製專字之語言，它並沒有產生一個新的字形，故不認為是造字之法。而許慎所給的兩例假借"令"與"長"，可能也都有問題。許慎由於不了解卩之構件所代表的形象為跪坐的人，以為與印章有關，故完全誤解令的創意。令（字 58），是戴帽跪坐的卿士、下達命令的人，故引申其意義為下命令的縣令，並不是本無其字的假借字。長（字 59），是不束髮而暴露稀疏長髮的年老長者，可能由於年老長者普受崇敬，引申以名受縣民崇敬的長官，可能也不是假借字。兩字不管是依許慎的說解，或較可信的現代解釋，本身都是表意字（或會意字）。甚至許慎明明把"長"視為形聲字，說明他所謂的"假借"是字的應用而不是字的結構分類或創字方法。至於轉注，許慎的說解和例子都留下太多的爭論空間，如下文所述。

（2）轉注說的紛亂

或以為假借之法是借一個現有的字去代表另一個未製專字的語言。雖然沒有增加新字形，因賦予新的意義，也等於增加了新字，故也是造字之法。既然假借是造字之法，那麼所剩下的與之成配對的轉注，也應該是造字之法。但是如果這種說法可以接受，則引申也是增加一字的新意義，也應該歸入造字之法了。如此一來，則絕大部分的象形、象意字都可以兼為假借、轉注與引申字了。

許慎對於轉注的說解"建類一首，同意相受，考老是也"，太過精簡，到底所建類的類是什麼，所同的意又是哪一類的意義，都沒有作更進一步的解釋。至於如何轉而注之，更是付之闕如。到底是考、老兩字之間的轉變，還是考與老各有所轉，也不清楚。個別文字的解釋也沒有提及這種造字之法。因此如何在五種造字法以外，揣摩許慎的意思，另想出一個可能的造字之法，學者就分別從形、音或義等三方面，抒發想像之能，而導致近兩千年來有幾十種不同的解釋，有的是屬於字的應

用，有的甚至與《說文》本身的說解沒有關係①。以下試略舉其中一些
說法。

1. 轉變一字的方向或位置以造的新字

唐·賈公彥："建類一首，文意相受，左右相注。"

唐·裴務齊："考字左回，老字右轉。"

宋·戴侗："側山為阜，反人為匕，反欠為旡，反子為到去之類是
也。"

賈氏和裴氏的意思，可能指考與老兩字的意義相似，字形也相近，
而所持拐杖的方向一為左一為右，即稍為變化既有的字形以創新字。戴
氏則較偏重字形的變化。這一類字形位置相反的例子太少，而且是分析
小篆字形所得，其字並不見於文字初成體系的時代。它們很多只在文字
學的討論可見到，日常並不使用。《說文》只談及部首的類，考老也是
歸屬於同一部。而學者所舉的例，有的既不同部類，意義也不同，和許
慎的意見有相當大的出入。或有可能指如上文所討論的匋缶、嚴敢的例
子，考是自老字析出的異別字。

2. 意符相同而意義相關的字

南唐·徐鍇："受意於老，轉相傳注，故謂之轉注。義近於形聲而有
異焉。形聲江河不同，灘濕各異。轉注考老實同，好妙無隔，此其分也。"

清·曹仁虎："既曰建類一首，則必其字部之相同。轉注者，一義
而有數文。假借者，一文而有數義。"

部屬相同而意義與聲讀都相近的異別字也很少。老為象意字，大致
認為考是自老字變化而造的同義形聲字。不但《說文》無妙字，它是否
自好字創意轉來，也留下很大的爭論空間。如果只要意義相同或相似就
視為轉注，不但意義的分類易流於主觀，如以後將討論的右聲說，也失
去以轉注命名的意義了。一文而有數義是引申常見的現象，非只見於假
借，不提引申則造字之法也不全。

---

① 　參考《六書商榷》，見《說文詁林·六書總論》。

3. 同部首所隸屬的字

清・江聲：“其始一終亥五百四十部之首，即所謂一首也。下凡某之屬皆從某，即同意相受也。此皆轉注之談。”

《說文》部首所隸之字不皆形聲，隸字與部首也不一定有很密切的關係。部首的建立猶如索引的手段，非造字法。創字時也不是先建部首再依之造字。再者，《說文》部首設置是否得當也常是討論的課題。其他兩組造字都成對，假借是基於音讀的關係，有時與被假借的字隸在同一部首之下，與部首隸字的方式不配對。

4. 同諧聲偏旁的形聲字

清・鄭知同：“轉注以聲旁為主，一字分用，但各以形旁注之。轉注與形聲相反而實相成。”

即假借或引申添加形旁別義而形成的形聲字。其實此意見與聲符兼有意義者為轉注的說法一樣而範圍較窄，而且沒有對應《說文》的說解，老與考不用同一聲旁，老也不是形聲字。《說文》也沒有以聲為分類的意見。

5. 加形符或聲符的繁體或分化字

清・饒炯：“轉注本用字後之造字。一因篆體形晦，義不甚顯，而從本篆加形加聲以明之。”

沒有對應《說文》的說解。為上一意見的擴充。

6. 假借字加音符

唐蘭：“於是假借來的私名注上形符，有時就拿音符來注形符，這是轉注。”

假借就是起於音的借用，很少再加注聲符的例子，而且也沒有對應《說文》的舉例與說解。

7. 文字轉音異讀以表示他義

宋・張有：“展轉其聲，注釋他字之用也。如其無少長之類。假借者，因其聲借其義。轉注者，轉其聲注其義。”

明・楊慎：“假借者，借義不借音，如兵甲之甲借為天干之甲。轉注者，轉音而注義，如敦本敦大之敦，既轉音頓，而為爾雅敦丘之敦，又轉音對，而為周禮玉敦之敦。所謂一字數音也。"

明·朱謀瑋："轉注因諧以廣音，南北殊聲，平仄異讀，謨轉慕莫之類。"

清·顧炎武："凡上去入之字，各有二聲或三聲四聲，可遞轉而上同，以至於平，古人謂之轉注。"

都是就已有之字而推廣其用途，與假借的分別是改變音讀以代表他種意義，即異讀的現象。似也是用字之法，與造字無涉，也沒有對應《說文》建類一首的說解。

8. 字義引申為轉注

清·朱駿聲："轉注以通意之窮，假借以究聲之變。"

屬用字之法，與造新字無關，字本身可為象形、表意或形聲。引申與假借是文字擴展的兩種最常用手法，如果承認假借為造字之法，則引申也應是另一法，一加對照，則朱駿聲的轉注可能即指引申而言。只是許慎沒有說解清楚何為建類一首，以及考老是否各有所轉，以致我們也無法肯定此說是否符合許慎的原意。

9. 同義為轉注

清·戴震："轉相為注，互相為訓，古今語也。爾雅釋詁有多至四十字共一訓，其六書轉注之法與。"

也屬用字之法，與造新字無關。

10. 語言孳乳

章炳麟："類謂音類，首者今所謂語基……若斯之類，同均（韻）而紐或異，則一語析異為二也。即紐均皆同者，于古宜為一字，漸及秦漢以降，字體乖分，音讀或小與古異。凡將訓纂相承，別為二文，故雖同義同音，不竟說為同字，此轉注之可見者也。"

順應語言變化而選用或借用的同義字，包括的範圍較寬。本身不是造字法，其字早已創造。

11. 形聲字之聲符兼有意義者為轉注字

宋·鄭樵："諧聲別出為轉注。有建類主義，亦有建類主聲。有互體別聲，有互體別義。役它為諧聲，役己為轉注。諧聲轉注皆以聲別，聲異而義異者曰互體別聲。義異而聲不異者曰互體別義。"

真意不易捉摸，似乎不包括形聲以外的字，或是以聲兼不兼義為形聲與轉注字的區別。

龍宇純①："以上徵引諸說，可以歸納之為：或由形言，或由義言，或由音言，或又同時由形義、音義或形音義而言，大抵一般所能設想到的都已具備。除不能與上述轉注為造字法則的結論相合，或不能獨立於會意形聲之外者外，尚有一根本問題為學者所忽，即未能留意說文之說何自而來，而此點關係乎轉注之認識極大。因其來歷不明，或憑以索解，或棄而另標新說，先已失於無據。""曾將形聲字分為如下四類。甲、象形加聲。乙、因語言孳生而加形。丙、因文字假借而加形。丁、從某某聲。其中乙丙兩類，或直接由象形、指事、會意字，經由假借階段而形成，而非假借；半義半聲而以聲符為其本體，又不同於形聲，確然於象形、指事、會意、形聲、假借之外，獨張一幟，當即轉注一名所指。且此類字於六書發展居重要地位，不得無一名以指稱之。蓋六書以形聲最為便捷，而形聲法實由此類字發展而成。此類字之於形聲，猶之乎象形之於指事會意，無狀實物的象形，即無表意的指事會意；無此類加注形符的文字，亦遂無取聲符造字的形聲，而製字之本不得有六，則以此類字當六書之轉注，正可謂理所當然，亦有其事實上的需要。"

大致以形聲字之聲符兼有意義者為轉注字。一個形聲字的諧聲偏旁是否兼有意義是相當主觀性的事（詳下文右聲說的討論）。而且，作者雖批評他人在創說時，或只考慮到名稱而忽視許氏的說解與舉例，但作者自己不免也犯同樣的錯誤。許慎對轉注一法的舉例是考與老，考或可以看成形符老加聲符丂，大半不是因語言孳生而加形，或因文字假借而加形，以丂為考的例子不多且時代晚。而老是表意字，更與形聲無關。既然轉注條例是許慎所立，"即任何不得議論，更不得擅改其字"②。雖然可辯解聲符即為建類一首的類，但《說文》不見強調聲符

① 　《中國文字學》頁127；頁136—137。

② 　龍宇純《中國文字學》頁129。

為類，故也不能說已照應許慎的說解。避而不談考老兩字的問題，以及舉例證明《說文》所舉的江河是純粹的形聲字，而非因語言孳生，或文字假借而加形符的種種問題。也還是不得許氏的意思。

　　文字的應用除本義之外，以引申與假借為最常見，《說文》的轉注既然與假借配對，很可能就是指此最常使用的引申方式。也有可能是因感覺到少量的字是基於通過其他文字的分析而創造的，如反正為乏、反人為匕、反身為𠤎，或析匋為缶、析嚴為敢、析蓐為辱這一類。既然《說文》沒有講解清楚，據以分析條例的字形又是非常遲晚的小篆，實在沒有必要依從之以探究至少一千多年前的文字分類。莫若實事求是，針對古代的字形，探尋創意，不必理會造字法之條例與名稱，避免捲入定義的紛爭，無助於學術的進展。

附:《說文》說解示例

　　蓐(字60)【𧀦，陳艸復生也。从艸，辱聲。一曰蔟也。凡蓐之屬皆从蓐。𧁻，籀文蓐从茻】。

　　《說文》的分析有問題，創意應是以手持蚌製農具在除草。而且辱【𦥑，恥也。从寸在辰下。失耕時，於封畺上戮之也。辰者農之時也。故房星為辰，田候也】字應是後來就蓐字所析出之字。許慎不明白辰為蚌屬之象形，故不得其解。手持蚌製工具是為除草，故據以創蓐。辱的創意就不清楚，以手持農具者為農夫形象，農在古代為立國之本，很難想像會以農夫是可恥的行業去創意。恥辱之意義或可能得自假借。依《說文》之例，如果蓐是从草的形聲字，應隸屬於艸部，但卻列為部首，原因可能是蓐部還隸屬有薅字(字405)。

　　同樣的現象，殳【𠘧，以杖殊人也。周禮，殳以積竹，八觚，長丈二尺，建於兵車，旅賁以先驅。从又，几聲。凡殳之屬皆从殳】，從早期的字形看，殳是以手持直柄鈍頭的敲擊器表意。《說文》雖分析為形聲字，應該隸屬於又部，也可能因有很多以殳為構件的複體字，故以殳為部首。

　　告(字61)【𠮥，牛觸人，角著橫木，所以告人也。从口，从牛。易曰：僮牛之告】。

　　一般是先下字的定義，再解說字形。此先說明告以牛表意的原因，屬釋形的範圍。此字甲骨文作一坑陷之上插一標識，乃以告誡行人不要誤陷其中取意，和牛沒有關係，後來字形演變多出一短劃以致形近於牛。若依小篆的字形，乃牛與口之組合，看不出有牛角著橫木之形，就算有，角著橫木的主要目的在防備人被觸傷，不在警告。

編號	商甲骨文	兩周金文	秦小篆	漢隸書	現代/創意
60			S z	蓐	蓐 手持蚌製農具割草之狀。
61			S	告	告 坑陷插一標識，告誡行人不要誤陷其中。
62			S k z	兵	兵 雙手持石錛，借農具為兵器。
63			S	學	學 以交叉繩結，或示雙手的動作，或施用於架屋。

　　牟【牟，牛鳴也。从牛，𠃋象其聲气从口出】。

　　以彎曲的筆劃在牛之上表達牛出聲之氣息意。《說文》分析字形為牛與𠃋，用“象”一詞表現在天寒時，牛出聲見氣的動程，知《說文》的會意字并不都是由完整的字組成，此處用“象”字表現動態的情況，不只用於象形。看來，就創意的觀點，班固的“象意”要比會意一詞來得生動而涵義廣。

　　兵（字62）【兵，械也。从廾持斤，并力之貌。偏，古文兵，从人廾干。𠪳，籀文兵】。

以雙手持一長柄之石錛表意，因早期兵器乃臨時借用農具。許慎說明需要雙手持拿的原因是為了增加攻擊力，但所錄古文字形尚不見出土，不知得自何種材料。

　　嚳【𪔤，告之甚也。从告，學省聲】。

　　形聲字要與所諧的聲符同韻類與同聲類。嚳與學、告同屬幽中韻，三者聲母也都屬喉音之大類，故嚳从學聲看起來是合理的。許慎對於省聲的認定常是錯誤的，但學的早期字形無子，故可以从學聲，不必省形。學的字形，屋下有空間可容別的構件。利用字形之空間的省聲較可靠。嚳的重點是告而非學，而且學也不列為部首，故要从告部。但如從形聲字演進的過程看，可能初為告的引申義，後加學的形符或聲符而成形聲字。段玉裁認為宜立學部而廢告部，嚳為从學告聲。

　　學(字63)【𡥈，覺悟也。从教冂。冂，尚矇也。臼聲。𦥯，篆文斆省】。

　　以交叉的繩結，或加雙手以示打結的動作，或表明施用於架屋。繩結是工作中常要利用到的技巧，為學習的項目。子是後來所加的輔助說明。學字从攴是很晚的寫法，許慎誤以為是較正確的寫法，故分析為从教。在早期的文字，臼用來表現雙手自上而下的做事動作，不用作聲符。如作為聲符，大多數自成一組而不分離。

　　晨(字64)【𦦝，早昧爽也。从臼辰。辰，時也。辰亦聲。丮夕為夙，臼辰為晨，皆同意。凡晨之屬皆从晨】。

　　甲骨文已有此字，表達以雙手持拿蚌殼製作的農具，整理農地是一清早就要從事的工作（割草用單手，持刃器之下端。挖地用雙手較有力，動作自上而下，故持器之上端）。雖然晨、辰同聲同韻，但早期的臼都是表現雙手的動作，沒有作為形聲字形符的現象，最好不視晨為形聲字。許慎只分析字形結構，沒有把臼辰如何表達早晨的創意說出來，也沒有說明與丮夕為夙字如何同意。很可能許慎自己不太了解，故以兼聲之法解決。如以臼為意符，也不涉早晨之義。

　　每(字65)【𣫭，艸盛上出也。从屮，母聲】。

　　甲骨文作一婦女頭上裝飾有多件的豐盛飾物，非常美麗之狀，用以

表達豐盛的情況。許慎根據錯誤的字形，故分析不得其實，把一個完整
的形體拆成兩個構件。

編號	商甲骨文	兩周金文	秦小篆	漢隸書	現代/創意
64			S	晨	晨 象雙手持蚌製農具，一清早就要做工作。
65			S	每	每 婦女頭上裝飾多件美麗的飾物。
66			S	而	而 下頜的鬍鬚形，假借為轉折詞。
67			S	具	具 雙手捧家家必具備的燒食器。

　　而（字66）【而，須也。象形。周禮曰：作其鱗之而。凡而之屬皆
從而】。

　　甲骨文作下頜之鬚形，假借為轉折詞。鬚的形象只是字的一小部
分，人與下頜的形象是讓鬚的指稱更為清楚。創意和鬍髮的鬚字相似。
知許慎的象形定義，可容許有附加的輔助說明部分。

　　具（字67）【具，共置也。從廾貝省。古以貝為貨】。

　　海貝的個體小，不必雙手捧拿。甲骨文作雙手自上或從下捧持一鼎
之狀。鼎為家家戶戶必具備之燒食器，量重，要雙手持拿才能保持平
衡。鼎的字形訛變成貝，故許慎不得其解。但他已能看出目是貝之省
變，不能不令人佩服。

　　則（字68）【則，等畫物也。從刀貝。貝，古之物貨也。則，古文
則。則，籀文則，從鼎】。

編號	商甲骨文	兩周金文	秦小篆	漢隸書	現代/創意
68	鼎刀	鼎刀 鼎刀 鼎刀 鼎刀 鼎刀 鼎刀 鼎刀 鼎刀 鼎刀 鼎刀 鼎刀 鼎刀 鼎刀 鼎刀 鼎刀	鼎刀 s 鼎刀 k 鼎刀 z	則	**則** 以鼎與刀組合， 鑄銅鼎與刀，各有不 同的合金準則。
69	止 止 止 止	止	止 s	止	**止** 象有趾之腳形。
70	寅 寅 寅 寅 寅 寅 寅 寅 寅 寅 寅 寅 寅 寅 寅 寅	寅 寅 寅 寅 寅 寅 寅 寅 寅 寅 寅 寅	寅 s 寅 k	寅	**寅** 有羽毛之箭形， 借為干支。

　　以鼎與刀組合表意。鑄銅彝器的鼎需高銅量才能讓色調美，鑄切割
用的刀需高錫量才能銳利而耐磨，鑄造鼎與刀各有一定的合金準則。鼎
的字形訛變成貝，許慎不得其解，故也說不出何以刀貝有等畫物之意。
貝的個體小而堅硬，不能用刀切割等分。則不以貝與刀創意已可確定，
但晚近學者仍有相信《說文》的說解的。

　　止（字69）【止，下基也。象艸木出有阯，故以止為足。凡止之屬
皆从止】。

　　早期字形止字明顯是個有趾之腳形。腳用以走路，故用以表達行
動。許慎雖知止與足有關，因字形已訛變有若叢草，故以草木生長的動
作解釋之。很多以止為構件的字自然也得不到正確的解釋。

　　寅（字70）【寅，髕也。正月昜气動。去黃泉欲上出，会尚強也。
象宀不達，髕寅於下也。凡寅之屬皆从寅。寅，古文寅】。

　　甲骨文明顯作附有羽毛之箭形，假借以為干支記數。所有干支字分
別借自不同事物，但許慎以為是有系統的創造，故以陰陽五行的概念加
以解說。如辰【辰，震也。三月，昜气動，靁電振，民農時也，物皆
生。从乙匕，匕象芒達。厂聲。辰，房星，天時也。从二。二，古文上

字。凡辰之屬皆从辰。厉，古文辰】、巳【〓，巳也。四月，易气巳出，陰气巳臧，萬物見，成彣彰，故巳爲它，象形。凡巳之屬皆从巳】。

哭(字71)【〓，哀聲也。从吅，从獄省聲。凡哭之屬皆从哭】。

原作一人披散長髮痛哭之狀，哭聲連續不斷故以二口表示。人形訛變成犬，難得其實，故誤以為形聲字而找到含有犬的獄字以為省聲。《說文》省聲之說大都不可靠。許慎可能想不出更適當的解釋才應用省聲的辦法。

帝(字72)【帝，諦也。王天下之號。从二朿聲。〓，古文帝。古文諸上字皆从一，篆文皆从二。二，古文上字。示辰龍童音章皆从古文上】。

編號	商甲骨文	兩周金文	秦小篆	漢隸書	現代/創意
71	〓		〓 s	哭	哭 象一人散髮連聲號哭之狀。
72	〓	〓	〓 s 〓 k	帝	帝 或象花朵形，或是捆綁的崇拜物形。

原形或以為是一朵花的形象，或以為是捆綁的人形崇拜物，詳細的討論見本論第七節"演變的方向"。由於筆劃的自然演變，最上一筆如為平劃，就會在其上加一無意義的短劃。許慎不了解這種規律，還要為之立一個古文上的部首。《說文》雖說示、辰、龍、童、音、章皆从古文上，但對各字的解說，都沒有強調字形與古文上有關。如童【〓，男有辠曰奴，奴曰童，女曰妾。从辛，重省聲。〓，籀文童，中與竊中同从廿。廿，已爲古文疾字】、音【〓，聲生於心有節於外謂之音。宮商角徵羽，聲也。絲竹金石匏土革木，音也。从言含一。凡音之屬皆从音】。

三、古文字的分類

許慎的六書主要是針對小篆的字形而歸納的結果，其合理性如何，從兩千年來學者要弄清楚轉注一法的眾多意見，即可看出一斑。小篆距離甲骨文的時代已有一千多年，字形已起了太多的變化，怪不得許慎常把字形解釋錯了。我們現在既知曉其前千年的文字資料，除非我們要研究許慎的體例或小篆的形體，如果真想探尋文字的造字法則，就目前來說，自應以時代較早的甲骨文與金文為主要的研究對象，不必理會《說文》分類的細節。還有，如果我們要研究的是小篆字形的歸類或條例，也就不要拿甲骨文或金文的字形去作為批判的依據。就像如要為楷書作分類，也不能依據小篆的字形。

上文已經說過，文字創造之初並不是先建立條例才據以創造的。不過，人類思考的方式大致是有一定的模式。所能想像出的創字方法，各民族間應也是差不多的。基本上是有形體的就畫其形體，抽象的意思就要借用某種器物的使用方式、習慣或價值等的聯繫去表達。如果是不容易畫出的事物，或難表達的意義，就要通過借音的方式。借音的方式可以和字形的創意沒有關聯，而借音之外的其他方式，就要與字形有某種方面的聯繫。

故可以把文字的類別簡單地分為音讀關係的標音文字與非音讀關係的表意文字兩大類。如果把許慎六書的指事、象形、形聲、會意視為造字之法，轉注、假借為用字之法，則音讀關係的標音文字就是所謂的形聲字，其他三項就是非音讀關係的表意文字了。屬於指事的字不多，而且它也是一種概念的表示，在類型上近於表意，故依演進的過程，唐蘭創三書之說，分表意文字為象形文字與表意文字。比起六書或四書的分法，雖然三書看似簡單，但因各人思考的方向與重點等的不同，其間的界限也不是沒有爭議的。故莫若只分兩類：表意與諧聲。其實就算把古文字分成形聲與表意兩大類，也還是有不能取得一致意見的例子。今暫依三書之名目，略為介紹於下：

（一）象形

　　約等於許慎的“象形”。《說文》的說解是“畫成其物，隨體詰詘”，即隨物體的輪廓畫成一個具體實物的形狀就是象形字。它描繪的應該是可見、可觸摸的東西，也應是名詞。象形字可以描寫得非常逼真，也可以是粗具輪廓。有時是受使用文字時環境的影響，有時則是受個人喜好的影響。譬如同一銅器的銘文，作為族徽的圖像就書寫得比較繁複逼真，而銘文的部分就比較簡易、抽象。象形文字和繪畫仍有不同，一般說，繪畫是描寫某特定人物的形狀，文字則是描寫人物的通性。

　　象形字主要表現人物的形體，若意義為超乎形體的，就應屬於表意的範疇。象形文字的歸類看似簡單，卻也不容易取得一致的認定。偏重字形者就以字的形體是否純粹描寫物形而認定是否為象形文字。但偏重字義者就可能依據字的使用意義去歸類，認為某些字是表意而非象形。譬如高（字73）【高，崇也。象臺觀高之形。从冂口，與倉舍同意。凡高之屬皆从高】，甲骨文作一座高樓形。口為後來添加的無意義填白。有人認為此字是象形，因為它描繪的是一座具體的建築物形象。但也有人認為高低是屬於概念的性質，古人借高樓以表達高的抽象意義。一如大（字74）【大，天大地大人亦大焉。象人形。古文𡗶也。凡大之屬皆从大】，雖是作一個大人的正視形，乃是借用比小孩身體為大的大人的形體，去表示事物大小的概念，故認為高不是象形字而是表意字。

　　但是我們所了解的甲骨文時代的字的意義可能並不是創字之初的意義，在商以前的時代可能另有它的本義。一般說來，抽象的概念發展較遲，有可能在初創時，高的本義是有具體物象的高樓（目前考古証據，商代已有高樓，之前尚不見實例），後來才引申為高度、高低。故對一個字的分類有可能受其在某時代使用意義的影響，甚至也可能受到我們對其創意了解的影響。如女（字75）【女，婦人也。象形。王育說。凡女之屬皆从女】，甲骨文作一人雙手交叉而跪坐之狀。一般認為那是象女子的坐姿，故為象形字。但是我們看到的古代婦女跪坐的塑像，和男子並無分別，也是兩手平行下垂而停放在兩膝之上。知女字的創造是通過人為的設定和有意的區別，並非真正的形象，理論上也應屬於表意字。

編號	商甲骨文	兩周金文	秦小篆	漢隸書	現代/創意
73			高 s	高	高 象高大建築物之形，口為填白。
74			大 s	大	大 以大人的形體表示大的概念。
75			女 s	女	女 兩手交叉垂放在膝上的婦女跪坐形。
76			牢 s	牢	牢 柵欄中豢養的牛或羊之狀。或只作柵欄形。

又如，歸類的標準偏重字義時，因有些物象的形體並沒有非常獨特的輪廓，需要輔助的訊息以確定其指稱。有人就因其使用的意義是名詞性的，就歸類於象形。但有人因其字形為複體，就不認為是象形字了。如酒（字 8），甲骨文作一酒尊及濺出的三酒滴形（㳇 㲼 㲼）。有人就因象形文字為獨體的原則，以及有假酉為酒的例子，認為酒是以酒壺所裝的液體表意，或認為是從水酉聲的形聲字，並不認為是象形。 又如牢（字 76）【牢，閑也。養牛馬圈也。從牛冬省，取其四周帀】，甲骨文一般作一牛或一羊關在柵欄中之狀，但也有只作柵欄形的。牢在卜辭中是種特意豢養於牢中、不放任四處遊蕩的祭祀犧牲。表示的是特殊的品物，非一般的牛羊。尤其是牢中的動物換成馬時，意義才是飼養家畜的

牢廄，故或以為其本義為牢固或特殊處理的祭祀犧牲，應屬表意而非象形。但它也有只作柵欄形的寫法，故以為本義是柵欄，後來才引申為特意圈養的牛、羊牲品。

又如上文已介紹過的秋（字50），以秋季出現的蝗災表達其季節。蝗蟲的形象是象形，但秋季的意義卻是表意。就字形看，它是獨體的象形字。但從意義表達的手法看，應是獨體的表意字。不管是簡單的，還是較詳細的分類，都不免有難以確定界限的字，所以不必定要分出某個字的造字法是象形或表意，只要能和以表聲為訴求的形聲字分別就可以了。最重要的還是了解一個字的創意以及其使用的意義。以下暫依字的結構形式，略述常見的象形字類型，約可分為三類：

A. 單體的形式，較少有爭議。約可分為二類：

（a）寫一個器物的整體形狀，如：

象（字16），畫整隻象的形狀。最重要是把長鼻子表現出來（ 　　　）。

馬（字18），畫整隻馬的形狀。腳可以是單筆或複筆。馬鬃是必要的形象（ 　　　）。

羽（字29）【羽，鳥長毛也。象形。凡羽之屬皆从羽】，畫一枝羽毛形。不嚴格要求羽紋對稱（ 　　　）。

禾（字77）【禾，嘉穀也。以二月始生，八月而孰，得之中和，故謂之禾。从木，象其穗。凡禾之屬皆从禾】，畫一株穀類作物的形狀。根葉可以對稱或不對稱，最重要是表現頂端下垂的穗，否則就成木字。

人（字78）【人，天地之性冣貴者也。象臂脛之形。凡人之屬皆从人】，象側立的人形。金文族徽記號以人構形的常把頭部也畫出來（ 　、 ），但一般的就把頭與身子連成一線（ 　），比較不正確的就把頭與手臂連成一線（ 　）。

木（字79）【木，冒也。冒地而生，東方之行。从中，下象其根。凡木之屬皆从木】，象一株樹的形狀。樹枝可以是對稱或不對稱的。

戈（字80）【戈，平頭戟也。从弋，一衡之。象形。凡戈之屬皆从戈】，畫一把裝柄的兵戈形。戈內一端的裝飾絲穗也常被畫出來。或因為是以銅鑄造，就加上意符金，使形式成為形聲字。

編號	商甲骨文	兩周金文	秦小篆	漢隸書	現代/創意
77			S	禾	禾 某種穀類栽培作物的形狀。
78			S	人	人 象側立的人形。
79			S	木	木 象一株樹形。
80			S	戈	戈 象裝柄的實戰兵戈形。

皿（字81）【皿，飯食之用器也。象形。與豆同意。凡皿之屬皆从皿。讀若猛】，畫一個日常使用的圈足容器形。特徵是不畫出器的口緣而與容器豆（豆豆豆）有所分別。

章（字82）【章，樂竟為一章。从音十。十，數之終也】，象行列中手持的前導儀仗形。本是獨體的象形字，依《說文》的解說則為表意字。

龍（字83）【龍，鱗蟲之長，能幽能明，能細能巨，能短能長。春分而登天，秋分而潛淵。从肉，肉飛之形，童省聲。凡龍之屬皆从龍】，象一隻頭部有特殊形象的爬行動物形，身子的彎曲與嘴巴同向的為另一字。《說文》竟以為是童的省聲。

有時候物體的某一部分非常具有特性，深為大眾所了解，一眼就可以辨識出來，不會產生意義上的混淆，不妨就以之代表其物體，節省書寫的時間和材料，以致形式上為：

（b）描寫部分的形象以代表整體，埃及的聖書體就有很多以動物頭部代表整體的字。中國文字例子較少，大概是因為中國文字以簡要的線條描繪形體，不易確定描繪的動、植物的種屬。

編號	商甲骨文	兩周金文	秦小篆	漢隸書	現代/創意
81	(圖)	(圖)	(圖) S	皿	皿 日常使用的圈足容器形。
82		(圖)	章 S	章	章 行列的儀仗形
83	(圖)	(圖)	(圖) S	龍	龍 頭部有特殊形象的爬行動物形。

　　虎（字17），是整隻老虎的描寫，但作聲符時，就只畫其極具特徵的頭部（圖）。作意符時也經常只畫頭部（圖）。

　　馬（字18），本作馬整體的形象，戰國時有作只剩頭部的（圖），因為馬的頭形特殊。

　　牛（字84）【半，事也。理也。像角頭三，封尾之形也。凡牛之屬皆从牛】，描寫牛頭的形象以代表牛的種屬，包括雙角與兩隻眼睛，特徵是上翹的兩角。其為牛的頭部而非全身的形象，可從金文族徽記號得知。

　　羊（字85）【羊，祥也。从丫，象四足尾之形。孔子曰，牛羊之字以形舉也。凡羊之屬皆从羊】，描寫羊頭的形象以代表羊的種屬，包括角與眼睛，特徵是下彎的兩角。

　　鹿（字86）【鹿，鹿獸也。象頭角四足之形。鳥鹿足相比，从比。凡鹿之屬皆从鹿】，是鹿全形的描寫，但作聲符時，有時只畫有歧角的頭部，如甲骨文麓字或作林中一鹿頭（圖）。

　　車（字87）【車，輿輪之總名也。夏后時奚仲所造。象形。凡車之屬皆从車。圖，籀文車】，本作車子整體的形象，後來因形象太繁複，把輿、軸、衡等部分省略，最後只留一輪及轄釘之形，古代有輪子的器物只有車，故不妨害對它的認識。

编號	商甲骨文	兩周金文	秦小篆	漢隸書	現代/創意
84			半 s	牛	**牛** 以頭部形象代表牛的種屬。
85			羊 s	羊	**羊** 以頭部形象代表羊的種屬。
86			鹿 s	鹿	**鹿** 整隻鹿的形狀。作聲符時,有時只畫頭部。
87			車 s 輚 z	車	**車** 作車子整體的形象。常簡省部分。

B. 複體的形式

有時某些物體的輪廓相類或近似,就要加上輔助的事物,才能使其指稱明白。由於它已不純粹是描寫一物件的實體,還需要附加補充的說明,以致在形式上成為複體的形式。有人就會認為它已含有本形以外的成分,類近表意,不是純粹的象形。此形式在實物形體之外所加的部分,一是已成字的,一是尚不成字的。

（a）附加符號的複體象形,如：

而（字66）,象下頷的鬍鬚形。如不畫出下頷的輪廓,就不易明確其指稱。所加部分本不成字,算是符號（朩朩朩）。

黍（字88）【黍,禾屬而黏者也。以大暑而種故謂之黍。从禾雨省聲。孔子曰,黍可為酒。故从禾入水也。凡黍之屬皆从黍】,字的本體象黍之形,但植物的外形,有時很難用簡單的輪廓加以區別其間種屬的不同。黍是商代釀酒的主要材料,因此就在字形的輪廓之外加上水滴,以明示此植物的特殊用途。此水滴的數量可以不拘，雖也可以寫成水流的樣子，但主體是水滴，故還視同符號。

犁（字89）【𤛮，耕也。从牛，黎聲】，耕牛所拉的犁，其輪廓與刀子一類的刃器相似，因此加上翻起的土塵以為分別。土塵可寫成二點或三點，故也視為符號。它被借用為牛屬的一種（或可能以耕田的水牛以與拉車的黃牛作區別），因常與牛合文而終成一字，並成為形聲字的形式。

編號	商甲骨文	兩周金文	秦小篆	漢隸書	現代/創意
88			S	黍	黍 象黍之形。加水滴表明是釀酒的材料。
89			S	犁	犁 一把犁及翻起的土塵，被借用為牛的種屬。
90			S	米	米 米粒形，加一橫畫以與他物區別。

米（字90）【米，粟實也。象禾黍之形。凡米之屬皆从米】，指更精製的小米或稻米粒，如只畫小米點，就容易與他種物體相混，故加無特定意義的一道橫畫。

玉（字91）【玉，石之美有五德者。潤澤以溫，仁之方也。䚡理自外可以知中，義之方也。其聲舒揚，專以遠聞，智之方也。不撓而折，勇之方也。銳廉而不忮，絜之方也。象三玉之連，丨其貫也。凡玉之屬皆从玉。𤣥，古文玉】，象一根繩子所串聯的多片玉飾形，玉飾無一定的形狀，玉片的輪廓也易與他物混淆，故以串聯的玉佩飾形象去表達其質材。

土（字92）【土，地之吐生萬物者也。二象地之上地之中。丨物出形也。凡土之屬皆从土】，作一塊可塑造的黏土形，字形很簡單，易於和他物混淆，就加上水滴的符號。加了水的黏土是製陶的材料，陶器是生活的重要器具，故以黏土造形。

　　韭【韭，韭菜也。一種而久生者也。此與歂同意。凡韭之屬皆从韭】，作生長於地上叢立的韭菜形。有可能與其他字混淆，加上代表土地的一橫，清楚表現了其生長於地上的形象。

編號	商甲骨文	兩周金文	秦小篆	漢隸書	現代/創意
91			王 s 禹 k	玉	玉 象繩子所串連的多片玉飾形。
92			土 s	土	土 作一塊可塑造的黏土形。
93			瓜 s	瓜	瓜 象有藤蔓的瓜類植物形。
94			須 s	須	須 象人臉上之鬚毛形，借為副詞。
95		帶	帶 s	帶	帶 象束帶及衣袍上的皺紋狀。

　　瓜(字93)【瓜，𦼪也。象形。凡瓜之屬皆从瓜】，瓜之外形和許多物體相近，加上藤蔓才足以確定為瓜類植物。

　　須(字94)【須，頤下毛也。从頁彡。凡須之屬皆从須】，是鬚的字源，鬚為臉上之毛，若不加上人的顏臉，也易與其他東西混淆。後來附加的部分類化而為頁。

　　帶(字95)【帶，紳也。男子鞶帶，婦人帶絲。象繫佩之形。佩必有巾，从重巾】，帶為束衣之物，把束帶後所造成的縐紋也一併描繪，才容易明白其指稱。

（b）附加的符號是有具體指稱的字，如：

酒（字8），酒是種穀物釀造的液態飲料，若只畫小點酒滴，就要與許多事物混淆，加上酒尊的酉，指稱就很清楚。酉本身是個酒尊的象形字，有一定的寫法（𝀀𝀁𝀂）。

牢（字76），牢是為祭祀目的而挑選的牛或羊，有特別的飼養場所，如只畫一牢籠，恐形象不明顯，故加一牛或一羊於其中（𝀃𝀄𝀅𝀆）。

編號	商甲骨文	兩周金文	秦小篆	漢隸書	現代/創意
96			s	稻	稻 米粒及盛裝的米罐。
97			s z	粟	粟 穀類作物形及其顆粒。
98			s	天	天 在人最上端的頭形。
99			s	佩	佩 懸吊在腰帶的玉珮及人形。
100			s h	馘	馘 象戈上懸掛殺敵之首。

稻（字96）【稻，稌也。从禾舀聲】，稻米為南方的物產，華北一般只見其輸入的顆粒而不見其株莖形。但米粒的輪廓與很多事物相近，故加運輸時用的長形米罐。此米罐與酒尊的酉雖同為裝物之器，但形狀稍異，也不會被誤會為別的事物。米罐部分的覃本身有具體的寫法和意義。

粟（字97）【粟，嘉穀實也。从卤从米。孔子曰，粟之為言續也。𥝧，籀文粟】，指黍稻一類栽培植物的顆粒。如果只畫幾個顆粒，也易與其他東西混淆，故加上一禾，以表明是可食用的穀粒。

天（字98）【兂，顛也。至高無上。从一大】，指稱人的頭頂。如只畫頭輪廓的一個圓圈，也易與它物混淆，故加一大人之形於其下以明確意義。

佩（字99）【僴，大帶佩也。从人凡巾。佩必有巾，故从巾。巾謂之飾】，懸吊在腰帶上的玉佩，加上側立人形，表明是人所服戴之物。

聝（字100）【聝，軍戰斷耳也。春秋傳曰，以為俘聝。从耳或聲。䫊，聝或从首】，戰爭時斬下敵人之首，常懸掛戈上用以展示，故加戈以明所指。

編號	商甲骨文	兩周金文	秦小篆	漢隸書	現代/創意
101			s	石	石 有尖銳角棱的石塊，可挖坑陷。
102			s	尿	尿 人排尿狀。
103			s	胃	胃 胃加腸子之形。
104			s h z	羨	次 人流口水之狀。
105			s	果	果 樹木結果之形。

石（字101）【𠀋，山石也。在厂之下。口象形。凡石之屬皆从石】，以有尖銳棱角的石塊表意，為使意義更清楚，加坑陷之形明示石塊挖土之功能。

尿（字102）【屖，人小便也。从尾水】、屎【𥝢，糞也。从艸，胃省聲】，【《廣韻》䔵，《說文》曰糞也。本亦作矢，俗作屎】，象一人排泄尿與屎之狀。人的排泄物無獨特的形狀，若不加上人所排出該物的部位，不但兩者的指稱難明，也易於與其他小東西混淆。

胃(字 103)【⬚，榖府也。从肉鹵。象形】，消化食物的胃的形狀加上肉或腸子形，以免與其他形狀類似之物形混淆。

次(字 104)【⬚，慕欲口液也。从欠水。凡次之屬皆从次。⬚，次或从侃。⬚，籀文次】，口水和其他液體難於分別，加上一人張口而流出之狀，明示其物質所出之處。

果(字 105)【⬚，木實也。從木，象果形在木之上】，加上樹木的形象，才易明白是果子的形象。

如前所言，這一類複體的象形字不妨也可視為下一類的表意字。一般的區別是使用為名詞者為象形，使用為其他詞類者為表意。為省事起見，大可以把非形聲字都視為表意的一類，以與形聲的一類分別。象形字一般是名詞，但較晚的時代可能被用以代表其他類別的意義。如：

高(字 73)，象一高大建築物之形，口為後來無意義之填空。使用時大多引申為高低或遠近的意義，雖然商代以來的文獻不見使用以為高大的建築物之義，但之前的時代有可能使用以表達高大的建築物（⬚ ⬚ ⬚）。

克(字 106)【⬚，肩也。象屋下刻木之形。凡克之屬皆从克。⬚，古文克。⬚，亦古文克】，從皮字(字 107)【⬚，剝取獸革者謂之皮。从又。凡皮之屬皆从皮。⬚，古文皮。⬚，籀文皮】作手持皮製的盾牌狀，推知克字是描寫皮盾的形狀。但它並不用以表示盾牌，而是表達能夠用以防身的能力。

來(字 108)【⬚，周所受瑞麥來麰也。二麥一夆，象其芒束之形。天所來也，故為行來之來。詩曰，詒我來麰。凡來之屬皆从來】，本是來麥的全株形狀，可能因它是外來的品種，使用時大多引申（或有可能經由假借）為往來的意義。

享(字 109)【⬚，獻也。从高省。曰象孰物形。經曰，祭則鬼享之。凡亯之屬皆从亯。⬚，篆文亯】，象在夯土臺基上的建築物形，因是享祭鬼神的所在，故用以為動詞而不用為臺基上的高大建築物之義。

編號	商甲骨文	兩周金文	秦小篆	漢隸書	現代/創意
106			s k k k	克	克 皮盾的形象，有防身能力。
107			s k z	皮	皮 手持皮製的盾牌以表達其材料。
108			s	來	來 麥禾形，假借為往來。
109			s	享	享 在夯土臺基上的建築物形，為享祭鬼神之所。

(c)重複形體

重複形體大都屬表意字。但偶有情況特殊，使用此法以指稱物象，如：

星(字110)【晶，精光也。从三日。凡晶之屬皆从晶】【曑，萬物之精上為列星。从晶从生聲。一曰象形。从〇。古〇復注中，故與日同。曟，古文。星，或省】，星體數量多，作三顆星形狀，避免與日或它物混淆。引申為晶亮，後來加聲符生以為分別。

絲(字111)【絲，蠶所吐也。从二糸。凡絲之屬皆从絲】，絲線細，捻成線股後才能上機紡織，故以兩股造字。作為一字的構件時才用單股絲線。

呂(字112)【呂，脊骨也。象形。昔大嶽為禹心呂之臣，故封呂侯。凡呂之屬皆从呂。膂，篆文呂从肉旅聲】，象兩塊金屬錠形，為避免與丁混淆而重複形體。後加金以明其物質的類別。宮字也因易與呂字混淆而加宀（）。

編號	商甲骨文	兩周金文	秦小篆	漢隸書	現代/創意
110			晶 s 曐 s 曐 k 星 h	晶 星	晶 晶亮的繁星形。 星 多顆繁星形，後加聲符。
111			絲 s	絲	絲 兩股細絲線形。
112			呂 鋁 s	呂	呂 兩塊金屬錠形。

（二）表意

這一類的字主要是表現超乎物象的概念、思想等意義，或是難於用形象表達的事物，包括許慎的指事與會意字。《說文》的說解，“指事者，視而可識，察而見意，上下是也”，是指借用不成字的符號以表達器物所在的某個部位或與之發生關係的有關概念。“會意者，比類合誼，以見指撝，武信是也”，則是合兩個已是字的符號，以表達超乎形體之外的含意。純粹的指事字不多，而且與表意的分別有時很細微，也易因主觀成分的不同而起爭議。為省事起見，不如與表意字同屬一類。表意字有些是借用物體的屬性以表達抽象的概念，故造形是獨體的，如上文所舉的高（字 73）（𩰚𩰚）、克（字 106）（𠧗𠧗）、來（字 108）（𣂏𣂏）、享（字 109）（𠅷𠅷）等字。借以表達概念的物體有時也要作某種輔助性的說明，以致有些組成的部分是不單獨成字的。構件之間常有互動的關係，不只是會合幾個構件以引導出一個意義而已，如雙手常是表示習慣性的持拿方式與所持的部位，故於此採用表意（或象意）而不用會意之詞。表意字依其結構大致可分幾類：

A. 全體是符號，因它是普遍性的概念，沒有特定的對象及形制，如：

上（字51），以一小短畫在一長橫畫之上，表達一物在某物之上的形勢。這種關係不限定於某些器物，故不以具體的東西去表達（〰〓）。

下（字52），以一小短畫在一長橫畫之下，表達在某物之下的形勢（〰〓）。

小（字113）【川，物之微也。从八，丨見而八分之。凡小之屬皆从小】、少（字114）【屮，不多也。从小丿聲】，以三或四小點表示其物體積之小與少，也都不表達具體的東西。一般來說，重複的形象絕大多數是表達超乎形體之外的觀念。

編號	商甲骨文	兩周金文	秦小篆	漢隸書	現代/創意
113			川 s	小	小 以三或四小點表示其物體積之小或少的概念。
			屮 s	少	少
114			四 s 㸚 k 三 z	四	四 以四條等長線表達數量概念四。
115			㐀 s	七	七 借簡單符號以表達數量概念。
116			八 s	八	八 簡單符號。
117			十 s	十	十 簡單符號。
118			糾 s	糾	丩 線條糾纏之狀。

一【一，惟初大極，道立於一。造分天地，化成萬物。凡一之屬皆从一。弌，古文一】、二【二，地之數也。从耦一。凡二之屬皆从二。弍，古文二】、三【三，數也。天地人之道也。於文，一耦二為三成數

也。凡三之屬皆从三。弎，古文三】、四(字 114)【𦉥，会數也。象四分之形。凡四之屬皆从四。𠃃，古文四如此。三，籀文四】，以一、二、三、四等長之線條表達數量的概念。後來因為線條的數量可能起混淆，又分別造更為明確的字形。

五【𠄡，五行也。从二，会易在天地間交午也。凡五之屬皆从五。𠄡，古文五如此】、六【𠔻，易之數，会變於六，正於八。从入八。凡六之屬皆从六】、七(字 115)【𠀁，易之正也。从一，微会從中衺出也。凡七之屬皆从七】、八(字 116)【)(。別也。象分別相背之形。凡八之屬皆从八】、十(字 117)【十，數之具也。一為東西，丨為南北，則四方中央備矣。凡十之屬皆从十】，借簡單符號以表達最常使用的數量概念。

丩(字 118)【丩，相糾繚也。一曰，瓜瓠結丩起。象形。凡丩之屬皆从丩】，兩段線條相糾纏之狀，表示糾纏的狀況。

B. 單體的物體，它和象形字的不同點在於借形體以表達與該形體有關，但卻超乎該形體以外的概念，如：

秋(字 50)，甲骨文取象蝗蟲或蝗蟲受火烤，以秋季景象表達秋季。如以字形而論，前形可歸於象形，後者則必為表意字（𥤙 𥤚 𥤖）。

大(字 74)，是一個大人的正視形象，表達與小孩相比的個體之大，重點是概念而非大人的形體（𡗕 𡗗）。

工(字 119)【工，巧飾也。象人有規榘，與巫同意。凡工之屬皆从工。㠭，古文工从彡】，大致是象懸吊着的石磬形，是攻字(字 120)【攻，擊也。从攴工聲。】所敲打的器具形，它是樂工所常敲打的樂器，故借用以表達樂工、工匠之意，也表達專業者的技術之工巧。

ナ【𠂇，左手也。象形。凡ナ之屬皆从ナ】、又(字 121)【�，手也。象形。三指者，手之列多略不過三也。凡又之屬皆从又】，以人的左右手的形象表達其所在的左與右的位置關係。

且(字 122)【且，所以薦也。从几，足有二橫。一，其下地也。凡且之屬皆从且。㯱，古文以為且，又以為几字】【祖，始廟也。从示且聲】，男子性器象形，為人類繁殖的根源，就以之表達人倫的祖父。後借為語詞，乃加示而成祖以為分別。

編號	商甲骨文	兩周金文	秦小篆	漢隸書	現代/創意
119			工 s 工 k	工	工 大致是象懸吊著的石磬形。
120			攻 s	攻	攻 刮削並敲打石磬以調音。
121			ㄋ s	又	又 以右手形象表達右的位置關係。
122			且 s 祖 k	且	且 男子性器象形，為繁殖的根源，用以表達人倫。

屰(字123)【屰，不順也。从干，下凵屰之也】，大是人體的正常姿態，以倒逆的大表示與正常狀況有違的情境。後被併入逆（字124）【逆，迎也。从辵屰聲。關東曰逆，關西曰迎】，逆可能表現一足前迎逆向前來之客人，是表意字，非形聲字。

丑(字125)【丑，紐也。十二月萬物動用事，象手之形。日加丑亦舉手時也。凡丑之屬皆从丑】，手指彎曲之狀，表示用力扭抓的動作。假借為干支。

交(字126)【交，交脛也。从大，象交形。凡交之屬皆从交】，以人兩脛相交之姿態，表達交結的情況。

C. 形體加符號

牟【牟，牛鳴也。从牛，𠬛象其聲气从口出】，以彎曲之𠬛符號表達牛所呼出之氣。

刃(字127)【刃，刀堅也。象刀有刃之形。凡刃之屬皆从刃】，一短畫指出刃在刀上的部位。

編號	商甲骨文	兩周金文	秦小篆	漢隸書	現代/創意
123			S		屰 以倒逆的大表示與正常狀況有違的情境。
124			S	逆	逆 一足迎接逆向前來之人。
125			S	丑	丑 手指彎曲，用力扭抓的情狀。
126			S	交	交 人兩脛相交之姿態。

　　亦(字128)【夾，人之臂亦也。从大，象兩亦之形。凡亦之屬皆从亦】，以兩短劃指示腋在人體所在之處。

　　肘(字129)【肘，臂節也。从肉寸。寸，手寸口】【肱，臂上也。从又从古文厷。乁，古文厷，象形。肘，左或从肉】，以彎曲之筆劃表明肘在整隻手臂的所在位置。從甲骨文的字形看應是肱字，但就形象的表現看應是肘字。數目字九(字130)【九，易之變也。象其屈曲究盡之形。凡九之屬皆从九】可能借整隻手臂形之音表達。肘與肱兩字的使用可能有所混亂。

　　面(字131)【面，顏前也。从百，象人面形。凡面之屬皆从面】，圓圈呈現顏面的輪廓，眼睛是面部表情最生動者，輔助表明輪廓為人的顏面。也有可能把人的身子畫出來，強調人的顏面。

　　彭(字132)【彭，鼓聲也。从壴从彡】，表達短促有力的聲音，加鼓表明所發之音響。

編號	商甲骨文	兩周金文	秦小篆	漢隸書	現代/創意
127			♭ s	刃	刃 以一短畫指出刃在刀上的部位。
128			s	亦	亦 以兩短劃指示腋所在之處。
129			s s k h	肘 肱	肘 以彎曲之筆劃表明肘在整隻手臂的所在位置。 肱
130			s	九	九 借整隻手臂之形以為數目。
131			s	面	面 包括眼睛在內的顏面範圍。

奠（字133）【置祭也。从酋。酋酒也。丌其下也。禮有奠祭】，酒尊所安置之處，一橫或可能表示運輸時所放置的架子。大酒尊（大汶口的陶水缸高60公分，固定一地難移動）固定安置於某處，不像其它用具經常被搬動。

朱（字134）【赤心木，松柏屬。从木，一在其中】，木之中段標上一短橫，表示主幹所在。

本（字135）【木下曰本。从木从丅。古文】、末（字136）【木上曰末。从木从丄】，分別以一短橫，表示樹之本、末所在位置。

身（字137）【躬也。从人申省聲。凡身之屬皆从身】，畫出人身腹部的所在。

編號	商甲骨文	兩周金文	秦小篆	漢隸書	現代/創意
132			s	彭	彭 鼓所發短促而有力的聲響。
133			s	奠	奠 以酒尊所安置之處表安定，因少移動。
134			s	朱	朱 木之中段標點，表示主幹所在。
135			s k	本	本 以一短橫，表示樹之根本所在。
136			s	末	末 以一短橫，表示樹梢之所在。

曰（字 138）【曰，詞也。从口乚，象口气出也。凡曰之屬皆从曰】，以短劃表示口所呼出之聲音。

臀（字 139）【臀，髀也。从尸下丌居几。臋，臀或从肉隼。𡱂，臀或从骨殿聲】，畫出人身臀部所在。

必（字 140）【必，分極也。从八弋，八亦聲】，柲之字源，在一把杓的柄上加一短劃，表明指稱的部分。

尤（字 141）【尤，異也。从乙又聲】，手指頭上加短劃，指示受傷部位。

D. 具體表現一種情況或動態，可能包含不成字的部分，是早期最常見的表意字結構。

毓、育（字 31），一婦女產下帶有血水的嬰兒狀，血水不成字，或作嬰兒已生出子宮外之狀（　　　　　　　　　）。

編號	商甲骨文	兩周金文	秦小篆	漢隸書	現代/創意
137			s	身	身 以線條畫出人身腹部的所在。
138			s	曰	曰 以短劃表達口所呼出之氣。
139			s h h	臀	臀 以線條畫出人身臀部的所在。
140			s	必	必 在杓柄加短劃，表明指稱的部分。
141			s	尤	尤 在手指加短劃，指示受傷部位。

沫（字34），一人臨盆雙手洗臉之狀，金文改以雙手持皿倒水於一人之沐浴狀。貴族可能因經常舉行祭祀而要沐浴潔身，一般人較少沐浴，故以貴族形象創字（　　　　）。

正（字35），腳所面對的都邑，為征伐的對象（　　）。

邑（字47），人跪坐居息的範圍，為居住區，非耕種的田地（　　）。

長（字59），一人髮長之狀（　　）。

夫（字142）【市，丈夫也。从大一。一以象簪。周制，八寸為尺，十尺為丈。人長八尺，故曰丈夫。凡夫之屬皆从夫】，大為大人正立之形，一橫短畫為骨笄的形象，成人因結髮才需要以笄固定髮型，故用以表達已成年的男子。

見（字 143）【，視也。从目儿。凡見之屬皆从見】，指明人之目司視覺之功能。

編號	商甲骨文	兩周金文	秦小篆	漢隸書	現代/創意
142			s	夫	夫 頭上插一髮笄的成年男子。
143			s	見	見 指明人之眼睛司視覺之功能。
144			s k s	望 望	望 象人豎起眼睛遠望，或表現站在高地，更有利望遠。 望
145			s	非	非 雙手向外排開某物之狀。

望（字 144）【，月滿也。與日相望，似朝君。从月从臣从壬。壬，朝廷也。，古文望省】【，出亡在外望其還也。从亡望省聲】，一人豎起眼睛遠望，或表現站在高地，更有利於望遠。後來加月以指稱月十五的望日，成為形聲字。可能眼睛部分先訛變為耳，再訛變為亡。

非（字 145）【，韋也。从飛下翅。取其相背也。凡非之屬皆从非】，排的字源，作雙手向外排開某物之狀。所排的東西不成字。假借為否定副詞。

㷠、舞（字 146）【，豐也。从林㸟，㸟，或說規模字。从大卌。卌，數之積也。林者，木之多也。㷠與庶同意。商書曰，庶艸繇㷠】

【𣠵，樂也。用足相背。从舛㷀聲。𦐧，古文舞从羽亡】，一人雙手持舞具在跳舞之狀。舞具不成字。

　　次(字147)【𣢺，不前不精也。从欠二聲。𣢉，古文次】，說話或用食時口噴出殘餘物為不良的行為。殘餘物不成字。

　　旁(字148)【𣃦，溥也。从二闕，方聲。𣃧，古文旁。𣃨，亦古文旁。𣃩，籀文】，犁形的方之上加犁壁，犁壁把挖起的土塊推到兩旁。犁壁不成字。

編號	商甲骨文	兩周金文	秦小篆	漢隸書	現代/創意
146			s k	無 舞	舞 一人雙手持舞具跳舞之狀。後加舛，強調雙足的動作。
147			s k	次	次 說話或用食時，口噴出殘餘物為不良行為。
148			s k k z	旁	旁 犁刀之上裝直板犁壁，作用是把翻起的土推到兩旁。
149			s	興	興 四手共舉起一輿架，口為無意義的填空。
150			s z k	疾	疾 人為箭射所傷之病痛。

編號	商甲骨文	兩周金文	秦小篆	漢隸書	現代/創意
151			疒 S		疒 一人病危睡臥於床上，預備接受死亡儀式。
152			衆 S	衆	衆 以日下三人表達衆多的戶外勞工大衆。
153			步 S	步	步 以兩腳步行的上下位置表達其走路動態。

　　興（字149）【興，興也。从舁同，同，同力也】，四手共舉起一興架。興架不成字。

　　疾（字150）【疾，病也。从疒，矢聲。疾，籀文疾。疾，古文】，人為箭所傷之病痛。

　　疒（字151）【疒，倚也，人有疾痛也。象倚箸之形。凡疒之屬皆从疒。】，人病危臥於床上，預備接受合於禮儀的死亡儀式。

　　衆（字152）【衆，多也。从众目示意】，以日下三人表達衆多的勞工大衆。

　　步（字153）【步，行也。从止屮相背。凡步之屬皆从步】，以兩腳步行走的一前一後位置表達其走路動態。

　　炙【炙，炙肉也。从肉在火上。凡炙之屬皆从炙】，表現肉在火上燒烤之狀。

　　E. 兩個或更多的重複形體

　　林（字154）【林，平土有叢木曰林。从二木。凡林之屬皆从林】，指生長林木衆多的地區，以並立的樹木表意。

　　从（字155）【从，相聽也。从二人。凡从之屬皆从从】，一人在一人身後相隨之情況。

　　比（字 156）【𤰔，密也。二人為从，反从為比。𣬈，古文比】，甲骨文从比不分。以一人隨從於一人之後表示其親密關係，或以兩把匙匕陳放在一起表達緊密關係。

編號	商甲骨文	兩周金文	秦小篆	漢隸書	現代/創意
154			s	林	林 生長林木衆多的地區，以併立的樹表意。
155			s	從	从 象一人在一人身後相隨之情況。
156			s k	比	比 一人隨從一人身後或兩把匙匕陳放在一起，表達親密關係。
157			s s h z k	災	災 重疊二或三道水波表達大水為災的概念。

　　森【𣗳𡩜，木多皃。从林从木。讀若曾參之參】，林木更為衆多的地方。

　　災（字 157）【𤲒，害也。从一雝川。春秋傳曰：川雝為澤凶】【𤇾，天火曰𤇾。从火𢦏聲。𡨕，或从宀火。災，籀文从𡿧。𣥠，古文从才】，初以重疊二或三道水波表達大水成災難的概念。後改以河川受壅成災，房屋火災，或从才聲的形聲字。

　　多（字 158）【𣆪，緟也。从緟夕。緟夕者，相繹也，故為多。緟夕為多，緟日為疊。凡多之屬皆从多。🔣，古文並夕】，兩塊肉以表達多數的概念。

炎【🔣，火光上也。从重火。凡炎之屬皆从炎】、焱【🔣，火華也。凡焱之屬皆从焱。】，重疊二或三火炎表達較烈火勢或煙火的概念。

編號	商甲骨文	兩周金文	秦小篆	漢隸書	現代/創意
158			多 s 竹 k	多	多 兩塊肉以表達多的概念。
159			🔣 s	並	並 以兩個並立的人表達並立情況。
160			🔣 s 🔣 h 🔣 h	替	替 兩人站立不齊，或並立於深坑而不合作脫險，表達敗壞的情勢。
161			🔣 s	麤	麤 以群鹿奔跑時相互衝撞表達魯莽情狀。
162			🔣 s 🔣 s	秝 歷	秝 禾栽種間距稀疏人可步行其間。 歷

並（字 159）【🔣，併也。从二立。凡並之屬皆从並】，以兩個並立的人表達類似的並立情況。

替（字 160）【🔣，廢也。一偏下也。从並，白聲。🔣，或从曰。🔣，或从兟从曰】，白為唇聲字，替為舌尖聲，替不該以白為聲符。《說文》的解說"一偏下"對該應兩立不齊的字形，以兩人站立的位置不齊有失威儀以表達敗事的情勢。但卻沒有該字形，顯然有脫文。金文的另一形作並立於深坑內之狀，大致表達如不知權變，如爬上另一人的肩上以脫逃，不相互合作以求脫險是為敗事。

麤（字161）【麤，行超遠也。从三鹿。凡麤之屬皆从麤】，以二或三鹿表達類似群鹿奔跑時相互衝撞之魯莽狀。

秝（字162）【秝，稀疏適秝也。从二禾。凡秝之屬皆从秝。讀若歷】，兩行禾之狀。禾的栽種不能太密集，人可步行其間，以之表達稀疏之狀況。

編號	商甲骨文	兩周金文	秦小篆	漢隸書	現代/創意
163	8888 8888 8888 8888	88	88 S	茲	茲 兩束絲形。
164	㦒㦒㦒	㦒	㦒 S	㦒	㦒 兩戈對向相殘。
165	卅 卅卅 卅卅	彐彐彐彐彐彐 彐彐彐彐	彐 S 卅 k 習 k	友	友 朋友相互以右手輔助。
166	刕刕刕刕 刕刕刕刕	吕	劦 S	劦 协	劦 三把挖土工具協作，或共挖深坑之狀。

茲（字163）【88，微也。从二幺。凡丝之屬皆从丝。】【88，艸木多益。从艸，絲省聲】，兩束絲並列，創意不詳，假借為語詞。

㦒（字164）【㦒，賊也。从二戈。周書曰：㦒㦒。巧言也】，兩戈相向有所殘害，後改為兩戈相疊。

諓【諓，亂也。从言，㦒聲。㦒，諓或从心。㦒，籀文諓从二或】，甲骨文作兩盾相對撞擊之狀，可能是表達慌急之時隊伍排列不整的現象（㦒㦒㦒㦒㦒㦒㦒㦒）。後來以形聲字取代。

友（字165）【彐，同志為友。从二又相交。卅，古文友。習，亦古文友】，朋友相互以右手輔助。金文字形下加一深坑，可能表達朋友相互協助挖掘深坑之意。

劦（字 166）【劦，同力也。从三力。山海經曰：惟號之山，其風若劦。凡劦之屬皆从劦】，作三把挖土工具協作，或共同挖掘深坑之狀。

F. 不同字形的複合體

以其間相涉及的關係表意，為後來常見的表意字結構，相當於《說文》的會意字。細分的話尚可分兩類：一是構件間可掉換位置，表示意義是通過聯想而得，如牡（字 167）【牡，畜父也。从牛土聲】、牝（字 168）【牝，畜母也。从牛匕聲】，牛與士或匕的組合，用以表示動物的雄與雌性別。位置可左右對調，甚至上下排列。甲骨文或以豬犬與士或匕組合用以表達各種動物的雌雄。吠【吠，犬鳴。从口犬】表達狗之口所發出之叫聲，犬與口也不必有固定的位置組合。

編號	商甲骨文	兩周金文	秦小篆	漢隸書	現代/創意
167			牡 s	牡	牡 牛與士的組合，以表達雄性動物。
168			牝 s	牝	牝 牛與匕的組合，以表達雌性動物。
169			休 s 庥 h	休	休 一人依息於樹旁之意。
170			臭 s	臭	臭 犬與自的組合，因狗鼻嗅覺敏銳。

一是構件間有一定的位置關係，如休（字 169）【休，息止也。從人依木。庥，休或從广】，以一人依息於樹旁表意。人與木的關係只能左右配置而不能上下配置，而且人也要背着樹，不可面對着樹，此和具體表現一種情況或動態的方式類似，有時也不好分別。再如臭（字 167）【臭，禽走，臭而知其跡者犬也。从犬自】，以犬與自組合，因狗的嗅

覺非常敏銳，理論上可以有不同的位置組合，但鼻子長在頭部，故習慣
上以自在上而犬在下排列。

　　刪（字20），冊與刀組合，以刀刪改竹簡上的錯字表意（刪）。

　　農（字44），林與辰組合，以蜃製工具在森林從事農業之意。甲骨文也
用來指早上的時段，因拿農具去林間工作是一大早就要做的事（晨 農）。

　　族（字171）【旗，矢鋒也。束之族族也。从㫃从矢。㫃所以標衆矢之
所集】，族在甲骨文的意義是人數不多的血族戰鬥單位。箭鏃為戰鬥的用
具，血族是隸屬於同一旗幟之下的戰鬥單位，故以箭鏃與旗幟以表達血族
的意義。

　　劓（字172）【劓，刖鼻也。从刀臬聲。易曰，天且劓。劓，劓或从
鼻】，自與刀的組合，表達以刀割鼻之刑。金文的字形於自下加一木，輔助
說明以割下的鼻子展示於樹上以示警戒之意。

　　器（字173）【器，皿也。象器之口。犬所以守之】，犬與四口組合，狗
善叫吠才有器用。四口表示連續的吠聲。

　　初（字174）【初，始也。从刀衣。裁衣之始也】，衣與刀組合，用刀裁
割布料為縫衣之始。

編號	商甲骨文	兩周金文	秦小篆	漢隸書	現代/創意
171			旗 s	族	族 隸屬於同一旗幟下的戰鬥單位。
172			劓 s 劓 h	劓	劓 以刀割鼻之刑。
173			器 s	器	器 犬與四口組合，狗能吠叫的器用。
174			初 s	初	初 用刀裁割布料為縫衣之始。

G. 字形變易位置

都是較晚期於分析字形之後所創。

正(字35)、乏(字35)：正為征的初形，假借為正確。城邑的口字形訛變成一，小篆乏的創意有可能是反正的字形而來（ ）（ ）。

永(字175)【 ，水長也。象水巠理之長永也。詩曰：江之永矣。凡永之屬皆从永】、辰【 ，水之衺流別也。从反永。凡辰之屬皆从辰。讀若稗縣】，永為沿水道而修的路，彎曲而長延。衍【 ，水朝宗于海兒也。从水行】、汘【 ，溝行水也。从水行】的創意與之相似，沿水道而修的路長延（ ）。商周時代文字常反正不別，反永成辰以表達斜分之派流為後來的意義。

編號	商甲骨文	兩周金文	秦小篆	漢隸書	現代/創意
175			s	永	永 沿水道而修的路 彎曲而延長。
176			s	爿 (牆)	爿 象病弱時所睡之 床形。
177			s k z	子	子 小孩整體或頭部 之形。
178			s	行	行 十字路形。

片【片，判木也。从半木。凡片之屬皆从片】、爿（字176）【爿，反片為爿。讀若牆】，分析木字為二，右半的片、左半的爿。爿字甲骨已有，為牀之象形。反之成片字，《說文》則有片無爿，且以為从木字分析所得。段注補爿字，以為反片為爿。

子（字177）【子，十一月陽氣動、萬物滋。人以為稱。象形。凡子之屬皆从子。子，古文子从巛，象髮也。子，籀文子囟有髮，臂脛在几上也】、𠫓【𠫓，不順忽出也。从到子。易曰：突如其來，如不孝子突出，不容於內也。𠫓即易突字也】，子為幼兒正視形，倒之成𠫓，頭在下則不順。

彳【彳，小步也。象人脛三屬相連也。凡彳之屬皆从彳】、亍【亍，步止也。从反彳。讀若畜】，乃分析自十字路形象的行字（字178）【行，人之步趨也。从彳亍。凡行之屬皆从行】。彳、亍常作有關行道之字的意符，意義並無不同。

（三）形聲

約同《說文》的形聲，其解釋是“以事為名，取譬相成，江河是也”。意思是依事類而取音之相近者以造字。簡單地說，此類字絕大部分有一代表事物的意符和一代表音讀的聲符。但也有全是音符的例子，故象聲之名或更為適切。形聲字是最方便、簡易的造字法，只要選擇一個意符和一個聲符，不管多抽象的意義，都可以用這種方式很容易地造出來。上文已經談到，可能因中國是單音節的語言，故造字以表意字為主。然後在文字的使用過程中慢慢形成形聲字而被人發覺其方便，才大量以之創字的。

形聲是一種可以應用無窮的簡便造字法，它是經過長時期的發展才逐漸形成的方式。雖然商代已有百分之二十的形聲字，但絕大多數的常用字都不是形聲字，而且也限定在幾個意符。春秋時代才有意以形聲字的形式大量創造新字，並把意符擴展到各領域。在人們還沒有領會此種造字法之前，由於語言中有很多概念很難用適當的圖畫方式去表達，而日繁的人事，也沒有辦法給每一個意思造一個專字。於是就想出了兩個辦法以解決使用上的困難：一是引申，一是假借。

　　引申的方法是用一個字去表達一些與其基本意義有關的意思，它可能就是許慎所說的轉注。有時某些概念之間可以找到它們共通的特性，或是其意義有先後層次發展的關係，不妨用同一個字去表達它們的意義。如复（字 179）【𝄔，行故道也。从夂，畐省聲】，甲骨文作一腳踏在一個鼓風袋的踏板上，它借用腳重複上下的動作，把袋内的空氣不斷地通過鼓風管擠進煉鑪，以表達往復、重複的意義。它被用於表達各種與往復和重複有關的各種事務，如旅行的往返、陽光的復現、攻伐的恢復、甚至多件衣服。但也有很多从复聲的字是和往復或重複的意義無關的，如【蝮，虫也】【鍑，如釜而大口者】【鰒，海魚也】【複，機持繒者】。

　　一個字除中心意義外，還可以兼帶很多擴充的有關意義。經過長期的擴充，有時一個字可能擁有一些不太相關甚至是相反的意義。譬如亂字，在周代兼有治與亂的相反意義，如《尚書·皋陶謨》"亂而敬"、《尚書·泰誓》"予有亂臣十人"的亂都有治理的意義。亂字【𤔔，不治也。从乙𤔲。乙，治之也】，可能從金文的辭（字 180）【辭，說也。从𤔲辛。𤔲辛猶理辜也。𤔲，籒文辭从司】發展而來。字形象兩手以有尖銳鉤針的工具去解開纏繞的亂線，故有亂的意義。線亂了就要加以整理，使線索就緒，故也有了治理的意義。絶（字 181）【絶，斷絲也。从刀糸，卩聲。𢇍，古文絶，象不連體絶二絲。】與繼【繼，續也。从糸𢆶。𢆶，繼或作𢇍，反𢇍為𢆶】的古代字形也只是正反之別，創意同樣是來自紡織的作業。絲亂了要用刀切斷再加以接續，故演化成斷絶與接續兩義。終字有終止、死亡與長久的意義，也似是相反的意義。

　　後來為了分別本義與其擴充意義，並確定各自的字形，有些字就在字源分別加上水、火、木、人、衣、心、口、言、手、頁、彳、辵等不同意義的屬類，成了不同字形的形聲字，如冓（字 182）【冓，交積材也。象對交之形。凡冓之屬皆从冓】可能表示兩木構件以繩捆縛的相互交接之狀，人們就用以表示各種與交接、相會有關的意義。後來以各種形符加到冓字之上以分別各引申義，於是就形成了構【構，蓋也。從木，冓聲。杜林以為椽桷字】、購【購，以財有所求也。從貝，冓聲】、媾

【▨，重婚也。從女，冓聲。易曰，匪寇婚媾】、遘【▨，遇也。从辵，冓聲】、溝【▨，水瀆也。廣四尺深四尺。从水，冓聲】、講【▨，和解也。从言，冓聲】、覯【▨，遇見也。从見，冓聲】等從冓聲而與交接的概念有關的各個形聲字。由引申而演變成的形聲字群都有共同的中心意義，以致令人有從某聲的字都有某種意義的感覺。由於過分強調這種聲符帶有意義的現象而有右聲說的主張，見後討論。其實後來有意以形聲方式新造的字，反而大都是基於音近的因素而非意義的引申。

編號	商甲骨文	兩周金文	秦小篆	漢隸書	現代/創意
179			𠳿 s	（復）	复 一足踏在鼓風袋的踏板上，往復鼓風入鑪之狀。
180			s z s	辭 亂	辭 兩手以鉤針在解纏繞的亂線，線亂了要整理，故兼有芬亂與治理義。 亂
181			s k s h	絕 繼	絕 亂絲要用刀切斷再接續，故演化成斷絕與接續兩個意義。 繼
182			冓 s	冓	冓 兩木構件以繩捆縛的相互交接之狀。

　　假借的方法是，當一個意思難以用圖畫去表達時，借用一個發音相同或相近的現成字去表達，譬如黃字（字183）【黃，地之色也。从田炗聲。炗，古文光。余，古文黃。凡黃之屬皆从黃】，甲骨文是一組璜珮的象形，被借用以表達與玉無關的黃的顏色。後來為了避免可能的混淆，就在本義的黃字加上玉的意符而成璜的形聲字，以與借義的黃有所分別。

編號	商甲骨文	兩周金文	秦小篆	漢隸書	現代/創意
183			黃 s 余 k	黃	黃 一組成串的腰珮形，借為顏色。
184			莫 s	莫	莫 日已西下林中，或鳥歸巢林中，表達傍晚的時分。

　　同樣的，莫（字184）【莫，日且冥也。从日在茻中，茻亦聲】本象日已西下於林中的傍晚時分，作鳥於林中，表達其歸巢的時間。春秋時代莫被借用為否定副詞，因此就在本義的莫字加上日的意符而成暮字。很多假借字就通過這個步驟而成為形聲字。

　　有時為了音讀的便利，或修正已發生變化的音讀，就加上新的聲符，也形成形聲字，譬如，甲骨文的風字（字21）是借用鳳鳥的象形字（ ），後來在鳳形上加凡或兄的聲符以為區別（　　）。但是這個新的形聲字又被用為鳳鳥的意義，就別造現在从虫凡聲的風字。又如甲骨文的晶字（字110）本是繁星的象形（　　），它兼有晶亮的引申義，於是在晶上加生的聲符而成為星字（　），以與晶字區別。有時一個字已因聲讀的關係借用為其他意義，因某種原因又標上一個音符，使得整個字都由音符構成，如羽（字29）是羽毛的形象（　），商代借為翌日，加上立的聲符（埛），戰國時羽更借為音樂宮調的名稱，而又加上于聲（𠀀）。一個形聲字不管是加上聲符或意符而形成的，在形式上，它們絕大部分都可分析為與意義有關的形符以及與音讀有關的聲符，只有少數純由聲符組成。 由於純由聲符組成的字不多，故都歸於一類，統名形聲字。

如上所述，大部分早期的形聲字是象形或表意字經過了長期的使用，才在不知不覺中演變成的。人們一旦察覺這種簡便的造字法，就有意以這種形式大量創造新字。最早有意創造的形聲字可能是族名、地名、動植物一類很難用圖畫去表達的專有名詞，稍後才推廣到其他詞彙的領域，終於成為後世最廣泛應用的造字法。

依其形成的過程，形聲字約可分為三式：

A. 聲加形符：

(a)由假借而來

彔(字27)加林＝麓【𪊽，守山林吏也。一曰林屬於山為麓。春秋傳曰，沙麓崩。𪊽，古文從彔】，汲水的轆轤形，借為山麓（圖 圖 圖 圖 圖 圖）。

須(字94)加髟＝鬚【《廣韻》，鬚，俗】，臉上鬍鬚，借為副詞（𩑋）。

丑(字125)加手＝扭【《廣韻》，扭，按也】，手指彎曲以扭物，借為干支（𠃒）。

非(字145)加手＝排【𢫦，擠也】，雙手排東西往兩旁，借為副詞（𢫦）。

黃(字183)加玉＝璜【璜，半璧也】，成串之腰珮形，借為顏色（黃）。

莫(字184)加日＝暮【《廣韻》，暮，日晚也。冥也】，日已西下林中，借為副詞（莫）。

采(字185)【𡗓，捋取也。从木从爪】加手＝採【《廣韻》，採，取也。俗】，手採樹上果實，借為光彩。

父(字 186)【，巨也。家長率教者。从又舉杖】加斤＝斧【，所以斫也。从斤父聲】，手持石斧，借為親屬。

編號	商甲骨文	兩周金文	秦小篆	漢隸書	現代/創意
185	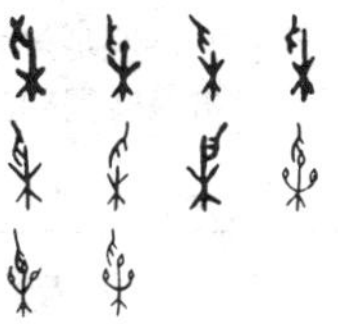	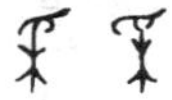	 s	采	采 手採樹上果實，借為光彩。
186			 s	父	父 手持石斧的勞動者，借為親屬稱呼。
187		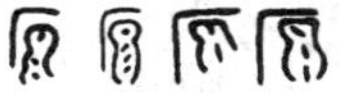	 s	原	原 泉水湧出之水源意，假借為平原。
188		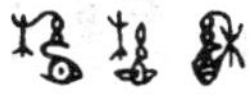	 s	縣	縣 懸掛人頭於樹枝之狀，假借為行政單位。

原(字 187)【，水本也。从灥出厂下。，篆文从泉】加水＝源【《廣韻》，源，水原曰源】，泉水湧出的源頭，借為平原。

縣(字 188)【，繫也。从系持県。】加心＝懸【《廣韻》，懸，俗，今通用】，懸掛頭顱於樹上，借為行政單位。

前(字 189)【，不行而進謂之歬。从止在舟上】加水＝湔【《廣韻》，湔，洗也。一曰水名，出蜀玉壘山】，洗足於盆中，借為時間副詞。

叟(字 190)【，老也。从又灾。，籒文从寸。，叟或从人】加手＝搜【搜，衆意也。一曰求也】，持火把於屋內搜索，借為老人。

叔(字 191)【，拾也。从又尗聲。汝南名收芋為叔。，叔或从寸】【，豆也。尗象豆生之形也。凡尗之屬皆从尗】加艸＝菽【《廣韻》，尗，豆也。菽，上同】，手採豆莢，借為親屬稱呼。

萬(字 192)【，蟲也。从禸。象形】加虫＝蠆【，毒蟲也。象

形。𧖒，蠆或从蚰】，蠍子形，借為數字。

編號	商甲骨文	兩周金文	秦小篆	漢隸書	現代/創意
189	 (甲骨文字形)	 (金文字形)	肖 s	前	前 洗足於盆中，假借為時間副詞。
190	 (甲骨文字形)		窗 s � z 窗 h	叟	叟 手持火把於屋內搜索事物，借為老人。
191		 (金文字形)	𣏟 s 𣏟 h	叔	叔 手採荳莢，借為親屬稱呼。
192	 (甲骨文字形)	 (金文字形)	萬 s	萬	萬 蠍子的形象，借為數目。

(b) 引申義別異

　　皮(字107)【𡱕，剝取獸革者謂之皮。从又為省聲。凡皮之屬皆从皮。𡱠，古文皮。𡱠，籀文皮】加衣＝被【𧚙，寢衣，長一身有半】，手持皮盾，引申表面。加彳＝彼【《廣韻》，彼，對此之稱】，借為人稱代名詞（𢑑）。

　　复(字179)，加彳＝復【復，往來也】。加衣＝複【複，重衣也】，腳踏鼓風袋，動作重複（𡕛）。

　　冓(字182)，加水＝溝【溝，水瀆也】。加見＝覯【覯，遇見也】，兩木構件交接，兩物交接（𣒱）。

　　免(字193)【（段注補）免，兔逸也。从兔不見足。會意】加冃＝冕【冕，大夫以上冠也】，頭戴盔冑，可避免傷害。

編號	商甲骨文	兩周金文	秦小篆	漢隸書	現代/創意
193		字字字	🜨 s	兔	兔 一人頭戴盔胄，可避免傷害。
194	孚	孚孚孚孚 孚孚孚	孚 s 孚 k	孚	孚 象以手控制小俘虜，小孩不狡猾，可信賴使工作。
195	屮屮屮	皇皇皇皇 皇皇皇皇 皇皇皇皇 皇皇皇皇	皇 s	皇	皇 象舞蹈時用的裝飾有孔雀羽毛的美麗帽子形。形容詞。
196	曹曹	曹曹曹曹	曹 s	曹	曹 槽上兩袋在濾酒之狀。
197		卑卑卑卑 卑卑卑	卑 s	卑	卑 從事持拿儀仗牌之賤職。

　　孚（字194）【孚，卵即孚也。从爪子。一曰信也。 孚，古文孚从禾，禾古文保】加人＝俘【俘，軍所獲也】，手控制小俘虜，可信賴給予工作。

　　皇（字195）【皇，大也。从自王。自，始也。始王者，三皇大君也。自讀若鼻。今俗以作始生子為鼻子是】加火＝煌【煌，煌煌輝也】，加羽飾之帽，盛裝。

　　曹（字196）【曹，獄兩曹也。从棘在庭東也。从曰。治事者也】加木＝槽【槽，畜之食器】，濾酒之槽，官家作業。加米＝糟【糟，酒滓也。从米，曹聲。 糟，籀文从酉】，濾下之渣。

　　卑（字197）【卑，賤也。執事者。从ナ甲】加女或妾＝婢【《廣韻》，婢，女之下也】，手持儀仗牌之類，低級職務。

B. 形加聲符

（a）有意的創字法，形符加音符。

初以名詞為多，春秋之後才廣泛用於其他詞類，是後來造字的主要形式。

水加工聲＝江【江，江水出蜀湔氐徼外崏山入海。从水，工聲】。

木加兆聲＝桃【桃，桃果也。从木，兆聲】。

糸加工聲＝紅【紅，帛赤白色也。从糸，工聲】。

言加炎聲＝談【談，語也。从言，炎聲】。

艸加早聲＝草【草，草斗。櫟實也。一曰象斗。从艸，早聲】。

心加青聲＝情【情，人之会气有欲者。从心青聲】。

編號	商甲骨文	兩周金文	秦小篆	漢隸書	現代/創意
198			S S	食 飼	食 象加蓋保溫之食物形。 飼
199			S	耤	耤 象一堆人推犁或踏犁耕地之意。
200			S S	疑	疑 象一人持杖猶疑於十字路口不知方向之意。
201			S h	蛛	蛛 蜘蛛象形。
202			S k	齒	齒 口中之齒列形。

身加复聲＝腹【䐿，厚也。从肉复聲】甲骨文从身或从人（𦠤 𦡴）。

（b）因引申而別義，例子少。

晶（字110），衆星形象，引申為晶亮，加生聲別義（晶 曐）。

食（字198）【𩚛，亼米也。从皀，亼聲。或說，亼皀也。凡食之屬皆从食】，加蓋之熟食，引申以食物飼人。飤【𩚣，糧也。从人食】，加人之形符以別義，後改加司聲別義【《廣韻》，飤，食也。飼，上同】。

（c）可能因順應音變或便利音讀而加音符。

埜（字46），林野祭祀之處，戰國時加予聲，小篆以田代林，再田土合成里而成野字（棥 埜 壄 壄）。

耤（字199）【耤，帝耤千畝也。古者使民如借，故謂之藉。从耒，昔聲】象人推犁或踏犁耕地之意，加昔聲。

疑（字200）【𥄕，未定也。从匕，矣聲。矣，古文矢字】【�疑，惑也。从子止匕，矢聲】，一人持杖猶疑於十字路口不知往何方向之意，金文加牛聲。

蛛（字201）【𪓵，䁖𪓵也。从黽，朱聲。𧊡，𪓵或从虫】，蜘蛛象形，加朱聲，後以虫代黽。

齒（字202）【齒，口斷骨也。象口齒之形，止聲。凡齒之屬皆从齒。𠚁，古文齒字】，口中齒形，可能為了與齒疾諸字區別而加止聲。

肇（字203）【𥷚，上諱】【�，始開也。从戶聿】，以戈破門製造事端（或以礪石磨戈為開刃之始）。金文加上聿。聿字古讀如 riwət，屬物部，肇讀如 diaw，屬宵韻。兩者不同韻，不符諧聲條件。但又想不出聿與肇有何創意上的關係，也許這也是上古一字發二音的例子，暫以為聲符。

鑪（字204）【鑪，方鑪也。从金，盧聲】，有支架的火爐形，加虎聲。

臧（字205）【臧，善也。从臣戕聲。𤖅，籀文】，戈刺瞎奴隸眼睛，加爿聲。

蠹（字206）【蠹，木中蟲。从䖵橐聲。𧏾，蠹或从木。象在木中形。譚長說】，原先應作蠱蟲之形，商代已加橐聲。

編號	商甲骨文	兩周金文	秦小篆	漢隸書	現代/創意
203			s	肇	肇 以戈破門，製造事端。或礪石磨戈為開刃之始。
204			s	鑪	鑪 有支腳可移動的火爐形。
205			s z	臧	臧 以戈刺瞎奴隸眼睛，減低反抗能力而順服。
206			s h	蠱	蠱 原形或應作蠱蟲之形，商代已加橐聲。

(d)為便利書寫及規劃，化象形或表意文字為形聲。

囿（字45），範圍內特地栽培植物之處，改變為从口有聲（囿囿）。

稻（字96），以裝在罈中的穀米表意。改變為从米舀聲，後又規律化，易米為禾（稻稻）。

阱（字207）【阱，陷也。从阜井，井亦聲。阱，阱或从穴。汬，古文阱从水】，設陷捕捉野生動物，改易為阜加井聲。

埋、薶（字208）【薶，瘞也。从艸，貍聲】，埋牲於坑中，小篆改易為从艸貍聲，後又改易為从土里聲。

沈（字209）【沈，陵上滈水也。从水冘聲。一曰，濁黕也】，原作沉牛於河中以祭祀鬼神。

編號	商甲骨文	兩周金文	秦小篆	漢隸書	現代/創意
207			s h k	阱	阱 設陷捕捉野生動物。
208			s	埋	埋 埋牛、羊等犧牲於坑中。
209			s	沈	沈 沈牛於河中以祭祀鬼神。
210			s	猴	猴 象猴子形。
211			s h k z	魅	魅 身上塗有閃爍燐光的老精怪。
212			s k	嶽 岳	岳、嶽 多重山巒之象。
213			s z	虹	虹 雙頭穿身的神話動物。
214			s k	誥	誥 雙手拿着一把長管樂器，政府有所宣告的方式。

猴(字 210)【榤，夒也。从犬，侯聲】，象形，改變為从犬侯聲。

魅(字 211)【彰，老物精也。从鬼彡。彡，鬼毛。櫭，或从未。彔古文。彔，籀文从象首从尾省聲】，鬼的面具或身上塗有閃爍的磷，埋葬多年的老鬼才有的現象。改變為从鬼未聲。

岳(字 212)【嶽，東岱南霍西崋北恒中大室。王者之所以巡狩所至。从山獄聲。屾，古文，象高形】，多重山巒之象，改變為从山獄聲。

虹(字 213)【虹，螮蝀也。狀似虫。从虫，工聲。明堂月令曰，虹始見。蛐，籀文虹从申】，雙頭穹身的神話動物，改變為从虫工聲，或从雨兒聲的霓字。

誥(字 214)【誥，告也。从言，告聲。㫃，古文誥】，原作雙手拿着長管樂器作政府的宣告。

C. 聲加聲

大都因假借而再加聲，例子少。

鳳(字 22)，加凡＝風，初借鳳鳥之形為風，繼加凡聲為風專字，或加兄聲，又被用為鳳，乃造凡虫的風（鳳 bjəm，凡 bjwəm，風 pjwəm，兄 xiwang）（𩾿 𩙪 𩙿）。

羽(字 29)加立＝翌，初借羽毛之形為昱日，繼加立聲＝翌【翊，飛兒。从羽，立聲】（羽與立不同韻部，可見商周的聲韻有異），後又別造从日立聲的昱(字 28)。羽又聲借為音樂的宮調，戰國時加于聲（羽 vjwav，立 dziəm，于 vjwav）（𦐇 翊 𦐷）。

乎(字 215)【乎，語之餘也。从兮，象聲上越揚之形也】的創意不明，或可能為寧字(字 216)【寍，願詞也。从丂寍聲】、㝵【㝵，定息也。从血㝵省聲。讀若亭】的下半部分，寍、㝵字作皿下有支架的托盤，其上並有湯汁，可能表達燙熱的食物要用托盤才不會被燙傷而安全。乎字為托盤上有湯汁，創意可能因受燙痛而呼叫。後聲借為語詞，戰國時加虖聲【嘑，哮虖也。从虍，乎聲】（乎 gav，虎 xav）。

兄(字 217)【兄，長也。从儿从口。凡兄之屬皆从兄】从祝字形，知象一人或立或跪坐而張口祝告之狀，音借為人倫，金文有加往聲者（兄 xiwang，往 gjwang）。其它如戰國時代有好幾個方國用从虍从魚的盧字（🐟🐟）以替代余，作為第一人稱代名詞。人稱代名詞都是使用音假的方法。虎、魚、余都屬魚部（虍 xav，魚 ngjav，余 riav），顯然虍與魚都是聲符的組合。戰國銅器銘文（🔵 🔵），以从茲从才作為哉字使用，茲、才、哉都屬之部（茲 tsjiəv，才 dzəv、哉 tsəv），也應是純音符的組合。

編號	商甲骨文				兩周金文				秦小篆	漢隸書	現代/創意
215									S	乎	乎 創意不明，借為語詞，戰國時有加虎聲之例。 虖
									S	虖	
216									S	寧	寧 作皿下有支架的托盤，用托盤才不會燙傷而安全。
									S		
217									S	兄	兄 象一人張口祝告之狀，借為人倫。

（四）分類的意見難一致

　　不管是以上所介紹的三書說或傳統的六書說，對於某個字的分類，要取得學者們意見的一致是不簡單的。就算採用兩分法，即分形聲與表意字，面對最早的甲骨文而不是已起訛變的小篆，也難以取得一致的歸類意見。在所有的造字法中，形聲字可以說是最容易辨識的。

　　（1）它一定包含至少一個聲符，而且聲符都是成字的。例外的例子不多，如坒【坒，艸木妄生也。从之在土上。讀若皇。牡，古文】、往【徃，之也。从彳坒聲。𢔏，古文从辵】的甲骨文字形作（🚶），乃從止王聲，兩構件連成一體。

（2）形聲字與其所諧的聲符，兩者的韻母同屬一大類是必須的條件之外，兩者的聲母也要同屬一大類，如唇音為一類，喉音為一類，舌音又為一大類等。如不同類，則大致認定有問題。如聖（字218）【聖，通也。從耳，呈聲】，甲骨文作嘴巴旁有一大耳朵的人，表示此人有敏銳的聽力能辨別各種音響，用以表達有過人的才能。它含有壬的部分是由於字形的變化，和呈聲無關。依周法高擬音，先秦時代聖讀如 st'jieng，呈讀如 dieng，聲母的類別不同，就算甲骨文以來聖的字形演變過程不清楚，我們也要懷疑聖字從呈聲的可能。

又如彘（字219）【彘，豕也。後蹄廢謂之彘。從彑從二匕，矢聲。彘足與鹿足同】，甲骨文表現一枝箭穿透一隻豬的軀體，知是以射箭所獵獲表明野豬的品種。後來意義擴充至家豬。從字形看，應與矢聲無關。依周法高擬音，先秦時代彘讀如 dier，矢讀如 st'jier。聲類很不同，顯然不是形聲字。

編號	商甲骨文	兩周金文	秦小篆	漢隸書	現代/創意
218			聖 s	聖	聖 一人耳朵聽力敏銳，能分辨聲響，強調天賦體能。
219			彘 s	彘	彘 被一箭射穿身軀的野豬。

（3）除聲韻的條件外，意符所代表的意義也要與形聲字的意義是同類，當然全由聲符組成的字例外，譬如頁【頁，頭也。從百從儿。古文䭫首如此。凡頁之屬皆從頁】為特著人頭部之象形文（　　　　　），以頁為形符的形聲字，意義應該是有關頭部的，但顥【顥，白皃。從景頁。楚詞曰，天白顥顥。南山四顥，白首人也】的意義和頭沒有直接關係，所以不是形聲字。此字的創意不很容易了解。京為高樓

的形象，頁原先為貴族的形象，古代高樓為施政的場所，詢政的大臣都是老人，其白頭髮在日光照射下，閃爍發亮。顯的原義較可能是在施政的高樓出現的德高望重的白髮老人，白是引申義。又如穎【穎，難曉也。从頁米。一曰鮮白兒。从粉省】的創意應是一人有散光一類的視覺毛病，看東西時影像重疊不清楚之狀。貴族因為處理文書業務多，眼睛過勞，視覺模糊。顯與穎字都與頭部意義沒有直接關係，故也是表意字。再如寡（字220）【寡，少也。从宀頒。頒，分也。宀分故為少也】，許慎以為創意來自分家產，一如貧字【貧，財分少也。从貝分，分亦聲。貧，古文从宀分】先以分宀（分家產）創意，可能不易了解，改以分貝會意。甲骨文寡字作屋中一見，金文改變為屋中一頁，分的部分是後來字形演變所造成。在早期時，見或頁作為一字的構件常用以表示貴族的形象而非看見或頭部的意符。寡以屋中屬貴族的人數寡少表意，本義與建築物或頭部都沒有直接的關係，後來頁主要作為頭部的形符，一般人不明其創意，又因人形的前後加上無意義的裝飾點，以致看起來像是从分，因而有分家產之說。

編號	商甲骨文	兩周金文	秦小篆	漢隸書	現代/創意
220			S	寡	寡 建築物中的大人物。數量寡少。
221			S Z	寢	寢 屋中常備有掃把以清潔之寢室。
222			S	安	安 女性在家中才安全。
223			S	宗	宗 陳設神主的廟是同宗所拜祭之處。

　　再舉一常見之例，宀是房屋的外形，以此作為構件的字，如果是形聲字，則其基本意義就要與建築物有直接的關係，否則就是表意字，如宅【宅，人所託居也。从宀，乇聲。宅，古文宅。宅，亦古文宅】為人所居之建築（甲骨字形）。室【室，實也。从宀，至聲。室屋皆从至，所止也】為建築物的分間（甲骨字形）。寵【寵，尊居也。从宀，龍聲】為尊者所居之處（甲骨字形）。寬【寬，屋寬大也。从宀，莧聲】為屋寬大。客【客，寄也。从宀，各聲】（甲骨字形）、寄【寄，託也。从宀，奇聲】為臨時居所。它們的本義都與建築物有關，故都是形聲字。寢（字221）【寢，臥也。从宀，侵聲。寢，籀文寢省】為晚上睡眠之室，意義雖與建築物有直接的關係。但此字的甲骨字形卻是表意字，以屋中常備有掃把以清潔的是寢室表意，後來才演變類似形聲字。反之，安（字222）【安，靜也。从女在宀中】以女性要在家中才安全，外出容易遭受侵犯，本義與建築物無關，故是表意字。宄【宄，㳆也。从宀儿。人在屋下無田事也。周書曰，宮中之宄食】以男性在屋中休息有空閒，不必到田地工作表意，故是表意字。宗（字223）【宗，尊祖廟也。从宀示】以有神主的廟表示出自同一個祖先的宗族，本義與建築物無密切關係，故是表意字。

　　判定一字是否屬形聲字看似簡單，但學者之間對它的認定，也常有不一致的情形。李孝定先生曾以六書的分類，分析能辨識的甲骨文字，探討各書所佔的百分比有多少。不談其他五書的分類，針對他所歸類為形聲字的例子來撿討，值得討論的至少有以下的例子：

　　旁（字148），犁刀之上裝直板犁壁，作用在把翻起的土推到兩旁。方是耕犁的形象。金文有把犁壁下移至犁刀上方的寫法，更是寫實的描寫，所以不是形聲字。旁也沒有明顯的意符，故《說文》以關迴避問題（方 pjwang，旁 bwang）（甲骨字形）。

　　每（字65），頭上有繁盛裝飾的婦女，顯得很豐美。字形沒有母聲的構件（母 məv，每 mwəv）（甲骨字形）。

　　牡（字167）、牝（字168），士與匕是動物性別的符號，甲骨文還以之標識於豬、鹿、犬等動物，士的聲與韻也與牡不同類屬，故不應是形聲字。同樣的，从豕、馬、鹿等的性別字，讀音也不同韻，知應該都是表意字（士 dziəv，土 t'av，牝 mwəw）（匕 pjier，牝 bjien）（𥝩 𥝩 𥝩 𥝩）（𥝩 𥝩 𥝩 𥝩 𥝩）。

犁(字 89)，初文作一把犁及翻起的土塵，借以名雜色牛。犁的字形可能是犁牛的合文。就算它是形聲字，也應把初形計入象形或表意（𥝩 𥝩 𥝩 𥝩 𥝩）。

吝(字 224)【𠳲，恨惜也。从口，文聲。易曰，以往吝。𠳲，古文吝从彡】文的聲母不同類，恐非形聲，段注也認為文聲之說有問題。古代葬儀要棒殺老人以放魂，後來演變為刺紋並埋土中，可能表達嘆惜後代的人違背古俗，或沒有正常地死在床上，惋惜要以非常的方式埋葬（文 mjwən，吝 liən）。

編號	商甲骨文	兩周金文	秦小篆	漢隸書	現代/創意
224	𠳲 𠳲		𠳲 s 𠳲 k	吝	吝 經紋身之屍體埋於土坑，惋惜違背棒殺之古習。
225	𠮷 𠮷 𠮷 𠮷 𠮷 𠮷 𠮷 𠮷 𠮷 𠮷 𠮷	𠮷 𠮷 𠮷 𠮷 𠮷 𠮷 𠮷 𠮷	召 s	召	召 作溫酒盆上一個酒壺，一手持杯，一手拿杓，把酒招待客人之意。
226	𠱠 𠱠 𠱠 𠱠 𠱠 𠱠 𠱠 𠱠 𠱠 𠱠 𠱠	𠱠 𠱠 𠱠 𠱠 𠱠 𠱠 𠱠 𠱠	喪 s	喪	喪 桑樹枝幹間很多籃筐的採桑葉作業，借為喪亡。

召(字 225)【𠮷，評也。从口，刀聲】，初文作溫酒盆上一酒壺，一手持杯，一手拿杓，把酒以招待客人之意，後來才簡省為一匕一口，才被誤為从口刀聲。如為形聲，就不會把聲符隱藏於眾多部件之中（刀 taw，

召 tjiaw）。

　　喪(字 226)【**雺**，亡也。从哭亡，亡亦聲】表現在桑樹枝幹間掛很多籃筐的採桑葉作業，借以表達喪亡。如為从口桑聲，一個口就夠了，不必三或四口，且位置不固定。亡聲顯然是起於字形的訛變（喪 sang，亡 mjwang）。

　　歸(字 227)【**歸**，女嫁也。从止婦省，自聲。**峠**，籀文省】，自與歸的聲母分屬不同大類，可能與古代婦女歸寧時所帶的東西(土與掃把)有關（自 twər，歸 kjwər）。

編號	商甲骨文	兩周金文	秦小篆	漢隸書	現代/創意
227			歸 s 峠 z	**歸**	歸 以土堆與掃把組合，可能與歸嫁禮俗有關。
228			歲 s	**歲**	歲 大型之鉞形，為處罰之刑具，用以名歲星。
229			進 s	**進**	進 以隹與止表意，鳥飛行只進不退。

　　歲(字 228)【**歲**，木星也。越歷二十八宿，宣徧陰陽，十二月一次。从步，戌聲。律歷書名五星為五步】原為大型之鉞，為處罰之刑具，用以名歲星。可能在天空一年移動十二分之一，被利用以紀年歲。後加步，可能表示它是移動的。但鉞與歲的聲韻都不近，鉞字形後來演變如戌，才被誤認為戌聲，與歲的韻讀相差更遠（鉞 vjwat，歲 sjiwar）（戌 sjiet，歲 sjiwar）。

　　進(字 229)【**進**，登也。从辵，閵省聲】以隹與止表現鳥的飛行只進不退，不像其他動物可倒行。省聲之說很不可靠。

　　遲(字 230)【**遲**，徐行也。从辵，犀聲。詩曰，行道遲遲。**䶒**，遲或从㞢。 㞓，籀文遲从犀】以一人背負一人在道路行走，比一般人行走遲到。从犀聲是商以後才形成的字形。

途(字231)【《廣韻》途，道也】，余（以諸切，魚韻 riav）與途（同都切，模韻 dav）的聲韻雖相隔不遠，很可能是表意字。途是大道，余為使者所持之證物，官道所見的景象。

退(字232)【退，卻也。从彳日夂。一曰行遲。㣤，退或从內。𨓤，古文从辵】由內及止組成。從小篆或體推論甲骨文的字形，內可能是自門內視掛簾掀開而結於門柱的形象。足在門內以表達退而安息之意。內及止都和退的音讀無關。

編號	商甲骨文	兩周金文	秦小篆	漢隸書	現代/創意
230	𣢴 𣢴 𣢴 𣢴 𣢴 𣢴 𣢴	𨘒 𨙆 𨗈 𨙇	㞓 s h z	遲	**遲** 一人背負一人在道路行走，比一般人行走遲到。
231	↑↑ ↑↑ ↑↑ ↑↑		途		**途** 途是大道，余為使者所持之證物，官道所見景象。
232	𨓤 𨓤 𨓤 𨓤	𨓤 𨓤	退 s 㣤 h 𨓤 k	退	**退** 足在門內以表達退而安息之意。

言(字233)【言，直言曰言，論難曰語。从口，辛聲。凡言之屬皆从言】字顯然是一個不可分割的形体，應是長管樂器的形象，政府召集人員的信號，故信以吹管號的人所佈達的為可信的公告，語字初文以雙手捧言吹奏表意。

攻(字120)，詳下文分析，刮削石磬，手持敲棒以測音，故工下有三小點表示石屑。如為單純的形聲，就不需三小點（𢼸）。

敘（字 234）【叙，次弟也。从攴，余聲】，手持余表意。余為使者、旅客所持信物。可能與對的創意相近，手舉使者信物表明有所敘述。敘雖然與余字聲韻很近，但早期的文字，"又"用來表現手的持拿動作，少當意符。手也和敘職沒有同類的意涵（余 riav，敘 rjav）。

教（字 235）【教，上所施下所效也。从攴孝。凡教之屬皆从教。教，古文教。教，亦古文教】，可能手持棍杖勸導小兒學打繩結。繩結是古代很實用的技術。許慎亦不以教為形聲字。

編號	商甲骨文	兩周金文	秦小篆	漢隸書	現代/創意
233			言 s	言	言 象長管樂器形。
234			叙 s	敘	敘 余為使者、旅客所持信物。手舉之表明有所敘述。
235			教 s 教 k 教 k	教	教 手持棍杖勸導小兒學打繩結。
236			睧 s	睧	睧 以挖眼工具表現挖眼之刑，受刑後視力較差。

學（字 63），交叉繩結，或加雙手以示動作，或表明施用於架屋。子是後來所加的輔助說明。在早期的文字，臼用來表現雙手作事的動作，不用作聲符（臼 kjəwk，學 grəwk）（爻 爻 斆 斅 斅 斆 斆）。

睧（字 236）【睧，目無明也。从目，夗聲。讀若委】以眼睛與挖眼的工具表現挖眼之刑，受刑後獨眼的視力較差。夗是後來分析睧字而得的字形【夗，轉臥也。从夕卪。臥有卪也】。卪是跪坐形，怎會用來表達睡臥之意（夗 ʔjwan，睧 ʔwan）？

魯（字 237）【魯，鈍詞也。从白，魚聲。論語曰，參也魯】以魚在盤上表意，魚被認為是佳餚。魯和魚聲類相隔甚遠（魚 ŋjav，魯 lav）。

習（字 238）【習，數飛也。从羽，白聲。凡習之屬皆从習】，大致以鳥降落時翅膀的習習振動聲表達重複的概念，習的音讀（rjiəp）與羽聲（vjwav）或自聲（dzjier）無關。

蔑（字 239）【蔑，勞目無精也。从苜从戍。人勞則蔑然也】，早期文字把眼睛與眉毛都畫出來的都是具有貴族身份的人，字作此人的腳被戈所傷，或與巫術有關，以傷殘的貴族為巫（？）或指受刖刑的貴族，憂鬱寡歡，精神不振。從結構看，不應是形聲字。許慎亦不以為是形聲字。

編號	商甲骨文	兩周金文	秦小篆	漢隸書	現代/創意
237			魯 s	魯	魯 以盤上的魚佳餚表達美好之意。
238			習 s	習	習 鳥降落時翅膀振動的習習聲響。
239			蔑 s	蔑	蔑 像一貴族受刖刑而致心情沮喪。

韶（字 240）【韶，識詞也。从白亏知。𣧑，古文韶】字最複雜的構形由矢、口、亏、冊四個構件組成，李先生在《甲骨文字集釋》說其創意難知，不知後來基於何種理由歸屬於形聲字。擬定的古代音讀，矢為 st'jier，口為 k'ew，亏為 vjwav，冊為 ts'rek。知與智為 tiev。如為形聲，冊最有可能當音符，金文省去冊的部分，聲符一般很少省略。　此字有上告的意義，冊的部分較可能與意義有關，當聲符的可能性較低。智的創意可能與冊封大子有關。許慎雖說不出此字的創意，亦不以為是形聲字。

羌(字 241)【羌，西戎羊種也。从羊儿，羊亦聲。南方蠻閩从虫。北方狄从犬。東方貉从豸。西方羌从羊。此六種也。西南僰人焦僥从人。蓋在坤地，頗有順理之性。夷俗仁，仁者壽。有君子不死之國。 孔子曰，道不行，欲之九夷，乘桴浮於海。有以也。 ，古文羌如此】，大半表現羌人的特殊帽飾。羌為商代主要人牲來源，故有時還加繩索套於頸上。帽飾和羊字不同，羊羌的聲母也不屬同一大類（羊 vriang，羌 k'ang）。

牢(字 76)，牛羊在柵欄中之狀。不知何以收入形聲，也重複收在會意類（ ）。

編號	商甲骨文	兩周金文	秦小篆	漢隸書	現代/創意
240			s k	智	智 創意難知。
241			s k	羌	羌 表現羌人的特殊帽飾，有時還加繩索套於頸上。
242			s k	厚	厚 依靠着它物的厚壁坩鍋形。
243			s	楚	楚 以征伐樹林所包圍的城邑表意。

曹(字 196)，槽上兩袋在濾酒之狀，口形的酒槽是創意的必要部件，不應析為形聲（ ）。

寧(字 216)，初文作皿下有支架的托盤，燙熱的食物要用托盤才不會燙傷而安全。李先生在未詳欄列有寧字，想是指其初形而言（ ）

（字）。

厚(字 242)【𠪲，山陵之厚也。从厂从𠪷。𡎐，古文厚从后土】【𡰥，厚也。从反享。凡𠪷之屬皆从𠪷】，坩堝器壁厚而重，以上重下輕不能自立而依靠着它物之狀（也列於象形）。

复(字 179)，一足踏在鼓風袋的踏板上往復鼓風之狀。接連爐壁的送風管，常一端細於另一端，甲骨文也常把此特徵表現出來。許慎雖不得其解，亦不以為是形聲字（　）。

楚(字 243)【𣡕，叢木。一名荊也。从林，疋聲】，甲骨文以林與正組成，本不从疋聲，可能以征伐的對象是樹林所包圍的城邑表意（正 tjieng，疋 siav，楚 ts'iav）。

員(字 244)【𪔅，物數也。从貝，口聲。凡員之屬皆从員。𪔆，籀文从鼎】，圓之字源，陶鼎以圓形為多，以陶鼎的周圍為圓形以表達圓的形狀（口 vjwər，員 vjwən）。

編號	商甲骨文	兩周金文	秦小篆	漢隸書	現代/創意
244			s z	員	員 鼎以圓形為多，表達圓的形狀。
245					𩨂 下視兩塊肩胛骨束成一包之形。
246			s k	稷	稷 一人跪坐而祈禱於禾之前。
247			s	年	年 男性成人搬運農穫物之狀。

𩨂(字 245)，甲骨文常作為量詞使用，為兩塊修整後的肩胛骨包成

一束之狀。寫成軥只是為了方便，與句聲無關。同樣意義的句子有時寫作屯。屯為兩版肩胛骨包成一束的側面形象，軥則為下視的形象。

稷（字 246）【稷，齎也。五穀之長。从禾畟聲。稷，古文稷】【畟，治稼畟畟進也。从田儿从夂。詩曰，畟畟良耜】可能以跪坐祈禱於禾神之前表意，初義為農官，後來才用以名禾之種屬。畟可能自稷字析出（畟 ts'iək，稷 tsjiək）。

年（字 247）【秊，穀熟也。从禾，千聲。春秋傳曰，大有年】表現一成年男子頭上頂着收穫的禾束狀，古代一年一熟，引申指一年的時間。年不是禾類，人與禾連接在一起不分開，較不會是形聲字（人 njien，年 nen）。

季（字 248）【季，少稱也。从子稚省，稚亦聲】，小兒搬運收穫的禾束，天氣突變時最後動用的人力，與子或稚聲無關（子 tsjieev，稚 dier，季 kjiwer）。

編號	商甲骨文	兩周金文	秦小篆	漢隸書	現代/創意
248			s	季	季 小兒搬運禾束，最後動用的人力。
249			s k	家	家 屋簷下養豬之處亦家居所在。
250			s	宰	宰 屋中一刑具，掌司法之所在。

稻（字 96），稻為華南穀物，華北的人只見它裝於缸中，不見其株形，與覃聲不近（覃 dəm，稻 dəw）（　　　　）。

家（字 249）【家，居也。从宀，豭省聲。家，古文家】，豬適應溫度功能不強，同時為收集肥料，與家居廁所同處，養豬之處即住家，與飼養牛羊馬之牢的條件不同，《說文》豭省聲之說很不可靠。

宰（字 250）【宰，辠人在屋下執事者。从宀从辛。辛，辠也】，辛是臉上刺紋的刑具，宰是管理罪犯的官員，字形表達執行處罰的官邸，顯然不是形聲字。宰與辛的聲韻也相隔很遠（宰 tsəv，辛 sjien）。

兌（字 38），悅之初文，以口兩旁之笑痕表達快樂心情，與㕣聲無關（㕣 riwan，兌 dwar）（ʏʏ）。

慶（字 251）【慶，行賀人也。从心夂从鹿省。古禮以鹿皮為摯，故从鹿省】，以鷹與心會意，慶的聲韻與鷹或心都相隔甚遠，應非形聲。鷹是種喜溫暖的似羊的大形哺乳類動物，今日越南的深林猶有生存，它的心可能被認為具有藥用或美食，有得之則可慶祝之意（心 sjiəm，鷹 diev、drev，慶 k'iang）。

編號	商甲骨文	兩周金文	秦小篆	漢隸書	現代/創意
251			慶 s	慶	慶 得到鷹獸的心值得慶祝。
252			姬 s	姬	姬 表達以密齒髮梳裝扮的貴族女性。
253			奴 s 奴 k	奴	奴 為他人所控制的女性奴僕之意。
254			如 s	如	如 女性說話要輕聲委宛才有教養。

姬（字 252）【姬，黃帝居姬水，因水為姓。从女，臣聲】，可能表達以密齒髮梳裝扮的貴族女性，古代髮笄可分階級。甲骨字形从每而非从女（臣 vriəv，姬 kiəv 王妃、vriəv 姬水）。

奴（字 253）【奴，奴婢皆古辠人。周禮曰，其奴，男子入于辠隸，女子入于舂稾。从女又。奴，古文奴】，可能表達為手所控制的女性奴僕，與妥的創意同。早期文字"又"用以表現手持拿的動作，少當作意符（女 niav，奴 nav）。

如（字254）【𡜏，從隨也。从女从口】可能表達女性說話要輕聲委婉，接受指導，才有教養的概念（女 niav，如 njav）。

埜（字46），野的表意字，林中豎立崇拜物之處，有別於固定範圍內生活起居的邑。予聲後加（予 riav，野 rav）（埜埜埜）。

附：李孝定先生所舉甲骨文六書分類的例字（括弧內數字為《說文》卷數）

象形（22.53%）：

（01）元天帝示玉玨气士中屯㞷

（02）小少介采牛口單乃可于止行齒足龠冊

（03）舌干�辛妾丙㐄又㣇ナ聿� eye甫卜用䓛爻

（04）目眔眉𣆪自羽隹雞雚羊美鳥鳳朋舄幺絲叀丹骨肉刀角

（05）竹箕工乃可于壹䜌豆豊虎皿盧去主井皀𠚖爵食合火缶矢高京享𩅓畐㐭來麥夂夔舞弟

（06）木條朱桼枼東無焱桑索垂橐囷貝

（07）日㫃晶月囧母函柬鹵栗粟齊束爿鼎克彔禾秋穗黍米㡽宀向宮𤲃冃网罕巾帚㡀

（08）人企佣依匕身衣卒裘尸屍屎尿舟儿兒兔先旡

（09）頁百面首文卪鬼山岳厂石磬長勿而豕豭帚㣈兕易象

（10）馬鷹鹿麟麤兔犬猴火大矢夭壺奎

（11）水淵潤川州泉永𠂢雨霓靁雲魚燕龍

（12）不戶門耳乂氏氐戈戔戉我匚甾弓弘

（13）糸絲虫蜀黽蠅黿鼂龜亘凡土塘堇田疇黃力

（14）亞且俎斤斗𣃟升車𠂤𨸏宁丁戊辛子丑巳未申酉戌

指事（1.63%）：

（01）一上下三　　　　　　　　　（02）必

(03)叉卜　　　　　　　　　　　(10)亦

(04)芈肘刃　　　　　　　　　　(12)弦

(05)曰彭寫丹　　　　　　　　　(13)二亟

(06)朱　　　　　　　　　　　　(14)四。

會意（32.33%）：

(01)祭祝璞芻薶折薅莫

(02)八分兆牪慘牢喙吹君启咸周啻各吠吅前歰登癹步此正辵征逆徙遺逐得馭延

(03)晶芇卣古十廿卅卌訊詩競對僕廾丞臾弄羍戒兵異興要晨農羲為執埶門叟曼尹券及秉反叚叙取友史事肆夋臣臧殼皯尋啟徹攸歔攸敗寇鼓嚭攻改牧占

(04)夏相睽睸隻雀離歡瞿羴霍雥雧集鳴棄冓冉幼幽爰受爭歹死戕利初刪刖制剌刄耤解觳

(05)典奠甘迺鹵旨喜鼓簋虢觥益盡盥阱即既饗養飼內躬侯尢韋覃啚嗇韋乘

(06)枚杲柵臬樂采析休棘林森才之出索生束刺國囗困圄賴買邑

(07)晉睍昃昔游旋旅族冥明夙多秦秝黎香舂舀臽兜橵安寶宿宋窳宗突夢广疾疒冡麗舞羈帪尞敝

(08)保何伐俘咎疑化卬艮从并比北丘臬壬望監老反朕競先見尋吹飲

(09)令卪印卯辟勾畏嵒豢豕豯肆彘豚

(10)馭繁龘逸冤尨臭獲狀褱尞爇炆叀焚灾光炎燮焱赤夾夷吳執圍奏畁奚夫立並

(11)湔溫衍派汙沭濕沫涉巛谷雷漁

(12)乳至聖聽聲聞職聑扶摯授承拖撤扪女妻母好晏妠妥民弗氏肇戎戰戌或戋武戔區医匽弜系孫

(13)絕編彞蚰蟲它埽封圣堯畕男劦

(14)鑄処研輿官陵陟降隋書獸孕季疑孬育羞酒茜奠

形聲字（27.27%）：

（01）旁社福祐祏祈禦禪每崔萌茀萑蒿春蔽葬

（02）牡犅牝犁犧犗嚨召問唯唐吝喟喪趙起歷歸歲徒過進遲迨邁逢通還遲避退追達途循彶徉徬復御衛跽跡穌嗣

（03）嚚句千言龏夐膚薵䌷婙觢效枚敆攻敆教學

（04）智曈盽省魯督習翠雉雞雛雍雇隹覲萑舊蒦羌牪牣牢鳳鷫鶾膏腹剛荊

（05）簹曶曹寧胬粵虒盃盛盫盧青皀倉煬毫厚复致

（06）虢柳杞柏樹槁朵櫛相榖柄棋楚籠虫員賁貯責眗邦

（07）時皆昱昕旂旐星龓盟韓齏稷糠年糧家宅室宣定宰寑宂廄宕寮罜帛

（08）伊佝倞儐偶任僖傳耊考般服兌視欱歙

（09）邵醜庭廣龐磩狣狚獰

（10）驪駁騽駕駝麌麋麠塵彙狝戾狂狄猶狼狐狽犰獄燩閔熹袞褻鼇栽威慶

（11）河沮洛汝油淮洧濼洹湞泽演沖滋浥汕氾潯潢湄灂濩涿瀧濛涵沺汰洒濤芟雪霅霖霾霅䨻

（12）聾排牂揆扔扜抔姓姜姬姞娶婦妃妊娠妺姪嘉姼婢奴娀娥姻姝媚娛姘妭如妹嬪媟嬖妨婪嬉娘牂戈匤匼

（13）紹絭綠紛蠱艱垂畯疆

（14）鑊鍰斧新陽陠陴成晜辥牾

假借（10.53%）：

禮祿祥福祐祡祖祠祶禍祟命歲征遣迤屖復往得後千呼音父殺貞用暨白百翌副剔迪可于嘉去饎饉來東師南貢賞鄙鄷鄭邢郄鄉啟晦昕有夕秋稻宜白伯仲儐作侵使北方兄觀卿旬驟獻燔亦悔雪西揚婦母姓娟毋弗我無終綏風在錫五六七九禽萬甲乙丙丁戊己庚辛壬癸子娩丑寅卯辰巳午未申酉醴戌亥

未詳（5.71%）：

曾公余告呈吉哭商奭奭鷹再憲予巫丂兮寧今會入央良杏匜賓昏昌屮宦同吊褮肜方允兄次后司易昜羍而韓冬非戠義亡乍勹廥率恆陸亞甲乙尤

丙己壬癸寅卯以午亥

第六節　文字的創意

一、古文字的創意

　　幾千年來，人類有幾種獨立發展的古老文字體系。其中最著名的為埃及的聖書體、美索不達米亞的楔形字以及中國的漢字。它們基本上都是以圖畫的表意符號為主體的文字體系。今天，其他的古老文字體系或已湮沒，或為拼音文字所取代。只有中國的漢字仍然保存其圖畫表意的特徵，沒有演變到拼音的系統。雖然一般人無法從筆劃了解一字的原來創意，但文字學家可以綜合古代字形與字義而追溯其創意。這種特性給予有志探索古代中國文化者很大的方便。

　　世界各古老文明的表意文字，都可以幫助我們了解其時的社會。因為這些文字的圖畫性很重，不但告訴我們那時存在的動植物、使用的器物，也往往可以讓我們窺見創造文字時的構想以及借以表達意義的事物。在追溯一個字的演變過程時，有時也可以看出一些古代器物的使用情況、風俗習慣、重要社會制度或工藝演進的跡象，比如葬儀，考古的發掘只能告訴我們其埋葬的姿勢、隨葬器物的種類及數量等靜態的信息，但通過文字的表現，卻可以啟示我們其動態的演化過程。筆者也曾經借助古代字形，探討中國古代喪儀的演化過程。由打殺老人演進到遺棄老人，再演進到死後丟棄深谷，讓野獸代人執行放血釋放靈魂的儀式，然後是象徵性破壞屍體，在屍體上刺花紋，棺內舖設透雕的墊板，撒紅色的礦物，終於以紅色的棺材入殮。其中好幾個過程都有文字反映，見拙作《中國古代社會》（臺北：臺灣商務印書館，1995）第十三章。

　　西洋的早期文字，偏重以音節表達語言，表意的字比漢字少得多，相對的可資利用以探索古代社會動態的資料就比中國少。中國由於語言的主體是單音節，為了避免同音詞之間的混淆，就想盡辦法通過圖像表達抽象的概念，多利用生活的經驗和聯想以創造文字。不但表意字數量多，用以造字的情境也遍及各領域。筆者的《中國古代社會》，就是以古文字配合考古、民俗等訊息，介紹古人生活的各種樣態。以下略舉一些例子：

文（字1），紋身習俗（　　　　　　　　）。源自喪葬的放血釋魂儀式。古代葬儀要打殺老人以釋放靈魂去投生，後來逐漸演變為在屍體上刺紋，並埋於土中。吝（字224）以被紋身之人與土坑構形（　　　），可能表達嘆惜其違背棒殺老人的古俗（或不能置於棺內床上入葬，只能埋屍於坑）。郭店楚簡的《老子》與銅器銘文，鄰（字255）【　　，五家為鄰。從邑，粦聲】作一個被紋身之人與二方形之坑狀（　）。古代的墓葬區都是矩形的土坑而規整地比鄰安排，故以表達比鄰而次之狀況。可能由於損壞或缺筆的原因，六朝時候的墓碑有幾個就訛變成兩口。

郭（字7），表現城牆上的城樓建築（　）。平面為圓形的城是早於四千年前的形式。

廌（字23），作高大的羚羊類動物形（　　）。薦（字24），以解廌（獬豸）所吃的草料是編織席子的好材料表意（　）。灋、法（字25），古代傳說解廌會以角牴觸罪人而有助於判案（　）。驫（字26），作解廌的雙角被繩索縛住之狀（　　），甲骨文使用以為驛站之設施，很可能古代以之拉車。慶（字251），以解廌與心組成（　）。解廌的心臟可能被認為是美食或有藥效，故獲得時可資慶祝。今日解廌已在中國滅絕，變為神話動物，代表司法的威權。但現今越南猶有存者，名如沙拉，是種大型的熱帶動物。商代卜辭曾有用黃廌燎祭的記錄（《合》5658），旁證古代氣候較今日暖和。

彔（字27），作汲水轆轤的形象（　）。知使用之以汲水，方便工作進行。

履（字33），作高級貴族穿鞋之狀（　）。強調貴族身份，知其發明乃出自禮儀所需，為了脫鞋而以乾淨的赤足進入神聖的廟堂以保持地面的潔淨。

編號	商甲骨文	兩周金文	秦小篆	漢隸書	現代/創意
255			s	鄰	鄰 比鄰而葬之墓地。
256			s k	妻	妻 用手整理髮型，已婚婦女的行為。
257			s	圂	圂 豬養在有屋頂的豬圈中。

秋（字 50），以蝗蟲或以火燒烤蝗蟲表達其出現的秋季（　　　）。商代一年有春秋二季，蝗蟲在夏末秋初為害農作物。推知秋季包括夏季，而春季包括冬季。四季的順位與後世不同。

則（字 68），以鼎與刀組合（　　）。鑄造銅鼎需要高銅低錫的合金成分以求得到金紅的顏色，有助於祭祀陳列時的觀瞻。鑄造銅刀需要近二成的高錫成分才能銳利而耐磨。鑄造銅器時要遵循各自的合金法則，才能生產好的鑄件。表現商代正確的合金知識。

來（字 108），作一株麥子之形（　）。來在甲骨文有二義，小麥是本義，往來是假借義。西周以前在中原地區尚不見小麥實物出土，有可能往來的意義源自它是外來的穀物。

享（字 109），作高出地面的夯土臺基上的建築物形（　）。使用為祭享之意義，知高建築物為享祭鬼神之所在，非一般家居。

祖（字 122），作男性器形（　）。用以表達兩代以前的男性祖先，表明當時已知生育原因來自男子，非受自然界事物所感受，是進入父系社會才有的知識。

夫（字 142），作一大人頭上插一支束髮之笄形（　）。妻（字 256）【　，婦與己齊者也。从女从中从又。又，持事妻職也。中聲。　，古文妻从肖女。肖，古文貴字】作一位婦人用手整理頭髮之狀。古代成年男性頭上插一支髮笄，已嫁婦女則開始結髮也插上髮笄，反映古代成年人的習俗，也與商墓出土骨笄之多相呼應。

次（字 147），作一人張口噴出液體之狀（𣢲）。反映古代飲食禮節，吃飯時說話以致濺出渣餘為不敬的次級行為，故有食不語之禮儀。

旁（字 148），以耕犁和犁壁組合（𣃟）。裝有犁壁的犁，可連續前進，將挖掘起的土塊推向兩旁，為拉犁才有的裝置。旁證商代牛耕技術。

災（字 157），作水患、火燒、兵戈等災難之狀（囧燚川𢦏），商代的字形由早期的水、火災變為後期的兵災，表明已進入經常爭戰的多階層社會。

器（字 173），以一犬與四口構形（㗊）。犬能連續吠叫有如多張嘴巴，才有所器用。知商代已用狗看家以防外人，生活方式為農業而非田獵。

復（字 179），作以腳踏鼓風橐之踏板，反復鼓風之狀（𤓅）。知使用鼓風的橐鼓風以幫助燃燒。由字形印證出土物的鼓風管，其連接煉爐一端的管徑較尖細。

曹（字 196），作槽上有兩袋子之狀（𣜩）。為大規模濾酒作業的景象，印證商人喜好飲酒的習慣。

家（字 249），作有屋簷之養豬場所（𡧊）。為保護閹割後之豬仔不受風寒及便利收集水肥，習慣地把豬飼養在屋簷下，與家居相鄰。與在戶外露天飼養的牛羊馬之牢廄的構造不同。圂（字 257）【𡇒，豕廁也。從口。象豕在口中也。會意】，甲骨文有作二豬在有屋頂的豬圈中，也說明因其排泄物與人一樣，都是很好的有機肥料，故飼養於家中，鄰近廁所。

吉（字 258）【吉，善也。從士口】作型範於深坑之中。型範於澆灌銅溶液之後，若置於熱空氣中使散熱慢而冷卻時間延長，金屬便有充分時間整合，可使鑄件精良，故有良善之意。它反映一種文獻沒有記載且考古不能確證的古代科學知識。

昔（字 259）【�，乾肉也。從殘肉，日以晞之。與俎同意。𣆪，籀文從肉】的構形是大水與日子，表達大水為患的日子已是往昔之事，知商代晚期的水患已不嚴重，故才用以表達過去的日子。

編號	商甲骨文	兩周金文	秦小篆	漢隸書	現代/創意
258			吉 s	吉	吉 置型範於深坑，使散熱慢而冷卻時間久，可使金屬鑄件精良。
259			昔 s 昔 z	昔	昔 大水為患之日，已是往昔之事。
260			爨 s z 爨 s	爨	爨 手持竹筒於火上燒烤，竹筒燒焦則飯也煮熟。

爨、燮（字 260）【爨，大孰也。从又持炎辛。辛者，物孰味也】【燮，和也。从言又，炎聲。讀若淫。爨，籒文燮从羊】作手持竹筒於火上燒烤之狀。辛和言的部分都是竹筒的類化，《說文》給予爨、燮兩字的字義，一為本義，一為假借義。它是種久已不行的燒飯方式，以前高山族常於外出打獵時行之，今日東南亞仍存此習俗。

為（字 261）【為，母猴也。其為禽好爪，下腹為母猴形。王育曰，爪象形也。為，古文為，象兩母猴相對形】作手牽象鼻，引導之使工作。知商代已知馴象以從事笨重的工作。大象是種熱帶動物，今已南移，不在中國境內生存，旁證古代氣候較今日溫暖。

出（字 262）【出，進也。象艸木益茲上出達也。凡出之屬皆从出】、各（字 263）【各，異詞也。从口夊。夊者有行而止之，不相聽意】作以足出、入半地下式穴居，表達外出與來臨之意。反映古代華北住家情況。

雖然古代華北以半地下穴居為主，但已有二層樓的建築物。甲骨文有一亯（字 109）在一亯之上（　　　　　），表現在階梯式夯土臺基上的二層高樓（代表多層），可能即後來的臺字。京（字 264）【京，人所為絕高丘也。从高省，丨象高形。凡京之屬皆从京】作建在干欄上之建築物形，為華南適應濕熱氣候的家居，它比一般地面上的建築物高，為京城才見的高大建築物，並不是土堆的高丘形象。甲骨文也有一字作一享在一京之上（　　　　　　　）（　　　　），表現在干欄式建築物上的多層建築物形，可能即後來的樓字。金文此字可能假借為從婁聲的數。

編號	商甲骨文	兩周金文	秦小篆	漢隸書	現代/創意
261			s / k	為	為 手牽象鼻引導工作。
262			s	出	出 一足步出半地下式穴居。
263			s	各	各 一足步入半地下式穴居。
264			s	京	京 象建於干欄上的高樓形。
265			s / s	微	微 手持棒杖殺病弱老人。
266			s	磷燐	粦 巫身上所塗夜間發光之顏料。
267			s	戲	戲 以兵戈戲弄老虎的娛樂性節目。
268			s	奇	奇 一人騎動物狀，引申為奇數。

微（字265）【微，隱行也。从彳，散聲。春秋傳曰：白公其徒微之】【散，眇也。从人从攴，豈省聲】作手持利器打殺病弱或視覺不佳的老人狀。印證遠古流血釋魂，希望再生的死亡儀式。

粦（字266）【粦，兵死及牛馬之血為粦。粦，鬼火也。从炎舛】作一人身上塗有夜間能發光之顏料，為巫者扮鬼之材料；魅（字212）作戴有鬼面具而身上塗磷光的老精怪之形。腐朽骨頭中的磷，經過多年才會移到表面而飄浮於空中，故為老朽之骨頭才有的現象。都反映古代對磷礦物的知識。

戲（字267）【戲，三軍之偏也。一曰，兵也。从戈，䖒聲】以兵戈戲弄高踞矮凳上之老虎的遊戲表意，推知當時已有類似漢代東海黃公的娛樂性節目。

編號	商甲骨文	兩周金文	秦小篆	漢隸書	現代/創意
269			s	朕	朕 雙手持器具彌補舟板間的隙縫。
270			s z	差	差 以手拔禾根部是錯誤的收穫方式。
271			s k	利	利 以刀割禾根部才是快而有利的收穫方式。
272			s	留	留 田旁水溝，可蓄水以待灌溉表意。

奇（字268）【奇，異也。一曰，不耦。从大从可】作一人騎在動物之上之狀，引申為奇數。印證商代已知跨騎於牛馬背上之技術，非遲至

東周時代才有。良渚文化的玉器已有騎於動物背上的圖紋。

　　朕（字269）【朕，我也。闕】作雙手持器具彌補舟船之木板間的隙縫（可能用生漆），故有隙縫的意義。知道商代已有製作以木板拼合、載重量大的木船。

　　差（字270）【差，貳也。左不相值也。从ナ巫。𢒃，籀文差从二】作以手拔起禾束之狀。利（字271）【利，銛也。刀和然後利。从刀和省。易曰：利者，義之和也。𥝫，古文利】作一手抓禾，另以刀要將禾割斷之狀。收穫農作物用手拔起是錯誤的行為，使用刀加以割斷才快捷而有利益。反映古代收割的技術。

　　留（字272）【留，止也。从田丣聲】作農田旁有一水溝，可留住水以灌溉田裏的農作物之意。反映古代蓄水灌溉的事實。

　　深（字273）【㴱，深也。一曰窞突。从穴火求省。讀若禮三年導服之導】【深，深水，出桂陽南平，西入營道。从水，㴱聲】作一人在洞穴中汗流浹背並張口呼吸之狀。礦井深處的空氣齷齪因而導致呼吸困難，古人以之表達深遠的概念。反映挖礦情況。

編號	商甲骨文	兩周金文	秦小篆	漢隸書	現代/創意
273		窞 窞	窞 s 深 s	深	深 礦井深處一人汗流浹背，張口呼吸困難之狀。
274			襄 s 襄 k	襄	襄 雙手扶犁而前有動物拉曳，並激起土塵之狀。
275			光 s 炎 k 火 k	光	光 一人頭頂燈火而有光。
276			幽 s	幽	幽 火燃燒兩股燈蕊，光線幽暗。

襄(字 274)【，漢令解衣而耕謂之襄。从衣，𤕦聲。，古文襄】作一隻（或多隻）動物拉曳雙手扶着的耕犁，並激起土塵之狀。牛有助耕作，故有襄助之義。知道商代已有這種重要的農耕技術。

光(字 275)【，明也。从火在儿上。光明意也。，古文。，古文】作一人頭頂着火之狀。火不能以頭頂，所頂者必為燈具。**幽**(字 276)【，隱也。从山丝，丝亦聲】，火與兩股線蕊的組合，以燈蕊光線幽暗表意。都反映燈具的使用。但商代不見專用燈具出土，知有事時才臨時借用吃飯的陶登，推知夜間活動不多。

更(字 277)【，改也。从攴丙聲】作手持器具打更報告時刻之意。是種夜晚報告時間的活動，知道商代晚上有巡邏報更及夜間有比夙與夕更細的時間分段。

編號	商甲骨文	兩周金文	秦小篆	漢隸書	現代/創意
277			 s	更	更 手持器具打更報時。
278		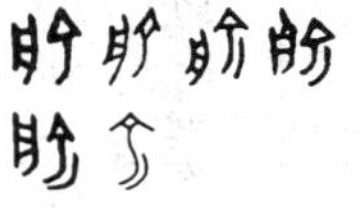	 s	俞	俞 針與盤，放血膿之後病即可痊癒。
279		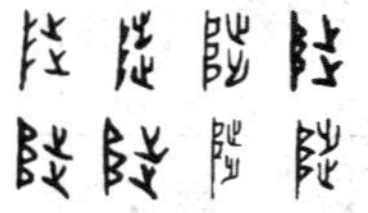	 s  k	陟	陟 兩腳往上爬樓梯之狀。
280			 s	降	降 兩腳自樓梯下降之狀。

俞(字 278)【，空中木為舟也。从亼从舟从巜。巜，水也】，針與盤的組合。針刺皮膚而以盤承接流出來的血膿，血膿解除後病即可痊癒，反映針灸治病的技術。

陟(字 279)【，登也。从阜步。，古文陟】作兩足步上樓梯之狀。降(字 280)【，下也。从阜夅聲】作兩足步下樓梯之狀。甲骨文有字形表現高臺或干欄上的二層樓建築形。

建(字 281)【，立朝律也。从聿从廴】、律【，均布也。从彳，聿聲】、𨑹【，自進極也。从辵，聿聲】作手持筆描繪修築道路的計劃圖。聿的聲母為脣音，律為舌邊音，不同類別，故律不是形聲字。甲骨文的建與律字的用法無別，道路的修建有一定的標準及規則，反映重視車道的修築標準。《詩經·大東》“周道如砥，其直如矢”，即反映其實況。

編號	商甲骨文	兩周金文	秦小篆	漢隸書	現代/創意
281			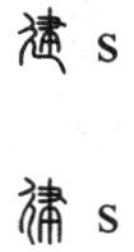	建 律	建 手持筆規劃道路的修建。 律
282			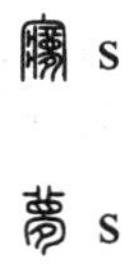	夢	夢 一大人物睡床上若有所見，古代大人物強制求夢的習慣。
283				牧	牧 手持牧杖導引牛羊。

疒(字 151)，生病臥於睡床，預備合於死亡的禮儀()。夢(字 282)【，寐而覺者也。从宀从疒夢聲。周禮以日月星辰占六寢之吉凶。一曰正寢。二曰咢寢。三曰思寢。四曰寤寢。五曰喜寢。六曰懼寢。凡寢之屬皆从寢】【，不明也。从夕，瞢省聲】作一大人物睡臥床上

強迫作夢之狀。古代為政者為得到神旨以作重大決定的依據，以吃藥或絕食的方法強制求夢，可能導致死亡，故在床上作夢，預備萬一死亡，不違禮儀。一般人的作夢不如大人物的重要及迫切，故標明是大人物的顏面。

牧（字283）【牧，養牛人也。从攴牛。詩曰：牧人乃夢】作牧人手拿牧杖導引牛羊之狀。牢（字76），作飼養牛羊於牢中之狀。兩字都有从牛與羊兩種寫法，因羊在農業社會失去重要家畜的地位，从羊的字形消失。　反映為發展農耕、開闢農田、羊無大用而牛可耕地故被保留的情況。

嘉（字284）【嘉，美也。从壴加聲】【媤，女師也。从女加聲。杜林說加教於女也。讀若阿】以婦女生育有可使用耒耜耕地之男孩，表達它是件值得嘉美之事。表現古代對兩性價值的差異。

編號	商甲骨文	兩周金文	秦小篆	漢隸書	現代/創意
284			s s	嘉	嘉 婦女生可用耒耜耕作之男孩，可嘉美之事。
285			s s k k	熯 堇	堇、熯 象乾旱時於火上焚巫求雨之景。
286			s k	得	得 拾得行道上他人遺失之海貝，大有所得。

熯（字285）【熯，乾皃。从火漢省聲。詩曰：我孔熯矣】【堇，黏土也。从黃省从土。凡堇之屬皆从堇。𦰝，古文堇。𦰤，亦古文】作

火上焚燒巫者求雨的景象，知道商代已如此求雨，東漢還見施行。巫為防止受火焚燒之痛楚，乃發展藥物。甲骨文還有（🔥🔥🔥🔥🔥🔥🔥）（🔥🔥🔥🔥🔥🔥）也都是作火上焚人，意義也是求雨之祭，很可能都是同一字的異體。

得(字 286)【得，行有所得也。从彳尋聲。𢔍，古文省彳】作於行道拾到他人遺失的海貝，大有所得之意。表明古代海貝殼的價值高。到了戰國時代，因積蓄已多，價值大為低落。

敗(字 287)【敗，毀也。从攴貝。賊敗皆从貝。𣀈，籀文敗从賏】作兩手各持一枚海貝相互敲擊，或手持利器敲打海貝之狀。海貝在古代內陸地區是高價的東西，毀壞了就失去其交易的價值，沒有比之更敗壞的事。另有一字作以棒敲打燒食之鼎狀，可能也同樣含有敗壞的意味。

編號	商甲骨文	兩周金文	秦小篆	漢隸書	現代/創意
287			𣀈 s 𣀈 z	敗	**敗** 以雙手各持一貝相互打擊，或以棒敲打海貝，敗事之舉。
288			買 s	買	**買** 網到的海貝，可從事商業買賣。
289			寶 s 寶 k	寶	**寶** 藏於屋中的貝玉都是寶貴之物。
290			義 s	義	**義** 戈上端有飾物的儀仗，非實戰武器。

買（字 288）【🔲，市也。从网貝。孟子曰：登壟斷而网市利】作網撈到海貝之狀。海貝為人人需求之物，可以之買賣東西，從事商業交易。反映古代海貝的商業效用。

寶（字 289）【🔲，珍也。从宀玉貝，缶聲。🔲，古文寶省貝】在古代，玉與海貝都是人們貴重之物，需好好保存於家中。缶聲為後加。以上以貝殼組成的字，意義都與價值和商業有關，說明貝殼在古代為貴重之物。

義（字 290）【🔲，己之威義也。从我从羊】作戈之上端有美麗的垂飾物，非實戰之武器，而為講求美麗的儀仗器。章（字 82），作另一種儀仗形（🔲🔲🔲🔲🔲🔲🔲）。顯示古代不同的儀仗形式。

卒（字 291）【🔲，隸人給事者為卒。古以染衣題識，故从衣一。】作有甲片綴聯之衣服形，為高級軍官之防身裝備。後來製作多，一般士卒亦使用，尤其是最前線的作戰部隊。反應產業的進步。

民（字 292）【🔲，眾萌也。从古文之象。凡民之屬皆从民。🔲，古文民】作一隻眼睛被針所刺，乃對付奴隸之方式。臧（字 205），作一隻豎立之眼睛被戈所刺。用刺瞎眼睛的刑法對待奴隸，以減少其反抗力，也是古代其他民族所常使用之法，但中國古代典籍已不見此種記載。

化（字 293）【🔲，教行也。从匕人，匕亦聲。】作兩人表演翻筋斗時一人在上一人倒栽的變化。為古代娛樂節目，在其他社會也是敬神的節目。

編號	商甲骨文	兩周金文	秦小篆	漢隸書	現代/創意
291	🔲🔲🔲🔲🔲🔲🔲🔲🔲🔲🔲🔲🔲🔲🔲🔲	🔲	🔲 s	卒	卒 綴甲之衣，高級軍官之裝備。產業進步後士卒亦使用。
292	🔲🔲🔲🔲🔲	🔲🔲🔲🔲🔲	民 s 🔲 k	民	民 眼睛為針所刺瞎之奴隸。

編號	商甲骨文	兩周金文	秦小篆	漢隸書	現代/創意
293	※（甲骨字形）	忇	忇 s	化	化 兩人表演翻筋斗的娛樂節目。
294	（甲骨字形）	（金文字形）	尋 s	尋	尋 伸張雙手丈量一物件之長度。
295	（甲骨字形）	阰 阰 阰 阰 阰 阰 阰	朮 s 𣎳 k	死	死 作撿枯骨，或死人埋葬於土坑，棺中的各種葬式。
296	（甲骨字形）	獸 獸 獸 獸 獸	獸 s	獸	獸 田網與犬都是打獵的工具。

尋（字294）【尋，繹理也。从工口，从又寸。工口亂也。又寸分理之也。此與誕同意。度人之兩臂為尋八尺也】作伸張雙手利用人身的自然尺度丈量某種器物的長度，古代一尋一等等於八尺。在所丈量的器物中有言，知周言為長八尺的管樂器。也有席子，知席子長度為八尺。

死（字295）【朮，澌也。人所離也。从歺人。凡死之屬皆从死。阰，古文死如此】作一人在撿拾枯骨，或死人埋葬在土坑，棺中的各種葬式情況。前一形在甲骨文，似乎偏重表達客死在外，為非正常的死亡情形。

獸(字 296)【🐾，守備者也。一曰兩足曰禽，四足曰獸。从嘼从犬】以田網與犬皆為打獵的工具，表達狩獵之意，引申為被捕獵的野獸。田網可能為了活捉野獸，犬則為了可搜索野獸的匿藏處。

二、探究創意的方法

識字與研究字的創意雖有關係但卻是不同的學問，兩者的研究方法也有點不同。探索一字的創意約有以下幾個要點，也可以用來檢驗某種創意的意見是否可信：

（一）首先是了解每一個符號所代表的內涵

文字是為方便人們在社會中的生活需要而創造的，故人的形體、動作或表現的方式，就成為文字描繪的主要構件，而其所見的景象和器物則為次要的構件，故要對它們有所認識，如以人體為例，要辨明是正立（大）、側立（人 人）、倒立（屰 屰）、躺臥（尸）、跪坐（𡲢）、蹲坐（卩）等種種形象；手的動作也要分辨是單手操作（臤）、雙手持拿（廾）、前伸（寽）、上舉（𢌞）、上提（𢀖 𢀖）、下壓（𢒸 𢒸）、擁抱（𡢃）、捧抱（𠬞）、後伸（𠬛）、受縛（𡚒）、受械（𡎐）、互鬥（鬥）等繁雜的不同表現；腳也有行走（步）、跨上（陟）、上舉（企）、下踏（𣥂）等種種的分別；頭部則有前視後顧（見 𠬝）、上望下俯（𠂤 𠂤）、套繩（𡧗）、裝飾（𦥑）、戴面具（𦥑）等的區別。這些都要仔細觀察。

對於代表不同事物的同一符號，就要仔細思考其較可能代表的內涵，譬如，口的符號在古代文字中最常代表的東西是嘴巴（口 口）、容器（𠙴 𠙴）、坑陷（凵 凵）以及無意義的填空（吉）。見到這樣的符號，就先往這幾方面推想，找出與字義可能關聯的情況。至於字形與之相似的口，則表現在一定的範圍內，它可能是城鎮或壕溝（邑 邑 邑）、屯駐區（屯）、建築物（囗 囗 囗 囗）、田地（田 田 疇）、器物周圍（囗）、葬坑（𣥐 𠩄）、金屬錠（呂）、甚至頭部（大）。

編號	商甲骨文	兩周金文	秦小篆	漢隸書	現代/創意
297			s z k	磬	**磬** 手持槌棒演奏磬樂，後加石。
298			s s z	鼓	**鼓** 手持樂槌擊鼓之狀。
299			s k	役	**役** 手持器具敲打一人背部從事醫療工作。
300			s	簋	**敦** 手持匕匙，與盛飯食之簋器。

　　還有，有些符號看起來相似，卻有分別，更要格外注意。譬如殳的符號，甲骨文有兩種寫法，手持的器物，一是直柄，一是曲柄。直柄的器物是以攻殺為目的，意在造成傷害（殺殺殺殺），即殳字【殳，以杸殊人也。周禮，殳以積竹，八觚，長丈二尺，建于兵車，旅賁以先驅。从又，几聲。凡殳之屬皆从殳】；曲柄的工具，則欲達成某種目的，如磬（字297）【磬，石樂也。从石，殸象縣虞之形。殳所以擊之也。古者毋句氏作磬。磬，籀文省。磬，古文从巠】作手持棒槌敲打石磬之狀。鼓（字298）【鼓，擊鼓也。从攴壴，壴亦聲。讀若屬】【鼓，郭也。春分之音，萬物郭皮甲而出，故曰鼓。从壴从中又。中象埀飾，又象其手擊之也。周禮六鼓，雷鼓八面，靈鼓六面，路鼓四面，鼖鼓、皋鼓、晉鼓皆兩面。凡鼓之屬皆从鼓。鼓，籀文鼓从古】作手持樂槌擊鼓之狀。此字的擊槌形甲骨文作殳，後訛變成攴或支。

　　觳【觳，盛觵巵也。一曰，射具。从角，殼聲。讀若斛】，甲骨文作手持槌棒敲擊牛角狀（　　　　）。殼【殼，從上擊下也。从殳，肯聲。一曰，素也】，甲骨文作手持棒槌敲打鐘、鈴一類的樂器之狀（　　　　　）。設【設，施陳也。从言殳。殳使人也】以殳與言組成，乃陳設管樂及敲打樂器以預備演奏時用。攻（字120）作手持棒槌敲打石磬，檢驗音程的正確與否（　）。這些字中的殳都是樂器敲打的槌棒（　　　　　　等也可能表現敲擊樂器之狀）。醫【醫，治病工也。从殹从酉。殹，惡姿也。醫之性然得酒而使，故从酉，王育說。一曰，殹病聲，酒所以治病也。周禮有醫酒。古者巫彭初作醫】以矢、殳、酒等治病的工具表意。役（字299）【役，戍也。从殳彳。　，古文役从人】，甲骨卜辭有關醫療之事，大半作以醫療器具敲打一人背部從事醫療工作。此兩字的殳是醫療器具。殷（字300）【殷，揉屈也。从殳皀。皀古叀字，廄字从此】，金文的意義是裝飯食的圓形簋的容器名，殳的構件代表取飯之匙。以上實物的器柄都是直的，但創造文字者故意畫成曲柄，重點在造成特殊的效果，並以之與造成殺傷目的的直柄武器有所區別。這是不能不特別注意的。

　　又如口與倒三角形，有人以為代表同樣的事物，其實也很不同。三角的倒口形常是器物的蓋子或人的帽子，如食（字198）表現蓋子（　　　），令（字58）則是表現帽子（　　　），胄（字301）【胄，兜鍪也。从冃，由聲。　，司馬法胄从革】作眼睛之上戴有一頂帽兜之狀。兜鍪的部分也是作三角形。

　　同時也要注意同樣符號在不同位置時的用意。如聿（字10）作手持工具的上端以便書寫的筆（　　），尹（字302）【尹，治也。从又丿。握事者也。　，古文】則以手持筆者為治人之官吏表意，書（字3）作手持筆沾染墨汁以明書寫的動作（　），君（字304）【君，尊也。从尹口。口以發號。　，古文象君坐形】則以手持筆蘸墨書寫的人是統治者表意，晝（字13）以手執筆書寫的時段為白天表意（　　）。文字都表現了手執毛筆上端的狀況。

編號	商甲骨文	兩周金文	秦小篆	漢隸書	現代/創意
301		〔金文字形〕	〔篆〕 s h	冑	冑 眼睛之上覆戴一頂兜帽狀。
302	〔甲骨文字形〕	〔金文字形〕	〔篆〕 s k	尹	尹 手持筆治理人民的官員。
303	〔甲骨文字形〕	〔金文字形〕	〔篆〕 s k	君	君 手持筆沾墨書寫的人是統治者。
304	〔甲骨文字形〕	〔金文字形〕	〔篆〕 s	盡	盡 手拿刷子洗滌盤皿使清潔之狀。
305	〔甲骨文字形〕		〔篆〕 s	爐	爐 手持火箸熄滅灰爐之狀。

　　類似的情況有盡（字304）【盡，器中空也。從皿妻聲】作手持刷子在清洗盤皿之狀，爐（字305）【爐，火之餘木也。從火，聿聲】作手持火箸在撥弄火之餘爐狀，或有可能要使火旺盛些。它們所表達的是手執火箸上端或刷子上端的狀況。

　　如持杖的下端，就有撲打的效果。攸（字306）【攸，行水也。從攴從人水省。攸，秦刻石嶧山，石文攸字如此】作手持棍棒的下端以打擊一人背部之狀，後增血流下滴之輔助說明。柀（字307）【柀，分離也。從林從攴。林，分柀之意也】作手持杖撲打麻株秆以分離麻皮之纖維狀。散（字308）【散，雜肉也。從肉，柀聲】作手持杖撲打竹葉上之肉塊而使粉碎之意。

編號	商甲骨文	兩周金文	秦小篆	漢隸書	現代/創意
306	（甲骨文字形）	（金文字形）	（篆）s 秦刻石	攸	攸 手持杖打擊一人之背部，後加流血之狀。
307	（甲骨文字形）（㪤㪤㩉？）	（金文字形）	（篆）s	㪤	㪤 手持杖撲打麻株秆以分析纖維。
308		（金文字形）	（篆）s	散	散 手持工具在竹葉上剁肉使粉碎。
309	（甲骨文字形）	（金文字形）	（篆）s（篆）z	秦	秦 雙手持杵撲打禾秆以精製穀粒。

　　兩手在下則是為捧抱物件或提拿物件，如登字（字49），作雙手扶一矮凳讓兩足登上（登）。而兩手在上則常為向下打擊，如秦字（字309）【秦，伯益之後所封國。地宜禾。从禾舂省。一曰，秦禾名。秦，籀文秦从秝】作雙手持杵的上端向下撲打禾秆以精製穀粒之狀。

　　（二）了解一個字演變到不同時代的寫法和趨向，以推測字的可能的原形

　　關於字形演變的問題，將在下一節討論。如果對於字形演變的規律有所了解，不但可據以推測一字的較早形體而得到較合理的解釋，同時對於屬於字形演變所加的無意義符號或字形，也可不理會以避免作過多附會的推測，如平（字310）【平，語平舒也。从亏八。八，八分也。平，古文平如此】作天平的兩端各有一物保持平衡以稱量物重之意，戰國的字形常有於平橫之上多一道短橫的習慣。從演變規律，知那是無意義的增飾，就可以不理會此一道短橫所代表的意義。

　　又如禽（字311）【禽，走獸總名。从内。象形。今聲。禽离兕頭相似】以生擒野獸所使用的長柄田網器形表意。以之與禺（禺）、禹

（）、萬（字192）（）等含有內的字群作比較，就可從演變規律知道內的原形可能是一道直線或彎曲線，就不會被晚期複雜的字形所迷惑。

編號	商甲骨文	兩周金文	秦小篆	漢隸書	現代/創意
310			s k	平	平 秤重物的天平式稱竿形象。
311			s	禽	禽 長柄田網形，用以捕捉鳥獸。後加今聲。

又如高（字73）（）、興（字149）（）等字，也可以從很多字的演變過程知道這兩字的構件口是充當無意義的填空。著者曾把高字中的口看作是建築物的地窖，也有人把興字的口看作與口發聲的事有關，也都不得其解。

（三）其次是比較構形相似的字群，求其共通的意象或差異所在

譬如王字（字312）【王，天下所歸往也。董仲舒曰，古之造文者，三畫而連其中謂之王。三者，天地人也。而參通之者王也。孔子曰，一貫三為王。凡王之屬皆从王。，古文王】的形象很簡單，與皇字（字195）的構形與意義比較，了解皇是舞蹈用的裝飾有孔雀羽毛的美麗帽子（），則王是帽子形。因為要指揮大規模的戰爭，指揮者戴高帽時較易為部下識別而從其命令。因為王是經常戴帽的人，故以名其地位，一如“乘輿”為皇帝的代稱。

又如坑陷中有牛、羊、豬、犬（）皆為埋字（字208），因四者都是家畜，是供祭的品物。若其中動物換為鹿或兕（），就成阱字（字207），因是設陷的捕獵對象。如年（字247）、委【，隨也。从女禾聲】、季（字248）三字的字形結構都是禾下一人，依字形演變的部件代換條例，可能是一字的異體，現在既然意義有別，就有其創意上的

考慮。推理知年字以男性成人搬運農穫物取象（🦅），表達年度的意義。委以女性搬運農作物，體力不勝負荷取意。季則是小孩搬運農作物（🦅），那是天氣有變，搶收時最後動用的人力，故表達序列的最後位子。

編號	商甲骨文	兩周金文	秦小篆	漢隸書	現代/創意
312	（甲骨文字形組）	（金文字形組）	王 s 王 k	王	王 象高帽之形。 王戴高帽，其指揮才 易被部衆見到。

又如葬【🌿，臧也。从死在茻中。一，其中所以荐之。易曰：古者葬厚，衣之以薪。茻亦聲】，甲骨文的字形一作一人躺臥在棺內的床上之狀（🏛🏛🏛），一作棺內有張床之狀（🏛🏛🏛）。一比較就知道此字不是形聲字的結構，創意的重點是，棺內有床是埋葬的正確禮儀，不會有其他的用途。

（四）合理解釋每一部件，綜合整個字形所表現的事務也合於古代的情況

　　要達到這樣的要求，就要對古代的事物有些認識，譬如吉（字258），甲骨文最早的字形作一口盛裝某物之狀（🏺🏺）。歷來的解說甚多，但都不很合理。或以為置矢鏃、兵器於盧筐之中不用，不動武故有吉善之意。這種偃兵息武的觀念恐怕不是商代所能有。或以為表現一斧與一砧之形象，但如何聯合之以表達吉善的意義呢？或以為象坑穴之上豎木圖騰柱狀。圖騰柱是地位表徵，敘述家族歷史，與吉善的本意似不太有關連。豎立圖騰柱也不是中國人的傳統。筆者以之與有關的金文字群作比較考察，認為它表現已澆鑄的範型，放置於深坑之中讓它慢慢冷卻，使銅與錫的分子得到規整的排列，而得光滑的良好鑄件，故才得良善的意義。這樣的解釋，坑上的字形與商代鑄銅器時的模與範套合之形一致，與商代鑄銅遺址四周常見有模型破片的深坑的考古現象

也相合，緩慢冷卻有助表面密度的完成也是冶金的經驗。比較起來，此說最為合理。但如不熟悉商代的考古以及冶金的知識，恐怕就不易領會它的創意。

又如旁（字148），或以為是形聲字，其實是表現犁刀上裝置犁壁之狀（𢍰 𢎘）。犁壁有曲、直兩式，用以把翻起的土推向兩旁，節省挖土後再翻到兩旁的作業，是拉犁的必要裝置，間接證明牛耕的使用。了解古代的農業技術，有助探索此字的創意。創意的考察最忌隨意附會。曾見有人說解愛字，根據現今楷、隸書的寫法，不知原是形聲字，字形已起訛變，竟說是一手把心獻給另一人的手。也有人把食（字198）分析為人良兩個構件，說是一人的身體狀況良好才能吃得下飯，故有食物的意思。不知原作加蓋的盛食物容器形（𠊊）。

總而言之，探究一字的創意，因越早的字形越接近創意，故要找尋最早的字形，然後分析字形的每一部件，參考字的使用意義，推想古代所能有的條件下，給予一個合理的解釋。只要任何一個部件難於合理解釋，就是不得其實。如攻（字120），甲骨文作手持棒槌一類樂器的曲柄殳，敲打一件下有三小點的工形物（𢼊）。如果輕易把它當形聲字看待，就難解釋三小點的用意。筆者以為它表現刮削早期的長條形石磬，以測定音程的工作，三小點是刮下的石屑，它是石磬校音的必要過程，它還表現檢驗音調時，石磬單獨懸吊的景況，與磬字所表現的演奏多件石磬時的懸吊方式有所不同。校音是為了改善音質，確定音高，故攻也常有預期達到更好效果的引申義。

文字演變的過程，有代表意義的幾個小點常因筆劃難規劃而被省略，如前（字189）作洗滌足於盤內之狀，代表水滴的小點後來被省略。雖然也有原來無點的字，為了表達更清楚而加上點的情形，如攸（字306）原作手持棍棒打一人之背部狀（𠈌 𠈌），後加三小點表示血跡（𠈌 𠈌）。但後加的小點一般的編排是有規律或平衡的，如示（字313）【𥘅，天垂象，見吉凶，所以示人也。从上。三垂，日月星也。觀乎天文以察時變。示神事也。凡示之屬皆从示。𥙈，古文示】，初作一短橫之下一直豎，从宗(字223)作一示在廟內（ ），知示為同宗之人們在廟內所禮拜的祖先神位。示字的演變，先是在橫劃之上加一道較短橫劃，後來在直豎之兩旁又各加一小點，此為無意義的填空。但攻字不規律的三小點是原有的，是有意義的安排，是表意的結構而非形聲字。抱持這種態度去解釋古文字的創意，就可以減少很多的錯誤及附會。

編號	商甲骨文	兩周金文	秦小篆	漢隸書	現代/創意
313			s k	示	示 血親神靈所寄住的神位形。

　　探究一個字的創意有一定的步驟。首先分析字的結構，其次決定是否形聲字。如為表意一類的字，再探究其與使用意義之間的關係。以字(字2)為例，其結構是由一個屋子與一個小兒組成（ ），它應該是意象類的字。如果是形聲字，就沒有什麼好探究的了。字的意義不屬於建築物一類的，故不是从屋子的形聲字。宀不見作為聲符，也與字的聲母和韻部很不同，故也不是从子的形聲字，因此必是表意字。字的中心意義與命名有關，文字是後來引申的意義，也絕對與房子無關。在古代，不論中外，都有給孩子命名的儀式，一般是在確定孩子能生存下來之後，才引薦給祖先，計算為家族的成員。其期間有達數年之久者，在中國是三個月。字既是有關小孩之事，又有關建築物，就很可能是表現呈獻小兒於宗廟之內，向祖先報告家族新成員名字之儀式。這樣的考慮，既符合字的結構，也不違背古代的習俗，就是合理而可接受的解釋了。

　　柔【 ，木曲直也。從木，矛聲】的聲母為日母，屬舌音，而矛的聲母為明母，屬唇音，分屬兩大類別。對於這種聲母不同類的諧聲字群就要特別加以注意，看看是否字形有訛變的現象，或深究其創意是否應該為表意的方式。

　　有些木材雖然可以燒烤的方式使之橈曲，但柔軟畢竟不是木材的特質。在古人所採用的素材裏，有必要使之柔軟的首推皮革。古人在創造抽象的意思時，常要借用熟悉的器物以表達之。如厚（字 242）借用熔鑄銅器的坩鍋，深（字 273）借用礦井，復（字 179）借用鼓風袋，宿（字 223）、尋（字 294）借用席子，疾（字 151）、夢（字 282）借用病床，粦（字 266）、魅（字 211）借用巫師的裝扮。如果要表達柔軟的意思，皮革應該是最好的借用素材。

　　《說文》㼱【㼱，柔皮也。从尸、又。又，申尸之後也】應是手拿着一條柔軟的皮革形。推測柔字的原來字形應該是作㼱在木上，表達手持皮革在木杙上來回撐拉使硬革軟化的製皮工序。那是軟化皮革常用的方式。從戰國至漢代幾個柔的字形（果 柔 柔）可以理解，可能因為㼱是皮革業者才使用的字，一般人用不着，不認識木上的㼱字而把它誤寫為矛（矛、矛）而錯成了柔。

　　又如作為時間副詞的晨字（字 64），作兩手從上持拿蚌製的農具狀（晨）。如果它是形聲字，則辰為聲符，臼為意符。但是兩手的臼和時間的意義沒有關聯，較不會作為表意的意符。那麼它的創意可能是怎樣的呢？ 從蓐（字 60）所表現割草的方式是單手拿辰的下端（蓐），是割草的正確動作。知晨表達的重點不在割草。觀察其他字的創意，兩手在上可以表達向下舂打、衝擊，如秦（字 309）（秦）；也可以是向上提起，如具（字 67）（具）。如果辰部件之上的雙手表達向下動作，則可能表達挖地，但挖地不是天天要做的農務。如果表達向上提起的動作，則為齊備農具以便去工作，這是農民天天清早就要進行的事情，用這種情況來表達早晨的意義是合理的。通過這樣的分析才可以得到古人創造此字的真實構思。

　　再如微（字 265）（微），其字源為散，《說文》的說解是【散，眇也。从人从攴，豈省聲】，甲骨文明明作手持利器打殺老人之狀。聲符的結構一般是獨自成形，散字被認為是豈省聲的頭髮部分連在人頭上，哪裏會當作聲符使用？ 因此也要仔細思量。段玉裁的注很有趣：“眇各本作妙，今正。凡古言散眇者，即今之微妙字。眇者小也。引申為凡細之稱。”棒打老人實在很難得出微小的意義。《說文》眇的意義是【眇，小目也。从目少】，可以和敳的創意拉上關係。前已言之，《說文》的字序是有一定規律的，字義類似的排在一起。四篇下目部的字序，矇【矇，童蒙也。一曰不明也】以下依序為眇【眇，小目也】、眄【眄，目偏合也。一曰，衺視也，秦語】、盲【盲，目無牟子也】、瞴【瞴，目陷也】、瞀【瞀，目但有眹也】、瞍【瞍，無目也】，都和眼睛瞎了或視覺不良有關，所以眇的意義也和眼瞎有關。遠古時代因為生產力低下，生活困難，常有打殺老人以減輕生活負擔的舉動，導致有流血釋放靈魂以便早日投生，重新做人的信仰。打殺的對象常是衰弱有病、難於照顧自己的老人。在古代的環境，老人也容易目盲。因此有可能以打殺老人表達衰弱有病甚至是目盲老人的意義。打殺的行動一般在暗中舉行，故有隱行的引申義。受打殺者是病弱的人，故有微弱、微小等引申義。通過這樣的分析，要比視之為形聲字更切合字形與字義。

三、右聲說

在轉注之節，曾介紹一種意見，認為形聲字的聲符兼帶有意義者即為轉注。形聲字的形成有好幾條途徑，由引申加意符以別義的，當然就變成聲符和字的意義有關聯。如果引申義多，分別加上不同的意符，就有從某聲的字有某種含意的感覺了。例如冓（字182）以木構件交接處繩索捆綁之狀（冓）表達兩物接觸的情況。它被應用到各種交接的情況，後來加上意符以為個別意義的分別，如講是兩人交談，媾是男女交合，構是架屋的木構件，購是兩方的買賣，溝是縱橫交流的排水道，遘是兩人相遇於路上。顯然，不少這一類的形聲字，其聲符確實帶有意義。

有的字在很早的時候，就已兼為表達幾個相關的意義，很難確定哪一個是本義。如卿（字314）【卿，章也。六卿，天官冢宰，地官司徒，春官宗伯，夏官司馬，秋官司寇，冬官司空。从卯，皂聲】作兩人相對跪坐吃飯之狀。卿士的意義應該來自相對跪坐進食是卿士的吃飯禮節。但在甲骨卜辭，此字被用為相向的嚮【《廣韻》嚮，與向通用】與饗宴的饗【饗，鄉人飲酒也。从鄉从食，鄉亦聲】，那麼，它的本義應該是卿士、相向還是饗宴呢？ 同樣的，專字(字316)【專，六寸簿也。从寸叀聲。一曰專，紡專】作一手拿着一個已繞上絲線的紡輪狀。它可能表達三個不同的意義：紡磚；專門，因紡織是專業的工作；轉動，因以轉動紡磚的方式繞線，以便以之安在織機上而進行紡織。這三個意義各有所偏重，都和操作紡輪的事務有關，難以確定何者是本義，何者是引申義。而且有些字只是找一個聲音相近的字作為聲符，並沒有刻意找一個意義也有關的字作為聲符。因此，如何決定一個字的聲符是否也兼帶意義，就免不了見仁見智。如果要把沒有含義的聲符勉強解釋為有意義，就不免產生捕風捉影的牽強附會。我們沒有辦法把初創一個詞的古人從墳墓挖出來，問清楚到底為何選用某個聲符以表達某種意義。

　　語言的發音與意義之間的關係的假設，是我們根據我們所了解的語音規律而整理歸納出來的。或以為語言先文字而有，語音與語義之間一定有某種關係，否則語言怎麼會有共識？ 這還是一個有待論證的假設。起碼以中國文字為例，很多字的字義，從商代到現在都沒有變，但讀音都起了很大的變化，而致韻部的分合也產生很大的變化，可知文字與意義的關係要較語音與語義的關係密切與穩定。對語音與語義之間的關係，觀測的角度不同，意見自然就有差異。

編號	商甲骨文	兩周金文	秦小篆	漢隸書	現代/創意
314			S	卿 饗 饗	卿 卿士相對跪坐進食之狀。
315			S	專	專 手拿已上線的紡輪狀。

　　從很早開始，就有人提出，以某字諧聲的字有某一個中心意義。漢

代注解經常採用的聲訓辦法，就把聲讀看成是有意義的，如《說文》對酒（字8）【酒，就也。所以就人性之善惡】、馬（字18）【馬，怒也。武也】、木（字79）【木，冒也。冒地而生，東方之行】、牛（字84）【牛，事也。理也】、羊（字85）【羊，祥也】等的解釋，就是以為命名與音讀有關，但都沒作系統性的歸納。

到了晉人楊泉的《物理論》："在金石曰堅，在草木曰緊，在人曰賢。"宋沈括的《夢溪筆談》："王聖美治字學，演其義為右文。古之字書皆从左文。凡字類在左，其義在右。如木之類其左皆从木。所謂右文者，如戔，小也，水之小者曰淺，金之小者曰錢，歹而小者曰殘，貝之小者曰賤。如此之類，皆以戔為義也。"就都認為諧聲符號與意義有密切的關聯。从戔聲之形聲字帶有小的含義是經常被舉以為例子的，以下且分析看看。

戔字（字164）本形作兩戈相向之狀。兵戈是以殺人為目的而設計的武器，兩戈相向是敵對的舉動，有相殘的含義。錢字，古代用於指稱挖土的農具，三晉地區採用它的形狀鑄成銅幣，因此後來也用錢指稱銅製通貨。初期的銅幣都鑄造得厚重而大，購買力很大，並沒有小的含意。至於賤字，貝殼之所以被利用為通貨的媒介，除了美麗、罕見、耐用等特點外，貝的大小一致，易以計值，是被採用的重要因素。沒有所謂的尺寸大小問題。貝殼在西周或之前是高價的物質，《令簋》有"賞令貝十朋，臣十家，鬲百人"。以貝十朋與臣十家、鬲百人等列，可見其價格之高。由於戔與小的意義並沒有必然的關係，故或以為錢是用於剗土，而剗為剗土（《說文》無，【《廣韻》剗，剗削】），殘為屍骨遭受殘害的意義，認為戔聲與殘損的意思有關①。這表明對戔聲表意的意見，學者間是不一致的。其實，還有很多从戔聲的字與小和殘損的意義都沒有關係。現將《說文》从戔聲的字義列於下，以見與小的意義有關的只是少數（※表示聲符可能兼有小的意義）：

俴【俴，淺也。从人，戔聲】※、復【復，跡也。从彳，戔聲】、幝

---

① 裘錫圭《文字學概要》頁200。

【裳，裙也。一曰被也。一曰婦人脅衣。从巾，戔聲。讀若末殺之殺】、
猭【猭，犬齗也。从犬，戔聲】、棧【棧，棚也。竹木之車曰棧。从木，
戔聲】、巑【巑，尤高也。从山，棧聲】、淺【淺，不深也。从水，戔
聲】※、殘【殘，賊也。从歹，戔聲】、綫【綫，縷也。从糸，戔聲。
線，古文綫】、踐【踐，履也。从足，戔聲】、諓【諓，善言也。从言，
戔聲】、賤【賤，賈少也。从貝，戔聲】※、陵【陵，水阜也。从阜，戔
聲】、錢【錢，銚也。古者田器。一曰貨也。从金，戔聲。詩曰：庤乃錢
鎛】、虥【虥，虎竊毛謂之虥苗。从虎，戔聲。竊，淺也】※、衝【衝，
迹也。从行，戔聲】、餞【餞，送去食也。从食，戔聲】、箋【箋，表識
書也。从竹，戔聲】。

　　另有：濺【《廣韻》激流貌】、琖【《廣韻》玉琖，小杯】、盞【《廣
韻》小杯】、輚【《廣韻》埤蒼云，臥車也。亦兵車。又儀禮注云，載柩
車也】、醆【《廣韻》酒濁微清】等。

　　從句（勾）聲的字也常被舉例以為與彎曲的意義有關。句（字316）
【句，曲也。从口，丩聲】本象包裹一件東西之狀。上一章討論的所謂
从貝句聲之朐字（字245），意義為一對肩胛骨，即作某物包裹兩個骨臼
之狀（朐）。句的中心意義是包圍與環繞，容易由之延伸以指稱彎曲的
事物或狀況。以下也列舉《說文》從句聲的字義：

編號	商甲骨文	兩周金文	秦小篆	漢隸書	現代/創意
316	句	句 句 句 句 句 句	句 s	句	句 象包裹某種東西之狀。

　　拘【拘，止也。从手句，句亦聲】、笱【笱，曲竹捕魚笱也。从竹
句，句亦聲】※、鉤【鉤，曲鉤也。从金句，句亦聲】※、跔【跔，天寒
足跔也。从足，句聲】※、朐【朐，脯挺也。从肉，句聲】、翑【翑，羽
曲也。从羽，句聲】※、痀【痀，曲脊也。从疒，句聲】※、耈【耈，老
人面凍黎若垢。从老省，句聲】、絇【絇，纑繩絇也。从糸，句聲。讀若
鳩】※、輈【輈，軶下曲者。从車，句聲】※、枸【枸，枸木也。可為

醬，出蜀。从木，句聲】、刨【劘，鎌也。从刀，句聲】※、苟【䓍，艸也。从艸，句聲】、昫【晌，日出溫也。从日，句聲】、姁【姁，嫗也。从女，句聲】、佝【傴，佝瞀也。从人，句聲】※、狗【狗，孔子曰：狗叩也。叩气吠以守。从犬，句聲】、玽【玽，石之似玉者。从玉，句聲。讀若苟】、駒【駒，馬二歲曰駒。从馬，句聲】、竘【竘，健也。一曰匠也。从立，句聲。讀若齲】、蒟【蒟，果也。从艸，竘聲】、蚼【蚼，北方有蚼犬食人。从虫，句聲】、酌【酌，酒醢也。从酉、句聲】、詬【詬，謑詬也。从言，后聲。詬，詬或从句】、煦【煦，烝也。一曰赤貌。一曰溫潤也。从火玉，昫聲】、鼳【鼳，鼳屬，頭有兩角。出遼東。从黽，句聲】、鼩【鼩，精鼩鼠也。从鼠，句聲】、敂【敂，擊也。从攴，句聲】、斪【斪，斫斸，所以斪也。从斤，句聲】、欨【欨，吹也。一曰笑意。从欠，句聲】、雊【雊，雄雉鳴也。雷始動，雉乃鳴而句其頸。从隹句，句亦聲】※、鴝【鴝，鴝鵒也。从鳥，句聲】、秨【秨，積秨也。从禾从又，句聲。又者从丑省。一曰：木名】、郇【郇，地名。从邑，句聲】。

　　從以上所舉的例子，知道聲符兼有意義的，畢竟是少數。所以裘錫圭也說，"事實上，同从一聲的形聲字具有顯然沒有同源關係的不同系統字義的例子，是很常見的"①。

　　不單如此，有人從古代的韻部入手，主觀地挑選幾個諧不同聲符的字，以它們具有共同的音讀，就歸納之以為都具有某種意義，經常不考慮字本身的字形結構問題。譬如說口、后、喉、谷、孔、巷、肛、工、空、公、凶等字，都具有喉部發聲而-ung 韻尾的音，就認為這樣的音具有孔洞、穿通的含意②。如此主觀而論斷一字的創意，有時就不能避免任意的解釋與附會。譬如：以后與司的字形相反，說司為尿道口，后為肛門。后（字 317）【后，繼體君也。象人之形。从口。易曰，后以施令告四方。凡后之屬皆从后】與司（字 318）【司，臣司事於外者。从反

　　① 　裘錫圭《文字學概要》頁 200。
　　② 　藤堂明保《漢字語源辭典》頁 302—307。

后。凡司之屬皆从司】的創意不容易明白，以早期文字正反不拘的習慣看，兩字或是同一字後來的分化。兩字的上部分雖與人形略為相似，但並不是人形。就算是人形，后的口也不在人之後。從銅器銘文的使用意義看，司與辭（字180）同義，而司為辭的右半（🝖 🝗）。辭以勾針解開亂絲表意而有治理、管理的意義，口的部分是後來所加的無意義填空，从辛的辭字是很晚才有的。司應該是減省自辭的字，后又是自司分出的異音讀的別義字，它們與人的形象都無關，更不用說與尿道口和肛門的關係了。

又說喉从侯聲，侯是射箭的靶。侯人的職責是把射在靶上的箭拔下來，察看陷入的洞。侯（字319）【𥎦，春饗所射侯也。从人从厂。象張布，矢在其下。天子射熊虎豹，服猛也。諸侯射熊虎。大夫射麋。麋，惑也。士射鹿豕。為田除害也。其祝曰，毋若不寧侯，不朝于王所，故伉而射汝也。𰈝，古文侯】確是以一支箭射在一張靶上表示其物體。但射箭的重點是中不中目標點，和洞的形狀或深淺無關。

編號	商甲骨文	兩周金文	秦小篆	漢隸書	現代/創意
317		后 后	后 s	后	后 司字的反形。
318	𠃛 𠃛 后 后 𠃛 𠃛 后 𠃛 𠃛 后	司 司 司 司 （🝖 🝗	司 s	司	司 辭字析出，勾針治理亂絲。
319	𥎦 𥎦 𰈝 𥎦 𥎦 𥎦 𥎦 𥎦 𥎦 𥎦 𥎦 𥎦	𥎦 𥎦 𥎦 𥎦 𥎦 𥎦	𥎦 s 𰈝 k	侯	侯 箭射在靶上狀。

又說工是扛的字源，以棍穿洞而可扛舉。這是根據晚出的字形立說，前文已述明，工（字119）是單獨懸掛的石磬象形，並沒有棍子穿過的影子。至於公字（字37），是老人嘴巴兩旁之紋溝形狀。解釋更是奇妙，舉韓非子的背私為公之例，以為與谷字是聲韻的對轉，是挖開一個

洞顯示其內容。還說凶字是掉進坑陷而有有凶險之意。巷為里中之道路，人要穿過路而走，故也來自同源。這種解釋文字的方式不但多附會，出人意料，往往同一諧聲的字群也同時顯示多項語意。比如又說，垢从后聲，以厚濁的土取意。吼从孔聲，取其重濁的叫聲。紅从工聲，表達厚重的顏色。

聲音早於文字的創造。開始的時候，聲音與語義可能有密切的關係，但隨着時間的流轉，它們的關係可能越來越疏遠。如以中國的情形作例子，經常是一個字的某個意義三千年來不變，但讀音卻一再發生變化，如緒論所舉的例子，可見聲音與意義的關係是不穩定的。再者從方言也可以看出聲音與意義的關係也是不穩定的。漢字的某字形一樣，意義一樣，但方音卻不同。如果聲音與意義有必然的關係，則讀音就不會起變化。甚至有假設江河的命名都具有特殊的意義，說長江的水流聲工工，故以工諧聲。黃河的水流聲可可，故以可諧聲。很多語言因年代久遠，所代表的意義已淹滅不可考，再加上命名的時代也難考證，如何確定某字諧聲偏旁意義取得的時代，而同樣讀音的字為何不具有同樣的意義或變化等難於考證的問題，以及易流於主觀論斷的棘手問題，都是難讓人輕易接受的地方。

當然，不可能一個聲音只能表現一個含義。但每一種事物的情況，都是很多因素與條件的組合，譬如一張桌子，它的組合包括木或金屬製作、四角或圓形、高出地面、有支腳、供飲食、擺設或讀書用、室內外使用、有無雕飾、上漆、加彩等內容。如何能肯定我們所作的分組和古人的想法是一致的呢？又如何肯定某個事物的命名確是由於表現這個聲音的這個意義而不是另一個意義呢？有時一個字形或一個音讀兼有數種意義，演變到後來，聲音已變化很多，但其中的一個意義因字形而有其意義，形成諧該字形的形聲字包含有該意義。與其視為該字因聲讀的關係而得意義，不如視之為因字形而得字義。如果創造文字的時候，已意識到讀音代表意義，就比較有可能在字形中表現出來，因此同諧聲的字具有相通的語義還有點根據。如果選取幾個音近的字而加以歸類，且不談每一組字的時代性與使用意義之間的關係，就留下太多爭論的空間了。

第七節　古今字形演變及通例

一、判斷字形演變的方向

　　釋讀古代文獻是研究古代歷史與社會的首要工作。不能辨識文字，就不能明了文義，根本就不能作進一步的研究。文字在使用的過程中，受到許多因素的影響而使外形及結構發生變化。唐蘭曾就繪畫、契刻、書寫、印刷、行款、形式、結構、筆畫、趨簡、好繁、尚同、別異、致用、美觀、創新、復古、殽混、錯誤、改易、是正、淘汰、選擇等各因素加以探討①。這些因素致使古今的字形形成非常大的差異，有時是面目全非。即使今日文字已標準化，排印印刷品的字型有一定的範本，其傳播也是無遠弗屆，可到達每一個角落，但還是無法完全防止字形發生變化。人們或在公開的文字，或在私底下的記錄，為求書寫的方便而簡化某些字的寫法是很常見的。認識一個字的原形或較早形象，不但有助於辨識古文字，如上文所談，也對創意的探討有助益。故如何分辨古今不同階段的兩個字形是同一個字，就成了文字學研究的重要內容，幾乎講授文字學的課程都包含這個內容。

　　文字的演變不外是因為自然與人為兩個因素。自然的演變是無意識而逐漸的，比較多體勢上的變化。但演變到了某種程度，也可能產生劇烈的變化而難以追查其源流。人為的改變是有意的，或為別嫌，或因歸類，或順應新環境、新思想而改造，比較多結構上的差異，它對探求字形的演變以及創意，都有較大的阻力，需要借助其他的材料才易辨明。

　　如果明白了文字的一般演化規律，對一個字的前後字形的變化，不但比較容易把握，也能明白其演變的途徑與原因，就可以依演化的規律

---

　　①　唐蘭《中國文字學》頁117—148。

來推斷某字較早的形象甚至是原形，或認定兩種字形是一字的異體。這不但有助於辨識古文字，也對文字創意的探討有所助益。故如何分辨古今不同階段的字形是同一個字，其演變的趨向為何，就成了文字學研究的重要內容之一。

　　各家對於字形的繁化、簡化、偏旁的代換等等現象常作詳細的分析與歸納。但在討論兩個字形之間的前後關係時，似乎都沒有著重討論或考慮到，到底是根據何種原則、理由或條例，導致判定字形是由甲形變成乙形，而非由乙形變成甲形的結論。每一個字的演變，常有各自的背景、原因與途徑，總的情形非常複雜，但也有一些常態、一些例外，不能任由主觀設定。如果能依據幾個原則作綜合性的探討，以之觀察兩個字或一群字形之間的演變方向，應該是有所助益的。以下就思考所及，就其較重要的原則，分項略加探討。

　　（一）字的時代性

　　事物的演變是時間流動所造成的，字形的演變也不例外。字形演變的方向當然也是由早而晚，故一般的情形是出現於較早的字形應該代表比較早期的形式。不過，字形演變的過程，不但可能歷時甚長，而且也不是單向前進。我們今日收集到的文字資料不見得周全，可能不真正反映全部實際的字形演變情況。

　　從甲骨文到小篆之間的字形演變現象看，不但同時有異體並存，難以辨明何者較早。有時還有為了某種目的而書寫較早期字形的現象，即後代文獻上的字形有可能反而保持較前代字形為早的現象。甲骨文已經是相當成熟的文字，一定有比之更早、更原始的字形存在，故甲骨第一期的字形也不是最早的字形。再者，西周銅器的年代，在時間上要較甲骨文為遲。但其上的所謂族徽文字或稱為記名金文，字形往往要較一般甲骨文的字形看起來原始、寫實些，故不少學者以為它們保留更早的傳統。這說明以字形所在文獻的年代作為字形演變方向的依據，並不是絕對的。書寫較早時代字形的風氣，從商代到小篆的時代，一直不斷地發生。略舉數例於下，以示反復的變化並不是非常罕見的。

　　王字（字312），是個帽子的形象。甲骨文第一期時作一個三角形上
一橫，第二期時除延續此形外，還有在最上加一短橫，那是常見的字形
演變規律，第三期同形，第四期時部分延續此形，大多數就棄此短橫，
恢復第一期的字形，第五期又恢復加一短橫，並且三角形也合成一豎，
終成小篆的王字。

（甲1）	（甲2）	（甲3）	（甲4）	（甲王）	（甲5）	（小篆）

　　協字（字166），第一期時作三把並列的力在一凵或口之上，表現多
人用挖土的工具共同協力挖掘深坑之意。此期也有省略深坑的部分，第
二期以前以第一形為多，第三期兩形並見，第四期使用省略之形，第五
期偶見省略深坑的字形，絕大多數又恢復早先的有深坑的寫法。但是到
了戰國時代，深坑的部分又再被省略，三力也被安排成定式的三角形相
疊。

（甲1）	（甲2）	（甲3）	（甲4）	（甲5）	（周中）	（戰國）	（小篆）

　　教字（字235），甲骨第一期作手持棍教小孩學習打繩結的技術，第
三期除此形外，出現省略小孩，作手持棍與繩結之形，王族卜辭亦同。
西周時期目前只見省略之形，春秋時代又回到有子之形，同時又多出以
雙手打結的字形。小篆教字則採用以手持棍棒威嚇小孩學打繩結之形。
與教的字形和意義有關的學字（字65），可能最先作雙繩結形（＄），後
加屋（＄），表明施用繩結之處所。再加雙手（＄），把打結的動作也
表現出來。到了周初，屋下加子（＄），表明學習者的身份是小孩，又
有一形更加上手持杖加以管教（＄）。此兩繁形並行至戰國時代，《說
文》學字首列持杖管教之形，而以沒有持杖的字形為小篆。

（甲1）	（甲3）	（甲王）	（周中）	（春秋）	（戰國）	（小篆·古文）

　　還字（字320）【**還**，復也。从辵，睘聲】，甲骨字形的創意不詳，也許與以衣服或在行道招魂的儀式有關，原作行道之中有眉及方，另一形作行道之旁有衣與目。西周金文，第二形的衣中增一圓圈以表示頭部（或以為是聲符），但到了戰國楚簡，很多含有睘字部件的字又恢復無圓圈的字形。小篆再恢復有圓圈的字形。

編號	商甲骨文	兩周金文	秦小篆	漢隸書	現代/創意
320			還 S	還	還 或與招魂的儀式有關。

（甲1）	（周早）	（周中）	（周晚）	（戰國）	（小篆）

　　從上舉諸例，可見從商到秦代，改變習慣而使用前代字形的現象並不是非常罕見的，因此不能輕易以字形出現的文獻年代早晚為唯一的依據，去決定何者是較早的字形。如果沒有一個字較完整的演變歷史，只根據某片段或只就兩個字形加以論斷，就可能有以偏概全的錯誤發生。顯然，時代的前後並非是判定演變方向的絕對準則。如果沒有甲骨文以來某個字形較完整的演變過程，就很難輕易地看出，出現於時代較晚的字形到底是省簡（或繁化），還是使用較前代字形的結果。

　　就算甲骨文是最早的文獻，表現字的最早形態。但因甲骨文自第一期起就經常有兩形并存的現象，如**得字**（字286）從第一期起，絕大多數作手持一海貝之形，偶見作多一行道之形。兩周時代也是兩形並行，小篆才選擇有行道的為正體，沒有行道的為古文，這也是難以單以年代的條件確定何者為原始字形的例子。如果從創意的觀點看，於行道拾得海貝而得利的創意要較沒有行道的清楚些，商代銅器銘文也有於行道拾得海貝的得字（ ），其貝的部分較之甲骨文上的要寫實得多，所以可能是承繼較早的字形。

（甲1）	（商晚）	（周中）	（周晚）	（春秋）	（戰國）	（小篆）	（古文）

還有上述的協字（字166），也是第一期就兩形並見（ ）。又如農字（字44）《說文》的小篆字形見於西周晚期，籀文字形見於春秋時代（ ），而所列的從林從辰的古文（ ）卻見於甲骨而不見於金文。《說文》所收的古文，一般認為是戰國時代東方六國的文字，但它所保留的字形卻有呈現更古的商代的形式，可見，單以年代的條件決定字形演進方向，常會不得其實。同樣的，上述教字（字235），《說文》所舉的古文，其結構也作見於甲骨及西周的形式，而非戰國時代常見的形式。因此，有必要再參考其他的條件，才可能比較有把握地推斷某兩個特定字形之間的演進方向為何。

（二）文獻的性質

文字的書寫，有時因不同的性質而採用不同的體勢或字形。同是一件銅器上的文字，族徽的部分，一般要較銅器銘文的部分較為繁複而逼真。族徽是代表社區群體的符號，隨意變動不但得不到別人的認同，甚至有可能遭受處罰。日常使用的文字就較沒有這種顧慮，故而較易輕忽或為便利而起變化。族徽文字不是應對日常生活所需，較易保存書寫的傳統。學者也因銅器上的族徽所描寫的物體形象比甲骨文的字還要寫實些，故普遍認為它們要較甲骨文的字形原始。有人在討論字形演變的趨向時，就把它們列在甲骨文之前，也認為文獻時代的早晚不足完全反映字形的繁簡階段，甚至一般的金文銘文，也有不少的字形就寫得比甲骨文更像實物之形。故談到字形演變的趨向時，就常依字形的寫實程度把它們列在甲骨文之前。譬如牧（字283）甲骨文有幾種構形，作手持牧杖驅趕牛隻之狀（𤘈），或作手持牧杖驅趕羊之狀（𤘾）。兩形又都另有加一行道（𡂡　𣥕），表達為道路之旁的小規模放牧之意。這四種字形都出現在第一期，如何決定到底是先有牛，或先有羊之字形，以及是省略或增加行道，就成為棘手的問題。在中國古代的遺址，羊的出現雖早於牛，但在有文字時期的主要居住的華北農業區，已是牛多於羊，故牧羊的字形不必早於牧牛。當時也以農耕為主要生活方式，放牧只是農餘的工作，故有行道的字形很可能發展較遲。但現在從牧在亞內的三個族徽符號𡧆、𡨄、𡨊，牧都作行道之旁放養牛之形，大致可決定有行道的字形較正式，沒有行道的是省略的字形。甲骨另有一形於行道放牛之形又加一足，是否與牧為同一字待決，暫不討論。

甲骨文因用刀刻在堅硬的甲骨上，較之以毛筆書寫要困難得多，因此寫起來比銅器銘文較不寫實，如圓形的常刻成矩形。但同樣是刻在骨上的，具有展示目的的文字，就有寫得比一般的卜辭更為象形的習慣。如《合》37848（下圖A）是商王在雞麓捕獲老虎的記錄。該骨是老虎的上膊骨部分，雕刻了繁縟的圖案并嵌鑲綠松石，展示的意味顯然。其上的雞字，作為形符的隹或鳥字就寫得比同屬於第五期的《合》37363、37470、37471、37472、37494等片上雞字（下圖B）的隹或鳥要逼真些。

图A　　　　　　　　图B

又如于字（字321）【𠂤，於也。象氣之舒於。从丂从一。一者，其氣平也。凡于之屬皆从于】，比照平字（字 310）的結構，可能作大型天平式之稱桿形（𠃌）。此字有繁簡兩形，繁者可能表達為防止因稱重物而斷折，故要以複式捆綁增固之狀表示。《合》37848 以及有同樣具有展示作用的《佚》518 骨雕，其上的于字都作繁形，而一般卜辭都作簡形。銅器的銘文，早期的以繁式為多，晚期的則以簡式為多。

編號	商甲骨文				兩周金文				秦小篆	漢隸書	現代/創意
321									亏 s	于	于 稱桿之形。或作複式增固。

（甲1）	（甲4、王）	（甲5）	（商晚）	（周早）	（戰國）	（小篆）

　　有時字的大小也會影響字形的選擇。如文（字 1），早期的字形有作一人的胸上有交叉或心形的刻紋狀，另一形則省略胸上的刻紋。刺紋是古代喪葬時的美化儀式，所以銅器銘文多用作稱呼已過世的人，如前文人、文祖、文妣、文父、文母，故創意必是在胸上刻紋。如把刺紋省略，創意就不清楚。我們發現，甲骨卜辭的字小時，文就不寫刺紋的部分，字大時就不省略，如《合》4611 作交叉紋（𡥀），《合》18682 作心紋（𡥀）。因此可知，空間容許時較會書寫較完整的字形，字太小時只得省略某部分的字形。

　　時代較晚的文件，可能因其使用的性質，有採用較之當代或前代一般的字形更為原始或寫實的習慣。再舉一個現在還常見的現象，現代一般所用的書體是楷書，但是圖章所用的書體卻常是秦漢時代的小篆。因此，文獻的年代不是判定字形演變方向的絕對標準，但文獻的性質是不能忽略的輔助標準。

　　書寫者的身份也是值得注意的，官方的文件往往較民間的保守而正確。官方公佈的文字，有充裕的時間書寫，而且意在展示，故一般較為謹慎，不隨意變動。民間的文化水平較低，同時為求快捷以應付增加的工作量，就喜歡省減筆劃，而且也比較不會因文字的潦草而受到處罰。由於他們的文化水平較低，所簡省的也往往是不當的部分，六朝的碑刻文字錯誤多，石工識字水平應是重要的因素。相對的，同時代的文字，簡帛或竹簡上的文字形體多有不同，一個字往往有二至四種形體。而銅器上的便顯得較單一，改變的程度比較小。銅器銘文較多官方的製作，簡帛文字則多私人的書寫，這也說明官方的文件書寫較謹慎，故有些學者就把金文視為正體，甲骨為俗體。正體就是在比較鄭重的場合使用的正體字，俗體就是日常使用的比較簡便的字體。

　　字形的演變有時也有地域性的習慣，如皇字（字 195）為裝飾有孔雀羽毛的帽子形象（圖圖），到了春秋時代，羽毛末稍豎劃各增一短橫，戰國時代的曾侯乙鐘還保存羽毛的眼（圖），但楚系文字就把眼的部分省去了（圖圖）。從創意的觀點看，也應是較遲的字形。同樣表現了曾、楚地域之異的例子，還有曾姬無卹壺的室字，其形符仍作屋形（圖），而楚系銅器及簡帛則常只保留屋脊的部分，如客（圖鑄客鼎）、室（圖鑄客豆）、寶（圖樂書缶）。楚地可能因進入中原的政治舞台較晚，使用漢字的時機較窄，水平也有差距，故常有省略的習慣，這也再次印證不能單據年代作為判定字形演變的方向，一定還要配合字的創意、字形演變規律、文獻性質等條件，才會得到較可靠的論定。

　　（三）字的創意

　　就一般文字的演變方向看，為了整齊與美觀，繁雜的字形要簡省，簡易的字形就要增繁，使字的結構有適度的筆劃。譬如第五節所談的形聲字，其演化的過程，經常是為與假借或引申義分別而加上一個意符或聲符，其中可能也隱含有使筆劃適度的用意。又如全由聲符組成的形聲字，戰國時代假借為宮調的羽字加上于的聲符，假借為語詞的乎字加上虎聲，本字的筆劃都不多，也可能就是為了此原因，而不是聲讀起了變化，需要重新標上適當的聲符。

但有時兩個字形的筆劃相差不大，文獻的性質相近，年代也相若，就應另找演變趨向的條件，而字的創意也應是有效的參考條件之一。如果某字創意絕對重要的部分被省略了，就較可能是因後世不明創字的用意而簡省。如微（字265），甲骨文作一手持利器打殺病弱長髮老人之狀，而楚簡就有省去手持利器的部分。失去必要的棒擊動作，當然是變化後的字形。又如秦字（字309）作雙手持杵舂打兩束禾以製精米之狀（𣂏）。如省去雙手（𥝪），也就失去必要的舂穀動作，就是較遲的字形。向下舂打的動作應持棍棒的上端，則雙手下移的寫法（𣂏）也應是較遲的變化。灋（字25）的創意是如羊似鹿的廌獸，有判斷善惡的本事，而法律要求公正如水之保持平衡。廌是構成法字的絕對必要部分，省簡成水與去兩個構件組合的字形，就無法創造去除罪犯者的法律概念，所以被省去廌的字形，自是較遲的字形。如果一形的創意較合理，自也可以看作較早的字形，如望字（字144）象人豎起眼睛遠望之意。遠望以站在高地（𦣻）效果較平地好，故站在平地（𦣻）的較可能是後來簡省的字形。

創意必要部分被省掉了的字形，其時代比較晚，要解決有這種條件的字形演變方向比較容易。如果省略的部分並非是必要的，就比較難於判斷兩個字形之間到底是增加或減省的關係。雖然一般的情況是繁複的要求簡省，簡易的要求增繁，但有時字形已相當繁雜了，卻有人仍然覺得尚不夠達意而想加以補足，以下略舉數例：

秋（字50），甲骨文第一期作一隻蝗蟲之形。因它出現於夏秋之際，商代秋季包括夏季，故其意義，除蝗蟲外還代表秋季。第三期除此形外，多作一蝗蟲之下有火形，至第五期兩形並存。目前戰國的文獻作從禾從火或從日從秋。《說文》的小篆作從禾從火，籀文作從禾從𤇶。

如果從年代與字形的條件看，其最可能演變的過程是，先有蝗蟲之形，然後下加火，再加禾，然後省蝗蟲形，或省蝗蟲形而加日。但從創意的觀點看，蝗蟲的形狀易與其他昆蟲相混，故籀文的字形蝗蟲部分就錯成龜。但表現農民以火驅趕的景象，可能更易表現蝗蟲的種屬以及出現的季節，因而有火的字形有可能是較早的字形。

（甲1）	（甲3）	（甲4、王）	（甲5）	（戰國）	（小篆）(籀文)

舞字（字146），原象一人雙手下垂而持拿舞具之狀，字的筆劃並不簡單，但它表現跳舞的意象並不很清楚。《說文》出現下加兩腳的字形。兩腳的舛是為顯明跳舞的動作。由於此字在小篆之前都不見加舛的字形，以年代原則，自可斷定有舛的字形較遲，但如果單從創意的原則，就難判定何者較早。舜（字266）（巫師身上塗磷）、舜【舜，舜艸也。楚謂之萬，秦謂之蔓。蔓地生而連華。象形。从舛，舛亦聲。凡舜之屬皆从舜。𡙗，古文舜】（身上塗磷的巫師或神像在櫃中）都具有同樣的增加舛或簡省舛的演變方向問題。此二字的意義和表現兩腳的舛的關係似乎不大，而甲骨文含有粦構件的字（《合》27286）已有加舛的例子，似乎難判定加舛的是較早或較遲的字形。若以舞字到很晚的時代都還無加舛的例子看，舞字加舛後，巫師跳舞的形象更為明顯，可借助推論，粦與舜字，有舛的字形較可能是後來使意義明顯的增補。若像楚簡以及一些戰國的金文，舞字的舞者兩手被省略或變形了（　　），它屬創意的絕對必要部分被省略或變形，自是較晚的字形，但在使用年代上，它又早於有完整人形的小篆字形，這又一次說明年代並不是有效而絕對的判定字形演變方向的依據。

再如棄（字323）【棄，捐也。从廾推𠦃棄也。从㐬。㐬，逆子也。𠦪，古文棄。棄，籀文棄】，甲骨文有二形，一作雙手持簸箕將帶有血水的嬰兒丟棄之狀，另一形則又加雙手拉繩以示絞殺的動作，兩形都出現於第一期。絞殺的動作似無必要，字形也太繁，故較可能是後加的輔助說明，終因太繁而被淘汰。

（甲1）	（甲3）	（甲4、王）	（周早）	（周晚）	（春秋）	（戰國）	（小篆）　（古文）

　　甲骨文的**毓**字（字31），一般作一婦女（有時簡成人形）生下一個帶有血水的嬰兒狀，第一期就出現（𠫓）。另一形則加手持衣袍以便包裹新生的嬰兒狀（𣬈），到第五期才出現。一來此字形已太繁複，二來前一字形已充分表現生產的意義，故此晚出的字形就被淘汰了。有人建議，可能基於較進步的醫學觀念，後來才知用衣物包裹新生嬰兒以防受寒生病，故手持衣袍的毓字是較遲的結構。在文字的使用時期，穿衣已是正常的習慣，嬰孩一出生應該就會加以包裹，不會是後來才有的新知識，故不必是晚出的寫法。今以簡形較早出現，且已足以表達生育之意，故定為較有衣袍的一形為早。

　　召字（字225），甲骨文也有簡、繁二形，簡形出現於第一期及第四期，作一杓與一杯（𣎼）（或以為是旨字），繁形見於第五期及銅器。最繁複的作一手持杓一手拿杯，自盛於溫酒盆中的酒壺挹出酒漿以待客之意（𥁕）。或簡省酒尊（𥁕）、溫酒器與酒尊（𤰔），或省酒尊與杯（𥁕）。從創意看，晚期的字形較合理，較易明白待客的創意。很可能早期的一杓及一杯是旨字，表示湯羹旨美之意。簡易的字形除作為地名外，第一期還作為動詞，為用牲之法。繁形的都作地名，也沒有證據可看出兩個不同的寫法都同指一地，即兩個寫法是同一個字。如果從創意的觀點看，第五期的繁複字形較合理，應較接近創字的初形。一杓及一杯實在不太容易表達旨美或招待的意義。不管此字是由簡而繁或由繁而簡，在使用的過程中，都出現反復或使用較早字形的現象。

　　焚字（字323）【𤆎，燒田也。从火林】第一期作火焚林或焚草之狀，第三期作單手或雙手持火把焚燒森林之狀。雖然在乾燥季節可能因打雷而造成森林大火，但在古代，較常見的焚林景象是人為的，如焚燒山林以獵取野生動物或種植農作物，因此手持火把焚林的景象較常見，較具象。雖然目前根據甲骨文的資訊，手持火把的字形年代較晚，但從創意的觀點，有可能反而是較早的字形。

編號	商甲骨文	兩周金文	秦小篆	漢隸書	現代/創意
322			s k z	棄	棄 雙手持簸箕將嬰兒丟棄之狀。
323			s	焚	焚 火焚林之狀，或手持火把焚林。
324			s s	爾 尒	爾 可能作網魚的竹簍形。

　　爾(字324)【爾，麗爾，猶靡麗也。从冂㸚。㸚，其孔㸚㸚。从尒聲】可能作網魚的竹簍形。尒【尒，詞之必然也。从丨八。八象氣之分散。八聲】不成物形，應是省簡的結果。利字(字271)，最繁者作一手持已用刀割斷成兩截之禾（），簡者作一刀一禾（）或一犁一禾（）。雖然前者是第三期的字形而後者是第一期的，從創意的觀點看，一刀一禾表達利益或銳利的意象較隱晦，故最繁的字形有可能是較原始的寫法。

(甲1)	(甲4)	(甲5)	(商晚)	(周早)	(周中)	(周晚)	(戰國)	(小篆)

　　金文嚴字(字43)作手持工具於山洞中挖礦並置之籃中之狀，西周中期的字形，不作山上有籃子之狀（），西周晚期則在山上增兩或三個籃子（），這是沒有必要的，應視為時代較晚的意義補足。若于字(字

321)第一期作二橫劃連接一豎劃,是水平式稱桿的形狀,至第四期、第五期旁邊有曲折之輪廓出現,表現稱重物的稱桿包紮增強物的景象,常出現於較正式或展示用的場合(《合》37398 犀牛頭骨、《懷》1915 虎骨刻辭)。後一形延用至春秋時代。從目前文獻的時代看,有曲折輪廓的形式出現較遲,但如以文獻性質的條件看,具有展示作用的常保留較早的字形,則有曲折輪廓的形式,目前的資料雖年代較晚,有可能反映較早的字形。甲骨文于字作繁形的都是屬於大字的刻辭,可見字的大小也影響到字形的選擇。高明以第五期《佚》518 上的有曲折輪廓的于字(亐)簡化成出現於第一期的于(亏),可能就是基於文獻性質的觀點。

　　創意的考量也可以包括結構與配置方面的問題。如果把大小不一的構件改為一致,或更動位置以取得平衡,自也應是較遲的習慣。如去(字325)【𠫓,人相違也。从大,凵聲。凡去之屬皆从去】的結構雖是大與口的結合,但是甲骨文第一期,大的部分都非常地大,而且大的兩腳部分常作曲折形態,與一般的短斜線很不一樣,口的部分卻很小,並位在大的兩腳之間的空隙。這個字後來變成口的位置離開大的內部而在其下,且又變成凵,大的曲折兩腳也類化為一般不曲腳的大。此字的創意,或以為从大凵聲,但相違之義與大之意類不接近,戰國時代之前的字形也從不作凵形。故或以為象盛飯之器與其蓋,但是器蓋不應比盛飯器大那麼多。如果以字形配合字義來看,口的符號在甲骨文字裏以表達人的嘴巴、坑陷以及圓形的容器為最常見,大則是正視的大人形象,而去的較早期形象,大的兩腳部分都作曲折形,那是一個很重要的表意姿勢。從即將討論的寫實條件看,強調曲腳的字形要早於一般的分腿形態。一人蹲在一個坑上(較不可能是嘴巴或容器)而有離去的意義,在我們的生活經驗中,這是人人都有的排除體內廢棄物的動作。因此從創意以及寫實的條件看,有曲腳的字形要早於沒有曲腳的,口自兩腳中下移的次之,戰國字形有加止或行道與止的,應是為引申的行去為別義而加上的,至於口少一劃成凵的,則是最遲的字形了。從去字的口部分演變成凵,也可以反推甲骨文協字的演變方向,第一期的兩形,前一形應該比較早。

（甲1）	（甲2）	（甲3）	（甲4、王）	（甲5）	（春秋）	（戰國）	（小篆）

編號	商甲骨文			兩周金文		秦小篆	漢隸書	現代/創意
325						s	去	去 一人蹲在淺坑之上排除體內廢物。
326						s k	監	監 一人俯視一皿，觀看自己之容顏。
327						齊 s	齊	齊 三尖物或三禾長得齊平之狀。

　　再如監字（字326）【盥，臨下也。從臥，䘏省聲。🙾，古文監從言】作一人俯視一皿以觀看反映之自己容顏，後來以之稱呼照顏的銅鏡，又加上金的形符。此字的創意既明，則皿中有物的應是較合理的形構，沒有一點的應是省略的結果。甲骨文作沒有一點，很可能因為字形太小的緣故。眼睛與身軀分開的自是後來的訛變。身子移到皿之上的，也應是後來才有的結構調整措施。

　　有時兩個字形的筆劃差不多，時代也相近，從創意的角度也可以提供參考。如貧字【貧，財分少也。從貝分，分亦聲。🙾，古文從宀分】以分貝表意。所附的從宀從分的古文字形，也是象意字。古文字形以分家而貧困的表意，可能比較不明顯，也容易被誤以為是形聲字，故而換以分貝。宀的符號以表現建築物為主，而貝才是有關財產的常見符號，比較容易被人所了解，故應是較晚的字形。類似的創意有寡字（字220），作屋中有一大人物之狀（𡩀），表達貴族人數較一般民衆量少。大概也因創意不清楚，戰國簡書所加人身前後無意義的填空小點可能被誤識為分字（𡩀𠆤），以致看起來有表達分家而致家產減少之創意。攸字（字306）甲骨文作手持杖撲打一人之狀，到了西周中期演變成兩形：一是人之背後增一直線（𤕭），一是增三下垂小點（𤕭）。《說文》的意義"行水也"，應是打得背部血流下行的引申義，可推論三小點是具有輔助說明的作用，一直線應是不明創意的訛變，是較遲的字形。至於《說文》所附的秦刻石字形（𤖅）從水從攴，表達以棒擊水，難符創意。水的構件可能是由人與三小點的字形訛變而不是全形省略了人的部分，時代應更晚。又如疊成三角形是常見的排列形式，雖然有的字在甲骨文已是如此，但從創意的觀點看，知應是較遲的寫法。如齊（字327）【齊，禾麥吐穗上平也。象形。凡齊之屬皆从齊】，甲骨文大都作三尖狀物排列成三角形之形勢。尖狀物是否為禾穗是值得討論的，鑒於古代情況，它很可能表現銅鏃。為了穩定箭的飛行，箭桿與銅鏃都要求製成一定的規格，鑄造時才可控制鑄成同樣的大小和重量。它既然表達齊平、齊同的意義，則三物應處在同一平面上，因此可假設甲骨文之做三尖物齊平之字形者較原始。魯司徒仲齊盤上的齊字作三物齊平狀，可能反映非常早的字形。從文字演變的常律看，多件平列的都演變成上一下二的三角形，齊字也應是其中的一例。

　　（四）演變的常律

　　字形的演變，類似的筆劃常習慣性地按同一模式進行，也可用來判斷有同樣變化的字的演變方向。如帝字（字72）可能作花朵形，或捆紮之崇拜物形（帝），後來在最上的橫劃上增多一短劃（帝），這樣的例子甚多，如正（字35）、天（字98）、言（字233）、平（字310）、王（字312）、辰、商（字336）、競（字337）、不、雨、辛、可等，就可據以判定演變的方向。它的可靠性可能要高過文獻年代或性質的條件。

　　文字的使用或演變，除上述的復古外，或由於區域性的演變進度有差異，或甚至出於某特殊的情況，如小篆的有意整理戰國文字，有意或無意地恢復了早先的字形，以致年代較晚的字形保持了較早形式。如此，字形演變的常律就成了判定字形演變方向的重要條件。譬如平字（字 310）金文作稱重物的天平形象（秤），春秋晚期或戰國時代時，循自然演化的常態，在平劃之上加一短橫（秤），但小篆則去掉短橫（秤）。同樣的，天字（字 98）甲骨文作一人特著其頭部形（秤）。圓頭因刀刻而成方形（秤），簡易成兩短劃（秤），再省去一劃（秤）。至春秋晚期，平頭之上加一短橫（秤），小篆去掉短橫（秤）。下字（字 52）甲骨文作一長劃之下一短劃（秤），西周時下增一直豎（秤），戰國時也在平頭之上加一短橫（秤），小篆則去掉短橫（秤）。這幾個字，雖然一般認為小篆的時代較戰國時代為晚，但可以根據演化的規律，知沒有短橫的應是較早的字形。它不但有助字形演變方向的確定，有時更早的字形或資料雖還未出土，就可以根據字形演變的規律，推測其較早的字形。

　　文字初創時，每一點一劃都表達具體的意義，故如有一點一劃不能給予合理的解釋，則創意的解釋就有問題。有時就可以依演變的規律，復原正確的字形，不必理會訛變或沒有意義的填空部分。譬如商、周、興（字 149）、高（字 73）、裔等字，口的構件是常見的無意義的填充，談到創意時，就可以不理會它。如果想強加說解，可能就會被誤導。譬如興字，甲骨文絕大多數作四手共舉一輿架之狀（秤），第三期有時作肩輿之下的空間多一口（秤）。從演變常律，知口的部分是無意義的填充，其創意的重點應在升高的動作。如果因為包含有口的構件，就轉移了創意的重點，強調其為舉重物時的喊叫聲，並聯想及詩歌的賦比興，如此不但不得創意的重點，連字形演變的方向也顛倒了。但尋字（字 296），第五期有多一口的字形（秤），它不在填空的位置，就可視為別義的意符，而不是無意義的了。

　　如果變化不合某種常規，也對一個字是否可能有某種變化的判定有所助益。譬如攻字（字 120），甲骨文第一期作手持棒槌一類的曲柄殳敲打一件下有三小點的工形物（⚒）。作為填空的無意義增繁小點，通常是對稱的。工形物下的三小點是不規律、不對稱的，因此沒有三點的攻字可能是由有三點的攻字簡省演變來的。這樣就不能輕易地把它當作形聲字看待，而要把它歸屬到表意的字形，即是說，不能不對三小點作創意的合理解釋。由於曲柄殳在甲骨文常代表樂槌，而商代也出土長條形石磬。石磬的調音工作，以刮削石磬的表面使薄、使窄而達成目的，因此推論它表現刮削長條石磬以定音，三小點是刮下的石屑，是石磬校音的必要過程。它還表現了檢驗音調時石磬單獨懸吊的景況，與磬字所表現的演奏多件石磬時的懸吊方式（⚒）有所不同。校音是為了改善音準及音質，故工與攻字也常有預期達到更好效果的引申義。有類似變化的前（字189）及湔字，前者作一足於盆中洗滌之狀（⚒），後者則作盆中還有水滴之狀（⚒）。兩者的使用意義，甲骨卜辭好像也沒有差別。洗足應該是原有的創意，前後是後來的引申或假借意義。字的水點是不規律的，而且洗足也應該有水才能使意思明白，故沒有水點的字形是省略的結果，《說文》足在舟上前進的說解自然不得其實。

　　字形演變的定式也可以作為判斷演變方向的原則，譬如，火（字328）【⚒，焜也。南方之行，炎而上。象形。凡火之屬皆从火】作火焰形。在第一期時一般作三道火焰並排成弧線的形狀⚒，如《合》2874的火、《合》583的焚、《合》10198的赤、《合》1136的炆、《合》8955的灾等，而山（字330）【⚒，宣也。謂能宣散气，生萬物也。有石而高，象形。凡山之屬皆从山】作三座山峰之狀。第一期時作在同一平面的三座山峰⚒，如《合》96的山、《合》10077的岳。到了第三期以後，山峰的底部雖有時寫得有點弧底，但火字就變成一火焰旁有二火點⚒，如《合》27317的火、《合》29993的炆、合28628的燎。或只有一道尖的彎底火焰，如《合》30174的炆、《合》28196的赤、《合》28802的焚。因此從火構件的字形也可據以判定演變的方向。王族卜辭的時代，有屬第四期與第一期的兩種意見，而《合》22196的秋字（字50）所從之火作無點的單尖彎底火焰（⚒），表現了第三期以後的時代特徵。

編號	商甲骨文	兩周金文	秦小篆	漢隸書	現代/創意
328			火 s	火	火 火焰形。
329			山 s	山	山 山峰形。

（五）寫實的程度

寫實的圖畫比較容易被簡化為抽象或變形的筆劃，很少有逆行的例子。六千多年前仰韶文化陶器上的魚紋彩繪，慢慢由寫實變成幾何形的紋飾，就是好例子。銅器上的圖案也有相同的趨勢，商代的饕餮紋還可以看出動物眼眉口鼻等形狀和正確的位置，到了西周就逐步簡化，終成交纏的幾何形圖案，難看出動物的形象。又如南方印紋陶的蛇紋本是越族的信仰圖騰，其蛇形與斑點也簡化和演變成幾何紋。要把抽象的筆劃文字還原為具體的圖象，如果沒有同類詞句的比較，常是很困難的。如《合》33041 與 33042 都有一個方國名，一版寫得相當的抽象，另一版則頗像一隻金龜子的形象（🐛 🐛）。其前應該是更為寫實的形象，很可能就是《三代》16.47b 銅角上的族徽（🐛）。有了具象的圖形，其省簡的過程就容易了解。中國漢字從象形的特徵演變到今日的符號特徵就是一個很好的例子。寅（字 70）本借箭形為干支（🏹），第五期在箭身加方框（寅 寅），至西周中期就完全變形（寅 寅）。比較"具體的形象描寫"和"不成形的筆劃"之間的遲早，無疑具象形的要較原始。

如上所述，學者主張年代較晚的銅器銘文上的字形，尤其是族徽文字，一般要較商代的甲骨文字形早，就是因為其上描寫的物體形象具體些。這個原則還可以應用到文字的部分構件。譬如人的眼睛，看起來近鼻子的一端較寬，故早期的字形，眼睛的構件，就寫成一邊寬一邊細，如甲骨文作🖊，後來小篆寫成同寬度的👁。睪初作🖊或🖊，小篆作同寬度的🖊，眼睛都失去寫實的意味，自是較遲的字形。又如動物的形象，畫出身子或腳爪的，自也比身子畫成一線或沒有腳爪的要早。**虎**（字18）就是一個很好的例子（ ）。甲骨文的**尋**字（字294）作伸張兩臂以丈量一物之長度狀。第一期時，被丈量的器物有長管樂器的言（ ）、席子的因（ ）、不知名器等構件（ ），第二期以後出現所丈量的東西成為一豎劃的新字形（ ），可能從作言之旁一豎劃而雙手丈量之字形演變而來（ ）。雖然伸張兩手以丈量長度的創意尚可意會，畢竟不若丈量實物的表意清楚，故從寫實的原則看，應是較遲之形。**旁**字（字148）作有犁壁之耕犁形，作用是把翻起的土推向兩旁。犁壁是塊寬板（ ），作矩形的要較工形的寫實（ ），就可判斷作矩形的要較工形的早。類似的變化也在帝字（字72）表現出來，花瓣或草紮神像的形象中的矩形方框（ ）也變成工形（ ）。

（甲1）	（甲2）	（甲3）	（甲4）	（甲5）

　　此外，本來形象是一體的，後來分割成兩部分，或違反自然的形象，或甚至不成形，自也是演變後的現象。其道理簡明，不必多言。如**保**字（字330）【 ，養也。从人采省聲。采，古文孚。 ，古文不省。 ，古文】本作一人背負小兒之狀，後來離析成兩部分。

編號	商甲骨文		兩周金文		秦小篆	漢隸書	現代/創意
330					s k k	保	保 手後伸以背負嬰兒而保護之狀。

　　魯字（字237）作盤上美味的魚料理形（ ），盤子的口形錯成曰（ ），訛變的字形自是較合理的字形為晚。再如，**舞**字（字146）甲骨第一期作一正視之人兩手下垂持舞具跳舞之狀（ ）。到了第四期或在所謂的王族卜辭中，就有不少兩臂作平舉的（ ），這是不自然的姿

態，是不明創意者依樣畫形所造成的錯誤，應是較遲之形，此形演變到春秋與戰國時代則發生減省人形的訛變。第四期與所謂的王族卜辭有同樣的錯誤，也指出其為同時代風氣的資訊。在一般的情況下，以寫實的程度作為判定字形演變方向的根據，要比單以年代條件更為可靠。

（六）造字法：形聲字較其象形、象意字的結構為晚的時代性

形聲字本是文字因引申或假借等應用，為別義而加上意符或標明音讀而增繁的過程中自然形成的。它讓字形易於規劃、分類及音讀，不但有意以此種新形式創造新字，也以便利的形聲字結構替代原有的象形、表意字，很少有反其道而行的。第五章討論形聲字舉了不少，如**誥**字（字 214）本作雙手持長管樂器（）。長管樂器是政府作公眾宣告的方式，其習慣或已改變，或為了標音，就改為形聲。這樣的例子甚多，**虹**字（字 213）原作雙頭虹形（），**猴**字（字 210）為猴子的象形（），**囿**字（字 45）為特定範圍內栽植草木的場所（），**遲**字（字 230）作背負一人行走而致遲慢（），**沈**字（字 209）為沈牛於河中之狀（），**耤**字（字 199）本作一人以手持犁，一足踏犁耕地之狀的表意字（），後加昔聲而成形聲字。**齒**（字 202）本也是純象形字（），後來標上止聲。**寶**（字 289）本作屋中藏有貝、玉等貴重物品（），缶聲也是後加的形聲字。有時一字有筆劃相近的異形，如果其中一形屬形聲字，就可能是較晚之形。如**赦**字（字 331）【，置也。从攴，赤聲。，赦或从亦】，西周金文由亦與攴構成，表現一手持杖撲打一大人而致流血之狀。不知是因字形訛變，還是以形聲取代，說文作从攴，赤聲，也是形聲的結構較象意結構晚的例子。

編號	商甲骨文	兩周金文	秦小篆	漢隸書	現代/創意
331		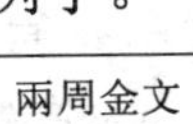	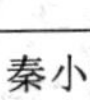 s  h	赦	赦 手持鞭撲打人至流血之狀。以鞭打替代嚴重處罰。

一般情況下，異體字形以形聲的形式較遲。如有反向的情形，必有其特殊的原因。《說文》立部的竵字【，不正也。从立，𠕁聲】，因為所从的𠕁聲，

意義為【䖂，秦名土䶂曰䶂。从䶂，午聲。讀若過】，罕見使用，一般人不識其音讀，不明其意義，故才別創以不正會意的歪字，筆劃也減少許多。歪字如是取常見的聲符，就不會有這種反常。形聲字較象形或表意字早出現的例外還有一例，小篆位字【位，列中庭之左右謂之位。从人立】以人所立之處為其位置會意，早期金文借一人正面立於地上之立字（字332）【立，佇也。从大在一之上。凡立之屬皆从立】表示。戰國時代銅器中山王壺的銘文出現从立胃聲的形聲字。位置是經常會被使用的字義，十四筆劃太繁，可能就創只七筆劃的从人立會意的位字。

　　窺【窺，小視也。从穴，規聲】字為形聲字的結構，六朝的碑刻墓志常寫作穴下視、宀下視、門內視等字形，有以為是以從穴或門內向外窺視會意。六朝時人常寫錯字，視字較窺常見，有可能本為錯字，後來誤以錯字的宀下視為有意創造的會意字，又再度誤為門內視。總之，這種會意字取代形聲字的例子是異常的現象。

　　（七）部件更替

　　部件更替是學者常提及的現象。一個字可能因某種原因，更換某一構件（包括構思與結構）而形成異體字，有時是因不同材料的製作，或使用於不同的用途，或來自不同的性別，或字的音讀起了變化等等。通常構形較合理的時代較早，如毓字（字31），作女人生子狀（毓）就要比作側人形生子狀要正確（毓）。另外，字形較簡易的，其時代也往往較遲。如皆字（字333）【皆，俱辭也。从比从白】【㘉，兩虎爭聲。从虤从曰。讀若憖】甲骨文作已朽成白骨的兩虎在坑陷中之狀，表達老虎的習性，雖患難之中猶相鬥不讓步而至皆亡。省作一虎者已有損創意，故為後起的省形。金文作兩人在坑陷中，已不符原意。大致人的筆劃較虎簡單是導致皆字異寫的一個因素。

　　道字（字334）【道，所行道也。从辵首。一達謂之道。道，古文道从首寸】，西周金文原作行道中有一首，表達作為展示梟首之繁忙街道。戰國文字就有改有髮之首為無髮之百者，省了些筆劃。但同時又增加一手以持首，或部件更替（彳止辵）而多一止。

編號	商甲骨文	兩周金文	秦小篆	漢隸書	現代/創意
332			s s	立 位	立 一人正面立地上之狀。 位
333			s s	皆	皆 兩虎陷落坑陷，患難中猶相鬥不讓而致皆亡。
334			s k	道	道 行道中有一首，可能為展示梟首之繁忙街道。
335			s	賢	賢 从貝臤聲。

　　蛛字（字201）的形聲字形作从黽朱聲（ ），小篆或从虫（ ）。黽的筆劃也比黽少得多。又如鑪（字204），本是象形字（ ），先是加上虎的聲符（ ），後來因為鍊金而構築，故从金（ ）。有的因它是生火的器物，也不一定用來鍊金，就从火。古代大部分的爐子以陶土構造，故有从缶的鑪。從目前的資料看，可能站立式的燒火爐流行較晚，早期鑪子多以煉金為目的，所以從金的鑪字出現最早。小篆收有籀文鑪字（ ），但無爐字。爐字見於漢代的銅爐，現在也以爐字最常見，其代換的構件，呈現時代越晚筆劃越少的現象。但有時是因著重點不同而使用不同意符，或為了別異而選用另一個筆劃較繁的聲符，因非基於有意的簡省，就難據以判定演變的方向。如賢（字335）【 ，多財也。从貝，臤聲】本為从貝的形聲字，表達多財之人，也引申為多才、盛德的人，故別造从子臤聲之字以別義。它雖筆劃少，義類也較合理，但不被接受，最後還是選擇賢字。

　　書寫過程中偶發的錯誤，有時也被舉以為字形演變的例子。甲骨由於順應刀法的便利，有先刻直線再刻橫劃的習慣，以致刻完直劃後

忘了刻橫劃。這就不應該視為簡省，除非同樣現象的例子很多，或是
後代的字形由之再演變，否則不宜冒然作為簡省的常例。有時在其他
種類的文獻也有漏寫直劃或橫劃的例子，如常被舉例的《呂氏春秋・
察傳》：「子夏之晉，過衛，有讀史記曰：晉師三豕涉河。子夏曰：非
也，是己亥也。夫己與三相近，豕與亥相似。」己亥兩字缺刻直劃便
成三豕，它畢竟不是這二字的演變常態。因此不要舉之以為字形演變
的例子。甲骨文由於是用刀刻在光滑、堅硬的卜骨上，所刻的字又不
大，有時刀子會滑入另一道筆劃的溝中而不覺，並不是有意書寫的字
形，也不宜舉以為例，如《合》33694 上的伊字，一作正常的形態
（州），一則手持的筆杆與人的軀幹合用一豎（州）。這樣的字形不但
在甲骨非常罕見，也沒有演變成後世的字形，只能算是某個人的一時
筆誤。《英》996 上有四條「乎舞，亡雨？」的刻辭，舞字都作舞具套
在手臂之形（个），而不像其他超過一百個的例子作下垂在手臂下。
如不是偽刻，就是習刻。像這些筆誤，都不應視為字形演變常規的例
子去研究。

　　以下試以**帝**字（字 72）為例，示範探討字形演變的較完整步驟。

（1）《說文》說解

　　帝，諦也。王天下之號。从二束聲。帝，古文帝。古文諸上字皆
从一，篆文皆从二。二，古文上字。

（2）字形排列（依時代）

商	甲 1	帝合 14302　帝合 15961　帝合 14312　帝合 368　帝合 10001　帝合 15953 帝合 1402　帝合 14170　帝合 7407　帝合 14206　帝合 475（帝合 18476）
	甲 2	帝合 24980　帝合 24978　帝合 24981
	甲 3	帝合 27372　帝合 27437　帝合 27438　帝合 30390　帝合 30391 帝合 30590（帝合 30593）
	甲 4	帝合 32874　帝合 34157　帝合 34190　帝合 32012　帝合 34148 帝合 32012　帝合 34158　帝合 34147　帝合 34157

商	甲王	［字形］合 21079　［字形］合 21081　［字形］合 21087　［字形］合 21387
	甲 5	［字形］合 36168　［字形］合 38230　［字形］合 36176
	金文	［字形］卬其卣三［字形］商尊
西周	早	［字形］井侯簋［字形］天亡簋
	中	［字形］寡子卣［字形］敔狄鐘［字形］懲鼎
	晚	［字形］仲師父鼎［字形］默簋［字形］仲師父鼎
春秋		［字形］秦公簋
戰國	金文	［字形］中山王嚳壺
	簡帛	［字形］帛書［字形］信陽［字形］九店［字形］郭店［字形］龍岡
	其他	［字形］［字形］［字形］泥封［字形］［字形］陶文
秦	小篆	［字形］［字形］古文

（3）出土文物使用意義

商代

1. 天帝：《合》14295："辛亥卜，内貞：今一月帝令雨？　四日甲寅夕（雨）。"

2. 人帝：《合》27372："乙卯卜：其又歲于帝丁，一牢？"

3. 祭名，禘：《合》32012："癸巳卜：其帝于巫？"

西周

1. 天帝：《敔狄鐘》："在帝左右。"

2. 人帝：《師旬簋》："肆皇帝亡斁。"

3. 美盛：《仲師父鼎》："其用享用孝于皇祖帝考。"（或以為假借為嫡）

東周

1. 天帝：《郭店・六德 41》："上帝賢汝。"

2. 人帝：《帛書·乙六》：“炎帝乃命祝融。”

（4）先秦文獻的使用意義

1. 上帝、天帝：《詩·商頌·長發》：“帝令不違，至于湯齊。”《書·洪範》：“帝乃震怒。”

2. 人帝、皇帝：《周易·歸妹》：“帝乙歸妹。”《左傳·僖公二十五年》：“今之王，古之帝也。”

3. 主體：《莊子·徐無鬼》：“藥也：其實，堇也、桔梗也、雞癕也、豕零也，是時為帝者也，何可勝言。”

（5）創意的討論

帝字的創意大致可歸納為六種意見：

1. 形聲字，從上，朿聲：《說文》說解。

2. 據帝倒字形，以為下一為地，上為積薪置架形：葉玉森《殷虛文字前編釋文》。

3. 以架插薪而祭天：嚴一萍《美國納爾森美術館藏甲骨卜辭考釋》。

4. 蒂字源，如花之有蒂，果之所自出：鄭樵《六書略》、吳大澂《字說》。

5. 女陰在架上：陳仁濤《金匱論古初集》。

6. 三腳之祭壇形：松丸道雄《中國文明の成立》。

7. 人偶，象縶起的稻草人之類人形：郭人杰、張宗方《金文編識讀》。

討論：

帝字在甲骨卜辭較早的字義是至上的天神，字形以 與 為主，看起來是一個完整的形體。被《說文》誤以為從上的短劃是後來演變的無意義增繁，古文字的例子甚多，已成一種成規，故在以上所列六種意見中，形聲說明顯是錯誤的。至於女陰在架上之說，已經把獨體的形象分析為兩部分，其可能性就較低。帝字的形象有兩個可注意之點：一是可以倒寫（合 475）。如果不是誤刻而是可以接受的字形，則有一定放置方向的架上插薪、祭壇或女陰的說法也就不恰當。再者，帝字不見附以火點的形象，故燎柴之說也不合適。二是另有一字（合 30593）作為祭名使用，可能是帝字的另一寫法，作兩手自下捧帝形物之狀。兩手自下捧物的動作，大致表達所捧之物是貴重的，或有點份量但不是重得捧不動，則花卉與人偶之說都可以合其條件。

　　帝的字形，從演變常律看，中間的部分應是從圓圈變矩形，再變為工、一。其圓圈有時寫成兩弧線交叉，可能為捆綁之象。就這一點看起來，花卉之說較人偶之說不合適。尤其是甲骨另有一字作帝形之物為箭所射之狀（𢍰）。花朵不會以箭去射，而大型的人偶或立像就有可能因某種緣故而被箭所射。以豎立的形象作為崇拜對象，考古發掘也有例子。譬如四川廣漢三星堆的商代祭祀坑，出土高 396 公分的銅神樹和260.8 公分的銅立人像，被認為都是崇拜的神象。時代更早，約五千年前的遼寧朝陽牛河梁遺址，發現依山勢建有神廟、祭壇等，出土的女神像已殘，但頭像就達到 22.5 公分。可見古代中國有豎立神像崇拜的習俗，因此以神像的形式來表達至高上帝的意義是非常可能的。

　　帝字取自花朵形象的說法向來最為學者所採信，包括筆者在內。原因想來是其字形與甲骨文的不字（𣎴 𣎳 𣎳 𣎳 𣎳 𣎳 𣎳 𣎳）接近而稍為繁複，有可能取自同類的事物。不字在甲骨文假借為否定詞，應另有本義。在金文它作為丕字使用，丕為胚的聲符，認為不字為膨大的花胚形象，故引申為宏大一類的意義。帝字如以花為取形的根原，也與早期信仰常取自有形的動植物形象，由圖騰的信仰演變為至高神，再演化為政治領袖的過程不背離。中國人自稱華夏民族，華即為花卉的形象，故以花卉為崇拜的形象也是合理的。

　　不過，上已言之，中部有圓圈或矩形的初形，較不像花朵。而且不的字形有下部的三劃作彎曲若花瓣狀，帝就沒有這樣的寫法。不的上部也沒有作三直線交叉的，加上帝有被箭射的字形，花卉之說並不很適當。但是在帝字的眾多字形中，有一形作上有並列的三小點（𣎳𣎳𣎳），很難對捆綁的崇拜形象說作合理的解釋。故暫取捆綁的崇拜形像為帝字較可能的取材，而花卉說為備考。

　　(6)分析

　　文獻年代：從文獻年代的角度看，其變化大致有幾個方向：一是上加一道短劃；一是上部的倒三角形的中線消失；一是中間部分，甲骨第一期已是圓圈、矩形、工形並見，之後有省略成一形的，但以工形者定形最久，成為小篆採用的字形；一是三條交叉線分離成上下兩部分；一是下部的三直線變形成巾。楚系的帝字又有在下部的直線加短橫劃的。

文獻性質：帝字不見於商代銅器的族徽性質銘文，也不見於展示性質的文獻，無從討論。兩周時代的銅器，帝字只有細微的變化，但是楚地的簡帛就有相當大的訛變。第一個變化是把中央的工形和上部的筆劃相連而類似寶蓋頂，第二變化是在下部的中線增一短橫，使外觀幾乎完全殊異。中山壺及越王鐘的銘文屬鳥蟲書，是為了美化而故意扭曲筆劃，過分的修飾反而偏離正軌。泥封也有類似的訛變。還有，當銅銘字形是彎曲而甲骨是直線時，有可能因用刀刻不便彎曲而以直線表示，為較遲的寫法。但早期的銅器銘文，下部的三劃也是直線，知原形作直線，西周晚期漸形成的彎曲下垂線應是後來的發展。

字的創意：在上文談字的創意時，已辨明原形是獨體的，上部與下部的三條線是交叉而連續的，違反這個主調就是不明了創意的誤寫。依訛變的輕重程度，上下部分離的在先，下部線條彎曲的在後，中部的由框演變為直線，分成兩段的又在其後。

演變常律：一長橫劃上加一短橫劃的演變方向是從商代持續到戰國的趨勢，是最具決定性的標準。又，在演變的常律中，三小點被省略的例字遠較增繁的多，儘管使用⛢字形的時代較⛢遲，三小點有可能是減省之前的原始字形。

寫實程度：圖像的變化，一般由寫實而抽象，繁複而簡略。甲骨由於用刀刻，多用方框替代圓形，線條替代寬廣物象，比較帝字中部的四種形狀，圓形最早，方框次之，再次為工形，最後才是一橫線。

造字法：各形皆屬象意字，不轉變為形聲字，不適用此標準。

部件替代：為一體成形，無個別構件，無從應用此標準。

(7)結論

字形的演變約如以下圖示：

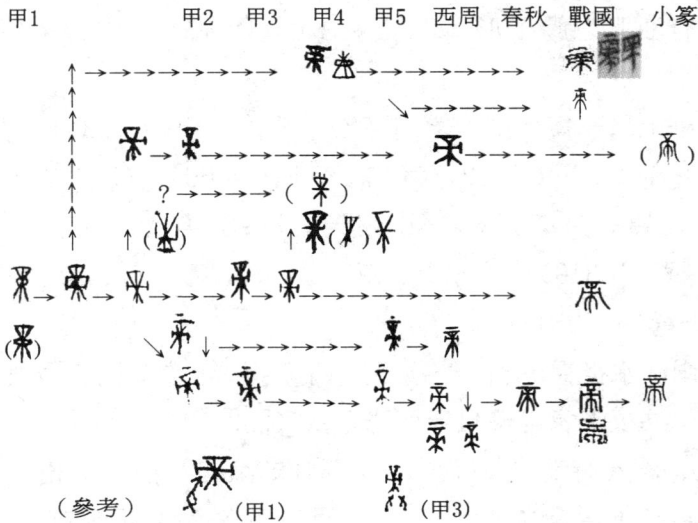

甲1　　　　　甲2　甲3　甲4　甲5　西周　春秋　戰國　小篆

（參考）　　　（甲1）　　　（甲3）

二、演變的方向

（一）增繁

A. 無意義的整齊平衡

經較長時間所顯現的現象而歸納所得的結果，例子多樣，不勝枚舉，常以經驗論定，舉較常見者：

直線中增一點，點又成短劃：匈（字 41）、告（字 61）、章（字 82）、羊（字 85）、十（字 117）、屰（字 123）、望（字 144）、聖（字 218）、年（字247）、壬、世、率。

壬【壬，位北方也。陰極易生，故易曰龍戰於野。戰者接也。象人裹妊之形。承亥壬以子生之敘也。壬與巫同意。壬承辛象人脛，脛任體也。凡壬之屬皆从壬】可能為捲線之器形（ＩＩ）（ＩＩＩＩ），方便上機紡織。

世【世，三十年為一世。从卅而曳長之。亦取其聲】，金文字形可能象編織坐席或繩索之器形（　　　　　　　　），故或加一坐席（　　）輔助說明。借為世代。

率【率，捕鳥畢也。象絲網，上下其竿也。凡率之屬皆从率】，甲骨文作附有油脂之腸子形（ ）（ ）。借為率領，加肉成膟以為區別。

平橫劃上增一短橫劃：录（字27）（ ）、沫（字34）（ ）、正（字35）（ ）、下（字52）（ ）、而（字66）（ ）、帝（字72）（ ）、龍（字83）（ ）、天（字98）（ ）、言（字233）（ ）、平（字310）（ ）、雨、辛、辰、不、可、商（字336）、竸（字337）、竟（字338）。

雨【雨，水從雲下也。一象天，冂象雲，水霝其間也。凡雨之屬皆从雨。 ，古文】象雨滴自天而降之狀（ ）。

辛【辛，秋時萬物成而孰，金剛味辛。辛痛即泣出。从一辛。辛，辠也。辛承庚象人股。凡辛之屬皆从辛】象罪犯刺紋的工具形（ ）。

辰【辰，震也。三月昜氣動，雷電振民，農時也，物皆生。从乚匕。匕象芒達。厂聲。辰，房星，天時也。从二。二，古文上字。凡辰之屬皆从辰。 ，古文辰】象硬殼的軟體動物形（ ），其硬殼可作農具。

不【不，鳥飛上翔不下來也。从一。一猶天也。象形。凡不之屬皆从不】，可能是朝下開的花朵形（ ），借為否定副詞。戰國時常作上多一短橫（ ）。

可【可，肯也。从口丂，丂亦聲。凡可之屬皆从可】，柯的字源，縛工具的長柄形（ ），口為無意義的填空。戰國時有作上多一短橫（ ）。

商（字336）【商，從外知內也。从㕯章省聲。 ，古文商。 ，亦古文商。 ，籀文商】可能是標示商都的特殊建築物形。

誩【誩，競言也。从二言。凡誩之屬皆从誩。讀若競】從競析出，竸（字337）【竸，彊語也。从誩二人。一曰逐也】、競【競，競也。从二兄。二兄競意。从丰聲。讀若矜。一曰兢，敬也】原為一字，作二人競賽頭飾之美狀。

編號	商甲骨文	兩周金文	秦小篆	漢隸書	現代/創意
336			s k k z	商	商 可能是商都的特殊建築物形。
337			s s	競 兢	競 二人競賽頭飾之美。 兢
338			s	竟	竟 頭戴高聳飾物，怕掉落而行動戰戰兢兢。
339			s k	丘	丘 象河川兩旁之臺地形。

竟（字 338）【竟，樂曲盡為竟。从音儿】，一人頭戴高聳的飾物，怕掉落而行動戰戰兢兢，與樂曲無關。

最下之平橫劃下增一短橫劃：上（字 51）（𠄞上）、且（字 122）（且且）、丘（字 339）、至（戰國時期較多）。

丘（字 339）【丘，土之高也。非人所為也。从北从一。一地也，人居在丘南，故从北。中邦之居在昆侖東南。一曰四方高中央下為丘。象形。凡丘之屬皆从丘。坓，古文从土】象水流兩旁之臺地形。 戰國楚簡常下加短橫。

至【至，鳥飛從高下至地也。从一。一猶地也。象形。不上去而至下，來也。凡至之屬皆从至。至，古文至】箭飛行而到達目的之狀（至 至 至 至）。戰國簡牘有下加一短橫者（至 至 至 至 至 至 至）。

底下兩直線間增一口：高（字 73）（<glyph>高</glyph> <glyph>高</glyph>）、興（字 149）（<glyph>興</glyph> <glyph>興</glyph>）、商（字 336）（<glyph>商</glyph> <glyph>商</glyph>）、周（字 340）。

周（字 340）【周，密也。从用口。<glyph>周</glyph>，古文周从古文及】象栽培作物的四周建有擋風牆一類之保護物。

以斜線或口填空：奇（字 268）（<glyph>奇</glyph> <glyph>奇</glyph>）、辭（字 180）（<glyph>辭</glyph> <glyph>辭</glyph>）、何（字 341）、河、易。

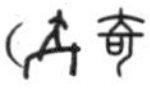

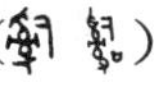

何（字 341）【何，儋也。一曰誰也。从人，可聲】，一人以手持肩擔工具狀。

河【河，河水，出敦煌塞外昆侖山，發源注海。从水，可聲】，形聲字（<glyph>河</glyph> <glyph>河</glyph> <glyph>河</glyph> <glyph>河</glyph> <glyph>河</glyph> <glyph>河</glyph> <glyph>河</glyph> <glyph>河</glyph> <glyph>河</glyph> <glyph>河</glyph> <glyph>河</glyph> <glyph>河</glyph> <glyph>河</glyph> <glyph>河</glyph> <glyph>河</glyph> <glyph>河</glyph>）（<glyph>河</glyph> <glyph>河</glyph>）。

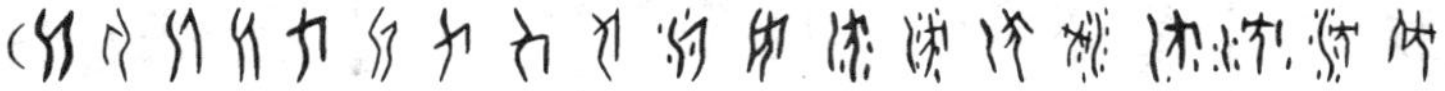

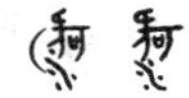

易【易，開也。从日一勿。一曰飛揚。一曰長也。一曰：彊者眾皃】表達太陽高升於標竿上之時段（<glyph>易</glyph> <glyph>易</glyph> <glyph>易</glyph> <glyph>易</glyph> <glyph>易</glyph> <glyph>易</glyph>）（<glyph>易</glyph> <glyph>易</glyph> <glyph>易</glyph> <glyph>易</glyph> <glyph>易</glyph> <glyph>易</glyph> <glyph>易</glyph> <glyph>易</glyph> <glyph>易</glyph>）。

編號	商甲骨文	兩周金文	秦小篆	漢隸書	現代/創意
340		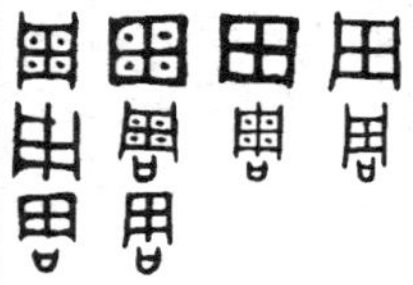	 周 s 周 k	周	周 象栽培作物的四周建有擋風牆一類之保護物。
341			何 s	何	何 一人以手荷擔工具狀。
342			 後 s 後 k	後	後 腳為繩索所縛，行走後於他人。

字中加一口：戰國中山地域常見，退（字 232）（<glyph>退</glyph> <glyph>退</glyph> <glyph>退</glyph>）、後（字

342)、念。

後(字 342)【𨑒，遲也。从彳幺夊。幺夊者後也。𨒂，古文後从辵】，腳被繩子所縛，走路比人後到。後加行道，中山國文字加口。

念【𡄚，常思也。从心，今聲】，从心今聲的形聲字（𡆥 𡇩 𡆷 𡆤 𡇤 𡇨 𡇈 𡄕 𡄏 𡄚）。

將部件又填空成寸：又(字 121)（𠂇 𠂢）、專(字 315)（𡰪 𡱱）、對(字 343)、封(字 344)、射(字 345)、尌、尉、守。

對(字 343)【𡭊，䧹無方也。从丵口从寸。𡭥，對或从士。漢文帝以為責對而面言，多非誠對，故去其口，以从士也】，手高舉放置耳朵的架子以對應上級有關戰利品的詢問。

封(字 344)【𡉘，爵諸侯之土也。从之土从寸。寸，守其制度也。公侯百里，伯七十里，男五十里。𡉚，籀文封从丰土。𡌀，古文封省】，手栽種封疆之樹。

射(字 345)【𢏻，弓弩發於身而中於遠也。从矢从身。𨐬，篆文躲从寸。寸，法度也，亦手也】，箭在弓上即將發射，手為後加，表示動作。

尌【𡱏，立也。从壴从寸。寸，持之也。讀若駐】，以手豎立鼓架以便演奏（𧯧 𡱋 𡱏 𧯤 𧯥 𧯦 𧯨 𧯩 𧯪）。

尉【𡰥，从上按下也。从𡰫又持火，所以申繒也】，手持火上燒烤的石頭按摩患者背部（𡰥 尉）。

守【𡩄，守官也。从宀从寸。从宀，寺府之事也。从寸，法度也】，金文創意不清楚，作一右手在房屋之中（𡩁 𡩂 𡩃 𡩄 𡩅 𡩆 𡩇 𡩈）。

直線兩旁增兩點或兩劃：必(字 140)（𢖩）、宗(字 223)（𡧛 𡧜）、途(字 231)（𨑒 途）、敘(字 234)（𠫐 敘）、示(字 313)（丅 丌 示）、丘(字 339)（𠀠 𠀡 𠀢 𠀣 𠀤 𠀥）、余、舍。

余【𣇮，語之舒也。从八舍省聲】，使者所持以證明身份的使節形（𠆤 𠆥 𠆦 𠆧 𠆨 𠆩 𠆪）（𠂪 𠂫 𠂬 𠂭 𠂮 𠂯）。

舍【𠆥，市居曰舍。从亼口中。中象屋也。口象築也】，插使節標識的建築為旅舍（𠆫 𠆬 𠆭 𠆮 舍）。

編號	商甲骨文	兩周金文	秦小篆	漢隸書	現代/創意
343			s h	對	對 手高舉架子回答上級有關戰利品之詢問。
344			s z k	封	封 手栽種封疆之樹狀。
345			s	射	射 箭架設在弓弦上待射之狀。
346			s k k k z z	其 其	其 畚箕形。

斜線兩旁增兩點或多點：寡（字 220）（ ）、光（字 275）（ ）、保（字 330）（ ）。

底橫劃之下加兩小點或丌：典（字 15）（ ）、且（字 122）（ ）、奠（字 133）（ ）、其（字 346）。

其（字 346）【 ，所以簸者也。从竹囗，象形。丌其下也。凡箕之屬皆从箕。 ，古文箕。 ，亦古文箕。 ，古文箕。 ，籀文箕。 ，籀文箕】，畚箕形。

直劃加點成短劃再下彎：萬（字192）（𠂤 𠂤 𠂤 𠂤）、禽（字311）（𠂤 𠂤 𠂤禽）、禹、禺。

禹【𠂤，蟲也。从内。象形。𠂤，古文禹】應為某種爬蟲類動物形（𠂤𠂤𠂤𠂤）。

禺【𠂤，母猴屬。頭似鬼。从由从内】應為某種爬蟲類動物形（𠂤、𠂤𠂤）。

是【𠂤，直也。从日、正。凡是之屬皆从是。𠂤，籀文是。从古文正】可能自長柄匙形演變而來，止的部分是增繁的結果（𠂤𠂤𠂤𠂤𠂤 𠂤𠂤𠂤𠂤𠂤𠂤𠂤𠂤）。

口或圈中增一點：身（字137）（𠂤 𠂤）、友（字165）（𠂤𠂤𠂤）、曹（字196）（𠂤𠂤）、魯（字237）（𠂤 𠂤）、習（字238）（𠂤𠂤）、皆（字333）（𠂤𠂤𠂤𠂤）。

增輪廓：永（字175）（𠂤𠂤𠂤）。

增框架：帚（𠂤𠂤𠂤）、歸（字227）（𠂤𠂤）。

B. 增加意符，大都為與引申或假借義別義而增，為增繁的主要方式，所增大多是常見形符，常使結構變成形聲字

學（字63）加子，學打繩結，連接木結構（𠂤𠂤𠂤𠂤）。

須（字94）加彡＝鬚，鬍鬚形（𠂤𠂤鬚）。

秝（字162）加止＝歷，禾種植時行列不密可容人通行（𠂤𠂤𠂤歷）。

莫（字184）加日＝暮，日已西下林中之時分（𠂤暮）。

寧（字216）加宀，熱器皿加承托物才安心持拿（𠂤𠂤）。

進（字229）加彳，鳥行走只前進，不像其它動物可倒退（𠂤𠂤）。

稷（字246）加夂，祈禱於禾神之前。倒足或表示舞蹈的動作（𠂤𠂤𠂤）。

出（字262）加彳，走出半穴居（𠂤𠂤𠂤）。

各（字263）加彳，走進半穴居（𠂤𠂤）。

深（字273）加水，礦坑深處呼吸艱難流冷汗（𠂤𠂤𠂤）。

磬（字297）加石，手持敲棒以演奏石磬之樂器（𠂤𠂤）。

後(字342)加彳，腳被繩子所縛，走路後到（圖）。

尞(字347)【燓，柴祭天也。从火昚。昚，古文慎字。祭天所以慎也】，加火成燎，架薪焚燒。

祭(字348)【祭，祭祀也。从示以手持肉】加示，手持有汁之肉(生肉)以祭神。

雷(字349)【雷，陰昜薄動生物者也。从雨畾，象回轉形。圗，籀文雷間有回。回，雷聲也。圖，古文雷。圗，古文雷】加雨，初形為閃電與雷雨的形象。

埶(字350)【埶，種也。从丮坴。丮持種之。詩曰：我埶黍稷】加土，人持樹苗將種植，土為種植所需。後又加艸。

編號	商甲骨文	兩周金文	秦小篆	漢隸書	現代/創意
347			燓 s	燎	尞 架薪柴焚燒之祭祀。
348			祭 s	祭	祭 手持有汁之肉以祭神，後加示。
349			雷 s 圗 z 圖 k 圗 k	雷	雷 閃電及想像之雷形。
350			埶 s	藝	藝 一人持樹苗將種植之狀。

宿【𪧨，止也。从宀，㐶聲。㐶，古文夙】加宀，人睡席上

（佢 𠍴 倡 假 佀 佀　佀 兪 𠑹 𠑹 兪 兪 俞 兪 兪）。

蜀【𧍙，葵中蠶也。从虫，上目象蜀頭形，中象其身蜎蜎。詩曰：蜎蜎者蜀】加虫，甲骨文作蜀蟲之形（𧍙 𠂩 𠃬 𠃬 𠃊 𠃬 𠃬）（𧌕）。

旬【𠣧，徧也。十日為旬。从勹日。𠣞，古文】加日，甲骨文借蟲形以名時間長度（𠂆 𠃊 𠃬 𠃬 𠃬 𠃬）（𠣞 𠣞）。

禦【𢔝，使馬也。从彳卸。𦢁，古文禦从又馬】【禦，祀也。从示，御聲】加彳，又加示，原先作跪坐於午（杵）之前以禳除災禍（𦞧 𦞏 𦞏 𦞏 𦞏 𦞏 𦞏 𦞏 𦞏 𦞏 𦞏）。甲骨文駕車之禦與禦除之禦字形相近而混合為一字（𦞏 𦞏）。

C. 增加聲符，次要方式

羽加于聲（字 29），羽毛形，借為音調名（𦏩 𦏩）。

羽加立聲（字 29），羽毛形，借為明日（𦏩 𦐉）。

野加予聲（字 46），林間豎立崇拜物之處（𣏟 𡎓 𡎓）。

藉加昔聲（字 199），手扶犁耕地（𦦉 𤇾）。

蛛加朱聲（字 201），蜘蛛象形（𦏩 𧒬）。

齒加止聲（字 202），口中之齒列（𦥑 𦧺）。

肇加聿聲（字 203），以戈擊戶，破門肇事（𣂉 𦘒）。

鑪加虍聲（字 204），架上之活動煉鑪形（𤰃 𧆘）。

乎加虍聲（字 215），可能為熱湯所燙而呼痛（丂 𧆘）。

兄加往聲（字 217），跪坐張口禱告（𠑹 𢓜）。

嘉加壴聲（字 284），婦女有子可使用農具，可嘉美之事（𠙻 𡔂 𡔂）。

寶加缶聲（字 289），屋中寶藏之貝玉皆高價之物（𡧍 𡪍）。

禽加今聲（字 311），擒捕野獸之田網（𢄒 𢄒）。

處加虍聲（字 351）【処，止也。从夂几，夂得几而止也。處，處或从虍聲】，足在家中。

D. 重複或重疊成三

更（字 277），手敲報更器具，金文成二丙（𠬝 𠬝）。

敗（字 287），手持棍打擊一貝，金文成二貝（𦐉 𧴗）。

編號	商甲骨文	兩周金文	秦小篆	漢隸書	現代/創意
351	商甲骨文字形	兩周金文字形	小篆 s h	處	處 腳在室內之狀， 後加虎聲。
352	甲骨文字形		小篆 s	霝	霝 大雨點自天落下 之狀。
353	甲骨文字形		小篆 s	堯	堯 有力之人頭上載 兩籠土。

息【鼻，喘也。从心自】，鼻與心皆呼吸器官，楚簡成二自一心（字形 字形）。

蠱（字 36），皿中有二蟲，後來上加一蟲成重疊形式（字形 字形）。

霝（字 352）【霝，雨零也。从雨，吅象零形。詩曰：霝雨其濛】，大雨點自天落下之狀，後二口成三。

堯（字 353）【堯，高也。从垚在兀上。高遠也。字形，古文堯】有力之人頭上載兩籠土，後來上加一籠土成重疊形式。

羴【羴，羊臭也。从三羊。凡羴之屬皆从羴。羶，羴或从亶】，羊群味羶，以二至四羊表意，類化為三羊（字形 字形 字形 字形 字形 字形）。

E. 補足意義，經常是不成為形符的構件，如果所增是常見的意符，就與創意有重要關係。這種形式的增繁並沒有改變字的結構，即象形還是象形，表意還是表意的結構。增意符則變為形聲的結構。

畫（字 13），加周，手持筆畫圖，加所畫圖案（字形 字形 字形 字形）。

毓（字 31），加衣袍，女子產下嬰兒狀，用以包裹嬰兒（字形 字形 字形）。

嚴（字 43），加籃子，於山岩內手持工具挖礦（字形 字形 字形）。

農（字 44），加田，持農具在林間工作（字形 字形）。

牢（字 76），加關閑，牛在柵欄中，防牛逃逸（字形 字形 字形）。

舞（字 147），加舛，人雙手持舞具，足的動作（字形 字形）。

劓（字 172），本作以刀割鼻，金文鼻下增一木，展示於樹上（字形 字形）。

永（字175），道沿水流彎度而建，路途長。先加水點，後改行道（ 𣲙 𣲙 𣲙 𣲙 ）。

歲（字228），加步，斧鉞形，藉以名歲星，加步表明每年移動位置（ 𣥵 𣥵 𣥵 ）。

羌（字241），加繩子，羌族俘虜形象（ 𦍌 𦍌 ）。

舞（字266），加舛，身上塗磷之巫，足的舞蹈動作（ 𣎴 𣎴 ）。

攸（字306），加點，手持杖擊打人背，打出血來（ 攸 攸 ）。

棄（字322），加繩索，雙手捧盛棄嬰之簸箕，用繩絞殺（ 棄 棄 ）。

樂（字354）【樂，五聲八音總名。象鼓鞞，木，虡也】，加白，木上張弦之樂器，加拇指按弦。

乘（字355）【乘，覆也。从入桀。桀，黠也。軍法入桀曰乘。𠅞，古文乘从几】，加舛，一人站立於樹上。

啟（字356）【啟，教也。从攴，启聲。論語曰：不憤不啟】【启，開也。从戶口】，加口，以手開戶，問清楚名後才開門。

F. 其他

州（字357）【州，水中可居者曰州。水𡿨繞其旁。从重川。昔堯遭洪水，民居水中高土，故曰九州。詩曰：在河之州。一曰州，疇也。各疇其土而生也。州，古文州】，水中之島，變為三個同形。

編號	商甲骨文	兩周金文	秦小篆	漢隸書	現代/創意
354	（甲骨文字形）	（金文字形）	樂 s	樂	樂 象木上張弦之樂器。
355	（甲骨文字形）	（金文字形）	乘 s 𠅞 k	乘	乘 一人站立在樹上之狀。
356	（甲骨文字形）	（金文字形）	啟 s 启 s	啟	啟 以手開戶，或問清名字後才開門。

編號	商甲骨文	兩周金文	秦小篆	漢隸書	現代/創意
357	州 州 州 州	州 州 州 州州 州	州 s 州 k	州	**州** 河流中有小島之狀。
358	未 未 未 未 未 未 未 未 未 未 未 未 未 未 未 未	未 未 未 未	未 s	**未**	**未** 枝葉茂盛之樹木狀。借為干支。
359	干 干 干 干 干	干 干 干 干	干 s	**干**	**干** 一附有尖刺的盾牌形。

　　未(字 359)【未，味也。六月滋味也。五行木老於未，象木重枝葉也。凡未之屬皆从未】，增樹梢枝葉。

　　(二)減省

　　A. 化實為虛，構件的形狀受損，簡省後難看出原來的形狀或創意

　　正(字 35)，腳前進征伐之城邑，簡成一橫，看不出是居住區域（圖 圖）。

　　土(字 92)，本是一塊或有水滴的黏土，簡成實體三角形，再簡易為一豎中一點，點延伸成橫劃而成今字，黏土之形不存（圖 圖）（土 土 土）。

　　天(字 98)，填實之頭成空框，再簡成兩短橫，最後成一短橫，看不出是頭形（天 天 天）。

　　父(字 186)，手持實體石斧，石斧簡成一短直劃（圖）（圖 圖）。

　　吉(字 258)，讓澆鑄後之型範在深坑中慢慢冷卻可得好鑄件，型範簡省成士（圖 吉 吉）（吉 吉）。

　　獸(字 296)，田網與犬皆為狩獵工具。田網簡化，網的形象失去（圖 圖 圖）。

　　干(字 359)【干，犯也。从一从反入。凡干之屬皆从干】，象一把附有尖銳攻擊武器的盾牌形，盾牌簡成一短橫。

B. 把握重點，省簡構件的部分，包括點劃，省簡後對創意的影響較少，創字大意仍保留

文（字 1），死人胸上刺紋的放血儀式，省胸上的刺紋（𩒦 𡴀 𡴀 𠘧）。

虎（字 17），實體虎形，身體及腳都簡成單劃，虎形還看得出來。當聲符時，更只剩頭部（𤕸 𧆞 𧆞 𧆞）。

馬（字 18），實體馬形，身體及腳都成單劃，馬形還很明顯。但戰國時，身子只剩二短橫，就完全成為符號（𩡧 𩡧 𩡧 𩡧 𩡧）（𩡧 𩡧）。

攻（字 120），敲擊刮下石屑之磬以調音，省石屑部分（𣪊）（𣪊 𣪊 𣪊）。

望（字 144），人站土丘上遠望，省土丘部分（𦣻 𦣻 𦣻）。

衆（字 152），日下勞動的人衆，省日中之點（𪊏 𪊏 𪊏 𪊏）。

協（字 166），三把挖土工具協力挖坑，省坑形（𠱽 𠱽 𠱽）。

前（字 189），洗腳於盆中，省水點（𣲾 𣲾）。

食（字 198），加蓋的溫熱食品，省水點（𠊊 𠊊）。

寧（字 216），以托盤接盛熱湯的器皿才安全，省熱湯部分（𡨴 𡨴）。

于（字 321），加強支撐力的天平稱桿，省加強物（𠂷 于）。

棄（字 322），雙手持裝有剛出生嬰兒的畚箕將丟棄之狀，省血水與畚箕（𡲬）（𠦪）。

焚（字 323），手持火把焚林，省手持形（𤓨 𤓨 𤓨）。

占（字 360）【占，視兆問也。从卜口】，以卜骨裂紋的走向說出占斷的結果，省肩胛骨。

弄（字 361）【弄，玩也。从廾玉】，於山中把玩挖得的玉璞，省山岩部分。

璞（字 362）【《廣韻》玉璞】，雙手持工具於山中挖掘玉璞而放入籃中，省山岩部分。

川（字 363）【𤅩，毌穿通流水也。虞書曰：濬く《《距川。言深く《《之水會為川也。凡川之屬皆从川】，水量多的大河，省水滴部分。

中（字 364）【中，內也。从口丨下上通。𠁩，古文中】，插旗於一範圍之中心點，省旗游部分。

編號	商甲骨文	兩周金文	秦小篆	漢隸書	現代/創意
360			占 s	占	占 卜骨以裂紋走向說出占斷結果。
361			弄 s	弄	弄 於山中把玩挖得的玉璞。
362			(璞)	璞	璞 雙手持工具在山中挖到玉璞而放入籃中之狀。
363			川 s	川	川 像水量多之大河流。
364			中 s 中 k	中	中 插旗於一範圍之中心點，後省旗遊部分。

C. 省去重複部分

郭、墉(字 7)，城牆上四看亭，省二亭（　）。

漁(字 30)，多魚在水中，省成一魚在水中（　）。

栗、粟(字 97)，禾之顆粒，三粒省成一粒（　）（　）（　）（　）（　）。

圂(字 257)，養豬集肥之處，二豕省一（　）。

卒(字 291)，編綴之甲裝，一橫代替甲介紋（　）（　）。

秦(字 309)，雙手持杵舂打兩束禾以脫殼而製精米，省一禾（　）（　）。

宜(字365)【❑，所安也。从宀之下一之上，多省聲。❑，古文宜。❑，亦古文宜】，俎上兩塊肉，二肉省一。

系(字366)【系，縣也。从糸厂聲。凡系之屬皆从系。❑，系或从㲉處。❑，籒文系从爪絲】，手持三股絲線成一系統，省成一股絲線。

集(字367)【❑，群鳥在木上也。从雥木。❑，或省】，象三鳥集于樹上之狀，省成一鳥在樹。小篆雖比甲骨文遲，集之意義以多為宜，應源自更早字形。

霍【❑，飛聲也。从雨隹。雨而隹飛者，其聲霍然】，眾鳥遇雨而紛紛飛散所造成的聲響。由三鳥省為二鳥再省為一鳥（❑ ❑ 霍）。

編號	商甲骨文	兩周金文	秦小篆	漢隸書	現代/創意
365			s k k	宜	宜 俎上放置兩塊肉之狀。
366			s h z	系	系 手持三股絲線使成一系統。
367			s h	集	集 多鳥集於樹上。
368			s k	韋	韋 四足在城邑四周守禦之狀。
369			s	善	善 創意不詳，羊與二言組成。

韋(字 368)【韋，相背也。从舛，囗聲。獸皮之革，可以束物枉戾相韋背，故藉以為皮韋。凡韋之屬皆从韋。𩏛，古文韋】【圍，守也。从囗，韋聲】，圍的初形，四足在城邑四周守禦之狀，四足省其二。

善(字 369)【譱，吉也。从誩羊。此與義美同意。善，篆文从言】的創意不詳，羊與二言組成，省一言。或有可能為有彎曲裝飾物之多管管樂器，與義字(字 290)上部的創意類似，類化為羊。

D. 意符歸類

蜘【鼅，鼅鼄，鼁鼄也。从黽，智省聲。蛛，或从虫】、蛛(字 201)（圖 圖 端）、蛙【鼄，蝦蟆屬。从黽，圭聲】易黽以虫。

姬(字 252)，裝飾密齒梳之貴婦女，每易以女（圖）（圖）。

腹(字 370)【腹，厚也。从肉，复聲】，从身复聲，身改為人或肉。

城(字 371)【城，以盛民也。从土成，成亦聲。𩫨，籀文城从𩫖】，易郭為土。

觛(字 372)【觛，實曰觛，虛曰觶。从角，𣅀省聲。觛，籀文觛或从爵省】，易爵為角。

編號	商甲骨文	兩周金文	秦小篆	漢隸書	現代/創意
370	圖 圖		腹 s	腹	腹 初作从身，复聲，改為从人或肉。
371		圖 圖 圖 圖 圖 成 圖 圖	城 s 𩫨 z	城	城 从𩫖，成聲。
372		圖 圖	觛 s 圖 z	觛	觛 从爵易聲。
373	圖 圖		婢 s	婢	婢 从妾卑聲。
374		圖 圖 圖 圖 圖 圖	匜 s	匜	匜 从皿、从金或皿金，它聲。

婢(字 373)【婢，女之卑者也。从女卑，卑亦聲】，後易妾為女。

匜(字 374)【匜，似羹魁。柄中有道可以注水酒。从匚，也聲】，易皿、金或金皿為匚。

E. 簡易文字代替

皆(字 333)，本作兩虎在坑陷中猶不相讓而致皆成枯骨，以兩人代兩虎（圖 圖 圖 圖）。

廳，甲骨文為从宀聽聲（圖 圖 圖 圖 圖 圖 圖 圖 圖 圖）。聽簡省為廷【廷，宮中也。从广，廷聲】（《說文》有庭無廳）。

蜂【蜂，飛蟲螫人者。从䖵，逢聲。蜂，古文省】，䖵省為虫，逢簡省為夆。

雜【雜，五采相合也。从衣，集聲】，省簡成什。

麓【麓，守山林吏也。从林，鹿聲。一曰，林屬於山為麓。春秋傳曰：沙麓崩。麓，古文从彔】，甲骨文已有从林，彔聲與鹿聲兩種形體（圖 圖 圖 圖 圖 圖 圖 圖）。戰國時聲符或形符更替的例子甚多，見下節說明，大都以簡易筆劃替代繁雜筆劃。

F. 省簡部分內容（省整個構件），往往嚴重影響對創意的了解

法(字 25)，廌以角觸惡人以助判案公平，如水之保持水平，省廌。廌為斷獄的主角（圖 圖 圖）。

登(字 49)，雙手扶凳讓他人二足登上，省雙手。凳要有人扶（圖 圖）。

秋(字 50)，以火燒烤蝗蟲以抵禦蟲災的秋季景象，省火。沒有火就顯不出所燒為何種昆蟲（圖 圖 圖 圖）。

召(字 225)，一手持杯一手持杓自溫酒器的壺中挹出酒以待客，省雙手酒壺等。一杓一杯難導出待客之意（圖 圖 圖）。

利(字 271)，手把禾而以刀割之是有利的收割法，省手。刀與禾不一定是割禾（圖 圖）。

夢(字 282)，貴族臥於床上求夢，省床。床是作夢的必要道具（圖 圖）。

　　熯(字285)，乾旱時焚巫求雨，省火。火焚是求雨的必要步驟（）。

　　得(字286)，於道路拾得海貝，省彳。於道路得貝才是意外之利益（）。

　　棄(字322)，雙手丟棄畚箕中新生小孩，戰國時省畚箕。畚箕纔能標明丟棄意義。雙手捧小孩大半會被視為寵愛（）。

　　乂(字375)【乂，芟艸也。从丿乀相交。刈，乂或从刀】，雙手持剪刈物之狀，後省雙手部分。雙手為刈物所必需。

編號	商甲骨文	兩周金文	秦小篆	漢隸書	現代/創意
375			乂 s 刈 h	乂 刈	乂 雙手持剪將刈物之狀。
376			s k s	陳 敶	陳 可能表達以土包在山上佈置防禦陣線之意
377			s	新	新 从斤辛聲。

　　陳(字376)【陳，宛丘也。舜後嬀滿之所封也。从阜从木，申聲。，古文陳】【敶，列也。从攴，陳聲】可能表達以袋裝土，堆積於山上安排防禦陣線，攴可能表達撲打土包使堅硬。省土或攴。

　　G. 共用筆劃（晚期較多）

　　舞(字146)，一人雙手持舞具，手與舞具相合（）。

　　寧(字216)，托盤持拿有熱湯的皿，托盤與皿底常相連（）。

　　新(字377)【新，取木也。从斤亲聲】【亲，亲實如小栗。从木辛聲。春秋傳曰：女摯不過亲栗】，辛與木相連。

　　(三)其他

　　A. 化意象為形聲，易於歸部

囿(字 45)，特定範圍內栽植的草木（圖）。

沈(字 209)，沈牛河中（圖）。

猴(字 210)，象形（圖）。

虹(字 213)，原為雙頭虹形（圖）。

遲(字 230)，背負人行走以致遲慢（圖）。

誖(字 378)【誖，亂也。從言孛聲。悖，誖或從心。㦧，籀文誖從二或】，慌亂排列而致兩盾相撞，破壞行列的觀容。

聞(字 379)【聞，知聲也。從耳，門聲。𦕑，古文從昏】【婚，婦家也。禮，娶婦以昏時。婦人侌也，故曰婚。從女昏，昏亦聲。㜜，籀文婚如此】，婚乃聞之假借字，甲骨聞作一人傾耳聽聞而張口有所反應之狀。

編號	商甲骨文	兩周金文	秦小篆	漢隸書	現代/創意
378			s h z	悖	誖 慌亂排列而致兩盾相撞之狀。
379			s k z	聞	聞 一人傾耳傾聽且有所反應之狀。
380			s	澗	澗 兩丘間之河流。
381			s h	彈	彈 丸在弓絃上即將發射。
382			s	豢	豢 雙手抱豕加以飼養之意。
383			s h k	淵	淵 淵潭中水波蕩漾狀。

澗(字380)【澗，山夾水也。从水，間聲。一曰澗水出弘農新安東南入雒】，兩丘間之河流。

彈(字381)【彈，行丸也。从弓，單聲。，或說彈从弓持丸如此】，丸在弓弦上即將發射。

豢(字382)【豢，以穀圈養豕也。从豕，𢍱聲】，雙手抱豕加以飼養之意。

淵(字384)【淵，回水也。从水象形。左右，岸也。中象水兒。，淵或省水。，古文从口水】，淵潭中水波，《說文》載其古文字形。

B. 離析，大致因自然演化，也有牽就部類的規劃，字形雖離析，還比較容易看出原創意。

斤(字6)，有柄之石錛，尖端與石錛分離（　）。

老(字57)，老人持杖，杖與手分離（　）。

龍(字83)，龍形象，龍身與頭分離（　）。

須(字94)，下頷之鬚，鬚與頭分離（　）。

縣(字188)，繩索縛割下之首懸掛於樹，繩索與首分離（　）。

聖(字218)，一人有敏銳聽力可分辨聲響，身子與耳朵分離（　）。

彘(字219)，中箭之野豬，矢與身體分離（　）。

粦(字266)，身上塗磷，身子分成兩段（　）。

光(字276)，頭上頂燈火，人身與火分離（　）。（先　）（見　）

保(字330)，手後伸背負嬰兒，嬰兒與人分離（　）。

何(字341)，人以肩擔物，物與人分離（　）。

乳(字384)【乳，人及鳥生子曰乳，獸曰產。从孚乙。乙者乙鳥。明堂月令：乙鳥至之日，祠于高禖以請子，故乳从乙。請子必以乙至之日者，乙春分來，秋分去，開生之侯鳥。帝少昊司分之官也】，抱子餵奶，手與身子分離。

飲(字385)【飲，歠也。从欠酓聲。凡飲之屬皆从飲。，古文飲从今水。，古文飲从今食】，俯飲水酒狀。人身與口分離。

編號	商甲骨文	兩周金文	秦小篆	漢隸書	現代/創意
384			S	乳	乳 婦女抱子餵奶之狀。
385			S k k	飲	飲 一人伸舌俯飲水酒之狀。
386			S	眉	眉 眼上之眉毛形。
387			S	解	解 以雙手解牛之角狀。

　　眉（字386）【眉，目上毛也。从目象眉之形。上象額理也。凡眉之屬皆从眉】，眼上之毛，眉毛與眼睛分開。

　　解（字387）【解，判也。从刀判牛角。一曰，解廌獸也】，雙手解牛頭上之角。角自頭分離。

　　異（字388）【異，分也。从廾畀。畀，予也。凡異之屬皆从異】，一人戴怪異面具扮鬼。手與身子分離。

　　厄（字389）【厄，隘也。从戶乙聲】【軛，轅前也。从車厄聲】，車衡上控制馬之軛形，分離而訛變成戶。

　　執（字390）【執，捕辠人也。从丮幸。幸亦聲】，犯人雙手上桎梏。雙手與桎梏分離。

　　亩（字391）【亩，穀所入也。宗廟粢盛。蒼黃亩而取之故謂之亩。从入从回。象屋形，中有戶牖。凡亩之屬皆从亩。廩，亩或从广稟】，禾堆。屋頂分離。

　　黑（字392）【黑，北方色也。火所熏之色也。从炎上出囪。凡黑之屬皆从黑】，罪犯臉及身上被刺黑色的紋。人身分離成炎。

穆(字 393)【，禾也。从禾，㣎聲】，禾上之穎。穎自禾分離。

燕(字 394)【，燕燕玄鳥也。籋口，布翄，枝尾。象形。凡燕之屬皆从燕】，整體象形，分離成多構件。

編號	商甲骨文	兩周金文	秦小篆	漢隸書	現代/創意
388			 s	異	異 一人戴怪異之面具狀。
389			 s	厄 軛	戹 架設在車衡上，套馬的軛形。
390			 s	執	執 犯人雙手上桎梏之形。
391			 s  h	稟	㐭、稟 像儲藏穀物之倉稟形。
392			 s	黑	黑 犯人臉及身上所刺的黑色紋樣。

申(字 395)【，神也。七月陰氣成體自申束。从臼自持也。吏以餔時聽事申旦政也。凡申之屬皆从申。，古文申。，籀文申】，電光形，分離成三部分。

孔(字 396)【，通也。嘉美之也。从乞子。乞，請子之候鳥也。乞至而得子，嘉美之也，故古人名嘉字子孔】，孩童髮型。髮辮自頭分離。

芻(字 397)【，刈草也。象包束草之形】，手拔草狀，分析成兩個單位。

編號	商甲骨文	兩周金文	秦小篆	漢隸書	現代/創意
393		𥤢 𥤢 𥤢 𥤢 𥤢 𥤢 𥤢 𥤢 𥤢	穆 s	穆	穆 禾上之穎形。
394	𤓰 𤓰 𤓰 𤓰 𤓰 𤓰 𤓰 𤓰 𤓰 𤓰 𤓰		燕 s	燕	燕 飛燕之形。
395	(甲骨文字形)	(金文字形)	申 s 申 k 申 z	申	申 閃電之形。
396		(金文字形)	孔 s	孔	孔 孩童頭上髮辮之形。
397	(甲骨文字形)	(金文字形)	叜 s	叜	叜 手拔草狀。

C. 訛變，字形不一定離析，但已訛變而難認出原來形象及創意

斤(字6)，石錛形（ ）。

履(字33)，有眉目的貴族所穿之鞋（ ）。

具(字67)、則(字68)，鼎的部分訛變成貝（ ）（ ）。

寅(字70)，箭形（ ）。

旁(148)，裝有犁壁可將剺起的土自動推向兩旁（ ）。

皇(字195)，羽毛冠，訛成鼻形的自或白（ ）。

魯(字237)，盤上魚，盤形成白（ ）。

出(字262)，足出半地下式穴居（ ）。

夢(字282)，貴族或巫師臥在床上求夢，省眼睛（ ）。

義(字290)，戈端裝飾羽毛一類美麗東西的儀仗，訛成羊（ ）。

尋（字 294），張開雙手度量某物長度，訛成完全不可認（🖐🖐🖐）。

皆（字 333），兩虎在坑陷內猶纏鬥而致皆死，坑陷訛成曰或白（🐅🐅 🐅🐅 🐅🐅 🐅🐅）。

射（字 345），手將發射弓上之箭，弓訛成身（🏹 🏹 🏹 🏹 🏹）。

黑（字 392），罪犯臉及身上被刺黑色的紋（🔥 🔥 🔥）。

編號	商甲骨文	兩周金文	秦小篆	漢隸書	現代/創意
398			s	孕	孕 腹中懷有孩子之狀。
399			s	美	美 大人頭上的美麗頭飾。
400			s h	函	函 盛裝箭之密口袋形。
401			s k k k	良	良 可能是可背負的乾糧袋形。
402			s	戚	戚 特殊形狀的舞戈形。
403			s	甫	甫 象田上長有農作物之形。

孕（字 398）【🔵，裹子也。从子，乃聲】，象婦女腹中懷有孩子之狀，或省人形。身子訛變成乃。

美（字399）【羐，甘也。从羊大。羊在六畜主給膳也。美與善同意】，大人頭上美麗頭飾，訛成羊。

函（字400）【圅，舌也。舌體弓弓，从弓。象形。弓亦聲。肣，俗从肉今】，裝箭之皮袋。

良（字401）【㠯，善也。从畗省，亡聲。目，古文良。㠯，亦古文良。㠯，亦古文良】，可能是乾糧袋形。

戚（字402）【戚，戉也。从戉，尗聲】，舞戈形。戈上突出之裝飾訛成尗聲。

甫（字403）【甫，男子之美稱也。从用父，父亦聲】，田上有農作物。

編號	商甲骨文	兩周金文	秦小篆	漢隸書	現代/創意
404			s z h	薅	薅 手持蚌製農具在山坡除草。
405			s k	徹	徹 手指彎曲徹底清洗鬲中的飯渣。
406			s	冥	冥 雙手掰開子宮以接受新生兒。
407				狷	狷 尾巴毛膨大之動物形。
408			s	配	配 饗宴時各人各配一壺酒之意。

薅（字404）【薅，披田艸也。从蓐好省聲。茠，籀文薅省。茠，薅或从休。詩曰：既茠荼蓼】，手持蚌製工具在山坡除草，山阜訛成女。

徹(字 405)【𢻻，通也。从彳从攴从育。一曰相臣。𢽐，古文徹】，本作手指彎曲清洗鬲中飯渣，訛成手持棒棍。

冥(字 406)【𡩺，窈也。从日从六冖聲。日數十，十六日而月始虧冥也。凡冥之屬皆从冥】，雙手掰開子宮接生之狀。古人在暗室接生，故有黑暗之意義。雙手訛成六。

狼(字 407)【失收】【《廣韻》狼狽】，尾巴毛膨大之動物。尾巴訛成貝。

配(字 408)【配，酒色也。从酉己聲】，饗宴時一人配一壺酒，跪坐人形訛變。

畏(字 409)【畏，惡也。从甶虎省。鬼頭而虎爪可畏也。㽴，古文省】，持杖戴面具，鬼的扮相令人視之生畏。

伐(字 410)【伐，擊也。从人持戈。一曰敗也。亦斫也】，以戈砍伐一人頭部，戈、戉、戊、武等直柄武器變為彎曲。

編號	商甲骨文	兩周金文	秦小篆	漢隸書	現代/創意
409			畏 s 㽴 k	畏	畏 持杖帶面具的鬼扮相，令人視之害怕。
410			伐 s	伐	伐 以戈砍伐一人頭部之狀。
411			巫 s 覡 k	巫	巫 以巫施行占筮的工具代表其職。
412			熏 s	熏	熏 燻香袋之形。

巫(字 411)【巫，巫祝也。女能事無形以舞降神者也。象人兩褒舞形。與工同意。古者巫咸初作巫。凡巫之屬皆从巫。覡，古文巫】，

巫行法術的道具。訛成兩人。

熏（字412）【（古文字形），火煙上出也。从屮从黑。屮黑熏象】，燻香袋。訛成炎。

凡【（古文字形），最括而言也。从二。二耦也。从𠃌。𠃌，古文及字】，帆形（古文字形）。

丁【（古文字形），夏時萬物皆丁實。象形。丁承丙象人心。凡丁之屬皆从丁】，釘形（古文字形），下視變平視。

南【（古文字形），艸木至南方有枝任也。从屮𢆉聲。𢆉，古文】，鈴形（古文字形）。

貝【（古文字形），海介蟲也。居陸名猋，在水名蜬。象形。古者貨貝而寶龜，周而有泉，至秦廢貝行錢。凡貝之屬皆从貝】，海貝（古文字形）。

D. 位置移動

旁（字148），耕犁之壁將翻起的土推向兩旁，犁壁自外內移（古文字形）。

協（字166），變三力並立為相疊（古文字形）。

留（字272），田旁之溝，卯移至田上（古文字形）。

君（字303），墨瓶由下移中（古文字形）。

秦（字309），雙手由杵上端移下（古文字形）。

句（字316），包裹一物之狀，所包東西下移（古文字形）。

監（字326），人在皿旁俯視影像，人移至皿上（古文字形）。

瀕（字413）【（古文字形），水涯人所賓附也。顰戚不前而止。从頁从涉。凡瀕之屬皆从瀕】，貴族涉水，衣濕則有損形象，因之皺眉頭，難決定是否涉水。水與步位置移動。

戒（字414）【（古文字形），警也。从廾戈。持戈以戒不虞】，雙手持戈之下端，移至戈之一邊。

涉【（古文字形），徒行濿水也。从林步。（古文字形），篆文从水】，甲骨文作雙腳涉過水流（古文字形）。水與步位置移動。

𠬝【（古文字形），治也。从又卩。卩，事之節】，甲骨文作手下抑人以治服之（ ⃝ ⃝ ⃝ ⃝ ⃝ ）。手下移。

編號	商甲骨文	兩周金文	秦小篆	漢隸書	現代/創意
413		⃝ ⃝ ⃝ ⃝ ⃝	⃝ s	瀕	瀕 貴族面對涉水，皺眉猶豫之狀。
414	⃝ ⃝ ⃝	⃝ ⃝ ⃝	⃝ s	戒	戒 雙手持戈警戒之狀。

　　尨【 ⃝ ，犬之多毛者。从犬彡。詩曰，無使尨也吠】，犬腹下之毛移至背上（ ⃝ ⃝ ）。

　　柳【 ⃝ ，少楊也。從木丣聲。 ⃝ ，古文酉】，丣在木下移至木旁（ ⃝ ）。

　　男【 ⃝ ，丈夫也。从田力。言男子力於田也。凡男之屬皆从男】，甲骨文作力在田之旁（ ⃝ ⃝ ⃝ ⃝ ⃝ ）。力移至田之下。

　　貯【 ⃝ ，積也。从貝寧聲】，甲骨文作貝在櫃中（ ⃝ ⃝ ⃝ ⃝ ⃝ ⃝ ）。貝移至櫃外。

　　閒【 ⃝ ，隙也。从門月。 ⃝ ，古文閒】，門內從間隙見門外之月（ ⃝ ⃝ ⃝ ）。月移進門內。

　　E. 方位變動

　　象(字16)、虎(字17)、馬(字18)等動物字，轉向豎立。

　　見(字143)，橫目變直目（ ⃝ ⃝ ⃝ ）。

　　戔(字164)，兩戈相向變相疊（ ⃝ ⃝ ）。

　　虤(字415)【 ⃝ ，虎怒也。从二虎。凡虤之屬皆从虤】，兩虎不相容，鬥至疲憊而分開，變異向背離為同向並排。

　　樊(字416)【 ⃝ ，鷙不行也。从 ⃝ 棥，棥亦聲】【 ⃝ ，藩也。从爻林。詩曰，營營青蠅止於棥】，兩手相向編籬笆。雙手相向變相背。

　　獄【 ⃝ ，確也。从狀从言。二犬所以守也】，金文作兩犬相對（ ⃝ ）。變同向。

讎【讎，猶應也。从言雔聲】，應為兩鳥相對，變為同向（🐦🐦）。

編號	商甲骨文	兩周金文	秦小篆	漢隸書	現代/創意
415			s	虤	虤 兩虎不相容，鬥至疲憊而分開。
416			s s	樊	樊 兩手相向在編籬笆之狀。

F. 同化

替(字160)，二形，兩人並立於深坑，不考慮合作脫險(如站在他人肩上)則無濟於事。另一形作隊伍排列不齊，有礙觀瞻而廢事。立與夫字形相近。

羌(字241)，頭飾形似羊。

爕(字260)，火上燒烤竹筒，竹筒形似辛或言。

義(字290)，戈飾羽之儀仗，形似羊。

盡(字304)為手持刷洗皿，燼(305)為手持火箸滅皿中火燼，與手持筆之字形聿相近。

㪠(字307)為手持杖撲打麻以分析纖維，散(字308)為在竹葉上碎肉，二者同音而合一。

美(字399)，人所戴羽頭飾，形似羊。

晉(字417)【晉，進也。日出而萬物進。从日从臸。易曰：明出地上晉】，型範上兩排箭頭形，朝下之箭頭同化為至。

賴(字418)【賴，贏也。从貝，剌聲】，可信賴袋中之貝以購物，袋形似束。

G. 分化

子(字177)，分化為子【子，無又臂也。从了し。象形】、孒【子，無ナ臂也。从了亅。象形】二字。

編號	商甲骨文	兩周金文	秦小篆	漢隸書	現代/創意
417			S	晉	晉 一陶範及兩排箭鑄形，以兩片範鑄成的器物。
418			S	賴	賴 可信賴袋中之貝以購物。

行（字178），分化為彳【彳，小步也。象人脛三屬相連也。凡彳之屬皆从彳】、亍【亍，步止也。从反彳。讀若畜】二字（彳 彳 亍）。

兵（字62），分化為乒、乓二字（乒 乓 兵）。

正（字35），字形反向成乏（乏 乏 正 乏 乏 乏）。

H. 合文

數目：五十（五 五 五）、六十（六）、七十（七）、八十（八 八）、二百（百）、四百（四百）、五百（五百）、九百（九百）、三千（三千）、四千（四千）、五千（五千）。

數目加品物：九牛（九牛）、六旬（六旬）、五牢（五牢）、五人（五人）、七十人（七十人）、九月（九月）、十二月（十二月）、十三月（十三月）、五朋（五朋）、百朋（百朋 百朋）、四匹（四匹 四匹）。

品物：乘車（乘車）、乘馬（乘馬 乘馬）、馴馬（馴馬 馴馬）、犁牛（犁牛 犁牛）、彤弓（彤弓）、彤矢（彤矢）。

鬼神祖先：上下帝（上下帝）、上甲（上甲 上甲）、三匚（三匚 三匚）、報乙（報乙 報乙）、示壬（示壬 示壬 示壬 示壬 示壬 示壬）、康祖丁（康祖丁 康祖丁）、四祖丁（四祖丁 四祖丁 四祖丁）、父庚（父庚 父庚 父庚）、兄辛（兄辛）。

官名：小臣（小臣 小臣）、司馬（司馬）、司工（司工）、大夫（大夫 大夫 大夫）、工師（工師 工師）。

地名：邯鄲（邯鄲）。

姓氏：公孫（公孫）、敦于（敦于）、上官（上官）。

常用語：弘吉（弘吉）、大吉（大吉）、兄弟（兄弟）、躬身（躬身 躬身 躬身）、君子（⟨字形⟩）、上下（⟨字形⟩）、至于（⟨字形⟩）、公子（⟨字形⟩）、小子（⟨字形⟩）、司子（⟨字形⟩）、子子孫孫（⟨字形⟩）、之所（⟨字形⟩）。

三、古文字的考釋方法

中國的漢字，幾千年來一直沿續使用，必然會因自然或人為的因素，而發生相當大的變化。一個字的形體在不同的時代有相當不一樣的寫法。有的字因時代的變遷，已成了死文字，雖然有時從字形或辭例可以知曉其意義，但也難肯定約當後世的何字，如甲骨文有二字，一作亭在享之上（⟨字形⟩），表現建在階梯式地基上的多層建築物，此字金文已不見；一作享在京之上（⟨字形⟩），表現建在單一地基上的多層建築物。分別表現臺與樓的建築。但因在卜辭都當地名使用，無法從辭例證明是否即今之臺與樓字。又如甲骨文（⟨字形⟩）與金文（⟨字形⟩）都有一字作兩隻或三隻動物在兩把犁之下，從金文辭例"以康奠⟨字⟩朕國"、"⟨字⟩穌萬民"、"作文人大寶⟨字⟩穌鐘"等看來，它的意義為協或諧，則創意應是眾多的牛共同協力曳拉耕犁之狀，和三把力表達協力從事農作的協字的創意一樣，有可能後來與協字合而為一。但是此字已成死字，也沒有字典說它是協的異體，故也不能肯定。又如金文有一字（⟨字形⟩）作雙手捧一爵之形。爵在商代是種容量很小的溫酒器，可能是有所賞賜時的賜酒器具，故也有爵位及賜爵的意義。此字在金文使用的幾個辭例"穌自祖考有⟨字⟩于周邦"、"有⟨字⟩于周邦"、"⟨字⟩堇大命"、"有⟨字⟩于天"，都是與功勞有關的意義，可能表達雙手恭奉酒爵以示獎勵苦勞之意。它和勞的創意點起火把用力耕田非常辛苦的意義雖不同，但也是有關苦勞之事。由於此字後來成為死字，有可能被併入勞字。

小篆以後的時代，因有字書的編輯，識字較不成問題，困難的是創意的詮釋。如今地下典籍不斷出土，既無字書的依循，就要講求識字、辨字的方法。早在漢代古文經問世及銅器出土時，就有人從事文字的考釋工作，當時由於可資比較的古代文字資料較少，故成果較低。今日的

古代文字資料已積累相當多，可以預期有較多的成果。學者們對於考釋
的方法也建立了一些條例，茲介紹於下。

（一）因襲比較法（或稱為對照法）。幾千年來漢字的形體雖發生過
多次變化，但始終一脈相承，因襲發展。秦以前的古文字，字體尚未定
形，結構複雜多樣。更由於地域性的因素，使得一個字，不但時代不同
而有多種寫法；即使同時代、同地域也有幾種形體共存的現象。要辨識
這些古文字，就必須從各個時代字體的因襲關係進行綜合比較，從中找
出共同的字原和特點，以達到辨認古文字的目的。這是過去利用古今字
體的比較而考釋古文字的一種行之有效的方法。

因襲比較法，首要是收集不同時代的字形。以前只有《說文》之類很
少字書可作參考，近世發現大量的甲骨文以及為數不少的銅器銘文、石
刻、簡書、帛書、盟書、陶文、璽印、錢幣以及漢魏石刻、唐人書卷等，
都可以提供相互比較的資料。條件比古人優越，故所得成績也較多。

運用這種方法釋字，除了要掌握各種文字資料，還必須具備有關漢
字發展變化的各種知識。諸如漢字結構的特點，各種形旁、意符的歷史
變化，義近意符之間的互用關係，以及字體變化的基本形式，規範化的
具體內容等等。

除了掌握漢字形體正常變化的知識之外，還須了解一些非正常的情
況，譬如由於誤寫的原因，使原來字體的一部或全部改變成另一種形體
之類。無論是自然的演變，還是因誤寫的變化，前後字體或多或少都會
遺留下互相因襲的痕跡，如果資料充足，就能從中找到古今字體之間的
相關線索，同時也能夠幫助我們了解它們之間的發展過程。但經驗不足
者，很可能形體稍有變化就認識不出，例如燎字（字 347）的小篆字形
（𤎩），與甲骨文的作架木焚燒之字形相去甚遠（𤐫），但由於它演變的
過程比較清楚，知道先是為木又加火的符號（𤏧），它本是在戶外舉行的
祭典，後來也在室內舉行，就有了從宮的字形（𤏪 𤐈），宮的兩個方框訛
變成日，終成小篆的字形。又如宜字（字 365）【𡧧，所安也。從宀之下，
一之上。多省聲。𡩋，古文宜。𡩀，亦古文宜】，從小篆字形根本看不
出與字義上的關係，幸好附了兩個古文字形，以之與其前的文字相對照，

就可以找到甲骨文（🔲🔲🔲）、兩周金文（🔲🔲🔲）、戰國璽印等一系列的演變過程，了解它與俎字同源，表現兩塊肉在俎上之狀。

再如襄字（字274）【🔲，漢令，解衣而耕謂之襄。从衣，𡜦聲。🔲，古文襄】，其古文字形讓我們找到甲骨文的字形，原來它表現雙手扶着一把犁，下有一至三頭牛拉着（🔲），表現牛耕的景象。大致它的構形不易規範，為假借字所取代，許慎見它从衣旁，故以"解衣而耕"釋之。無論任何字，只要不是中途完全更換了結構，不管變化如何頻繁，基本上都是有跡可尋的。利用這種方法考釋古文字，一般是可靠的。運用此種方法釋字須隨時積累資料，掌握各種字體的基本特徵，要以充分的證據予以實事求是的考證，而且要辨清形體，防止將兩種不相干的字體放在一起比較，造成人為的混亂。

（二）辭例推勘法：利用辭例推勘考釋文字，也是過去使用很久的一種方法。具體內容可分兩個方面：一是依據文獻中的成語推勘；一是依據文辭的內容推勘。各自的依據雖然不同，但都是辨識古字行之有效的方法。

所謂利用辭例推勘，是指利用文獻中的辭例來核校較古老的文獻。銅器銘文的內容多為頌揚功德，有些辭句往往與流傳下來的用語相同或相近，從而為辨識古字提供了相互推勘的條件，如"眉壽無疆"是《詩經》所見辭例，銅器銘文常見"沫壽無疆"，從字形看出它表現雙手倒水沐浴之狀（🔲），原是沫字（字34）的原形，借為眉。眉字的筆劃較少，為何銅器銘文都用筆繁的假借字而不用本字，實在令人費解。或有可能古代的人不常洗澡，但在壽辰時卻要洗澡，故有沫壽之辭。後來此習俗不行，代以高壽而眉毛變色之慶。又如銅器銘文有"折首"、"執訊"的句子。訊字本不識，根據《詩經·小雅·出車》"執訊獲醜"，知訊字（字419）【🔲，問也。从言卂。🔲，古文訊从西】表現向捆綁的俘虜訊問之狀，也同時明白其前甲骨文的兩種字形都表示同樣的創意。很可能🔲的字形與如（🔲）太過相近，不再被使用。

編號	商甲骨文	兩周金文	秦小篆	漢隸書	現代/創意
419			訊 s 繇 k	訊	訊 向捆綁的俘虜問訊之狀。
420			黹 s	黹 （敝）	黹 對稱的刺繡圖案形。

又如"玄衣黹屯"也是銘文常見的賞賜物，通過《尚書‧顧命》"黼純"、《儀禮‧士喪禮》"緇純"的比較才認得黹字（字420）【黹，箴縷所紩衣也。从㡀丵省。象刺文也。凡黹之屬皆从黹】是刺繡的對稱圖案形，故用以表達有關刺繡之事。

再舉一例，《中山鼎》有銘"叀其汋（㪔）於人施，寧汋於喘"。《說文》汋的解釋【汋，激水聲也。从水，勺聲。井一有水一無水謂之瀱汋】顯然和此句的文意不符。《金文編》以為即《說文》沒字【沒，湛也。从水，殳聲】，从水，殳省聲。前已言之，省聲的現象常是一種誤解。如與《大戴禮記‧武王踐阼》的"與其溺於人也，寧溺於淵"對照，勺聲與弱聲古韻同屬宵藥，知《中山鼎》的汋假借為溺而不是沒字。同時也知道"叀"的意義如"與"，"施"也與"也"的意思一樣。

雖然利用文獻中的辭例來核校較古老的文獻是可行的，但還要檢驗字的形象，比如說，"寧王"是《尚書》常見指稱周文王的詞。如果不明白寧是"文"的誤讀，而據以釋銅器銘文的"文王"為寧王就錯了。如果再根據寧字的意義，解釋為什麼文王被稱為寧王，就可能涉及附會了。又如《秦公簋》有"高弘有慶，竈又四方"之句。竈【竈，炊竈也。周禮以竈祠祝融。从穴，黽省聲。竈，或不省作】以蟑螂常在燒食的竈臺附近出沒表意。竈於此假借為"造"或"肇"都文從字順。但有以為《詩經·閟宮》有"奄有下國"，《皇矣》、《執競》篇都有"奄有四方"之句，可對應而釋之為奄。但奄【奄，覆也。大而有餘也。又欠也。從大申。申，展也】的字形（⟨圖⟩⟨圖⟩）與《秦公簋》的窀（⟨圖⟩）相去甚遠，還是依字形釋窀字較好。很可能抄寫的人不識⟨圖⟩，誤以為是奄的隸書（奄）。

　　利用此法所釋出的文字，往往是依據文獻使用的內容，經過分析，推勘出應讀的本字，並不直接依靠文獻的用字。如屮（⟨圖⟩）字，雖然還沒法了解字形的創意，通過甲骨卜辭本身"牢屮一牛"與"牢又一牛"的比較，就可斷定其意義即為又(有)。甲骨文很多干支字的釋讀，也是利用此方法。如辛巳（⟨圖⟩⟨圖⟩），最先依其字形而讀為辛子，殊不可解。又如甲骨刻辭有一字作⟨圖⟩⟨圖⟩⟨圖⟩⟨圖⟩等形，初亦不識，後來根據商代先王周祭的序列，乃知是雍己的合文。雍是甲骨文⟨圖⟩⟨圖⟩⟨圖⟩⟨圖⟩⟨圖⟩⟨圖⟩⟨圖⟩⟨圖⟩⟨圖⟩等的省形。近年出土文物的資料越來越多，可供研究的問題也越來越廣泛，通過文辭內容推勘所識的字也越來越多。尤其是一些較為特殊的字，更需要依靠此種方法。但是，根據辭例推勘，儘量要求準確無誤，避免牽強附會，比如甲骨卜辭常見"易日"一詞，是有關氣候的用語，意思是天氣晴朗。但在研究的早期階段，不知卜辭有肜（⟨圖⟩）日的記載，以為《尚書·高宗肜日》的肜日應該是易日（⟨圖⟩）的誤寫，意義為改期。這就不謹慎了。

　　(三)部件（偏旁）分析法：所謂部件就是構成文字的最小單元，有些部件後來成為單體的字，有些則沒有。這是使用很久的老方法。許慎的《說文》就經常採用這種方法說明字體。如炙【⟨圖⟩，炮肉也。從肉在火上。凡炙之屬皆從炙。⟨圖⟩，籀文】，分析之為肉在火上，表達烤肉之燒食法甚明。甲骨文的⟨圖⟩⟨圖⟩⟨圖⟩⟨圖⟩⟨圖⟩⟨圖⟩等字，分析之為木與目構成，對照《說文》相【⟨圖⟩，省視也。從目木。易曰：地可觀者莫可觀於木。詩曰：相鼠有皮】，知是以眼睛觀察樹木的質量表意。

　　此法是先把已認識的古文字，按照構成的部件，分析為一個個的單體符號以及其代表的物件，然後把各個單體偏旁的不同形式收集起來，研究它們的歷史發展變化；然後在認識部件的基礎上來認識每個文字。應用這種方法考釋古文字，首先要對過去已經認識的各種偏旁形體有所了解，同時還要知道各種形旁之間的通用關係。辨識出一個新的部件，往往導致認識幾個新字。如甲骨文的斤（字6）（⿹）和小篆的字形已相差甚遠（⿰），一旦辨識了，立刻就又認識了好幾個以斤為構件的字。

對於某個時代的書寫習慣有所了解也是很有幫助的，如戰國時代多部件的更替，對一個不認識的字，嘗試更替為其他可更替的構件，往往就可得到正確的答案。六朝時多誤寫為筆劃類似的字，更替之也常可得到正解。如賴、籟的偏旁負寫成頁，順、傾的偏旁頁寫成真，復、腹的偏旁复寫成夏。理論上，了解這種考釋古文字的方法是比較容易的，困難的是如何判別構形稍異的字以及部件合成後的含意。

（四）根據事理、習俗或制度釋字：早期的創字以象形、表意為主，東周之後形聲字才大增，同時也漸把象形、表意字形聲化，中斷了字形演變的途徑，難以依之釋字，只好通過事理、習俗或禮俗制度來釋字。雖然應用不很簡單，仍不失為探索的途徑。譬如甲骨文的**沈**字（字209）是種常見的用牲方法，字形作沈牛於水中（⿰）。**埋**（字208）也是常見的用牲方法，字形作埋牛於坑中（⿰）。用牲之法，除燒烤、放血、烹飪、切割等方式外，還有沈於水中、埋於土中的方式，故推斷兩字形的含義約等於後世的沈與埋。又如**尋**字（字294）和後來訛變的字形差異相當大，甲骨文作雙手延伸以丈量席子、長管樂器等物（⿰）。古人多以己身器官為度量的標準，如《大戴禮記・主言》："布指知寸，布手知尺，舒肘知尋。"伸展兩臂是很自然的動作，八尺是古代的長度單位，可推理而釋為尋字。但現在還有不少人，因其字形與小篆的尋相差太大，還不願接受這個考證。

銅器銘文有一字作二口與一文的**奻**（字255）（⿰），意義為鄰，如中山王譽鼎的"鄰邦難親"、馬王堆帛書以及郭店楚簡《老子》的"鄰國相望"、"若畏四鄰"。或釋此字為吝，以為假借為鄰，並以為吝字從口文聲。但前已言之，文的聲母與吝和鄰的聲母都不同類，很可能不以之為聲符。因為古代有打殺老人以放魂投胎的習俗，可能因經濟條件的改善，以及不忍殺人的人道思想的發達，葬儀一再改變而成在屍體刺紋或埋葬。在文字，文（字1）表現屍體刺紋的習俗，口為深坑，**吝**（字

224）可能表達歎息不依古俗或不依正常死亡的埋葬方式（🐕）。至於鄰字，从一文與二口。口表達一個範圍，甲骨文以之代表墳墓，如死字（🏠🧍）；或城邑，如正（🏠）、韋（🏠）、邑（🏠）等字。城邑一般是分散佈置，不會並列緊鄰。二口並排與古代墓葬有秩序相鄰排列的景象最契合，比較可能以之創意。刖（字421）【🦵，絕也。从刀，月聲】在甲骨文作一人被手持鋸子截斷一腳而成兩腳不等長的刑法。對照文獻，知是刖刑。而從字形看，則知與尢、尳【🦵，尳也。曲脛人也。从大。象偏曲之形。凡尢之屬皆从尢。🦵，篆文从㞷】等字有關聯。

編號	商甲骨文	兩周金文	秦小篆	漢隸書	現代/創意
421	🦵🦵🦵🦵 🦵🦵🦵		🦵 S	刖 尳	刖 一人被鋸子截斷一腳的刑法。

　　以上四種主要的考釋古文字的方法，都是過去學者經過長期實踐，逐漸積累和總結出來的，其各自的內容不同，可以互相補充，能系統地了解和掌握這些方法，對於考釋古文字一定會有很大幫助。誠然，正確地考釋出前人所不認識的古文字，是很不容易的事情，有一定的難度，只要虛心接受前人的研究成果，用正確的方法，以科學的態度，嚴謹而認真地進行研究，困難是可以克服的。如果全然不顧客觀存在的各種情況，單憑自己主觀願望任意猜測，不僅做不出成績，還會給研究工作帶來麻煩或造成混亂。

　　（考釋文字常犯的毛病：預設答案，一味自圓其說；濫用右聲說，附會聲符的含義；拘泥於一形，不考慮異體；濫用聲韻的旁轉與假借；忽略字的基本結構；忽略字形演變的重要環節；忽略字形的年代問題與構件組合後的合理性；局限於《說文》的說解。）

第八節　漢字的複雜性

　　文字的創造本在達意，由於創字構想複雜度的差異，其構件的數量和大小自無一定的規範。加上中國的語言主要是單音節的特質，標音的部分也不必有一定的序列。因此並無要求寫成一定的筆劃甚至一定的結構及配置的必要。再加上字形的演變也是自然的趨勢，各地域演變的方向和速度也自然不一致，所以使得漢字的結構變得非常複雜，沒有一定的規律，某個字的意符與聲符或構件的配置常是基於偶然的排列，沒有絕對的規律。在秦統一文字之前，由於諸國各自獨立，最常見的現象是，同構件的形象有小異，以及很多意符可以互換、聲符可以不同。前者如簡單的人側立的形象"人"，其變化就如右上圖所示，有不下十種以上的變化①。

　　其他較複雜的構件，變化也自然更多。至於後者，或是著重於材料、器用的不同，或是著重於功能、目的的不同，同一個意義就有不同的表達意符。如因意義相近的日月、木禾、鳥羽隹、竹艸、巾衣、玉金、足止、手攴又、肉骨、口言、刀戈攴、戈歹、犬鼠豸、革韋、系市巾等可以更換。而形體相近的，常被不明者所誤寫，如常見於六朝碑文或敦煌寫本的人入、雨兩、瓜爪、口田、肉舟、刀人尸、夕月、衣卒、刀刃、日田、口甘、弋戈、白自、頁真負、复夏、票栗、勺匀等之間的誤寫。也有因發聲相近而取代的，如聚取、甫父、五吾、匈凶、璽鉨、甸田、身千、冀幾、五午等的聲符更替。它們雖似有規律，但因都是順應不同的條件而形成的結果，故常有例外，不可隨意援例加以更代。

　　如以上所述，中國文字變易到隸書、楷書之後，已由幾種基本的筆

---

① 高明《中國古文字學通論》頁68。

勢所構成，不但很難看出其象形文字的輪廓，創意也經常被淹沒，甚至誤導。其複雜約可歸納為幾個方面：

（一）形聲字與象意字在字形的結構上沒有形式上的區別。

攴常配置在字的右旁而作為有關撲打、殺害的意符，如救【𢾅，止也。从攴，求聲】、效字【𢻒，象也。从攴，交聲】皆為从攴的形聲字，而牧（字283）的攴也在右旁，但卻表示手持杖驅趕牛的畜牧行為（𤘩 𤘪），為表意字。赦字（字331）右旁的攴雖也是表達撲打而造成傷害的動作，但全形原為鞭打一人以替代死罪的赦免行動（𢼜），也是表意字。類似的情形，沐【𣴠，濯髮也。从水，木聲】、休（字169）兩字的右旁都是木，前者是从水的形聲字，後者則是以人依靠樹木休息的表意字（𣏟 𣏂）。

（二）聲符與意符都無固定的位置。

大部分形聲字的意符都約略有一定的位置，如从水、从金、从木的意符常在左旁。但偶有例外的情形，要看個別的字，沒有一定的規律。如金以充當意符為常，位置在左旁或下半，錦【錦，襄邑織文也。从帛，金聲】字的金部件雖也在左旁，卻是聲符。又如衣也常是意符，位置或在左旁或分析在一字的上下部分，哀【𢙽，閔也。从口，衣聲】字的衣構件雖也在經常充當意符的位置，竟當作聲符。言的構件常在字的左旁而當作意符，但辯字【𧬅，治也。从言在𡐩之間】卻在兩個構件之中。

（三）相同的組成分子，位置不同，可能同義，也可能不同義。

例子如群【羣，輩也。从羊，君聲】、略【𤰞，經略土地也。从田，各聲】、慚【慙，愧也。从心，斬聲】可上下或左右配置。鄰【𨙚，五家為鄰。从邑，粦聲】可左右互調。匯【匯，器也。从匸，淮聲】的水可移至匸外。裏【裏，衣內也。从衣，里聲】可以寫成左衣右里。猶【猶，玃屬。从犬，酋聲。一曰：隴西謂犬子為猶】與獉【《廣韻》獉，謀也。已也……《說文》曰，玃屬。一曰，隴西謂犬子為獉。猶，上同。又，尚也。似也】在秦漢的經傳常通用。但拱【𢪙，斂手也。从手，共聲】與𢶮【𠬞，兩手共同械也。从手，共聲】、忘【𢗓，不識也。从心，亡聲】與忙【《廣韻》忙，上同（怖也）】、郵【𨛦，竟上行書舍。从邑垂。垂，邊也】與陲【陲，危也。从阜，垂聲】、部【𨛶，天水狄部。从邑，音聲】與陪【𨽥，重土也。一曰：滿也。从阜，音聲】、裹【𧚥，纏也。从衣，果聲】與裸【𧝴，但也。从衣，嬴聲。𧝴，嬴或从果】、圃【𡐩，所以種菜曰圃。从囗，甫聲】與哺【哺，哺咀也。从口，甫聲】等組的組成分子雖一樣，因結合位置不同而意義不同。

　　（四）意符的事類相近的可能同義，但也經常異義。或在某個時代通用而在其他時代不通用。舉例說明如下：

　　土與阜：土（字92）為土塊形（⊙ ₒ △），阜【𨸏，大陸也。山無石者。象形。凡阜之屬皆从阜。𨸏，古文】為梯子（𨸏 𨸏 𨸏 𨸏 𨸏）或山的側寫形象（𨸏 𨸏），分別細微，混淆後都被借以表達山地形勢。土與阜都與土地有關。在很多時候，一個意義可以兼有兩種特徵，故或取前者，或取後者造字。疆【畺，界也。从畕，三其介畫也。疆，畺或从土，彊聲】（畺 畺 畺 畺）、阯【𨸏，基也。从阜，止聲。坁，阯或从土】、阬【𨺇，閬也。从阜，亢聲】【《廣韻》阬。坑，上同】三個字的意義都與這兩個部件有關，故可通用。但現在的防【防，堤也。从阜，方聲】與坊【《廣韻》防，防禦也，隄防也。坊，上同】【《廣韻》坊，坊巷，亦州名，本上郡地。周於今州界置馬坊。武德初置坊州，因馬坊為名。漢宮有太子坊。坊亦省名。又音房】、培【𡋬，培敦，土田山川也。从土，音聲】與陪【𨽥，重土也。一曰，滿也。从阜，音聲】、場【場，祭神道也。一曰，山田不耕者。一曰：治穀田也。从土，易聲】與陽【陽，高明也。从阜，易聲】、陂【𨸏，阪也。从阜，皮聲】與坡【坡，阪也。从土，皮聲】，或是意義有所偏重，或因習慣，其意義就不同。

　　郭與土：郭（字7）為城郭形（𩫖 𩫖 𩫖），土（字92）為築城材料，故有時可替代。城（字372）（𩫫 𩫫 𩫫 𩫫 𩫫）、堵【堵，垣也。五版為堵。从土，者聲。𩫫，籀文从�】（𩫫 𩫫）、垣【垣，牆也。从土，亘聲。□，籀文垝从壽】（□）、坏【□，丘一成者也。一曰：瓦未燒。从土，不聲】（□□□）可通用。

田與土：田（字48）為規整的田地形（田田田）。田與土（字92）皆為土地之事。留（字272）（□□）、坴【□，止也。从留省从土。土所止也。此與留同意。□，古文坐】、或【□，邦也。从口，戈以守其一。一，地也。□，或从土】（《汗簡》作从田从或）、型【□，鑄器之法也。从土，刑聲】（□□□□□□）可通用。

歺與木：歺【□，列骨之殘也。从半冎。凡歺之屬皆从歺。讀若櫱岸之櫱。□，古文歺】為人之殘骨形（□□□□□□），木（字79）為樹木形（□□）。朽【□，腐也。从歺，丂聲。□，歺或从木】、殆【□，枯也。从歺，古聲】、枯【□，槀也。从木，古聲。夏書曰：唯箘簵枯。枯，木名也】可通用，因為木頭與人死後的殘骨都是會枯乾與腐朽的東西。

米與禾：米（字90）是穀類作物打下的顆粒（□□），禾（字77）是作物的株秆形（□□）。穅【□，穀之皮也。从禾米，庚聲。□，穅或省作】、粳【□，稻屬。从禾，亢聲。□，俗秔】【《廣韻》秔，秔稻。 稉，上同。粳，俗】、廩【□，穀所振入也。宗廟粢盛，蒼黃㐭而取之，故謂之㐭。从入从回。象屋形，中有戶牖。凡㐭之屬皆从㐭。□，㐭或从广稟】、糧【□，穀食也。从米量聲】（《汗簡》作从禾）、種【□，先穜後孰也。从禾，重聲】（古璽印作从米）、粟（字97）（□□，古璽印作从禾）七字都與禾類作物和顆粒有關，故可任用其中一個作為意符。但科【□，程也。从禾斗。斗者量也】料【□，量也。从米在斗中。讀若遼】、租【□，田賦也。从禾，且聲】粗【□，疏也。 从米，且聲】這兩組，就因偏重不同，不能互換。

米與食：米（字90）為穀粒，食（字198）為加蓋之熟食（□），皆有關用食之事。粒【□，糂也。从米，立聲。□，古文从食】、餈【□，稻餅也。从食，次聲。□，餈或从齊。□，餈或从米】可通用。

口與言：口【□，人所以言食也。象形。凡口之屬皆从口】是發聲的器官（𦣞𦣞𦣞𦣞），言（字233）是長管樂器形（𠱻𠱻），古代用以宣導政教。在很多時候，一個意義可以兼有兩種特徵，故或取前者，或取後者。詠【𧨾，歌也。从言，永聲。�，詠或从口】、訛【𱆙，動也。从口，化聲。詩曰：尚寐無吪】、謨【𧫝，議謀也。从言，莫聲。虞書曰：咎繇謨。𦧇，古文謨从口】諸字的意義都與發聲和政府宣導有關，故可通用。但喝【𱃢，㵸也。从口，曷聲】謁【𧪃，白也。从言，曷聲】、吃【𱃠，言蹇難也。从口，气聲】訖【𧭓，止也。从言，气聲】、訏【𧩙，詭譌也。从言，于聲】吁【𱂿，驚也。从口，于聲】這三組就不同義。

口與欠：欠【𣢧，張口气悟也。象气从儿上出之形。凡欠之屬皆从欠】象人張口呼氣之狀（𣢧 𣢧 𣢧 𣢧）。皆與呼氣動作有關。嘆【𱃦，吞歎也。从口，歎省聲。一曰：大息也】與歎【𣤁，吟也。謂情有所悅，吟歎而歌詠。从欠，𪅀省聲。𣤁，籀文歎不省】可通用。但喝【𱃢，㵸也。从口，曷聲】與歇【𣤠，息也。一曰气越泄。从欠曷聲。讀若香臭盡歇】不同義。

言與欠：言與欠皆可呼氣。歌【𣤴，詠也。从欠，哥聲。𧩅，歌或从言】可通用。

心與言：心【𢖘，人心土臧也。在身之中。象形。博士說以為火臧。凡心之屬皆从心】為人之心臟形（𢖘 𢖘 𢖘 𢖘 𢖘 𢖘 𢖘 𢖘）。心與言皆表達思想。德【𢔧，升也。从彳，悳聲】（𢔧𢔧𢔧𢔧���）、讎【𧭭，猶應也。从言，雔聲】（𧭭𧭭𧭭𧭭）、警【𧫇，言之戒也。从言敬，敬亦聲】（𧫇）、訓【𧪩，說教也。从言，川聲】（𧪩）、悠【�，憂也。从心，攸聲】（�悠�悠）、悖（字378）（�𢆳�𢆳𢆳）、愬【𧫣，告也。从言，㱿聲。論語曰：愬子路於季孫。𧪥，愬或从言朔。�，愬或从朔心】可通用。

音與言：音【𦤀，聲生於心有節於外謂之音。宮商角徵羽，聲也。絲竹金石匏土革木，音也。凡音之屬皆从音】（𦤀 𦤀 𦤀 𦤀 𦤀 𦤀）與言初為一字，為管樂器形，後成分別文，故音可代表語言或音樂之事。語

【語，論也。从言，吾聲】（𦙤𦥴，古璽印作从音）、訶【訶，大言而怒也。从言，可聲】（𧦢𧦢，古璽印作从音）、諅【諅，欺也。从言，其聲】（𧪞𧪞與𧮫𧮫）可通用。

佳與鳥：佳【隹，鳥之短尾總名也。象形。凡佳之屬皆从佳】，（鳥之簡形𠁥𠁥𠁥𠁥𠁥𠁥）與鳥【鳥，長尾禽總名也。象形。鳥之足似匕，从匕。凡鳥之屬皆从鳥】（鳥之繁形𩾃𩾃𩾃𩾃𩾃）皆禽鳥類動物，雞【雞，知時畜也。从佳，奚聲。鷄，籀文雞从鳥】（𩿇𩿇𩿇𩿇𩿇𩿇）、雍【雝，雝鳥也。从佳从人，瘖省聲。𩿨，籀文雝从鳥】（𩿨𩿨𩿨）、隻【隻，鳥一枚也。从又持佳。持一佳曰隻，持二佳曰雙】（𨾵𨾵𨾵𨾵）、雛【雛，雞子也。从佳，芻聲。𪂩，籀文雛从鳥】、鶼【鶼，鶼鳥也。从鳥，堇聲。𪇰，鶼或从佳。𪇰，古文鶼。𪇰，古文鶼】可通用。但鴉【《廣韻》烏別名】雅【雅，楚烏也。一名鷽，一名卑居，秦謂之雅。从佳，牙聲】、鴝【鴝，鴝鵒也。从鳥，句聲】雊【雊，雄雉鳴也。雷始動雉乃鳴而句其頸。从佳句，句亦聲】現今意義都不同。

衣與糸：糸（字111）為絲線形（𢇁𢇁𢇁），衣【衣，依也。上曰衣，下曰常。象覆二人之形。凡衣之屬皆从衣】象有領之上衣形（𧘇𧘇𧘇𧘇𧘇）。皆與紡織有關，緹【緹，帛單黃色也。从糸，是聲。𧛏，緹或作衹】、補【補，完衣也。从衣，甫聲】（《四聲韻》作从糸）、褸【褸，衽也。从衣，婁聲】縷【縷，綫也。从糸，婁聲】（篳路襤褸《左傳》宣十二年作篳路藍縷）、襁【襁，負兒衣。从衣，強聲】繈【繈，梢緹也。从糸，強聲】、緥【緥，小兒衣也。从糸，保聲】（《史記》襁褓或作繈緥）可通用。但袖【𧝓，袂也。从衣，采聲。袖，俗褒从由】紬【紬，大絲繒也。从糸，由聲】、綢【綢，繆也。从糸，周聲】裯【裯，衣袂衹裯。从衣，周聲】不同義。

素與糸：素【素，白致繒也。从糸㐱。取其澤也。凡素之屬皆从素】，初織成而還未縫邊緣的紡織物之形（𣬅𣬅）。皆與紡織有關。緤【緤，綽也。从素，爰聲。𢇁，緤或省】、韓【韓，緩也。从素，卓聲。綽，韓或省】（𡘊𡘊𡘊）、綏【綏，載維也。从糸，受聲】（𢇁）

可通用。

巾與糸：巾【〔巾〕，佩巾也。从冂。｜象系也。凡巾之屬皆从巾】象一條巾之形（〔巾〕〔巾〕）。皆與紡織有關，綌【〔綌〕，粗葛也。从糸，谷聲。〔帒〕，綌或从巾】可通用。

衣與巾：皆為紡織品，帬【〔帬〕，繞領也。从巾，君聲。〔裠〕，帬或从衣】、帙【〔帙〕，書衣也。从巾，失聲。〔袠〕，帙或幃从衣】、幃【〔幃〕，幃也。从衣，軍聲。〔褌〕，幃或从衣】、襤【〔襤〕，裯謂之襤褸。襤，無緣衣也。从衣，監聲】幏【〔幏〕，楚謂無緣衣也。从巾，監聲】可通用。

市與韋：市【〔市〕，韠也。上古衣蔽前而已，市以象之。天子朱市，諸侯赤市，卿大夫蔥衡。从巾。象連帶之形。凡市之屬皆从市。〔韍〕，篆文市从韋从犮】象保護膝蓋之皮短裙形（〔市〕〔市〕〔韠〕）。韋（字368），眾足保衛城鎮之意（〔韋〕〔韋〕），不知為何被用以為代表皮革製品之意符。皆與皮革有關。韐【〔韐〕，士無市有韐。制如榼缺四角。爵弁服，其色韎，賤不得與裳同。从市，合聲。〔韐〕，韐或从韋】可通用。

人與女：人（字78）為人之側視形（〔人〕〔人〕）或跪坐形（〔人〕〔人〕）。女（字75），為婦女坐姿（〔女〕〔女〕），皆為人事。㚒（字31）（〔㚒〕〔㚒〕〔㚒〕）、奚【〔奚〕，大腹也。从大，𢎿省聲。𢎿，籀文系】（一手抓住頭上套以繩子的奴隸〔奚〕〔奚〕〔奚〕〔奚〕〔奚〕〔奚〕）、薎（字239）（〔薎〕〔薎〕〔薎〕〔薎〕〔薎〕）、嬴【〔嬴〕，帝少皞之姓也。从女，嬴省聲】（〔嬴〕〔嬴〕〔嬴〕〔嬴〕）、侲【〔侲〕，妗也。从人，疾聲。一曰毒也。〔侲〕，侲或从女】、姓【〔姓〕，人所生也。古之神聖人母感天而生子，故稱天子。因生以為姓，从女生。生亦聲。春秋傳曰：天子因生以賜姓】（〔姓〕）、執（字390）（〔執〕〔執〕〔執〕〔執〕）、娋侑【〔娋〕，耦也。从女，有聲。讀若祐。〔侑〕，娋或从人】可通用。但安【〔安〕，靜也。从女在宀中】（〔安〕〔安〕〔安〕〔安〕〔安〕）、宂【〔宂〕，棷也。从宀儿。人在屋下無田事也。周書曰：宮中之宂食】不同義。

首與頁：首【〔首〕，古文百也。〔巛〕象髮。髮謂之鬊，鬊即〔巛〕也】（〔首〕〔首〕〔首〕〔首〕〔首〕〔首〕）、頁【〔頁〕，頭也。从百从儿。古文䭫首如此。凡頁之屬皆从頁】（〔頁〕〔頁〕〔頁〕〔頁〕〔頁〕）。皆與頭部有關。頂【〔頂〕，顛也。从頁，丁聲。〔顁〕，或从首作】、顏【〔顏〕，眉之間也。从頁，彥聲。〔顏〕，籀文】（▢）、頰【▢，面旁也。从頁，夾聲。▢，籀文頰】、顯【▢，頭明飾也。从頁，㬎聲】（▢▢▢▢）、頤【▢，顄也。象形。凡臣之屬皆从臣。▢，篆文臣。▢，籀文从首】可通用。

目與見：目【▢，人眼也。象形。重童子也。凡目之屬皆从目】，眼睛形（▢▢▢▢）。見(字143)為人以眼睛視物（▢▢）。皆有關視覺。視【▢，瞻也。从見，示聲。▢，古文視。▢，亦古文視】、睹【▢，見也。从目，者聲。▢，古文从見】、眜【▢，目童子不正也。从目，來聲】親【▢，內視也。从見，來聲。】、睌【▢，衺視也。从目，兒聲】覢【▢，旁視也。从見，兒聲】、瞟【▢，瞟也。从目，票聲】覹【▢，目有察省見也。从見，票聲】可通用。

肉與骨：肉【▢，胾肉。象形。凡肉之屬皆从肉】，肉塊形（▢▢▢▢）。骨【▢，肉之覈也。从冎有肉。凡骨之屬皆从骨】，牛肩胛骨形（▢▢▢▢▢▢▢▢）。皆身體部件，且經常相連。膀【▢，脅也。从肉，旁聲。▢，膀或从骨】、肌【▢，肉也。从肉，几聲】（《汗簡》作从骨）可通用。

血與肉：血【▢，祭所薦牲血也。从皿。一象血形。凡血之屬皆从血】，盟誓用的血盛裝在盤皿中之狀（▢▢▢▢）。血與肉皆為身體部件。脈【▢，血理分衺行體中者。从辰从血。▢，衇或从肉】可通用。

人與手：人(字78)，人之側視形（▢▢），手【▢，拳也。象形。凡手之屬皆从手】，有五指之手臂形（▢▢▢）。皆身體部件。儐【▢，導也。从人賓聲。▢，或从手】可通用。

止與足：止字(69)，腳趾形（▢▢），足【▢，人之足也。在體下。从口止。凡足之屬皆从足】，腳連趾之形（▢▢▢▢▢）：皆為腳部。正(字35)（▢▢▢）、企【▢，舉踵也。从人止。▢，古文企从足】（▢▢）、踵【▢，追也。从足，重聲。一曰往來皃】、歱【▢，跟也。从止，重聲】（▢）可通用。

辵與止：辵【▢，乍行乍止也。凡辵之屬皆从辵。春秋傳曰：辵階而走】，由腳步與行道構成，作為行走的意符。辵與**止**(字69)皆與行路有關。**逆**(字124)（）、追【，逐也。从辵，自聲】（）、逐【，亡也。从辵，家聲。】（）可通用。

辵與彳：彳【，小步也。象人脛三屬相連也。凡彳之屬皆从彳】，皆為行路。通【，達也。从辵，甬聲】（）、遘【，遇也。从辵，冓聲】（）、邊【，行垂崖也。从辵，臱聲】（）、**遲**(字230)（）、遹【，回辟也。从辵，矞聲】（）、征【，正行也。从辵，正聲。，延或从彳】、**復**(字179)（）、往【，之也。从彳，㞷聲。，古文从辵】（）、**後**(字342)（）可通用。

辵與走：走【，趨也。从夭止。夭者屈也。凡走之屬皆从走】，擺動雙手快步行走之狀（）。皆與行路有關。趯【，行趯趢也。从走翟聲。一曰：行曲脊皃】（）、𠳋【，𠳋商，小塊也。从𠂤从臾。臾，古文蕢字】遺【，縱也。从辵，𠳋聲】為雙手將土塊放進籃子以便送出去之狀（）、起【，能立也。从走，己聲。，古文起从辵】可通用。

攴與戈：攴【，小擊也。从又，卜聲】為手持棍棒攻擊狀（），**戈**(字80)為裝柄之兵戈形（），皆用以攻擊人。**啟**(字356)（）、**肇**(字203)（）、救【，止也。从攴，求聲】（）、寇【，暴也。从攴完】（）可通用。

牛與羊：**牛**(字84)牛頭形（），**羊**(字85)羊頭形（）。皆為家畜。**牢**(字76)（）、**牧**(字283)（）、**牡**(字167)（）、**牝**(字168)（）可通用。

飛與羽：飛【，鳥翥也。象形。凡飛之屬皆从飛】為鳥展翅飛翔之狀。**羽**(字29)為羽毛形（）。皆與飛行有關。翰【，天雞也。赤羽。从羽，倝聲。逸周書曰：文翰若翬雉。一名鷐風。周成王時蜀人獻之】、𩙺【，翄也。从飛，異聲。，篆文𩙺从羽】（）可通用。

黽與虫：黽【，蛙黽也。从它。象形。黽頭與它頭同。凡黽之屬皆从黽。〓，籀文黽】為爬行一類的動物形（〓〓）。虫【〓，一名蝮。博三寸，首大如擘指。象其臥形。物之微細，或行或飛，或毛或贏，或介或鱗，以虫為象。凡虫之屬皆从虫】為蛇類動物形（〓〓〓〓）。皆為蟲類動物。蚨（字201）（〓〓〓〓）、黿【〓，蝦蟆屬。从黽，圭聲】（《廣韻》蛙，蝦蟆屬。黿，上同）可通用。

魚與虫：魚【〓，水蟲也。象形。魚尾與燕尾相似。凡魚之屬皆从魚】，魚形（〓〓〓〓）。魚與虫皆為動物，兩棲類可兼虫與魚。蟹【〓，有二敖八足。非它鮮之穴無所庇。从虫，解聲。〓，蟹或从魚】。

虫與蚰：蚰【〓，蟲之總名也。从二虫。凡蚰之屬皆从蚰】（〓〓〓〓），皆為蟲類動物。蜂【〓，飛蟲螫人者。从蚰，逢聲。〓，古文省】（《廣韻》蠭，說文曰，螫人飛蟲也，孝經援神契曰，蠭蠆垂芒，為其毒在後。蜂，上同。〓，古文）、蛾【〓，羅比飛蟲。从蚰，我聲。〓，或从虫】、蚤【〓，齧人跳蟲也。从蚰，叉聲。叉古爪字。〓，蚤或从虫】、蟲【〓，蟲蛸也。从蚰，卑聲。〓，蟲或从虫】、蟁【〓，齧人飛蟲。从蚰民聲。〓，蟁或从昏，以昏時出也。〓，俗蟁从虫从文】（〓）可通用。

茻與艸：茻【〓，眾艸也。从四屮。凡茻之屬皆从茻】與艸【〓，百卉也。从二屮。凡艸之屬皆从艸】皆為草類植物。薦（字24）（〓〓〓〓）、芿【〓，艸也。从艸，乃聲】（〓〓〓〓）、蒿【〓，蒨也。从艸，高聲】（〓〓〓）、蒐【〓，茅蒐，茹藘。人血所生，可以染絳。从艸鬼】（〓）可通用。

宀與广：宀【〓，交覆深屋也。象形。凡宀之屬皆从宀】為房屋正面形（〓〓），广【〓，因厂為屋也。从厂，象對刺高屋之形。凡广之屬皆从广。讀若儼然之儼】為房屋之側視形。皆為遮蓋物，一為密閉，一為開敞。安（〓〓〓〓〓）、廣【〓，殿之大屋也。从广，黃聲】（〓〓〓〓〓〓〓〓）、廟【〓，尊先祖皃也。从广，朝聲。〓，古文】（〓〓〓〓〓〓〓〓〓）、寓【〓，寄也。从宀，禺聲。

廥，寓或从广作】（⿱⿰⿱）、宕【⿱，過也。一曰洞屋。从宀，碭省聲。汝南項有宕鄉】（⿱⿱⿱⿱）、宅【⿱，人所托居也。从宀，乇聲。⿱，古文宅。⿱，亦古文宅】（⿱⿱⿱⿱）可通用。

日與月：日（字53）為太陽形（⿱⿱⿱），月（字54）為月亮形（⿱⿱⿱）。皆為天體。期【⿱，會也。从月，其聲。⿱，古文从日丌】（⿱⿱⿱⿱）、春【⿱，推也。从日艸屯，屯亦聲】（⿱⿱⿱⿱⿱⿱⿱⿱⿱⿱⿱⿱⿱）、昔（字259）（⿱⿱⿱）可通用。

（五）原創義的意符或聲符不見

從甲骨文到楷書，字形已發生太多變化，參考字形變化所舉的例。創意的重要部分被省略當然就看不出原創意。如：

成字【⿱，就也。从戊，丁聲。⿱，古文成从午】从戈丁聲，今不見丁聲（⿱⿱⿱⿱⿱⿱⿱）。

春字【⿱，推也。从日艸屯，屯亦聲】今不見屯聲（⿱⿱⿱⿱）。

秋字（字50），以夏秋之際出現蝗蟲為害代表季節，蝗蟲被省去（⿱⿱）。

法字（字25），創意來自廌獸斷案，省略廌獸，看不出創意（⿱⿱）。

書字（字3），本作手持筆在墨瓶之上即將書寫之意，金文从者聲，隸書者上半與聿下半共用筆劃，再簡省（⿱⿱）。

（六）為平衡字形的結構而割裂或結合聲符，例子較少。

雜字【⿱，五采相合也。从衣，集聲】，割裂集聲。

徒【⿱，步行也。从辵，土聲】，自辵分離止而與土結合（⿱⿱⿱⿱）。

徙【⿱，迻也。从辵止。⿱，徙或从彳。⿱，古文徙】自辵分離止而與止結合（⿱⿱）。

（七）聲符省形，《說文》省聲之說法常不可靠。

從刪聲的字常簡省成冊字，如珊【⿱，珊瑚，色赤生於海，或生於山。从玉刪省聲】、姍【𡢖，誹也。从女刪省聲。一曰翼便也】、狦【𤟌，惡健犬也。从犬，刪省聲】。从虎聲的字常省去身子的部分，如鑪（字 204）（囲 𩇨 𩇦 𩇤）。从鹿聲的字有省去身子的部分，如麓（𪋻 𪋵）。

（八）聲符雖異而意義同

例子非常多，但舉《說文》數例：抽【𨑏，引也。从手，留聲。𢮢，擂或从由。𢯢，擂或从秀】可从由聲、秀聲或留聲。鞋【鞵，生革鞮也。从革，奚聲】（《廣韻》鞵，屬也。鞋，上同）可从圭聲或奚聲。抱【捊，引堅也。从手，孚聲。詩曰：原濕捊矣。𢭃，捊或从包】可从孚聲或包聲。鯨【鱷，海大魚也。从魚，畺聲。春秋傳曰：取其鱷鯢。鯨，鱷或从京】可从畺聲或京聲。糂【𥽆，以米和羹也。从米，甚聲。一曰粒也。糣，籀文糂从朁。糝，古文糂从參】可从甚聲、朁聲或參聲。療【𤷐，治也。从疒，樂聲。讀若勞。𤻲，療或从寮】可从樂聲或寮聲。蝘【𧍢，側行者。从虫，寅聲。𧎅，蝘或从引】可从寅聲或引聲。頌【𩔝，皃也。从頁，公聲。𩕈，籀文】可从公聲或容聲。紟【𦀌，衣系也。从糸，今聲。𦂃，籀文从金】可从今聲或金聲。容【𡤖，盛也。从宀，谷聲。𡅭，古文容从公】可从谷聲或公聲。赬【𧹬，赤色也。从赤，巠聲。詩曰：魴魚赬尾。𧹭，赬或从貞。𧹫，或从丁】可从巠聲、貞聲或丁聲。姻【𡣽，壻家也。女之所因故曰姻。从女因，因亦聲。𡣳，籀文姻从開】可从因聲或開聲。

（九）同樣筆劃源自不同部件或創意。

奏【𡞀，奏進也。从夲从廾从屮。屮，上進之義。𡴁，古文。𢍯，亦古文】，雙手持一物，演奏音樂（𦥑𧯇 𦥑𧯇 𦥑𧯇 𦥑𧯇）。

春【𣃚，推也。从日艸屯，屯亦聲】，甲骨文作从艸，或从木、林，或从日屯聲。是個从屯聲的形聲字（𣃲 屯 𣃷 𣃚）。

泰【𡃈，滑也。从廾水，大聲。夵，古文泰如此】，兩隻手扶一人步行濕滑之地（夵 夵 夵）。

秦（字 309），雙手持杵搗打兩禾以製造精米（𥞜 𥞦 𥞝 𥞢 𥞙 𥞘）。

奉【𡴂，承也。从手廾丰聲】，雙手捧着封疆界之樹（圖圖圖）。

這五字的上半部字形都一樣，其實都源自不同的創意。

享(字109)，高臺上的建築物，為享祭鬼神之所（圖圖圖圖圖）。

郭(字7)，城牆上望臺（圖圖圖圖）。

臺【臺，孰也。从𠧪羊。讀若純。一曰鬻也。臺，篆文臺】，獻熟食之羊於廟前（圖圖圖圖圖圖圖）、孰【𤎼，食飪也。从丮臺】雙手前伸獻祭熟食之羊於廟前。

其左半一樣，但源自不同的創意。

票【𤐫，火飛也。从火覀。票與𤑳同意】，雙手持一物在火上燒烤。

禁【禁，吉凶之忌也。从示，林聲】，林中祭神之處為禁地。

尉【𡂕，从上按下也。从𡰥又持火，所以申繒也】，手持在火上燒烤的石頭以熨燙患者背部。

字之下半同而創意異。

塞【𡫳，隔也。从土，𡫹聲】【𡪀，窒也。从𡔷从廾窒宀中。𡔷猶齊也】，將多物整齊地充塞屋中儲存起來。

寒【𡩅，凍也。从人在宀下，从茻上下為覆，下有仌也】，以草堵塞房屋隙縫之處以減寒氣（圖圖）。

字之中間部分相同而創意異。

然【𤐫，燒也。从火，肰聲】，火點（圖圖）。

魚【𩵋，水蟲也。象形。魚尾與燕尾相似。凡魚之屬皆从魚】，魚尾巴（圖圖圖圖）。

燕(字394)【𦏩，燕燕元鳥也。籋口，布翅，枝尾，象形。凡燕之屬皆从燕】，鳥尾巴（圖圖圖圖圖圖圖圖圖）。

馬(字18)，馬的腳（圖圖圖圖）。

為(字261)，象的腳（圖圖圖圖）。

無(字146)，舞者的腳（圖圖圖圖圖圖）。

濕【𣾭，濕水出東郡東，武陽入海。从水，㬎聲。桑欽云出平原高唐】，絲線（▨▨▨▨）。

熊【▨，能獸似豕，山居，冬蟄。从能，炎省聲。凡熊之屬皆从熊】，火點（可能由泉字變來▨▨▨▨）。

鳥【▨，長尾禽總名也。象形。鳥之足似匕，从匕。凡鳥之屬皆从鳥】，鳥之足（▨▨▨▨）。

舄【▨，誰也。象形。▨，篆文舄从隹昔】，誰鳥之足（▨▨▨▨▨）。

焉【▨，焉鳥，黃色，出於江淮。象形。凡字，朋者羽蟲之長，烏者日中之禽，舄者知大歲之所在，燕者請子之候，作巢避戊己。所貴者，故皆象形。焉亦是也】，焉鳥之足（▨）。

黑（字392），人身上刺紋（▨▨▨▨）。

字下面的四點源自不同事物。

小（字113），細小之物（▨▨▨▨）。

尞（字347），火點（▨▨▨▨▨）。

皐【▨，際見之白也。从白上下小見】，光暈。

尒【▨，詞之必然也。从丨八。八象气之分散。八聲】爾析出，網魚竹簍的上部（▨▨▨▨▨▨）。

示【▨，天垂象，見吉凶，所以示人也。从上。三垂，日月星也。觀乎天文以察時變。示神事也。凡示之屬皆从示。▨，古文示】，神主牌形象（▨▨▨▨）。

尗【▨，豆也。尗象豆生之形。凡尗之屬皆从尗】（▨▨▨▨之部分）。

下三點源自不同事物。

老（字57），持杖長髮老人（▨▨▨▨▨▨）。

者【▨，別事詞也。从白，朱聲。朱，古文旅】鍋上的青菜及上冒的煙氣（▨▨▨▨▨▨▨▨）。

教（字236），持杖威嚇小孩去學習打繩結（▨▨▨▨▨▨）。

上半部源自不同事物。

受【⿰爪又，相付也。从爪，舟省聲】，一手交付一盤給另一手。手（⿰爪又 ⿰爪又 ⿰爪又 ⿰爪又）。

為(字261)，手導引象鼻以工作。手（⿱爪象 ⿱爪象 ⿱爪象 ⿱爪象 ⿱爪象）。

爵【⿱爪鬯，禮器也。⿱爪鬯象雀之形。中有鬯酒，又持之也。所以飲器象雀者，取其鳴節節足足也。⿱爪鬯，古文爵如此。象形】，商代之溫酒爵形。爵柱（⿱爪鬯 ⿱爪鬯 ⿱爪鬯 ⿱爪鬯 ⿱爪鬯 ⿱爪鬯 ⿱爪鬯 ⿱爪鬯 ⿱爪鬯 ⿱爪鬯 ⿱爪鬯 ⿱爪鬯 ⿱爪鬯 ⿱爪鬯 ⿱爪鬯）。

愛【⿱爪心，行皃也。从夊，㤅聲】【⿱爪心，惠也。从心，旡聲。⿱爪心，古文】，从心旡聲（⿱爪心 ⿱爪心）。

爪的筆劃絕大多數來自手的動作，有少數源自其他事物。

（十）同一意符演變成不同筆劃

心【⿱爪心，人心土臟也，在身之中。象形。博士說以為火臟。凡心之屬皆从心】，心臟形（⿱爪心 ⿱爪心 ⿱爪心 ⿱爪心 ⿱爪心 ⿱爪心）：恭【⿱爪心，肅也。从心，共聲】。念【⿱爪心，常思也。从心，今聲】。情【⿱爪心，人之陰气有欲者。从心，青聲】。

火(字328)，火焰形（⿱爪心 ⿱爪心 ⿱爪心 ⿱爪心）：赤【⿱爪心，南方色也。从大火。凡赤之屬皆从赤。⿱爪心，古文从炎土】，大火會意。然【⿱爪心，燒也。从火，肰聲】从火，肰聲。叟(字190)，手持火把於屋內搜索（⿱爪心 ⿱爪心 ⿱爪心 ⿱爪心）。尞(字347)，火點（⿱爪心 ⿱爪心 ⿱爪心 ⿱爪心）。票，雙手持物件在火上燒烤（⿱爪心）。光(字275)，人頭頂燈火（⿱爪心 ⿱爪心 ⿱爪心 ⿱爪心 ⿱爪心）。粦(字266)，人身上塗磷光（⿱爪心 ⿱爪心 ⿱爪心）。

廾【⿰爪爪，竦手也。凡廾之屬皆从廾。⿰爪爪，楊雄說廾从兩手】，雙手作捧物之狀：朕(字269)，雙手持工具弭補船板間之隙縫（⿰爪爪 ⿰爪爪 ⿰爪爪）。興(字149)，雙手抬輿架（⿰爪爪 ⿰爪爪 ⿰爪爪）。弈【⿰爪爪，圍棋也。从廾，亦聲】形聲。弄(字361)，雙手玩弄玉璞（⿰爪爪 ⿰爪爪 ⿰爪爪）。奉，雙手捧持封疆界之樹（⿰爪爪 ⿰爪爪）。丞【⿰爪爪，翊也。从廾从卩从山。山高，奉承之義】，雙手拯救陷於坑中之人。承【⿰爪爪，奉也。受也。从手卩廾】，雙手自下推舉一人往上之狀（⿰爪爪 ⿰爪爪 ⿰爪爪）。具(字67)，雙手捧煮食之鼎（⿰爪爪 ⿰爪爪 ⿰爪爪 ⿰爪爪）。

　　如上所述，今日的漢字，由於距離古代已遠，如不知其古代字形，
想通過它來分析字的結構或創意，可以說困難重重，所以具備些許古文
字學的知識是很有用的。大致說，認識一個字首先是分辨它是否形聲
字。形聲字就少創意上的困擾，形聲字通常可分析為一個意符及一個聲
符，因此要留意哪一些是常用的意符或聲符，它們常在的位置，再注意
某些特例。常用意符作為聲符的較少，大都是生僻字。還有，一字的音
讀和聲符的音讀有密切的關係，儘管現在的讀音已與千年前的大不同，
稍具古韻學的知識，大致可判斷一字的讀音是否和所標示的聲符有無關
係。如果不像形聲字而比較像表意字，就要依上文所介紹的準則去了
解，才有望對一個字有較清楚的認識。

餘論:中國文字學的應用

　　以前的教育家雖把文字學視為小學之一門，但因為目前文字學所學的重點並不只是識字的功夫，而是比識字還更深一層的內涵。故如以通讀書籍或提高寫作技巧為學習的主要目的，就不必對文字學有太多的認識。但有效把握文字學的知識，自可在好幾方面對某些問題的體認深刻些，故目前還規定為中文系的必修課程。其應用的要點約為以下幾點。

第一節　解讀發掘的或流傳的古代文獻

　　識字的最重要目的是在閱讀，不識字就談不上對文獻內容的了解。以前的典籍是漢代以後的傳抄與流傳本，使用的字體，尤其是印刷術流行以後的，都是我們日常所學習的，不必費太多的功夫就可讀通。但是百年來，尤其是最近的一二十年，大量的古代典籍與記錄出土，裏頭不但有原來未曾保存的文獻，也有現今流傳書籍的更早抄本。不但有異文，編次也常不同。較重要的有《老子》、《周易》、《儀禮》、《戰國縱橫家書》、《孫子兵法》、《孫臏兵法》、《墨子》、《晏子》、《管子》、《尉繚子》、《六韜》、《經法》、《十六經》、《秦律》、《五十二病方》、《武威醫簡》、《五星占》、《黃帝書》、《五行》、《緇衣》、《孔子詩論》等。內容包括政治、經濟、醫學、思想、藝術、民俗。它們不但提供線索，讓我們探究不曾知曉的事實，也可以糾正我們以為已了解的事實。這些文獻是用當時通行的文字書寫的，如果不具有古文字的知識，就沒辦法利用這一大批的資料。

第二節　考定古代史實

　　文字的記載，不管是官家的還是私人的，都可以透露很多的訊息。近一百年來，最為人們津津樂道的是甲骨文的發現。證實商代王朝的存在，杜絕對它的懷疑。以前所流傳的商代史實，現在可以用真正的文獻比對、核校是否失實，使甲骨學成為很重要的學科。現在已證實《史記》所記載的商王世系基本是對的，因此其所記載的夏王朝世系的可靠性也增加了許多。在甲骨文發現以前，流傳的有關商代史實的資料非常少。現在不但材料大增，還可以核校傳世的文獻是否可靠。以下以《史記・殷本紀》所記載的商王世系來對照甲骨第五期周祭（或稱五種祭祀）的祀譜，來見證史料的錯失（＝表示直系，－表示旁系，┬表示一世代有二王以上）。

```
1. 微 ＝ 2. 報丁 ＝ 3. 報乙 ＝ 4. 報丙 ＝ 5.主壬 ＝ 6.主癸 ＝ 7.天乙 ┬
    ┬ 8.大丁 ＝ 11. 大甲 ┬ 12. 沃丁
    ├ 9. 外丙              └ 13. 太庚 ┬ 14. 小甲
    └ 10. 仲壬                        ├ 15. 雍己
                                      └16. 太戊 ┬ 17. 仲丁
                                                 ├ 18. 外壬
                                                 └ 19. 河亶甲 ＝

    ＝20. 祖乙 ┬ 21. 祖辛 ＝ 23. 祖丁 ┬ 25. 陽甲
              └ 22. 沃甲 ＝ 24. 南庚  ├ 26. 盤庚
                                      ├ 27. 小辛
                                      └ 28. 小乙 ＝ 29. 武丁 ┬

    ┬ 30. 祖庚
    └ 31. 祖甲 ┬ 32. 廩辛
               └ 33. 庚丁 ＝ 34. 武乙 ＝ 35. 文丁 ＝ 36. 帝乙 ＝ 37. 帝辛
```

甲骨文周祭的次序（括弧內為法定配偶）

1. 上甲 ＝ 2. 匚乙 ＝ 3. 匚丙 ＝ 4. 匚丁 ＝ 5. 示壬(庚) ＝ 6. 示癸(甲) ＝

＝ 7. 大乙(丙)　8. 大丁(戊) ＝ 9. 大甲(辛) ＝ 11. 大庚(壬)

10. 外丙

12. 小甲

13. 大戊(壬)　15. 中丁(己、癸)　17. 戔甲

14. 雍己　16. 外壬　18. 祖乙(己、庚)

19. 祖辛(甲)　21. 祖丁(己、庚)　23. 陽甲

20. 甲羌(庚) ＝ 22. 南庚　24. 般庚

25. 小辛

26. 小乙(庚) ＝

＝ 27. 武丁(辛、癸、戊)　28. 祖己

29. 祖庚

30. 祖甲(戊) ＝ 31. 康丁(辛) ＝

＝ 32. 武乙(戊) ＝ 33. 文丁(癸) ＝ 34. 帝乙 ＝ 35. 帝辛

　　甲骨的周祭卜辭不但糾正了《史記》的錯誤，更指出直系王的正式配偶數目與名號。更可以透過周祭舉行的日期，探明商代晚期的曆法。又商代各王的在位年數，甲骨文所呈現的現象也可以糾正文獻記載的錯誤。如武乙的在位年數，有《通志》四年與《竹書紀年》三十五年兩說，相差懸殊。《尚書·無逸》也指出祖甲以後的王，"罔或克壽，或十年，或七八年，或五六年，或四三年"。似乎反映出武乙的在位年數應該很短，故四年之說得到不少學者的肯定。當時的習慣，必定於癸日占問下一旬的災禍，每次用三塊左右骨頭各卜問一次而留下了每旬六條的卜辭。目前發掘的武乙時代的卜旬辭，今統計其使用數量已經超過十年，可推論武乙的在位年數一定超過十年，四年之說絕對是錯誤的。而且商代周祭的舉行時間，也顯現最後三王（文武丁、帝乙、帝辛）都超過二十年，絕非在位十年以下。

　　甲骨文所記載的事件，不單是商代的國內外政治、軍事、制度以及

有關商王本身等問題，也反映了一般大眾的生活動態，使我們對當時的社會有更深刻的認識。銅器銘文的內容雖然沒有甲骨文那樣豐富，也表現了不少周王朝與諸侯之間的互動關係。其他的記載，就算不直接，也往往間接地反映其時代的背景，都是不能忽略的材料。最近在陝西郿縣發掘的一件銅盤，歷述西周的文王、武王、成王、康王、昭王、穆王、恭王、懿王、孝王、夷王、厲王、宣王等十二位王，與《史記·周本紀》記載的次序全同。

第三節　　了解古代社會的生活樣貌或思考的狀況

在本論的創意一節已經舉了不少例子，說明一個字所能反映的當代生活樣貌及思考狀況。其他的例子還有很多，筆者所寫的《中國古代社會》（臺灣商務印書館 1995 修訂版），就是利用古文字去印證的。一個時代使用的字形與字義，也可以反映很多的現象。譬如東周時代從金的形聲字大增，知道金屬器物鑄造的內容增廣，其知識也普及到各地。東周時代從心的形聲字大增，不但知道中國人以為心臟是思想的器官，也知道當時思想的發達，形成百家爭鳴的局面。東周時代疾病的形聲字大增，印證了用藥知識的提升，導致長生的思想。至若以女合成的字往往帶有負面的價值觀，表現重男輕女的時代風氣，如甲骨卜辭生子叫嘉（字 284）（圖），生女曰不嘉。如（字 254）（圖），強調婦女唯唯諾諾，不表示意見。安（字 222）（圖），創意為婦女在屋裏纔安全，限制婦女的行動。姤【圖，婦姤夫也。從女，石聲】、妎【圖，姤也。从女，介聲】要求容忍丈夫多娶妻妾，男性則無相對應的字。若二人為从（字 155）（圖圖），二女為奻【圖，訟也。从二女】，兩女相處易生事端（圖圖圖圖圖）。三人為眾【圖，眾立也。从三人。凡眾之屬皆从眾。讀若欽崟】，三女則為姦【圖，厶也。从三女。圖，古文姦从旱心】，多女在一起易生奸宄之事端（圖圖圖）。反映了把婦女孤立起來，不讓她們走入社會，有相互交流信息的機會。至於婬【圖，厶逸也。從女，㝈聲】、奸【𡚽，犯婬也。從女，干聲】、姘【𡞖，除也。從女，并聲。漢律，齊民與妻婢姦曰姘】則把淫亂的責任都推給女性。都反映婦女在社會中地位的低落。又如鏡子的使用，監、鑑、鏡三字代表其器物的演變，知道由借用陶水盆到銅鑑，以至於鑄造專用照顏鏡子的過程。今則使用玻璃或反光板製作。又如鯨魚，今知為哺乳動物，但其字以魚為意符，知道古人誤以為是魚類。

第四節　訓詁古籍字義

字不可無限量地創造，所以使用引申與假借的辦法，推廣字的使用範圍。一個字經過多次延伸，有時就與本義相去甚遠。有時用在較早文獻的字義，就不容易看得出來，譬如《孟子》引用《尚書》逸文“有攸不惟臣，東征，綏厥士女”、《禮記·夏小正》“綏多士女”。綏【綏，車中靶也。從糸，妥聲】與文意不適合，故舊註訓綏假借為妥，意義為安。但綏的字源妥（字422）【𡟇，安也。從爪女。妥與安同意】為被手所壓制的女俘，女性體力較差，故被迫安於無奈的處境。俘虜經常加以捆縛以防其反抗或脫逃，知道用本義比較貼切。如果解釋為安其士女，則暗示戰勝者懷有仁慈之心。如果用本義，正表示古代戰勝者掠奪財物的用心。兩者的意義有天壤之別。

編號	商甲骨文				兩周金文				秦小篆	漢隸書	現代/創意
422									𡟇	妥	妥 為手所壓制的女俘。

又《山海經》有女丑之尸、奢比之尸、貳負之尸。尸於此的意義是夷。尸【尸，陳也。象臥之形。凡尸之屬皆从尸】原本是夷字的古寫，象人蹲坐之狀（𣎼）（𣎥𣎥𣎥𣎥𣎥𣎥），它是東夷族的坐姿，與中國的跪坐習俗不同（𣎡𣎡𣎡𣎡𣎡𣎡）。但蹲坐也是二次葬撿屍骨時重新安排的

姿勢，代表死亡正式的終止。故祭祖先時就以兒孫以蹲坐的姿勢代表之，稱為屍，故尸字也用以為屍【𡰣，終主也。从尸死】。又，先師屈萬里先生指出《周易‧睽卦‧上九》"睽孤。見豕負塗。載鬼一車。先張之孤（弧），後說（脫）之孤。匪寇，婚媾。往遇雨則吉"的鬼，比較甲骨卜辭的"鬼方易亡禍？"（《合》8591）、"鬼獲羌？"（《合》203）。知道鬼是鬼方的簡稱，而不是死後的鬼神精靈。原來卦辭描寫的是，見到滿載一車鬼方的人，以為是來搶劫的，所以張開弓箭以為防備。後來了解是為了來求親，所以放下弓箭表示歡迎。

第五節　　探明書寫的訛錯，有助校勘的工作

　　因視覺的疏忽或認識的不足而導致書寫錯誤是任何時代都免不了的事。商代的甲骨卜辭、兩周的銅器銘文都有寫錯字或挖補修改的例子。傳世的典籍文獻，經過千年的傳抄，筆誤在所難免。王叔岷先生的《斠讎學》第參章示要，論證古籍之失約有四事：一是增、刪、改、乙之失真，二是古文、籀文、篆文、隸書、草書、俗書、楷書之相亂，三是六朝、隋、唐寫本之不同，四是宋、元、明、清刻本之各殊。第二項完全是因字形相近的關係而導致錯誤，而其他三項有時也與字形有關。略舉數例於下：

　　金文例：

　　文(字1)為胸上刺紋之形（𩰦𥘅𡕽），被誤為寧(字216)（𡪏𤔔𥂷𥂷）。其例，《尚書‧大誥》"以于敉寧武圖功"、"天休于寧王，興我小邦周"、"寧王惟卜用"、"予曷敢不于前寧人攸受休畢"，《尚書‧君奭》"我道惟寧王德延"。比照銅器銘文，知分別是文武、文王、前文人的誤讀，而且必是誤認西周時代胸上有心紋的一形而來。

　　上(字51)一短劃在長劃之上，表達在上的形勢（𠄞𠄞），錯為二【二，地之數也。从耦一。凡二之屬皆从二。弍，古文二】。

　　君(字303)以持筆書寫者為統治階級創意（𠱛𠱛𠱚𠱛𠱛），錯為周

（字 340），周以四周建有擋風牆一類之保護物表意（田 囲 學 毘 周 周）。

其（字 346）（圖 圖 圖 圖 圖）的初形象簸箕之形，丌【丌，下基也。 荐
物之丌。象形。凡丌之屬皆从丌。讀若箕同】，簡化簸箕增繁後的字形
（月 亓 亢 六），錯為六，六【圖，易之數，陰變於六，正於八。从入。
凡六之屬皆从六】，符號（介 介 六 介 介 六 六）。

時【晦，四時也。从日，寺聲。峕，古文時从日之作】从日之聲的
形聲字（圖），錯為者（字 423）【者，別事詞也。从白，宋聲。宋，古文
旅】，者即煮的字源，作菜蔬在鍋上燒煮並有水蒸氣上騰之狀。

編號	商甲骨文	兩周金文	秦小篆	漢隸書	現代/創意
423		圖 圖 圖 圖 圖 圖 圖 圖	者 s	者	者 菜蔬在鍋上煮之狀。

自【自，鼻也。象鼻形。凡自之屬皆从自。自，古自】【自，此亦
自字也。省自者，詞言之气从鼻出。與口相助。凡白之屬皆从白】，鼻子
之形（自 自），錯為白【白，西方色也。陰用事，物色白。从入合二。二
陰數。凡白之屬皆从白。自，古文白】，白即大拇指之形，借為顏色及
爵號（自 白）。

古文例：

爭【爭，治也。从又卪。卪，事之節】，以手壓抑制服人，後來演變
至手下移（圖 圖 圖 圖）而誤為及，及【及，逮也。从又人。弋，古文
及。秦刻石及如此。弓，亦古文及】表現手自後追趕抓人之狀
（圖 圖 圖 圖 圖 圖 圖 圖）。

旅【旅，軍之五百人。从㫃从从。从，俱也。圖，古文旅。古文以
為魯衛之魯】以一旗幟之下的眾人表意（圖 圖 圖 圖 圖 圖 圖），旅為萬人
的大單位，由各族人所組成，被派遣到遠地服務的軍隊。誤為衣，衣
【衣，依也。上曰衣，下曰常。象覆二人之形。凡衣之屬皆从衣】象有

交領的上衣形（衣 衣 衣 衣 衣）。

平（字310）為天平稱物之狀（平 平 平 平 平 平 平 平 平 平），誤為釆【米，辨別也。象獸指爪分別也。凡釆之屬皆从釆。讀若辨。釆，古文釆】，釆象野獸的指爪印痕，或采（字185），手採樹上物之形（采 采 采）。其例，《尚書·堯典》"平章百姓"應讀為辨章，釆、辨為同音假借。

禮【禮，履也。所以事神致福也。从示从豊，豊亦聲。禮，古文禮】从示豊聲之形聲字，誤為札【札，牒也。從木，乙聲】。

七（字115），符號（十 十 十），誤為十（字117），符號（丨 丨 丨 丨 十）。

教（字236），持棍強制小孩學習打繩結（教 教 教 教 教 教），誤為敢（字42），敢，手持挖礦工具（敢 敢 敢 敢 敢）。其例，《尚書·皋陶謨》"無教逸欲有邦"，"無教"為"無敢"之誤。

四【四，陰數也。象四分之形。凡四之屬皆从四。四，古文四如此。三，籀文四】，四劃之數量，後為避免誤會，假借口吹氣之狀以表示（三 四 四 四 四），誤為六（六）。

物【物，萬物也。牛為大物。天地之數起於牽牛，故从牛，勿聲】从牛勿聲的形聲字，誤為利（字271），利為以刀割禾可得快速完成之利（利 利 利 利 利）。其例，《墨子·兼愛中》"天下之士君子，特不識其利、辯其故也"，"識其利"為"識其物"之誤。

為（字261），手牽象鼻，引導之使工作（為 為 為 為）。古文作為，因誤為而（字66），而為下頜之鬍子形（而 而 而 而）。其例，《淮南子·人間》"虞之與虢，相恃而勢也"。應作"相恃為勢也"。

籀文例：

歸（字227），回娘家時所帶之土塊與掃帚（歸 歸 歸 歸 歸 歸），誤為婦【婦，服也。从女持帚灑埽也】，掃帚之女性為婦人（婦 婦 婦）。

樹【樹，木生植之總名也。从木，尌聲。樹，籀文】，作手設置鼓架或某種器物之狀（樹 樹），誤為鼓（字298）【鼓，擊鼓也。从支壴，壴亦聲。讀若屬】【鼓，郭也。春分之音，萬物郭皮甲而出故曰鼓。从壴从中又。中象垂飾，又象其手擊之也。周禮六鼓，雷鼓八面，靈鼓六面，路鼓四面，鼖鼓、皋鼓、晉鼓皆兩面。凡鼓之屬皆从鼓。鞀，籀文鼓从古】，為手擊鼓之狀（圖 圖 圖 圖 圖 圖）。

地【墬，元气初分，輕清易為天，重濁陰為地。萬物所陳列也。从土，也聲。墬，籀文地从阜土，彖聲】，形聲字（圖），誤為墜【《廣韻》落也】。

四（圖 圖 圖 圖 圖 圖），誤為三【三，數名。天地人之道也。於文，一耦二為三，成數也。凡三之屬皆从三。弎，古文三】（圖 圖）。如《儀禮‧覲禮》"四享皆束帛加璧"，"四享"為"三享"之誤。

篆文例：

之【屮，出也。象艸過中，枝莖漸益大有所之也。一者地也。凡之之屬皆从之】，腳所踏之處（圖 圖 圖 圖 圖），誤為止（字 69），止為腳趾形（圖 圖 圖）。

穴【內，土室也。从宀，八聲。凡穴之屬皆从穴】，以木柱支撐之坑道形，誤為內【內，入也。从宀入。自外而入也】，內，屋內見門簾之形（圖 圖 圖 圖 圖）。

四（圖 圖 圖），誤為大（字 74），大為大人正面立形（圖 圖 圖 圖）。

制【圖，裁也。从刀未。未，物成有滋味可裁斷。一曰：止也。圖，古文制如此】，以刀刮削樹枝以製作器物之意，誤為利（字 272），利，以刀割禾，快而有利之意（圖 圖）。如《管子‧揆度》"珠玉為上幣，黃金為中幣，刀布為下幣。先王高下、中幣，利下上之用"，"制下上之用"誤為"利下上之用"。

服【服，用也。一曰車右騑，所以舟旋。从舟，反聲。舟，古文服从人】，形聲字（圖 圖 圖 圖），誤為般【般，辟也。象舟之旋，从舟从殳。殳令舟旋者也。般，古文般从攴】，般可能以工具製造木盤之狀，早期木器常用挖斲方式成形（圖 圖 圖 圖 圖 圖）。

堂【堂，殿也。从土，尚聲。圖，古文堂如此。圖，籀文堂从尚，京省聲】，从土尚聲之形聲字（﹝圖﹞﹝圖﹞﹝圖﹞），誤為商（字 336），商為建築形（﹝圖﹞﹝圖﹞﹝圖﹞﹝圖﹞﹝圖﹞﹝圖﹞﹝圖﹞）。

隸書例：

斗【﹝圖﹞，十升也。象形有柄。凡斗之屬皆从斗】，挹水漿之有柄容器形（﹝圖﹞﹝圖﹞﹝圖﹞），誤為升【﹝圖﹞，十合也。从斗。象形。合龠為合，龠容千二百黍】，升為小型的挹水器形（﹝圖﹞﹝圖﹞﹝圖﹞）。

出（字 262），腳走出穴居（﹝圖﹞﹝圖﹞﹝圖﹞﹝圖﹞），誤為士【士，事也。數始於一終於十，从一十。孔子曰，推十合一為士。凡士之屬皆从士】，士為雄性動物的性徵（﹝圖﹞﹝圖﹞﹝圖﹞﹝圖﹞），或土（字 92），土為土塊形（﹝圖﹞﹝圖﹞﹝圖﹞﹝圖﹞）。如《孟子·萬章》“使浚井，出，從而揜之”，“浚井土”誤為“浚井出”，連帶斷句也變動。

介（字 424）【﹝圖﹞，畫也。从人从八】象一人的身子前後穿著綴有甲片防護衣之狀，誤為分【﹝圖﹞，別也。从八刀。刀以分別物也】，分，以刀等分物之意（﹝圖﹞﹝圖﹞﹝圖﹞﹝圖﹞﹝圖﹞﹝圖﹞）。

害（字 425）【﹝圖﹞，傷也。从宀口。言从家起也。丯聲】，從割字（﹝圖﹞﹝圖﹞﹝圖﹞﹝圖﹞）的創意為以刀分剖澆鑄冷卻的鑄物，推知害為型範已被壞剖開之狀。誤為周（字 340），周，四周有保護之場所（﹝圖﹞﹝圖﹞﹝圖﹞﹝圖﹞）。

編號	商甲骨文	兩周金文	秦小篆	漢隸書	現代/創意
424	﹝圖﹞ ﹝圖﹞ ﹝圖﹞ ﹝圖﹞ ﹝圖﹞ ﹝圖﹞ ﹝圖﹞		﹝圖﹞ s	﹝圖﹞	介 一人身上穿綴甲之衣狀。
425		﹝圖﹞ ﹝圖﹞ ﹝圖﹞ ﹝圖﹞ ﹝圖﹞ ﹝圖﹞ ﹝圖﹞ ﹝圖﹞ ﹝圖﹞	﹝圖﹞ s	﹝圖﹞	害 鑄器之型範已被破壞剖開之狀。

草書例：

規【﹝圖﹞，規巨有灋度也。从夫見】表達大人之見識有規範之意（﹝圖﹞），誤為親【﹝圖﹞，至也。从見，亲聲】，親，形聲字（﹝圖﹞）。叔（字

191），手採豆莢之狀（〔字形〕）（〔字形〕），誤為升（〔字形〕）。故【故，使為之也。从攴，古聲】，形聲字（〔字形〕），誤為得(字286)，得，於行道拾到他人遺失的海貝，大有所得之意（〔字形〕）（〔字形〕）。如《晏子春秋‧內篇雜上》"高糾事晏子而見逐，高糾曰：臣事夫子三年，無得，而卒見逐。其說何也"，"無故"誤為"無得"，斷句也變動。

第六節　　有助古音的探討工作

研究古音，對於沒有韻書的時代，主要靠有韻的文學作品以及形聲字去判定同韻的關係，然後推測其演變的途徑。目前商代還未發現有韻書或押韻的文學作品，但是已有不少的形聲字。形聲字的音讀與其聲符必有密切的關係，前已有所介紹，可幫助探討商代的語言大概。其助益約有數端：

（一）形聲字與其聲符屬同韻外，且經常是同一大類的聲母。故從甲骨文的形聲字，不但可以知道本字與諧聲的部分在商代同韻部，也可檢驗到先秦的時代，該兩字的聲韻關係是否已起變化。如遘（〔字形〕）與所諧的冓(字182)聲（〔字形〕），今據周法高的先秦古音擬音，冓與遘都屬於侯東韻，讀如 kew。聲母與韻母都沒有異常的變化。但是亳【亳，京兆杜陵亭也。从高省，乇聲】（〔字形〕），依周法高的擬音，乇讀如 trak，亳讀如 bwak，聲母一為齒音，一為喉音。這兩類聲母一般不互相諧聲。依《說文》，乇【乇，艸葉也。垂采。上貫一，下有根。象形字。凡乇之屬皆从乇】是某種草的象形字。但是亳的衆多字形中，高之下的構件，字形並不一致。與另一個从乇聲的宅【宅，人所托居也。从宀，乇聲。〔字形〕，古文宅。〔字形〕，亦古文宅】（〔字形〕）也不一樣。很可能亳字的創意是干欄式的高大建築物前植有觀賞作物，是商人在亳地所建的祭祀及行政建築，而不是从高乇聲的形聲字。又如婦【婦，服也。从女持帚灑埽也】（〔字形〕）的擬音是 bjwəv，帚（〔字形〕）是 tjəw。兩字的聲母和韻母都不屬同一大類，如果把婦說成是从女帚聲之字，就會有問題。支持以婦女持帚把灑埽表意的創意說法。

　　（二）當一個字有不同的聲符時，指示那兩個聲符屬於同韻。如麓的甲骨字形作从林鹿聲（〔圖〕），或作从林彔聲（〔圖〕），知鹿、彔與麓在商代或之前應屬同類的聲母與韻母。三字都同屬侯東韻，根據擬音，都讀如 lewk。

　　（三）如果一個字有不同的聲符時，除上例的同韻情形外，如本論第三節所論，不同韻的情形有可能是前代多音節的孑遺。風（字 21）本假借鳳鳥（字 22）（〔圖〕）之形表達，後來加上凡聲（〔圖〕），但偶有作兄聲（〔圖〕）。據擬音，屬緝侵韻的鳳讀如 bjəm，風讀如 pjəm，凡讀如 bjwəm，但兄則屬魚陽韻，讀如 xiwang。聲母和韻母都與風不同類，很難假定兄與凡在商代不同音，演變至先秦時代成為同音，故有可能是前代多音節的孑遺。

　　（四）假借字的使用，也指示字與借假字的聲韻都非常接近，如"旬亡禍"為常見的卜辭例，有一甲骨刻辭（《合》34797）作"旬亡火"。知禍與火的聲母與韻母應都非常接近，而商代的禍與骨同形，則禍、骨與火的聲讀也應相近。據擬音，都屬於微文韻，火讀如 xwər，禍讀如 vjwər，骨讀如 kwət，都非常相近。又如商代假借桑字表達喪（字 226）亡的意義。桑以樹枝間懸掛多個筐籃的採桑葉作業，以指明桑樹的植物種屬（〔圖〕）（〔圖〕）。知喪與桑在商代或之前屬同聲韻。據擬音，兩者都屬於魚陽韻，讀如 sang。

　　但有些假借字，音讀卻頗不相近。甲骨卜辭的兄字（〔圖〕）與祝字（〔圖〕）的用法雖不完全相同，但一對照《合》787 "〔圖〕于祖辛"與《合》2570 "〔圖〕于母辛"、《合》8093 "屮（唯）上甲〔圖〕用"等辭例，推知兄作為祝字使用。人倫的字一般都是來自假借，人們認為兄表現一人張口祈禱狀，意義為祝，借為兄長。因是有關祭祀之事，故後來加示以為分別。但祝屬於幽中韻，讀如 tjəwk，與屬魚陽韻而讀如 xiwang 的兄，有很大的差距，就要特別考究其原因。

　　又如"弗每"為甲骨第三期常見的用語，假借為弗悔或弗侮（沒有悔恨之事發生）。據擬音，每讀如 mwəv，悔讀如 xmwəv。是唇音與喉音相協聲的例子。古代是否有複聲母，也須慎重考慮，也有可能是一字讀二音的現象。

　　（五）假借字有後來再加聲符的例子，也指示其多個聲符應同韻，如甲骨文借羽毛象形為明後日之昱（字28）（ ），後加聲符立，理論上昱、羽與立在商代或之前應同聲韻。但根據周法高的擬音，羽與于同屬於魚陽韻，都讀如 vjwav。而立屬於緝侵韻，讀如 dziəm，昱屬於幽中韻，讀如 vriəwk。這之間的差異，是不是表示從商代到先秦，它們之間的變化有了不一樣的途徑呢？

　　（六）若一字形使用以為不同的意義，後來加上聲符以分別兩義，也指示同韻的現象。如晶後來加聲符生成星字（字110），知晶、星、生三字在商代或之前同聲韻，三字都屬於支耕韻，生讀如 sreng，星讀如 seng，晶讀如 tsjieng，都非常接近。

　　甲骨文有時也有助於釐清後世不當的聲韻歸類。形聲字與其諧聲屬於同韻，且經常是同類的聲母。因字形的演變或訛化，導致原創意隱藏難見，被誤解為是形聲字，而以某部件為聲符，或甚至某字的省聲。　如有較早期的字形，就常可釐清其錯誤。此類例子很多，如聖字（字218），本借一人有敏銳的聽力，表達超越常人的能力（ ）。因字形起了變化，被誤為從壬（ ）聲。先秦古音，聖讀如 st'jieng，壬讀如 t'eng，雖同屬於支耕韻，但聲母與介音都不同，可推斷聖不必以壬為聲符。又喪字（字226），本借桑樹為喪亡的意義（ ），字形訛變至如有從亡聲（ ）（ ）。雖然桑與喪屬同聲韻，但與亡不一定屬同聲類，何況亡讀如 mjwang，聲母與之不同大類。良字（字402）（ ），創意可能來自乾糧袋，字形訛變如有從亡聲（ ）。從字形知良與亡不一定同聲類，而且良讀如 liang，和亡也不同聲母。薅字（字404）（ ）以手持蜃製農具在山坡除草表意，山坡的部分訛變如女字，被誤為好的省聲。知道薅與好，雖然都讀如 xəw，但無法證明在商代一定屬同聲韻。在本論的字形結構分析一節中，所舉李孝定先生歸類於形聲字的例子，有時以甲骨文的字形，根本就是個整體而分析不出聲符，可能就是依從許慎《說文》解釋的結果。近日讀一篇論述商代聲韻的文章，也常依《說文》把非形聲字當作形聲字，去統計、分析聲類間相互的關係。
材料的認定既然大有可議之處，所得的結論就不免有待修正。有時困惑
於聲符與本字聲韻的讀音相隔太遠，可能就是誤把表意字視為形聲字的
結果。故研究中國古聲韻的人，如果對古文字的創意有深切的認識，一
定對古韻腳的推論有更精確的結論。

第七節　有助古文獻年代的推斷

可以說，確定一件文獻的年代，是一旦能通讀文獻後，要從事進一
步研究的首要工作。前面已經談過，雖然有或遲或速之別，一個字的
形、音、義都在不斷地起變化。對它們的變化了解得越徹底，就越容易
對文件的斷代肯定。百年來的努力，學者已經對甲骨卜辭的斷代很有把
握，可確定每一片甲骨的時代屬於五期中的哪一期，甚至是哪一王的材
料，字形和書體是甲骨斷代最常依據的標準。對銅器銘文的斷代，雖然
不能也像甲骨那樣肯定，但對兩周早、中、晚時代的大致段落的斷代是
可以做得到的。

從文字的條件判定一件文獻的年代可以是多方面的。可以從字形
本身的時代、字義使用的時代、甚至文辭所訛錯的時代，也可以由字形
而推測導致錯誤的時代。譬如說，從文（字 1）王被錯認為寧王，就可知
道文獻的年代是西周，胸上留有心的早期字形（🝔🝔）。再如金字（字
4）（🝔 🝔：🝔 🝔 🝔 🝔）較早的字義是金屬或以銅為主要成分的鑄造銅器
的材料，它從不被用以代表現今的黃金。甚至《周易·噬嗑》的“噬乾
肉，得黃金”，黃金指的也是青銅鑄成的箭鏃。從地下出土的文獻看，
西漢時還經常以金指稱青銅。秦末年的《金布律》：“縣都官以七日糞
公器不可繕者、有久識者，靡蟲之。其金及鐵入以為銅。”所言的金及
鐵是鑄造器物的材料，而銅（🝔🝔）則是指以銅鑄造的器物。基本
上，兩周時代，銅已指稱用銅鑄成的器物，如銅鼎、銅壺等，不是鑄造
銅器的材料。如果有文獻以銅指稱銅材，就不會是西漢早期或以前的抄

本。《越絕書・寶劍》和《管子・地數》都有人以銅指稱銅礦或銅材的例子，雖然這兩本書有可能初稿完成於戰國時代，但寫成今日流傳的模樣的，應該是西漢或更遲的時代，以銅替代原來的金字。

又如《周禮》一書，有人以為是劉歆所偽造。儘管從內容及流傳的情況，可推斷《周禮》不會是西漢以後的作品。從使用的字義與字形的現象看，它比較可能是漢以前的作品。一是保持了罕見使用的古義，如《考工記》使用朕字（字269）為縫的意義，朕字作雙手持工具在船體工作之狀（ ），縫的意義必是來自彌補船的縫隙。自商代以來，朕已都假借為第一人稱使用。還有，晉字（字417）作一陶範及兩排箭（ ），表達以兩片範鑄成的器物。《考工記》用以為銅鐓或竹箭的銅鏃都是常見的用兩片範鑄的銅器。但經學家都以為是假借義，《說文》也不理解其形構的意義。想來也不是古文學派的祖師爺劉歆所可知曉的。其次是保持古字形，《周禮》時常用漢代不通行的字形，如灋（法）（字25）（ ）、鱻（鮮）【 ，新魚精也。從三魚。不變魚也】（眾多魚鮮之意 ）、虣（暴）【《說文新附》虐也，急也。從虎從武】（不用陷阱而以兵戈對付老虎是種急躁不智的行為 ）、毓（育）（字31）（女性生下小孩之狀 ）、卝（礦）【 ，凡物無乳者卵生。象形。凡卵之屬皆從卵。 ，古文卵】（魚卵之形）等例子甚多。尤其是風字（字21）（ ）寫成從蟲從凡，應該是從籀文系統的字形隸寫下來的。它們都是先秦著作的堅強證據。

第八節　有助書法、篆刻藝術的創造

書法和篆刻都是中國的重要藝術形式，經常會利用到小篆或其前的文字材料。如果對某字的結構有所了解，就比較不會寫錯筆劃、認錯字或選用寫錯的字。如果要設計一個還未出現的古字，也比較容易分析現存字的部件而給予合理的組合。同時，如對各時代的書體有認識，寫出來的字也會更和諧，不會有刺眼的感覺。

參考文獻

唐蘭《中國文字學》，臺北：臺灣開明書店，1969。

唐蘭《古文字學導論》，臺北：樂天出版社，1970（發表於1935）。

龍宇純《中國文字學》，香港：崇基書店，1968。

裘錫圭《文字學概要》，臺北：萬卷樓圖書有限公司，1994。

許錟輝《文字學簡編》，臺北：萬卷樓圖書有限公司，1999。

高明《中國古文字學通論》，北京：文物出版社，1987。

高明《古文字類編》，北京：中華書局，1980。

李孝定《甲骨文字集釋》，臺北：中研院歷史語言研究所，1965。

李孝定《漢字的起源與演變論叢》，臺北：聯經出版事業公司，1986。

周法高編《漢字古今音彙》，香港：香港中文大學，1973。

郭沫若主編，胡厚宣總編輯《甲骨文合集》，北京：中華書局，1979—1982。

彭邦炯、謝濟、馬季凡編輯《甲骨文合集補編》，北京：語文出版社，1999。

周法高主編《金文詁林》，香港：香港中文大學，1974。

周法高編《金文詁林補》，臺北：中研院歷史語言研究所，1981。

容庚編《金文編》，北京：中華書局，1985。

徐中舒主編《甲骨文字典》，成都：四川辭書出版社，1989。

　　松丸道雄、高嶋謙一編《甲骨文字字釋綜覽》，東京：東京大學東洋文化研究所，1993。

　　何琳儀《戰國古文字典——戰國文字聲系》，北京：中華書局，1998。

　　徐中舒主編《漢語古文字字形表》，成都：四川人民出版社，1980。

　　漢語大字典字形組編《秦漢魏晉篆隸字形表》，成都：四川辭書出版社，1985。

　　許進雄《古文諧聲字根》，臺北：臺灣商務印書館，1995。

　　許進雄《中國古代社會》，臺北：臺灣商務印書館，1995 修訂本。

　　何琳儀《戰國文字通論》，北京：中華書局，1989。

　　藤堂明保《漢字語源辭典》，東京：學燈社，1971。

　　鴻勳《六書商榷》，臺北：正中書局，1969。

　　姚孝遂《許慎與說文解字》，北京：中華書局，1983。

　　陳立《楚系簡帛文字研究》，臺灣師範大學國文系碩士論文，1999。

　　余迺永《新校互註宋本廣韻》，香港：中文大學出版社，1993。

　　段玉裁《新添古音說文解字注》，臺北：洪葉文化事業有限公司，1998。

　　黃德寬、陳秉新《漢語文字學史》，合肥：安徽教育出版社，1990。

　　許逸之《中國文字結構說彙》，臺北：臺灣商務印書館，1991。

索引:例字的页码

序列	字	頁碼	序列	字	頁碼	序列	字	頁碼
例79	木	70	例80	戈	70	例81	皿	71
例82	章	71	例83	龍	71	例84	牛	72
例85	羊	72	例86	鹿	72	例87	車	72
例88	黍	73	例89	犁	73	例90	米	73
例91	玉	74	例92	土	74	例93	瓜	74
例94	須	74	例95	帶	74	例96	稻	75
例97	粟	75	例98	天	75	例99	佩	75
例100	職	75	例101	石	76	例102	尿	76
例103	胃	76	例104	次	76	例105	果	76
例106	克	78	例107	皮	78	例108	來	78
例109	享	78	例110	晶、星	79	例111	絲	79
例112	呂	79	例113	小、少	80	例114	四	80
例115	七	80	例116	八	80	例117	十	80
例118	丩	80	例119	工	82	例120	攻	82
例121	又	82	例122	且	82	例123	苩	83
例124	逆	83	例125	丑	83	例126	交	83
例127	刃	84	例128	亦	84	例129	肘、肱	84
例130	九	84	例131	面	84	例132	彭	85
例133	奠	85	例134	朱	85	例135	本	85
例136	末	85	例137	身	86	例138	曰	86
例139	臀	86	例140	必	86	例141	尤	86
例142	夫	87	例143	見	87	例144	塱、望	87
例145	非	87	例146	舞	88	例147	次	88
例148	旁	88	例149	興	88	例150	疾	88
例151	广	89	例152	衆	89	例153	步	89
例154	林	90	例155	从	90	例156	比	90
例157	災	90	例158	多	91	例159	並	91
例160	替	91	例161	麤	91	例162	秝、歷	91
例163	茲	92	例164	戔	92	例165	友	92
例166	劦	92	例167	牡	93	例168	牝	93
例169	休	93	例170	臭	93	例171	族	94
例172	劓	94	例173	器	94	例174	初	94
例175	永	95	例176	爿	95	例177	子	95
例178	行	95	例179	复	98	例180	辭、亂	98
例181	絕、繼	98	例182	冓	98	例183	黃	99
例184	莫	99	例185	采	101	例186	父	101
例187	原	101	例188	縣	101	例189	前	102

序列	字	頁碼	序列	字	頁碼	序列	字	頁碼
例 301	胄	142	例 302	尹	142	例 303	君	142
例 304	盡	142	例 305	爐	142	例 306	攸	143
例 307	椒	143	例 308	散	143	例 309	秦	143
例 310	平	144	例 311	禽	144	例 312	王	145
例 313	示	147	例 314	卿	150	例 315	專	150
例 316	句	152	例 317	后	154	例 318	司	154
例 319	侯	154	例 320	還	159	例 321	于	162
例 322	棄	167	例 323	焚	167	例 324	爾	167
例 325	去	169	例 326	監	169	例 327	齊	169
例 328	火	173	例 329	山	173	例 330	保	174
例 331	赦	175	例 332	立、位	177	例 333	皆	177
例 334	道	177	例 335	賢	177	例 336	商	185
例 337	競、兢	185	例 338	竟	185	例 339	丘	185
例 340	周	186	例 341	何	186	例 342	後	186
例 343	對	188	例 344	封	188	例 345	射	188
例 346	其	188	例 347	寮	190	例 348	祭	190
例 349	雷	190	例 350	藝	190	例 351	處	192
例 352	靁	192	例 353	堯	192	例 354	樂	193
例 355	乘	193	例 356	啟	193	例 357	州	194
例 358	未	194	例 359	干	194	例 360	占	196
例 361	弄	196	例 362	璞	196	例 363	川	196
例 364	中	196	例 365	宜	197	例 366	系	197
例 367	集	197	例 368	韋	197	例 369	善	197
例 370	腹	198	例 371	城	198	例 372	觴	198
例 373	婢	198	例 374	匜	198	例 375	乂	200
例 376	陳	200	例 377	新	200	例 378	詩	201
例 379	聞	201	例 380	澗	201	例 381	彈	201
例 382	豢	201	例 383	淵	201	例 384	乳	203
例 385	飲	203	例 386	眉	203	例 387	解	203
例 388	異	204	例 389	厃	204	例 390	執	204
例 391	亩、廩	204	例 392	黑	204	例 393	穆	205
例 394	燕	205	例 395	申	205	例 396	孔	205
例 397	芻	205	例 398	孕	206	例 399	美	206
例 400	函	206	例 401	良	206	例 402	威	206
例 403	甫	206	例 404	薅	207	例 405	徹	207
例 406	冥	207	例 407	狄	207	例 408	配	207
例 409	畏	208	例 410	伐	208	例 411	巫	208

附錄：古文字根（非形聲的表意字）

說　明

取材自許進雄《古文諧聲字根》（臺北：臺灣商務印書館，1995），例字分五項編排：

字根　不加＊者為後來演變或被誤以為是形聲字者。所附字根的先秦擬音，根據張日昇、林潔明主編的《周法高上古音韻表》（香港：香港中文大學，1973）

甲骨文字形　主要取自《甲骨文編》（北京：中華書局，1965）

金文字形　取自《金文編》（北京：中華書局，1985）

說文引文　取自段玉裁《說文解字注》（臺北：洪葉文化事業有限公司，1999 的經韻樓藏版影印本），篆文的字形則取自網絡上的大徐本圖檔。

解說　作者對字根創意的簡要解說。

目　次

（每）而亥灰再耳伏色丞承互戒夰（朕）里（埋狸）臣（姬）克采毒甾來其卑聑
佩亟或（聝馘）怪朋牧爻（陵）冃（肯）凭直（德）則思昱某負食畐革苟禺叟
舝宰茲息枲（乘）陟晶得婦匽莎（斄）匍（備）麥救黑啬絲棘喜郵異舃（爽棄）
陝曾登求（裘）戠斎意登（弄）彔矣（疑）臺熊兢（競）瑞徵舜辭曹（夢）興醫龜
蠅癰（鷹）

凵（去）匸九女（如奴）于（虧華）下土夕丈毛（亳）亡（良喪長）上巴夫父甫牙
及互午毋亢卂戶五尺予（野）王（生皇）印方（旁）爿（將倉牂臧）刅（創）宁白
（百）巨処乍乎兄古石（蠱橐）永且（俎）疋（梳楚）皿（盟盟盟）丙（更）央兩羽
瓜各匠亦虍芇（逆）羊（養羌）网向（尚）行（衡）光呂虐（虎鐪）虘夋巫步走吳
赤（赦）車谷兵囧冶杏网（兩）皀（卿）雨黍者茉初股武舍（余敘）炙居昔（耤）
秉明亯（享）昌庚（唐）京（黥劓）並禹亞叚（猳家）香若（叒）兔相易馬卸（御
馭）亮庫夏旅烏（於）䀠（畀瞿）素臬索隻躲（射）舁（興與与）邕畕（畺）桑洣
席魚（魯漁穌）圖庶鹵莫竟章商爽望（量）亯（郭）罩強普瓜舛舄彭象量戠黃
壺奭黽黿（粵）鼓葬鼠罜赫雙圖誩虢寡慶雘（舞舞）霍（霍）殹（襄）叔（堅霤）
鸞（鸞鸞羹）饗蠱麤

乁（氏也）厂丁（成盛）冂（冋鼏）冖（冟冥）彳兮井（阱）支壬（呈聖聽廷）只
令冊广庀（軛）正平厄生（星）此企朿（帝）圭辰糸并名芈启（啟）系（奚）役医
豖佞豸巠狄睪帇（甯寧）兒知易爭幸夨析青卑是弭昊盈省益彖秝（歷）鬲耿
脊徙規頃斯買畫奠晶晉解敬辟嬰關鼎鷹鳴覭鬹熒（熒）賏夐磬（殸）霝嬴醫
觲嶲醯麗繼（絲）轟

丂（考）勹（包勺電匏）丩九（宄）冃（冒）爪𠂤丑（羞）叉手中六冘夲（皋）乔戊
卯矛（柔）由（繇）冑幼目囟冬老尖（陸）早艸好（薅）牟舟白州休丝（幽）缶
（寶）守汅竹夙未（叔戚）戎肉（育毓）充孝告（誥）牡孚（俘）牢百攸（條）酉
（酒柳留）羑宋臼（學）肘秀卤夅（降）彤咎匋受匊阝（阜）帚臭周宗杳首保叟
韭毒酋复采（穗）討舀（稻）臭流躬（宮）畜髟祝曹馗段（簋殷）埽（掃）盾彪翏
宿茜鳥埶逐廖（穆）臬報棗游就奧眔肅琱道惪麀農莧牖曽（獸）雔（雦）虤鰲

蟲豐嫑嚋鑄竈㷊(秋)鬻鬲

(五) 宵藥 -aw,-awk …… 353－363

了刀(召紹)小幺勺少毛爻(教)夭㕛(弢)庐号吊交𦥑兆(頫)休尿皃杲表卓要苗県垚(堯)虐笑高(鎬)庫(肇)料釗隺弱羔窅㚔敖巤巢票畬梟雀盜勞喬朝猋尞焦(醮)杲敫翟翟纂暴庶畾樂龠爵鼂囂顥

(六) 侯屋東 -ew,-ewk,-ewng …… 363－380

几(鳧)殳卜口工(虹)亍廾(龏)斗孔公从丰(邦)凶兇木句主(▲)付用(甬)玉后戍朱(鼄蛛)肯(㱿)曲同共臾(曳)匧走豆足束禿谷角局弄囱(蔥)龙乳取彔务具豖東(重)後奏侯(猴)俞玨禺𣪊屋壴(尌樹)封㫗(厚)鬥冓芻辱(蓐)冢送哭茸容豈(雝雍饔)匑兜婁(樓)毘扇寇晝鹿族舂區(驅毆)須粟丵(璞)竦彝蜀獄(嶽岳)需𧶠賣(續賡)龍雙叢

(七) 歌 -a …… 380－386

㔾(柯何)匕(化)𠂇(隓墮)叉𢆉箇(个)戈厄瓦它禾加皮多朵冎危攲那坐我沙吹妥果臥奇㚔(嘉)宜科差𠂹負离(離)麻惢為義瑞贏罷戲虧羅羈

(八) 祭月元 -ar,-at,-an …… 387－423

乙丿く乚(戉)巜乂(刈)厂大孑孓干(戰)屮山彑宀丸夬丯(絜害割)市曰月(跀趴)尣丹丬(關)反元幻犬片介世匃外歺址(撥)㕣犮(髮韍)末旦半冊㒵𠬝㕣(沿兗)夗(智)伐㐱昏㸚安劣全姦亘幵(荆)舌辛(言)吅(雚)㫃(串患)弄(桊)吠芇㝵奴卯折(哲嚞)貝(狽)兌(剡銳)刪戌次別延(延)釆(番)見昌華㝃㡀(敝)制㕞免(冕)叕戔侃㕯(辥孽)官扶(輦)叀(專𠧪剸)肩肰歹拜(𢫦)砅剌(賴)苜(蔑)眍㤺彖(喙)耑㝃爰奐姦孨衍建㚘便柬(闌)泉穿冠面段看扁(編)前欶音桀泰宦害殺虔威梟(剸)般𥙐扇雋班原𡋯袁(還)帶敗執(埶)祭彗(雪)离設联冤萬曼連旋䙴(遷)最毳㪿絕(𢇍)寒𣞤(散徹)萑單(彈鼉)莧𤕪焉楙桀間(澗)萬(蠆)閑珏善陧短筮犖裔會歲劓筭罽煩匙𥁕緜算睿䜌罰奪辡漢(㵄)㝷截(𢧵)徹䌛廛衛熯(難)縣媿鬳(獻)𣐺(丌)憲鯱聯燕盥鮮彝贅竄斷䜌贊薾遠顯鱻爨

(九) 微物文 -ər,-ət,-ən …… 423－448

乙文囗(韋)去兀寸巾刃川旡(既)内气火勿屯允斤分云文(吝麐)巴卉(𡴡賁㚒)未(沬)出(朏)秝甶弗本圣𠂤(帥歸)妃回耒衣虫戌由𦥑厶聿艮存先

舜(舜)肙(殷)位孛(詩)希叟(沒)肉尾君辰(晨)困隶召枚乖肥非委隹卒削
昏門(聞)昆奔侖困典屍(臀)叔(菽)臾(賣)豕威畏胃突胤盾(循)軍眉疢屍
彪(魅彔)配飛盈退衰攸豈祟骨鬼孫囷晉(隱)員隼(雛)尉豚率敏堇罙奞豙
開幾飧壺蚰筋焚尊綏罪皋壹熏對豲(燹)塵雷纍絫穎韋磊褢器冀奮毇薦糞
羼絲縶鯀叒巒霓奰鬱(鬱)釁

一厶匕(旨牝)几二(次)八七人(千年)卩(即)尸夊卂(訊)乇比水勺日引
匹尹天宋卜氏(祇)矢(疾雉兂)四示尒(爾)穴必(瑟)失(昳)參玄申(陳陣)
田民夷伊西自死弭至吉米(糜)血因印旬囟咼臣(囂)弟利(犁)抑辛身豨季
妻戾皆眉(媚)美癸計頁亜信聿(津)隶盡旮(慎)秦師栗真丙晉甡柒屇悉閉
戔戛耑喬犀遲寅惠替畢垔容(濬)粦(鄰)進閵肆棄憲豊逸齊實賓履摯質堅
燊虤彝瀕馘鼇(鼇)夔斶贊

入十弓(函)及三彡(肜參尋)凡(鳳)亼帀廿先(蠶)尤(沈)心壬今(飲禽金
琴)図立兂羊(南)合众卅邑男壬夆(執埶)林沓向耳侵(寢)音咸甚品(喦
臨)罙(深)罘軜習集森晶罩雴焱濕躍寀(審)闖緜贛簟疊畾龖

凵广欠尸(詹)乏冉甲(柙)甘(猒)聿占丙劦叶(協)劫夾耴妾夾炎妾法辵气
芟炎臽奄枼染弇舌盍昴涉閃甜兼斬聑敢(嚴)業僉衙監(籃)鼠曄曅燮(變)
毚畾

字根例字

一、之職蒸　-əv,-ək,-əng

*乃　nəv

[甲骨] ㇆ ㇉ ㇌ ㇇ ㇆ ㇆ ㇆ ㇆ ㇆

[金文] ㇉ ㇉ ㇌ ㇌ ㇉ ㇉ ㇉ ㇉ ㇉

[小篆]《說文》：㇠，曳詞之難也。象氣之出難也。凡乃之屬皆從乃。㇇，古文乃。㇠，籀文乃。（五篇上）

可能是芶字之部分（㳇㳇㳇），芶可能以耘草工具除草見意，乃借工具之形為語詞。持拿的方式大致如扔（㇉）所示。㇉也可能是反，手持軟皮之狀。

孕　riəng

[甲骨] ㇠

[金文]

[小篆]《說文》：㇠，褢子也。從子，乃聲。（十四篇下）

腹中懷子形。

甲骨尚有一形作婦女有凸腹之狀，但殘辭不易確定辭義是否即孕字。

*又　vjwəv

[甲骨] ㇏ ㇅ ㇅ ㇅ ㇅ ㇅ ㇅ ㇅ ㇅

[金文] ㇇ ㇇ ㇇ ㇇ ㇇ ㇇ ㇇ ㇇ ㇇

[小篆]《說文》：㇇，手也，象形。三指者。手之列多略不過三也。（三篇下）

右手掌形。

甲骨文實有、保佑、又加、侑祭等義或作屮，其創意不詳，大致為某種工具形，甲骨文有字形作屮持於手中，㇉㇉㇉㇉㇉。

友　vjwəv

[甲骨] ㇏㇏ ㇏㇏ ㇏㇏ ㇏㇏ ㇏㇏ ㇏㇏ ㇏㇏ ㇏

[金文] ㇇㇇ ㇇㇇ ㇇㇇ ㇇ ㇇㇇ ㇇㇇ ㇇㇇ ㇇

[小篆]《說文》：㇇，同志為友。從二又相交。㇇，古文友。㇇，亦古文友。（三篇下）

兩人以手相輔助。金文有字形加一深坑，或表達挖坑非一人力所勝任，或陷於深坑中要相輔助才能脫困之意。

尤　vjwəv

[甲骨] ㇅ ㇅ ㇅ ㇅ ㇅ ㇅ ㇅ ㇅ ㇅

[金文] ㇇

[小篆]《說文》：㇅，異也。從乙，又聲。（十四篇下）

以短劃表達手指受傷處而成疣，形狀異於一般手指，為小災難。

囿　vjwəv

[甲骨] 𡇛 𤰵 𤰲 𡇡 𤰴 𤰲 𤰲 𤰵

[金文] 𡇡

[小篆]《說文》：𡇡，苑有垣也。
從囗，有聲。一曰所以養禽獸曰
囿。𤰲，籀文囿。（六篇下）
範圍內特意栽植的園藝，一般的植
物種植不必如此費心。

*力　liək

[甲骨] ↙ ↙ ↙ ↙ ↙ ↙ ↙ ↙ ↙ ↙

[金文] ↙ ↙

[小篆]《說文》：𠨀，筋也。象人
筋之形。治功曰力。能禦大災。 凡
力之屬皆从力。（十三篇下）
耒形，男士耕田用具，行使需用
力。

*丌　kiəv

[甲骨]

[金文] 丌 丌 丌 丌 丌

[小篆]《說文》：丌，下基也。薦
物之丌。象形。凡丌之屬皆从丌。
讀若箕同。（五篇上）
象矮丌形，可能為其字之簡筆。

*才　dzəv

[甲骨] ↓ ↓ ↓ ↑ ↑ ↑ ↑ ↑ ↑

[金文] ↓ ↓ ↓ ↓ ↓ 中 中 ↓

[小篆]《說文》：才，草木之初也。

从丨上貫一。將生枝葉。一，地也。
凡才之屬皆从才。（六篇上）
可插以為標識之物形，可用腳踏插
入土中，表示地點或範圍，甲骨有
作持才於手中者。
出土標籤的下端是尖的。現代測量
架腳也有作如是形者。

*久　kjwəv

[甲骨]

[金文]

[小篆]《說文》：乄，從後灸之
也。象人兩脛後有距也。周禮曰：
久諸牆以觀其橈。凡久之屬皆从
久。（五篇下）
受過刖刑者，腿不便行，行動遲慢。
或表現犯人腳加器械，行動遲慢。

羑(誘)　vriwəv

[甲骨]

[金文]

[小篆]《說文》：羑，相訹呼也。
从厶羑。𧮈，或从言秀。𧮈，或如
此。羑，古文。（九篇上）
《說文》：羑，進善也，从羊，久聲。
文王拘羑裏，在蕩陰。（四篇上）
創意不詳。不似形聲字。秀在幽
部，盾在文部，韻部也不同。

*弋　riək

[甲骨]

[金文] ✝ ✝ ✝ ✝ ✝ ✝

[小篆]《說文》：片，橜也。象折木斜銳者形。厂象物挂之也。（十二篇下）

有杈之樹枝形。

*士　dziəv

[甲骨]（𡉘 𡉙 𡉚 𡉛）

[金文] 士 士 士 士 士 士 士 𡉜

[小篆]《說文》：士，事也。數始于一，終於十。從一十。孔子曰：推十合一為士。凡士之屬皆从士。（一篇上）

男性性徵，性器簡化。

*巳　rjiəv

[甲骨] 𡆩 𡆪 𡆫 𡆬 𡆭 𡆮 𡆯 𡆰 𡆱 𡆲 𡆳

[金文] 𡇀 𡇁 𡇂 𡇃 𡇄 𡇅

[小篆]《說文》：𠂂，巳也。四月易氣已出，陰氣已藏，萬物見，成彣彰，故巳為它，象形。（十四篇下）

干支字，象仍在襁褓之小兒形。

祀，或以為象人跪於示前祈禱，或以為有別於對山川之祭。但示前之巳為人未長成之形，不可能跪拜於示之前。祀在卜辭為祭祀周期，引申為年代，形聲字。金文則作年代或祭祀之義。金文𢀐是也字。

攺（改）　riəv，kəv

[甲骨] 𢻤 𢻥 𢻦 𢻧 𢻨 𢻩 𢻪 𢻫 𢻬

[金文] 𢻭

[小篆]《說文》：𢻮，毅改，大剛卯以逐鬼魅也。从攴，巳聲。讀若巳。（三篇下）

《說文》：𢻯，更也。从攴，己聲。（三篇下）

驅打害蟲，改進環境衛生。或表現對畸形兒死胎切割撲打以驅邪的風俗。攺改分別文。

*己　kiəv

[甲骨] 己 己 己 己 己 己 己 己 己 己

[金文] 己 己 己 己 己 己 己 己

[小篆]《說文》：己，中宮也，象萬物辟藏詘形也。己承戊，象人腹。凡己之屬皆从己。𢀕，古文己。（十四篇下）

刻識的記號形，古代契約習慣，木上作記號而分兩半，各執一半以為憑據。

*子　tsjiəv

[甲骨] 𡥈 𡥉 𡥊 𡥋 𡥌 𡥍 𡥎 𡥏 𡥐 𡥑 𡥒 𡥓 𡥔 𡥕 𡥖

[金文] 𡥗 𡥘 𡥙 𡥚 𡥛 𡥜 𡥝 𡥞

[小篆]《說文》：𡐆，十一月易氣動，萬物滋，人以為偁。象形。凡子之屬皆从子。𡥟，古文子。從

巛，象髮也。𤕫，籒文子。囟有
髮，在几上也。（十四篇下）
嬰兒形,頭比例較一般人大。

字　dzjiəv

[甲骨]

[金文]𡥈 𡥉 𡥊

[小篆]《說文》：𡥈，乳也。從子
在宀下，子亦聲。（十四篇下）
介紹新生兒於祖廟，給名字。
中國滿三月，其他地區或長至三
年，証實小孩能生存才命名。

*弓　kjwəng

[甲骨]𢎁 𢎁 𢎁 𢎁 𢎁 𢎁 𢎁

[金文]𢎁 𢎁 𢎁 𢎁 𢎁 𢎁 𢎁 𢎁

[小篆]《說文》：弓，窮也，以近
窮遠者。象形。古者揮作弓。周禮
六弓王弓弧弓，以躲甲革。甚質夾
弓庾弓，以躲幹侯。鳥獸唐弓大
弓，以授學躲者。凡弓之屬皆從
弓。（十二篇下）
已上弦之弓形。

*之　tjiəv

[甲骨]𡳚 𡳚 𡳚 𡳚 𡳚 𡳚 𡳚 𡳚

[金文]𡳚 𡳚 𡳚 𡳚 𡳚 𡳚 𡳚 𡳚

[小篆]《說文》：𡳚，出也，象艸
過屮，枝莖漸益大有所之。一者地
也。凡之之屬皆從之。（六篇下）

足所踏之處即此處,標明所在地點。

*巛（災、灾）　tsəv

[甲骨]

[金文]

[小篆]《說文》：巛，害也。从一雝
川。春秋傳曰：川雝為澤，凶。
（十一篇下）。

《說文》：𤆎，天火曰烖。从火㦮
聲。灾，或从宀火。災，籒文，从
巛。烖，古文从才。（十篇上）
大水泛濫成災，或作河川被壅成
災，屋著火成災。時代不同，所面
臨的災難亦異。

*牛　ngwəv

[甲骨]𤚩 𤚩 𤚩 𤚩 𤚩 𤚩 𤚩 𤚩 𤚩

[金文]𤚩 𤚩 𤚩 𤚩 𤚩 𤚩 𤚩

[小篆]《說文》：牛，事也，理
也。象角頭三封尾之形也。凡牛之
屬皆從牛。（二篇上）
牛頭形，部分特徵代表全體。

*止　tjiəv

[甲骨]𡳿 𡳿 𡳿 𡳿 𡳿 𡳿 𡳿 𡳿

[金文]𡳿

[小篆]《說文》：止，下基也。象
艸木出有阯，故以止為足。凡止之
屬皆從止。（二篇上）

象有趾之腳趾形。

齒　t'jiəv

［甲骨］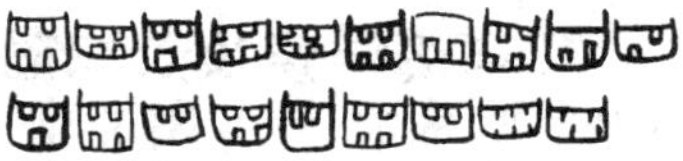

［金文］

［小篆］《說文》：，口齗骨也。象口齒之形，止聲。凡齒之屬皆从齒。，古文齒字。（二篇下）

象齒形，止聲後加。

***夨　tsiək**

［甲骨］

［金文］

［小篆］《說文》：，傾頭也。从大，象形。凡夨之屬皆從夨。（十篇下）

人傾頭之狀。

***仄　tsiək**

［甲骨］

［金文］

［小篆］《說文》：，側傾也。从人在厂下。，籀文从夨，夨亦聲。（九篇下）

人藏身低處不能直立，身子傾側。

昃　tsiək

［甲骨］

［金文］

［小篆］《說文》：，日在西方時側也。从日，仄聲。易曰：日昃之離。（七篇上）

下午太陽照得人影斜長之時。

***升　st'jing**

［甲骨］

［金文］

［小篆］《說文》：，十合也。从斗，象形。合龠為合，龠容千二百黍。（十四篇上）

淺杓子裝物，容量小，只一升。古時一升約 200cc。

***厷(肱)　kwng**

［甲骨］

［金文］

［小篆］《說文》：，臂上也。从又从古文厷。，古文厷，象形。，左或从肉。（三篇下）

以厶記號明示肱之所在，在手臂彎曲處。

弘　gwng

［甲骨］

［金文］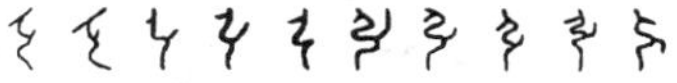

［小篆］《說文》：，弓聲也。从弓，厶聲。厶，古文厷字。（十二篇下）

有關弓之結構，大概為安弦之裝置。

*不　pjwəv

［甲骨］

［金文］

［小篆］《說文》：不，鳥飛上翔不下來也。從一，一猶天也。凡不之屬皆從不。（十二篇上）

下垂之花朵形，胚房膨大，故引申為丕大。

*𠬝　bjwək

［甲骨］

［金文］

［小篆］《說文》：𠬝，治也。從又、卩。卩事之節。（三篇下）

以手制服他人，以為奴僕。

*仌　ping

［甲骨］

［金文］

［小篆］《說文》：仌，凍也。象水冰之形。凡仌之屬皆從仌。（十一篇下）

由冰字析出。

冰　ping

［甲骨］

［金文］

［小篆］《說文》：冰，水堅也。從水、仌。𩔀，俗冰，從疑。（十一篇下）

冰浮於水上之狀。

*北　pwək

［甲骨］

［金文］

［小篆］《說文》：北，乖也。從二人相背。凡北之屬皆從北。（八篇上）

二人相背之狀，假借以表方向。古代建屋多取南向，北為屋所背的方向。

*丘　k'jwəv

［甲骨］

［金文］

［小篆］《說文》：丘，土之高也，非人所為也。從北從一。一，地也。人居在丘南故從北。中邦之居在昆侖東南。一曰四方高中央下為丘。象形。凡丘之屬皆從丘。坓，古文丘。從土。（八篇上）

河流兩岸之高丘形勢，為避水災，早期家居多在山上。

*司　sjiəv

［甲骨］

［金文］

［小篆］《說文》：司，臣司事於外者。從反后。凡司之屬皆從司。

（九篇上）

造意不詳，或二者皆為職司紡織的
工具，一為鉤針，一為容器，故金文
繁寫作𦀚，多雙手理絲束之義符。

*以　riəv

[甲骨] ᔔ ᔕ ᔖ ᔗ ᔘ ᔙ ᔚ ᔛ ᔜ

[金文] ᔝ ᔞ ᔟ ᔠ ᔡ ᔢ ᔣ ᔤ ᔥ

[小篆]《說文》：㠯，用也。从反
巳。賈侍中說己意巳實也。象形。
（十四篇下）

耟，犁頭之形？ 或以為氏（提）字之
省形𠂉。

能　nəv

[甲骨]

[金文] 𤠢 𤠣 𤠤 𤠥 𤠦 𤠧 𤠨 𤠩 𤠪

[小篆]《說文》：熊，熊屬，足似
鹿。从肉，㠯聲。能獸堅中，故稱
賢能。而彊壯稱能傑也。凡能之屬
皆从能。 （十篇上）

某種雄壯有力之野獸形，大致是
熊。

*市　djiəv

[甲骨] 𣎵 𣎶

[金文] 𣎷 𣎸

[小篆]《說文》：巿，買賣所之
也。市有垣，从冂从乁。象物相及
也。乁，古文及字。屮省聲。 （五

篇下）

市有標識以示人其所在，旗幟一類
之形。

*史　siəv

[甲骨] （甲骨文字形）

[金文] （金文字形）

[小篆]《說文》：史，記事者也。
从又持中。中，正也。凡史之屬皆
从史。 （三篇下）

史、吏、事為一字之分化，手持中為
任職史者的標識。中為何物仍不
明。

吏　liəv

[甲骨]

[金文] 𠭯

[小篆]《說文》：吏，治人者也。
从一从史。史亦聲。 （一篇上）

事　siəv

《說文》：事，職也。从史，之省
聲。𠯋，古文事。 （三篇下）

*母　məv

[甲骨] （甲骨文字形）

[金文] （金文字形）

[小篆]《說文》：母，牧也。从
女。象裹子形。一曰：象乳子也。

（十二篇下）

特別標明女性之有膨大乳房者為已
生育之婦女。

每　mwəv

[甲骨] 𦥑 𦥑 𦥑 𦥑 𦥑 𦥑 𦥑 𦥑 𦥑

[金文] 𦥑 𦥑 𦥑 𦥑 𦥑 𦥑 𦥑 𦥑 𦥑

[小篆]《說文》：𣫚，草盛上出
也。从中，母聲。（一篇下）

婦女頭上有種種飾物，美麗頭飾。

*而　njiəv

[甲骨] 𠕁 𠕁 𠕁 𠕁 𠕁

[金文] 𠕁 𠕁 𠕁 𠕁 𠕁

[小篆]《說文》：𠕁，須也。象
形。周禮曰：作其鱗之而。凡而之
屬皆从而。（九篇下）

象下頷有鬚形。

*亥　gəv

[甲骨] 𠅂 𠅂 𠅂 𠅂 𠅂 𠅂 𠅂 𠅂 𠅂
𠅂 𠅂 𠅂 𠅂 𠅂 𠅂 𠅂 𠅂 𠅂

[金文] 𠅂 𠅂 𠅂 𠅂 𠅂 𠅂 𠅂 𠅂
𠅂 𠅂 𠅂 𠅂 𠅂 𠅂 𠅂 𠅂

[小篆]《說文》：𠏉，荄也。十月
微易起接盛陰。从二，二古文上字
也。一人男一人女也。从乙，象裹
子咳咳之形也。春秋傳曰：亥有二
首六身。凡亥之屬皆从亥。𠀾，古
文亥。（十四篇下）

創義不可知，或是已去頭之家畜

形？ 中國某些地方懸掛豬頭表示財
富。

*灰　xwəv

[甲骨]

[金文]

[小篆]《說文》：𤆄，死火餘燼
也。从火又。又，手也。火既滅，
可以執持。（十篇上）

火而可持在手中者已成灰燼。

*再　tsəv

[甲骨] 𠕋

[金文] 𠕋 𠕋 𠕋

[小篆]《說文》：𠕋，一舉而二
也。从一从冓省。（四篇下）

與木結構有關,削尖木頭上頂某物之
狀。

先架椿再鋪板的干欄建築？

*耳　njiəv

[甲骨] 𦔮 𦔮 𦔮 𦔮 𦔮 𦔮 𦔮

[金文] 𦔮 𦔮 𦔮 𦔮 𦔮

[小篆]《說文》：𦔮，主聽者也。
象形。凡耳之屬皆从耳。（十二篇
上）

象耳形。

*伏　bjwək

[甲骨]

[金文] 𦨶

[小篆]《說文》：，司也。从人、犬。犬，司人也。（八篇上）

以犬常伏臥於人旁取意。

*色 siək

[甲骨]

[金文]

[小篆]《說文》：，顏氣也。从人、卪。凡色之屬皆从色。，古文。（九篇上）

古文字形似以有鬚扶杖之老人造意，因老人有色斑？

*丞 djing

[甲骨]

[金文]

[小篆]《說文》：，翊也。从廾从卪从山。山高奉承之意。（三篇上）

象雙手推舉一人，或因陷於坑中，欲使脫逸？

*承 djing

[甲骨]

[金文]

[小篆]《說文》：，奉也，受也。从手、卪、廾。（十二篇上）

丞字分化。

*亙 gng

[甲骨]

[金文]

[小篆]《說文》：，竟也。从木，恆聲。，古文栕。（六篇上）

夾弓一類需長久保持形狀之用具，故有恆久之意義。

*戒 krəv

[甲骨]

[金文]

[小篆]《說文》：，警也。从廾、戈。持戈以戒不虞。（三篇上）

雙手持戈戒備狀。

*灷 ring

[甲骨]

[金文]

[小篆]《說文》：，火種也。从火从廾，與灰同意（據朱駿聲《說文通訓定聲》）。

象雙手捧一細長之物，可能為玉圭。

圭可能源自土圭測影計時的工具。

朕 ring

[甲骨]

[金文]

[小篆]《說文》：，我也。闕。（八篇下）

《考工記》朕之意義為縫隙，象雙手

持工具以填塞船板間之縫隙。

*里　liəv

[甲骨]

[金文] 里里里里里里里里里

[小篆]《說文》:里,居也。从田从土。一曰:士聲也。凡里之屬皆从里。(十三篇下)

創意不詳,農耕之區?

埋　mrwəv

[甲骨]

[金文]

[小篆]《說文》:薶,瘞也。从艸,貍聲。(一篇下)

掩埋牛、羊、犬、豕牲於坑中之祭祀法。

貍　liəv

[甲骨]

[金文]

[小篆]《說文》:貍,伏獸,似貙。从豸,里聲。(九篇下)

甲骨文霾字的聲符貍為貍獸之象形。

《說文》:霾,風而雨土為霾。从雨,貍聲。詩曰:終風且霾。(十一篇下)

*臣　vriəv

[甲骨]

[金文]

[小篆]《說文》:臣,頤也。象形。凡臣之屬皆从臣。頤,篆文臣。𦣝,籀文,从首。(十二篇上)

象密齒之梳形,為婦女頭上之裝飾物,故或增添頁或首,頤非初義。

姬　kiəv,vriəv

[甲骨]

[金文]

[小篆]《說文》:姬,黃帝居姬水,因水為姓。从女,臣聲。(十二篇下)

使用或頭上插有梳子之高貴婦人。頭笄形製的繁簡與階級高低有關,裝飾繁縟頭飾由舞女始。

*克　k'ək

[甲骨]

[金文]

[小篆]《說文》:克,肩也。象屋下刻木之形。凡克之屬皆从克。𠅯,古文克。㱾,亦古文克。(七篇上)

攻守兼備之盾形,能克敵?

*采　ts'əv

[甲骨]

[金文]

[小篆]《說文》：㝆，捊取也。从
木从爪。（六篇上）
手採摘樹上果葉之狀。

*毒　ʔəv

[甲骨]

[金文]

[小篆]《說文》：毒，士之無行
者。从士、毋。賈侍中說：秦始皇
母與嫪毒婬，坐誅。故世罵婬曰嫪
毒。讀若娭。（十二篇下）
解說可疑。

*甾　tsiəv

[甲骨]

[金文]

[小篆]《說文》：甾，東楚名缶曰
甾。象形也。凡甾之屬皆从甾。
㢼，古文甾。（十二篇下）
竹藤所編綴之籃子形。

*來　ləv

[甲骨]

[金文]

[小篆]《說文》：來，周所受瑞麥
來麰也，二麥一夆。象其芒束之
形。天所來也，故為行來之來。詩
曰：詒我來麰，凡來之屬皆从來。

（五篇下）
來麥之形。

*其　kiəv

[甲骨]

[金文]

[小篆]《說文》：箕，所以簸者也。
从竹、𠶋象形。丌，其下也。凡箕之
屬皆从箕。𠤱，古文箕。𠥩，亦古
文箕。𠥓，亦古文箕。𠥤，籀文箕。
𥰬，籀文箕。（五篇上）
箕形，後加竹義符，丌為無意義添
加符號的訛變。

*舁　giəv

[甲骨]

[金文]

[小篆]《說文》：舁，舉也。从
𦥑、甾聲。春秋傳曰：晉人或以廣
隊，楚人舁之。黃顥說：廣車陷，楚
人為舉之。杜林以為麒麟字。（三
篇上）
雙手擡物之狀。

*聅　njiəv

[甲骨]

[金文]

[小篆]《說文》：聅，斷耳也。从

刀耳。（四篇下）
以刀斷耳會意，作為殺敵的証據。

***佩　p'wəv**

［甲骨］

［金文］

［小篆］《說文》：，大帶佩也。从人、凡、巾。佩必有巾，故从巾。巾謂之飾。（八篇上）
人所服腰帶上之成組佩玉或巾形。

***亟　kiək**

［甲骨］

［金文］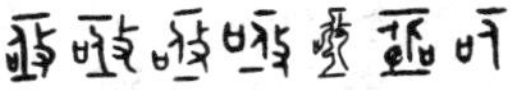

［小篆］《說文》：，敏疾也。从人、口、又、二。二，天地也。（十三篇下）
在低矮之處，可能為監獄或礦坑，高度受限制。

***或　gwək**

［甲骨］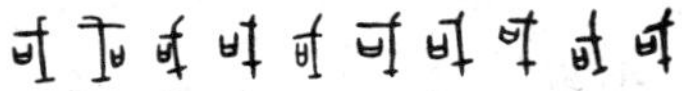

［金文］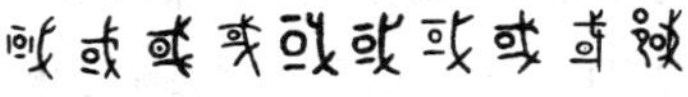

［小篆］《說文》：，邦也。从口、戈，以守其一。一，地也。，或，或从土。（十二篇下）
挖有坑陷並有武力防備的地域？

聝(馘)　krwək

［甲骨］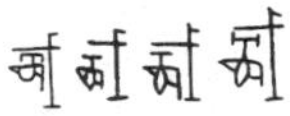

［金文］

［小篆］《說文》：，軍戰斷耳也。春秋傳曰：以為俘聝。从耳，或聲。，聝或从首。（十二篇上）
懸首於戈以示殺敵戰勝。

***怪　krwəv**

［甲骨］

［金文］

［小篆］《說文》：，異也。从心，圣聲。（十篇下）
怪圣不同韻部，如何會意不詳。

***朋　bwng**

［甲骨］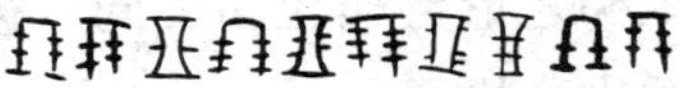

［金文］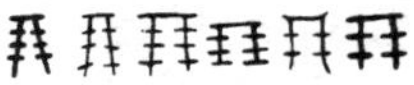

［小篆］《說文》：，古文鳳象形。鳳飛群鳥從以萬數。故以為朋黨字。，亦古文鳳。（四篇上）
誤為鳳字之古文，原象一串貝飾之形，貨幣兼飾物之單位。

***牧　mjwək**

［甲骨］

［金文］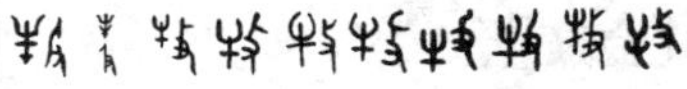

［小篆］《說文》：，養牛人也。从攴，从牛。詩曰：牧人乃夢。（三篇下）
以杖驅趕牛、羊於行道之旁。

中國早進入農業社會，畜牧為小規模之副業。羊與農業發展有抵斥，故被淘汰。

*夌(陵)　ling

［甲骨］（）

［金文］（）

［小篆］《説文》：，越也。从夊、㚘。㚘，高大也。一曰夌徲也。（五篇下）

《説文》：，大阜也。从阜，夌聲。（十四篇下）

陵字析出。

上梯之形勢與上高山同。後加頭頂重物之狀。

*肎(肯)　k’əng, k‘əv

［甲骨］

［金文］

［小篆］《説文》：，骨間肉肎肎箸也。从肉从冎省。一曰骨無肉也。，古文肎。（四篇下）

骨肉緊緊交接之意。

*凭　bing

［甲骨］

［金文］

［小篆］《説文》：，依几也。从任、几。周書曰：凭玉几。讀若馮。（十四篇上）

人依憑玉几之意？

*直　diək

［甲骨］

［金文］

［小篆］《説文》：，正見也。从十、目、乚。，古文直或从木如此。（十二篇下）

以眼驗明標竿是否直。

德　tək

［甲骨］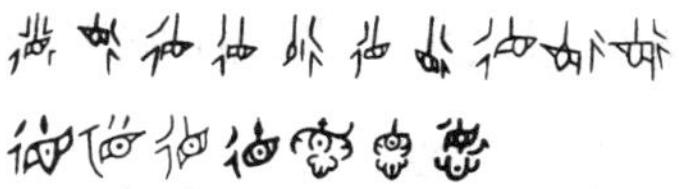

［金文］

［小篆］《説文》：，升也。从彳，㥁聲。（二篇下）

有以目檢驗築路是否平直的才幹。

*則　tsək

［甲骨］（西周甲骨）

［金文］

［小篆］《説文》：，等畫物也。从刀、貝。貝，古之物貨也。，古文則。，亦古文則，，籀文則，从鼎。（四篇下）

鑄造刀及鼎各有一定之合金比例。祭器需高銅成分才呈金黃色，利器需高鉛錫成分才鋭利耐磨。

*思　səv

［甲骨］

[金文]

[小篆]《說文》：<!-- 字 -->，容也。从心从囟。（十篇下）

心與腦皆思考之器官。

*昱　vriwəv

[甲骨]

[金文]

[小篆]《說文》：昱，日明也。从日，立聲。（七篇上）

原為羽聲之假借，後加立聲，但羽在魚鐸陽部，立在緝侵部。

*某　məv

[甲骨]

[金文]

[小篆]《說文》：<!-- 字 -->，酸味也。从木、甘。闕。<!-- 字 -->，古文某从口。（六篇上）

象長在樹上之梅子。甘字可能因糖浸梅子常含口中取意。

*負　bjwəv

[甲骨]

[金文]

[小篆]《說文》：負，恃也。从人。守貝有所恃也。（六篇下）

人有貝，可依賴以購物？

*食　zdjiək

[甲骨]

[金文]

[小篆]《說文》：食，亼米也。从皂，亼聲。或說亼、皂也。凡食之屬皆从食。（五篇下）

加蓋保溫之食物。

*畐　p'iwək

[甲骨]

[金文]

[小篆]《說文》：畐，滿也。从高省。象高厚之形。凡畐之屬皆从畐。讀若伏。（五篇下）

酒罐形，敬神求福之物，故常加示旁。

*革　krək

[甲骨]

[金文]

[小篆]《說文》：革，獸皮治去其毛曰革。革，更也。象古文革之形。凡革之屬皆从革。<!-- 字 -->，古文革，从卅。卅年為一世而道更也。臼聲。（三篇下）

張開待曬乾之獸皮，皮革變更皮之性質。

*苟 kiək

[甲骨] ⚬ ⚬ ⚬

[金文] ⚬ ⚬ ⚬ ⚬ ⚬ ⚬

[小篆]《說文》：苟，自急敕也。從芊省。從勹、口。勹口猶慎言也。從羊，與義善美同意。凡苟之屬皆從苟。⚬，古文不省。（九篇上）頭戴飾物，行動謹慎不急行。

*再 t'jiəng

[甲骨] ⚬ ⚬ ⚬ ⚬ ⚬ ⚬ ⚬ ⚬

[金文] ⚬ ⚬ ⚬ ⚬ ⚬ ⚬

[小篆]《說文》：再，並舉也。從爪，冓省。（四篇下）

《說文》：稱，銓也。從禾，再聲。春分而禾生，日夏至晷景可度，禾有秒，秋分而秒定。律數十二，十二秒而當一分，十分而寸。其以為重，十二粟為一分，十二分為一銖，故諸程品皆從禾。（七篇上）手提物以測量物之輕重。

*畟 ts'iək

[甲骨]（⚬ ⚬ ⚬ ⚬）

[金文]（⚬ ⚬）

[小篆]《說文》：畟，治稼畟畟進也。從田、儿，從夊。詩曰：畟畟良耜。（五篇下）

《說文》：稷，齋也。五穀之長。從禾，畟聲。⚬，古文稷。（七篇上）稷字析出，稷象一官吏跪拜於禾神之前，職司祈求豐收。

*寋 sək

[甲骨] ⚬

[金文] ⚬

[小篆]《說文》：寋，窒也。從珡、從廾，窒宀中。珡，猶齊也。（五篇上）雙手以物填塞屋中空隙之處。

*宰 tsəv

[甲骨] ⚬ ⚬ ⚬ ⚬ ⚬ ⚬

[金文] ⚬ ⚬ ⚬ ⚬ ⚬ ⚬ ⚬ ⚬ ⚬

[小篆]《說文》：宰，辠人在屋下執事者。從宀、從辛。辛，辠也。（七篇下）掌刺紋刑罰之官署。

*茲 tsjiəv

[甲骨] ⚬⚬ ⚬⚬ ⚬⚬ ⚬⚬ ⚬⚬ ⚬⚬ ⚬⚬ ⚬⚬ ⚬⚬

[金文] ⚬⚬ ⚬⚬ ⚬⚬ ⚬⚬ ⚬⚬ ⚬⚬ ⚬⚬ ⚬⚬ ⚬⚬

[小篆]《說文》：茲，艸木多益。從艸，絲省聲。（一篇下）多股絲線之意。

*息 sjiək

[甲骨]

[金文] ⚬

[小篆]《說文》：息，喘也。從

心、自。（十篇下）

鼻與心皆為呼吸之器官。

*椉(乘) zdjing

[甲骨]

[金文]

[小篆]《說文》：，覆也。从入、桀。桀，黠也。軍法入桀曰椉。，古文椉，从几。（五篇下）

象人站於樹上之意。

*陟 tiək

[甲骨]

[金文]

《說文》：，登也。从𨸏、步。，古文陟。（十四篇下）

雙足步上高梯。

*啚 piwəv

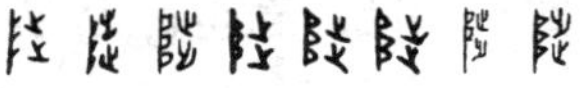

[甲骨]

[金文]

[小篆]《說文》：，嗇也。从口、从㐭。㐭，受也。，古文㐭如此。（五篇下）

方塊表示範圍，有禾堆的地域為農村。

*得 tək

[甲骨]

[金文]

[小篆]《說文》：，行有所㝵也。从彳、㝵聲。，古文省彳。（二篇下）

手持貝，或撿拾貝于行道，有所得。

*婦 bjwəv

[甲骨]

[金文]

[小篆]《說文》：，服也。从女持帚灑埽也。（十二篇下）

女與帚會意，埽除汙穢為婦女之職。

*匿 niək

[甲骨]

[金文]

[小篆]《說文》：，亡也。从匸，若聲。讀羊騶箠。（十二篇下）

藏匿而不被發現，揚手歡悅之狀。

*𠩺(㹬) liəv

[甲骨]

[金文]

[小篆]《說文》：，坼也。从攴、从厂。厂之性坼。果孰有味亦坼，故从未。（三篇下）

《說文》：，引也，从又，𠩺聲。

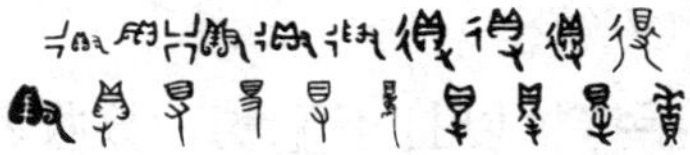

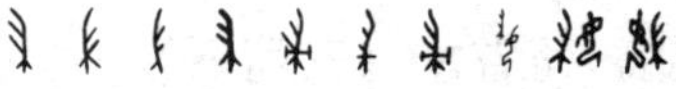

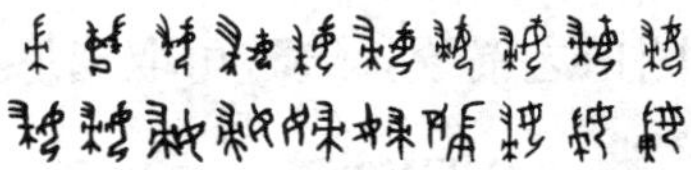

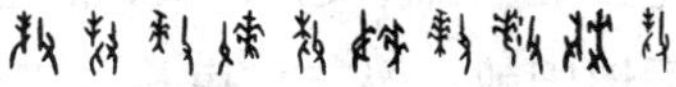

（三篇下）

手持杖以打下禾穗，豐收為可喜之事。

*葡（備）　biwəv

[甲骨] 凷 峀 峕 峕 峕 峕 峕 峕

[金文] 峕 峕 峕 峕 峕 峕 峕 峕

[小篆]《說文》：葡，具也。从用，茍省。（三篇下）

開口之箭囊，隨時可取出應用。

*麥　mrwək

[甲骨] 夌 夌 夌 夌 夌 夌 夌 夌 夌 夌

[金文] 夌 夌 夌

[小篆]《說文》：夌，芒穀，秋種厚薶，故謂之麥。麥，金也。金王而生，火王而死。从來有穗者、从夂。凡麥之屬皆从麥。（五篇下）

麥根特長，可能表示長根鬚的禾類。

*敕　t'iək

[甲骨]

[金文] 敕 敕

[小篆]《說文》：敕，誠也。一曰臿地曰敕。从攴、束。（三篇下）

撲打囊中之物，某種製造的程式。

*黑　xmək

[甲骨] 夨 夨 夨 夨

[金文] 夨 夨 夨（夨夨夨）

[小篆]《說文》：黑，北方色也。火所熏之色也。从炎上出囪。凡黑之屬皆从黑。（十篇上）

一人全身多處塗了黑色顏料。扮神活動，或受刺墨之刑。

*音　ʔiək

[甲骨]

[金文] 音 音 音 音 音

[小篆]《說文》：音，快也。从言、中。（三篇上）

象言一類的管樂器，樂器演奏令人心悅。

《說文》：意，滿也。从心，音聲。一曰：十萬曰意。意，籀文省。（十篇下）

从言，以管樂通訊表達心意。

*絲　sjiəv

[甲骨] 絲 絲 絲 絲 絲

[金文] 絲 絲 絲 絲

[小篆]《說文》：絲，蠶所吐也。从二糸。凡絲之屬皆从絲。（十三篇上）

兩束絲形。

*棘　kiək

[甲骨]

[金文]

[小篆]《說文》：棘，小棗叢生

者，從並束。（七篇上）

並立之小樹叢。

*喜　xiəv

[甲骨] 𦥑 𦥑 𦥑 𦥑 𦥑 𦥑 𦥑 𦥑 𦥑

[金文] 𦥑 𦥑 𦥑 𦥑 𦥑 𦥑 𦥑 𦥑

[小篆]《說文》：喜，樂也。從壴、從口。凡喜之屬皆從喜。歖，古文喜從欠。（五篇上）

歌唱鼓樂為有喜事之現象。

*郵　vjwəv

[甲骨]

[金文]

[小篆]《說文》：郵，竟上行書舍。從邑、垂。垂，邊也。（六篇下）

邊陲地區要以郵通訊。

*異　riəv

[甲骨] 𠔻 𠔻 𠔻 𠔻 𠔻 𠔻 𠔻 𠔻 𠔻

[金文] 𠔻 𠔻 𠔻 𠔻 𠔻 𠔻 𠔻 𠔻

[小篆]《說文》：異，分也。從廾、畀。畀，予也。凡異之屬皆從異。（三篇上）

戴扮神面具且雙手上揚跳舞狀，面具容貌常異於一般人。

*畐（奭）　piwək

[甲骨]

[金文]

[小篆]《說文》：畐，二百也。凡

畐之屬皆從畐。讀若逼。（四篇上）

由奭字析出。

《說文》：奭，盛也。從大、從畐，畐亦聲。此燕召公名，讀若郝。史篇名醜。奭，古文奭。（四篇上）

強壯者，力能提兩桶水？

盡　xiək

[甲骨]

[金文] 盡 盡

[小篆]《說文》：盡，傷痛也。從血、聿，畐聲。周書曰：民不盡傷心。讀若懿。（五篇上）

以筆沾墨染鼻或面額上所刺之紋，受刑故傷心。

*陾　njiəng

[甲骨]

[金文]

[小篆]《說文》：陾，築牆聲也。從阜，耎聲。詩曰：捄之陾陾。（十四篇下）

有鬚老人上梯，氣喘聲。

*曾　tsəng

[甲骨] 曾 曾 曾 曾

[金文] 曾 曾 曾 曾 曾 曾 曾 曾 曾 曾 曾 曾 曾 曾 曾 曾 曾 曾

[小篆]《說文》：曾，詞之舒也。從八、從曰，囧聲。（二篇上）

甑或層之字原，為多層之蒸鍋。或
作下有竈，竈旁有人。

*登　təng

[甲骨] （甲骨文字形）

[金文] （金文字形）

[小篆]《說文》：豋，上車也。從
址、豆。象登車形。䠲，籀文登，
從廾。（二篇上）

雙手扶住乘石一類腳踏物，讓他人
之腳登上車。或省略雙手。

乘石為大貴族用具，用以譬喻天子。

*求（裘）　gjwəv

[甲骨] （甲骨文字形）

[金文] （金文字形）

[小篆]《說文》：裘，皮衣也。從
衣。象形，與衰同意。凡裘之屬皆
從裘。求，古文裘。（八篇上）

求為未裁之毛皮料或祈神道具。裘
為裘衣形。

*戠　tjiək

[甲骨] （甲骨文字形）

[金文] （金文字形）

[小篆]《說文》：戠，闕，從戈、
從音。（十二篇下）

以戈尖砍斫記號以作辨識。

*嗇　siək

[甲骨] （甲骨文字形）

[金文] （金文字形）

[小篆]《說文》：嗇，愛濇也。從
來、亩。來者亩而臧之，故田夫謂之
嗇夫。一曰棘省聲。凡嗇之屬皆從
嗇。䝞，古文嗇，從田。（五篇下）
象高堆之禾堆形，農村景象。

*意　ʔiəv

[甲骨]

[金文]

[小篆]《說文》：意，志也。從心、
音。察言而知意也。（十篇下）

以樂器表達心意，古代有重要事情
宣告時，常以樂器召集人員。

*登（鐙）　təng

[甲骨] （甲骨文字形）

[金文] （金文字形）

[小篆]《說文》：豋，禮器也。從
廾持肉在豆上。讀若鐙同。（五篇
上）

雙手捧豆獻食於神靈。

*竦　bjwək

[甲骨]

[金文]

[小篆]《說文》：竦，見鬼彪皃，
從立、從彔。彔，籀文彪。讀若虙羲

氏之處。（十篇下）

一人塗磷扮鬼而立正之象。

*㲄（疑）　ngiəv

[甲骨] 𣅔 𣅔 𣅔 𣅔 𣅔 𣅔 𣅔 𣅔 𣅔 𣅔

[金文] 𢀖 𢀖 𢀖

[小篆]《說文》：㲄，未定也。从
匕，矢聲。矢，古文矢字。（八篇
上）

《說文》：㲄，惑也。从子、止，矢
聲。（十四篇下）

象人扶杖猶疑於十字路口，不知走
哪個方向。金文加牛的聲符。

*臺　dəv

[甲骨]

[金文]

[小篆]《說文》：臺，觀四方而高
者。从至、从高省。與室屋同意。
㞢聲。（十二篇上）

高臺建築，上有裝飾，至部分為其
前之樓梯、圖騰柱一類的標識。

*熊　vjwəng

[甲骨]

[金文]

[小篆]《說文》：熊，熊獸似豕，
山居，冬蟄。从能，炎省聲。凡熊
之屬皆从熊。（十篇上）

熊怕火，人們以火嚇唬或防備侵犯
之壯獸。

*競　kiəng

[甲骨]

[金文] 𢆶

[小篆]《說文》：競，競也，从二
兄。二兄競意。从丰聲。讀若矜。
一曰競，敬也。（八篇下）

競　kiəng

[甲骨] 𤯍 𤯍 𤯍 𤯍 𤯍 𤯍 𤯍 𤯍 𤯍

[金文] 𤯍 𤯍 𤯍 𤯍 𤯍 𤯍 𤯍 𤯍 𤯍

[小篆]《說文》：競，彊語也。从
誩二人。一曰逐也。（三篇上）

皆由競賽比頭飾之美而來。

*蔽　bjwək

[甲骨]

[金文]

[小篆]《說文》：蔽，車笭間皮篋
也。古者使奉玉所以盛之。从車、
珏。讀與服同。（一篇上）

車兩旁擋泥之輪蓋，飾金玉者為高
官，其制見於秦兵馬坑的銅車模
型。

*徵　diəng

[甲骨]

[金文]

[小篆]《說文》：徵，召也。从
壬、从微省。壬微為徵，行於微而
聞達者即徵也。𢾖，古文。（八篇

上）

結構與微相似，老人即將被捧打以
施行出魂儀式，老人有知識，為受
徵召詢問對策的對象。

*辥　rjiəv

［甲骨］

［金文］𦥑 𦥑 𦥑

［小篆］《說文》：辥，不受也。從
辛、受。受辛宜辥之也。辥，籀文
辥。（十四篇下）

小篆字形應是辭字之簡化。可能有
誤。籀文字形則從辛、台（以）聲。

*辭　rjiəv

［甲骨］

［金文］
𤔲𤔲𤔲𤔲𤔲𤔲𤔲𤔲
𤔲𤔲𤔲𤔲𤔲𤔲𤔲𤔲
𤔲𤔲𤔲𤔲𤔲𤔲𤔲𤔲

［小篆］《說文》：辭，說也。從
𤔲、辛。𤔲辛猶理辜也。𤔲，籀文
辭從司。（十四篇下）

一手持絲束，一手拿鉤針以理亂
絲。

*瞢（夢）　mjwəng

［甲骨］
𥄕𥄕𥄕𥄕𥄕𥄕
𥄕𥄕𥄕𥄕𥄕𥄕𥄕

［金文］

［小篆］《說文》：瞢，目不明也。

從苜、旬。旬，目數搖也。（四篇
上）

《說文》：夢，不明也。從夕，瞢省
聲。（七篇上）

《說文》：寢，寐而覺者也。從宀從
爿，夢聲。……凡寢之屬皆從寢。
（七篇下）

睡於床上以得夢為巫的專職，故求
夢之人眉有化妝。

古時在作重要決策前，有族長或巫
師禁食使身體虛弱而起幻視，強迫
求夢的習俗。古代床為死亡儀式之
臥具，為防過度虛弱而致死亡，故
在床上求夢？

*興　xiəng

［甲骨］𦥑𦥑𦥑𦥑𦥑𦥑𦥑𦥑

［金文］𦥑𦥑𦥑𦥑𦥑𦥑

［小篆］《說文》：興，起也。從
舁、同。同力也。（三篇上）

四手共舉起一擔架。

*醫　ʔiəv

［甲骨］

［金文］

［小篆］《說文》：醫，治病工也。
從殹、從酉，殹，惡姿也。醫之性然
得酒而使，故從酉。王育說，一曰
殹，病聲。酒所以治病也。周禮有
醫酒。古者巫彭初作醫。（十四篇

下)

矢鏃尖器、棒錘、酒皆為醫療工
具。

*龜　kiwəv

[甲骨]

[金文]

[小篆]《說文》：龜，舊也。外骨
內肉者也。从它。龜頭與它頭同。
天地之性，廣肩無雄。龜鱉之類，
以它為雄。象足甲尾之形。凡龜
之屬皆从龜。（十三篇下）
龜之形。

龜能長久不食不動且長壽，古人以
神奇視之。

*蠅　zdjiəng

[甲骨]

[金文]

[小篆]《說文》：蠅，營營青蠅，
蟲之大腹者。从黽、蟲。（十三篇
下)

小蟲之形若黽者。

*雁(鷹)　ʔiəng

[甲骨]

[金文]

[小篆]《說文》：雁，雁鳥也。从
隹、人，瘖省聲。鷹，籀文雁，从
鳥。（四篇上）

有銳利爪牙之鳥。

二、魚鐸陽　-av, ak, -ang

*ㄩ(去)　k'jav

[甲骨]（　　　　　　）

[金文]（　　　　）

[小篆]《說文》：ㄩ，ㄩ廬，飯
器，以柳作之。象形。凡ㄩ之屬皆
从ㄩ。（五篇上）
去字析出，本為坑陷或容器形。

《說文》：去，人相違也。从大，ㄩ
聲。凡去之屬皆从去。（五篇上）
可能表現一人蹲於簸箕或坑上大
便，有去污的意思。

*匚　pjwang

[甲骨]

[金文]

[小篆]《說文》：匚，受物之器。
象形。　凡匚之屬皆从匚。讀若方。
匚，籀文匚。（十二篇下）
較可能是建築基址形，有可能一形
兩用，因象受物方器之形。

*尢　ʔwang

[甲骨]（　　　　　）

[金文]

[小篆]《說文》：尢，尫也，曲脛
人也。从大，象偏曲之形。凡尢之
屬皆从尢。（十篇下）

腳不等長，受過刖刑或傷害者。

*女　niav

[甲骨] （字形）

[金文] （字形）

[小篆]《說文》：㞢，婦人也。象形。王育說。凡女之屬皆从女。（十二篇下）

象婦女的坐姿，兩手交叉安放膝上。於文字，男性以平行垂放表示。從文物的實例看，婦女坐姿與男性無別，也是兩手平行垂放膝上。創意者有意的區別。

如　njav

[甲骨] （字形）

[金文]

[小篆]《說文》：㛰，從隨也。从女、从口。（十二篇下）

以婦女之言論見意。古時女子社會地位低，多順從接受指令，少下達命令。

奴　nav

[甲骨] （字形）

[金文] （字形）

[小篆]《說文》：奴，奴婢皆古辠人。周禮曰：其奴，男子入于辠隸，女子入于舂稿。从女、又。㚢，古文奴。（十二篇下）

受人壓制之女性。

*于　vjwav

[甲骨] （字形）

[金文] （字形）

[小篆]《說文》：亏，於也。象气之舒亏。从丂、从一。一者，其气平也。凡于之屬皆从于。（五篇上）

可能與平字為同類事物，稱重之天平桿，承受重量，故桿經常要加以強固，表現加固之狀。

蕚（華）　xjwav、vjwav

[甲骨]

[金文] （字形）

[小篆]《說文》：蕚，艸木華也。从䪥，于聲。凡蕚之屬皆从蕚。蕚，蕚或从艸、夸。（六篇下）

《說文》：華，榮也。从艸、蕚。凡華之屬皆从華。（六篇下）

花全株之形。

*下　grav

[甲骨] （字形）

[金文] （字形）

[小篆]《說文》：二，底也。反二為下。丅，篆文下。（一篇上）

指示在某物下之意。

*土　t'av

[甲骨]（圖形）

[金文]（圖形）

[小篆]《說文》：土，地之吐生萬物者也。二象地之上、地之中，｜物出形也。凡土之屬皆从土。（十三篇下）

各種土塊形狀，加水點強調黏土之可塑性。

*夕　rjiak

[甲骨]（圖形）

[金文]（圖形）

[小篆]《說文》：ㄗ，莫也。从月半見。凡夕之屬皆从夕。（七篇上）

月與夕同象殘月，分別文。

*丈　diang

[甲骨]

[金文]

[小篆]《說文》：寸，十尺也。从又持十。（三篇上）

手持杖形，老人所持之杖不應長至十尺。早期以自然尺度之尋（八尺）為單位，後以十進，丈可能為手持十尺之長度標尺。

*乇　trak

[甲骨]（圖形）

[金文]（圖形）

[小篆]《說文》：乇，艸葉也。上貫一，下有根，象形字。凡乇之屬皆从乇。（六篇下）

象芽冒生出於土上之狀?

如據宅與亳的甲骨文字形看，乇不像與植物有關。

亳　bwak

[甲骨]（圖形）

[金文]（圖形）

[小篆]《說文》：亳，京兆杜陵亭也。从高省，乇聲。（五篇下）

不似从乇聲，或表達高建築前豎立有圖騰柱，商之社址所在。

*亡　mjwang

[甲骨]（圖形）

[金文]（圖形）

[小篆]《說文》：亡，逃也。从入、乚。凡亡之屬皆从亡。（十二篇下）

不知。

良　liang

[甲骨]（圖形）

[金文]（圖形）

[小篆]《說文》：良，善也。从畗省，亡聲。𦎫古文良。𦎫，亦古文

良。，亦古文良。（五篇下）
或為裝乾糧之背袋形？

喪　sang

［甲骨］

［金文］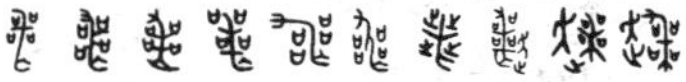

［小篆］《說文》：，亡也。从哭、亡，亡亦聲。（二篇上）
桑樹枝間有籃筐懸掛，採桑作業。

長　diang

［甲骨］

［金文］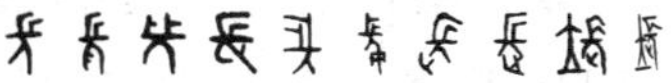

［小篆］《說文》：，久遠也。从兀、从匕。亾聲。兀者，高遠意也。久則變匕。𠂆者，倒亾也。凡長之屬皆从長。，古文長。，亦古文長。（九篇下）
人之髮長者，經常為老人形象。大概老人頭髮不稠，常散髮而不打髻。

*上　djang

［甲骨］

［金文］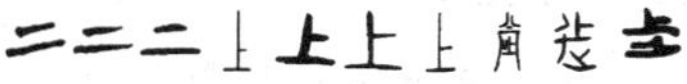

［小篆］《說文》：二，高也。此古文上。指事也。凡上之屬皆从上。丄，篆文上。（一篇上）
在某物之上的位置。

*巴　prwav

［甲骨］

［金文］

［小篆］《說文》：，蟲也。或曰食象它。象形。凡巴之屬皆从巴。（十四篇下）
大頭之蛇形，眼鏡蛇一類。如從篆文字形看，較像與人跪坐有關。

*夫　pjwav

［甲骨］

［金文］

［小篆］《說文》：，丈夫也。从大、一。以象簪。周制八寸為尺，十尺為丈，人長八尺，故曰丈夫。凡夫之屬皆从夫。（十篇下）
使用髮簪之男子為已成年者。

*父　bjwav

［甲骨］

［金文］

［小篆］《說文》：，家長率教者。从又舉杖。（三篇下）
手持石斧，為勞動成員。成年男子的職務，非表示權威。

*甫　pjwav

［甲骨］

［金文］

［小篆］《說文》：，男子之美稱

也。从用、父，父亦聲。（三篇下）
栽植植物之田圃。

*牙　ngrav

[甲骨]

[金文] 　　　　

[小篆]《說文》：𰀁，壯齒也。象
上下相錯之形。凡牙之屬皆从牙。
（二篇下）
兩物之牙交錯狀。

*及　kav

[甲骨]

[金文]

[小篆]《說文》：𠬝，秦人市賈多
得為及。从乃从夂。益至也。詩
曰：我及酌彼金罍。（五篇下）
盈字析出，腳入盆洗，水滿溢之狀。
引申市賈多賺。

*互　gav

[甲骨]

[金文]

[小篆]《說文》：𥯗，可以收繩者
也。从竹。象形。中象人手所推握
也。互，𥯗或省。（五篇上）
捆繞繩子之工具形，竹製。

*午　ngav

[甲骨]

[金文]

[小篆]《說文》：𠂡，啎也。五月
陰氣啎逆，陽冒地而出。象形。此
與矢同意。凡午之屬皆从午。（十
四篇下）
舂米之杵形。

*毋　mjwav

[甲骨]

[金文] 𠔃

[小篆]《說文》：𣎳，止之也。从
女有奸之者。（十二篇下）
母字之分別文。

*亢　kang

[甲骨]

[金文]

[小篆]《說文》：亢，人頸也。从
大省。象頸脈形。凡亢之屬皆从
亢。頏，亢或从頁。（十篇下）
原象高亢之建築物？

*丮　kiak

[甲骨] 　　　　　　　

[金文] 　

[小篆]《說文》：𰃻，持也。象手
有所丮據也。凡丮之屬皆从丮。讀
若戟。（三篇下）
雙手前舉有所祈禱之狀。

*戶　gav

[甲骨] 𢼄 𢻹 𢽬 𢽤

[金文] (㽟㽟㽟㽟)

[小篆]《說文》：戶，護也。半門曰戶。象形。凡戶之屬皆从戶。𢀖，古文戶，从木。（十二篇上）

單扇之門形。

*五　ngav

[甲骨] ☒ ⟨ ☒ ☒ ☒ ☒ ☒ ☒ ☒

[金文] ☒☒☒✕☒☒ ☒ ☒ ☒

[小篆]《說文》：☒，五行也。从二。侌昜在天地間交午也。凡五之屬皆从五。✕，古文五如此。（十四篇下）

記號。

*尺　t'jiak

[甲骨] (꒒)

[金文] ㇄ (⺄㇈㇎㇌⺄㇅㇈)

[小篆]《說文》：尺，十寸也。人手卻十分動脈為寸口。十寸為尺。从尸、从乙。乙，所識也。周制寸、尺、咫、尋、常、仞諸度量，皆以人之體為法。凡尺之屬皆从尺。（八篇下）

張開手指最大之長度，另一形或作自腋至肱之長度。

*予　riav

[甲骨]

[金文] (㽟㽟㽟)

[小篆]《說文》：予，推予也。象相予之形。凡予之屬皆从予。（四篇下）

編織工具杼之形。

野　rav

[甲骨] 𣏟𣏟𣏟𣏟

[金文] 𣏟𣏟𣏟㽟㽟㽟

[小篆]《說文》：野，郊外也。从里，予聲。𡐨，古文野，从里省、从林。（十三篇下）

甲骨文不从土，或是野外林地豎有男性器崇拜物之處。由內而外，邑、田、野。

*王　vjwang

[甲骨] 𤣥𤣥𤣥𤣥𤣥𤣥𤣥𤣥𤣥

[金文] 王王王王王王王王王王

[小篆]《說文》：王，天下所歸往也。董仲舒曰：古之造文者，三畫而連其中，謂之王。三者，天地人也，而參通之者王也。孔子曰：一貫三為王。凡王之屬皆从王。 𡆸，古文王。（一篇上）

王冠形。

戴冠能在群眾中突出地位，為指揮大規模之戰爭，易於讓部下見到指揮者之指示。

坒　gjwang

[甲骨]（古文字形）

[金文]（古文字形）

[小篆]《說文》：坒，艸木妄生也。从之在土上。讀若皇。𡴍，古文（六篇下）

行步加王聲？聲符一般為獨立結構。或作腳站在土堆上，但不知何以有往來的意義。

皇　gwang

[甲骨]（古文字形）

[金文]（古文字形）

[小篆]《說文》：皇，大也。从自、王。自，始也。始王者，三皇，大君也。自，讀若鼻。今俗以作始生子為鼻子是。（一篇上）

裝飾有高聳羽毛的帽子形，輝煌美麗。

*卬　ngang

[甲骨]

[金文]

[小篆]《說文》：卬，望也。欲有所庶及也。从匕、从卪。詩曰：高山卬止。（八篇上）

跪坐者仰頭望站着的人。

*方　pjwang

[甲骨]（古文字形）

[金文]（古文字形）

[小篆]《說文》：方，併船也。象兩舟省總頭形。凡方之屬皆从方。汸，方或从水。（八篇下）

有高寬直刃之犁形，側視，平面看起來象兩齒刃。

旁　bwang

[甲骨]（古文字形）

[金文]（古文字形）

[小篆]《說文》：旁，溥也。从二闕，方聲。㫄，古文旁。㫄，亦古文旁。㫄，籀文。（一篇上）

有犁壁之犁形，刺起土後並往兩旁推開，為拉犁而設。

犁壁或作三角形。

*爿　dzjang

[甲骨]（古文字形）

[金文]（古文字形）

[小篆]《說文》：爿，反片為爿。讀若牆。（七篇上）

置食小几或板床形。

將　tsjang

[甲骨]（古文字形）

[金文] 瘖 楯

[小篆]《說文》：將，帥也。从寸，醬省聲。（三篇下）

可能以手拿食盤上的肉以沾醬而食，爿聲或為後加，醬字源？

漢代的小染爐即為食肉時溫沾醬用。

倉　ts'ang

[甲骨] 倉

[金文] 倉 倉 倉

[小篆]《說文》：倉，穀藏也。蒼黃取而藏之，故謂之倉。从食省。口象倉形。凡倉之屬皆从倉。仝，奇字倉。（五篇下）

合加爿聲之變形？ 古文奇字或作糧倉形，其形制與型範套合之金近似。

牀　tsjang

[甲骨] 牀 牀 牀 牀 牀 牀

[金文]

[小篆]《說文》：牀，扶也。从手，爿聲。（十二篇上）

兩手扶床或移床之狀。

兩手搬動之位置不一致，較可能為兩人搬大型器物，非一人雙手捧用食之小几，故應為停尸之板床。

臧　tsang

[甲骨] 臧 臧 臧

[金文] 臧 臧 臧 臧 臧 臧

[小篆]《說文》：臧，善也。从臣，戕聲。藏，籀文。（三篇下）

被刺瞎眼睛而表現順從之俘虜。

*刅（創）　ts'iang

[甲骨]

[金文] 刅 刅 刅

[小篆]《說文》：刅，傷也。从刃、从一。創，刅，或从倉。（四篇下）

犁刺入土中之狀。

*宁　diav

[甲骨] 宁 宁 宁 宁 宁（宁 宁 宁 宁）

[金文] 宁 宁 宁 宁（宁）

[小篆]《說文》：宁，辨積物也。象形。凡宁之屬皆从宁。（十四篇下）

箱櫃形，應橫看，楚地出土多件。

*白　brwak

[甲骨] 白 白 白 白 白 白 白 白

[金文] 白 白 白 白 白 白 白 白 白

[小篆]《說文》：白，西方色也。会用事物色白。从入合二。二，会數。凡白之屬皆从白。甴，古文白。（七篇下）

大拇指形。

百　prwak

[甲骨] 百 百 百 百 百 百 百 百 百

[金文] 百 百 百 百 百 百 百 百 百 百
百 百 百 百

[小篆]《說文》：百，十十也。從一白。數十十為一百。百，白也。十百為一貫。貫，章也。百，古文百。（四篇上）

借拇指之形為數目。全或為法之音借。

*巨　gjav

[甲骨]

[金文] （金文字形）

[小篆]《說文》：巨，規巨也。從工。象手持之。榘，巨或從木矢。矢者，其中正也。巨，古文巨。（五篇上）

自人持拿畫直線之榘形析出。

*処　t'jav

[甲骨] （甲骨字形）

[金文] （金文字形）

[小篆]《說文》：処，止也。從夊、几。夊，得几而止也。處，処或從虍聲。（十四篇上）

腳對著室內，不外出，虎聲後加。

*乍　dzrav

[甲骨] （甲骨字形）

[金文] （金文字形）

[小篆]《說文》：乍，止亡詞也。從亡、一，有所礙也。（十二篇下）

可能是建築業的工具形。為木材拋光之刨刀？ 或加丰，表示木材鋸削痕？

*乎　gav

[甲骨] （甲骨字形）

[金文] （金文字形）

[小篆]《說文》：乎，語之餘也。從兮，象聲上越揚之形也。（五篇上）

不知。或自寧字析出，以支架承熱食才安全。熱湯所燙而呼叫？

*兄　xiwang

[甲骨] （甲骨字形）

[金文] （金文字形）

[小篆]《說文》：兄，長也。從儿、從口。凡兄之屬皆從兄。（八篇下）

開口說祝辭之人，借以稱人倫。

*古　kav

[甲骨] （甲骨字形）

[金文] （金文字形）

[小篆]《說文》：古，故也。從十、口。識前言者也。凡古之屬皆從古。古，古文古。（三篇上）

可能是有事故欲警告之敲打器，古文從石，也可旁證其為磬一類警告的敲打器。

*石　djiak

[甲骨]

[金文]

[小篆]《說文》：⊓，山石也，在厂之下。口，象形。凡石之屬皆从石。（九篇下）

尖銳之石塊，利以挖坑陷。

蠹　tav

[甲骨]

[金文]

[小篆]《說文》：蠹，木中虫。从䖵，橐聲。蠧，蠹或从木，象蟲在木中形，譚長說。（十三篇下）

大致是蠹虫形，乾腌之肉有時會長蠹。橐聲後加。

橐　t'ak

[甲骨]

[金文]

[小篆]《說文》：橐，囊也。从橐省，石聲。（六篇下）

兩端緊束之囊形。

*永　viwang

[甲骨]

[金文]

[小篆]《說文》：永，水長也。象水坙理之長永也。詩曰：江之永矣。凡永之屬皆从永。（十一篇下）

大概依河流的彎曲以築路，繞大圈子，路長遠。

*且　tsjav

[甲骨]

[金文]

[小篆]《說文》：且，所以薦也。从几。足有二橫。一，其下地也。凡且之屬皆从且。𡩋，古文以為且，又以為几字。（十四篇上）

男性器形，人類繁殖本源。

俎　tsiav

[甲骨]

[金文]

[小篆]《說文》：俎，禮俎也。从半肉在且上。（十四篇上）

置肉蔬以獻食之短几，金文另一形作短几下有短腳。同宜字。

*疋　siav

[甲骨]

[金文]

[小篆]《說文》：疋，足也。上象腓腸，下从止。弟子職曰：問疋何止。古文以為詩大雅字，亦以為足

字。或曰胥字。一曰足記也。凡疋
之屬皆从疋。（二篇下）

腿連腳趾之形。

梳 siav

［甲骨］

［金文］

［小篆］《說文》：梳，所以理髮
也。从木，疏省聲。（六篇上）

用一長髮之人與一木以表示梳髮之
木器。

楚 ts'iav

［甲骨］

［金文］

［小篆］《說文》：楚，叢木。一名
荆也。从林，疋聲。（六篇上）

似不从疋聲，前往林中所闢之村
邑，要經過滿途荆棘？

*皿 miwang

［甲骨］

［金文］

［小篆］《說文》：皿，飯食之用器
也。象形。與豆同意。凡皿之屬皆
从皿。讀若猛。（五篇上）

有圈足之淺圓盤形。

盟（盟、盟） miwang

［甲骨］

［金文］

［小篆］《說文》：盟，周禮曰：國
有疑則盟。諸侯再相與會，十二歲
一盟。北面詔天之司慎、司命。
盟，殺牲歃血，朱盤玉敦，以立牛
耳。从囧，皿聲。盟，篆文从明。
盟，古文从明。（七篇上）

皿中盛血，結盟時飲之以立誓。

*丙 piwang

［甲骨］

［金文］

［小篆］《說文》：丙，位南方。萬
物成炳然。会氣初起，易氣將虧。
从一、入、冂。一者，易也。丙承
乙，象人肩。凡丙之屬皆从丙。
（十四篇下）

可能是器座形。

更 krang

［甲骨］

［金文］

［小篆］《說文》：更，改也。从
攴，丙聲。（三篇下）

打更以通知晚上的時刻。

*央 ʔiang

［甲骨］

［金文］

［小篆］《說文》：央，央中也。从

大在冂內。大人也。央、旁同意。
（五篇下）

象人的頭陳放在枕頭的中央上？

*兩　xrav

［甲骨］

［金文］

［小篆］《說文》：兩，覆也。从冂
上下覆之。凡兩之屬皆从兩。讀若
晉。（七篇下）

口朝下倒置之皿。

*羽　vjwav

［甲骨］

［金文］

［小篆］《說文》：羽，鳥長毛也。
象形。凡羽之屬皆从羽。（四篇上）

鳥翅膀形。

*瓜　krwav

［甲骨］

［金文］

［小篆］《說文》：瓜，胍也。象
形。凡瓜之屬皆从瓜。（七篇下）

藤下結瓜形。

*各　kak

［甲骨］

［金文］

［小篆］《說文》：各，異詞也。从

口、夂。夂者，有行而止之不相聽
意。（二篇上）

足進入半地下穴居，有下降之意。

*匠　dzjang

［甲骨］

［金文］

［小篆］《說文》：匠，木工也。从
匚、斤。斤，所以作器也。（十二
篇下）

斧斤於櫃中，以木工之工具箱表達
其職業。

*亦　riak

［甲骨］

［金文］

［小篆］《說文》：亦，人之臂亦
也。从大，象兩亦之形。凡亦之屬
皆从亦。（十篇下）

示人兩腋所在。

*兜　kav

［甲骨］

［金文］

［小篆］《說文》：兜，兜鍪也。从
儿。象左右皆蔽形。凡兜之屬皆从
兜。讀若瞽。（八篇下）

可能象頭戴盔胄形。

*屰　ngiak

［甲骨］

[金文] 𐂇 𐂇 𐂇 𐂇

[小篆]《說文》：𐂇，不順也。从干下凵。𐂇之也。(三篇上)

倒逆之人。

逆　ngiak

[甲骨] 𐂇 𐂇 𐂇 𐂇 𐂇 𐂇 𐂇 𐂇 𐂇 𐂇

[金文] 𐂇 𐂇 𐂇 𐂇 𐂇 𐂇 𐂇 𐂇 𐂇

[小篆]《說文》：𐂇，迎也。从辵，𐂇聲。關東曰逆，關西曰迎。(二篇下)

足迎對面而來的人，加行道表示外迎。

*羊　vriang

[甲骨] 𐂇 𐂇 𐂇 𐂇 𐂇 𐂇 𐂇 𐂇 𐂇

[金文] 𐂇 𐂇 𐂇 𐂇 𐂇 𐂇 𐂇 𐂇 𐂇

[小篆]《說文》：羊，祥也。从丫。象四足尾之形。孔子曰：牛羊之字以形舉也。凡羊之屬皆从羊。(四篇上)

以羊頭代表全形。

養　vriang

[甲骨] (𐂇 𐂇 𐂇 𐂇 𐂇 𐂇 𐂇 𐂇)

[金文] (𐂇 𐂇 𐂇 𐂇 𐂇)

[小篆]《說文》：𐂇，供養也。从食，羊聲。𐂇，古文養。(五篇下)

古文作以杖趕羊，從事畜牧養家。

甲骨與牧同義。

羌　k'ang

[甲骨] 𐂇 𐂇 𐂇 𐂇 𐂇 𐂇 𐂇 𐂇 𐂇 𐂇 𐂇

[金文] 𐂇 𐂇 𐂇 𐂇

[小篆]《說文》：𐂇，西戎。羊種也。从羊、儿，羊亦聲。南方蠻閩从虫，北方狄从犬，東方貉从豸，西方羌从羊，此六種也。西南僰人焦僥从人。蓋在坤地頗有順理之性。唯東夷从大。大，人也。夷俗仁仁者壽，有君子不死之國。孔子曰：道不行，欲之九夷，乘桴浮於海，有以也。𐂇，古文羌如此。(四篇上)

羊聲，或羌族人以羊角裝飾帽子。商人常以羌為祭祀犧牲，故套之以繩索。

*网　mjwang

[甲骨] 𐂇 𐂇 𐂇 𐂇 𐂇 𐂇 𐂇 𐂇 𐂇

[金文] 𐂇 𐂇 𐂇 𐂇 𐂇

[小篆]《說文》：𐂇，庖犧氏所結繩以田以漁也。从冂，下象网交文。凡网之屬皆从网。𐂇，网或从亡。𐂇，或从糸。𐂇，古文网从冂，亡聲。𐂇，籀文从㸚。(七篇下)

網形。

*向　xjang

[甲骨] 𐂇 𐂇 𐂇 𐂇 𐂇 𐂇 𐂇 𐂇 𐂇

[金文] 向 向 向 向 向 向 向 向

[小篆]《說文》：向，北出牖也。
从宀、从口。詩曰：塞向墐戶。
（七篇下）

早期的房子只有一出入口，為屋所
面對之方向。

早期穴居的牆甚矮，難設窗口。後
來房基上升至地面，才可能在牆壁
開窗或多立門戶。

尚　djang

[甲骨]

[金文] 尚 尚 尚 尚 尚 尚 尚 尚 尚

[小篆]《說文》：尚，曾也。庶幾
也。从八，向聲。（二篇上）

創意不明。字形與向有所差異，大
半不从向聲。

*行　gang

[甲骨] 行 行 行 行 行 行 行 行 行

[金文] 行 行 行 行 行 行 行 行 行

[小篆]《說文》：行，人之步趨
也。从彳、亍。凡行之屬皆从行。
（二篇下）

行道形。為行走而建。

衡　grang，grwng

[甲骨]

[金文]

[小篆]《說文》：衡，牛觸橫大
木，从角、大，行聲。詩曰：設其楅

衡。 㼧，古文衡如此。（四篇下）
古文字形象人頭頂東西之狀，可保
持平衡才不必用手扶，行聲後加。

*光　kwang

[甲骨] 光 光 光 光

[金文] 光 光 光 光 光 光 光 光

[小篆]《說文》：光，明也。从火
在儿上。光明意也。 炏，古文。
炗，古文。（十篇上）

頭頂火，火表現燈座。漢代還有置
燈盤於奴僕頭上以照明的習慣。

*呂　liav

[甲骨] 呂 呂 呂 呂 呂 呂 呂

[金文] 呂 呂 呂 呂 呂 呂 呂 呂 呂

[小篆]《說文》：呂，脊骨也。象
形。昔大嶽為禹心呂之臣，故封呂
侯。凡呂之屬皆从呂。 膂，篆文呂
从肉，旅聲。（七篇下）

金屬錠形。

*虍（虎）　xav

[甲骨] 虎 虎 虎 虎 虎 虎 虎

[金文] 虎 虎 虎 虎 虎 虎 虎 虎

[小篆]《說文》：虍，虎文也，象
形。凡虍之屬皆从虍。讀若春秋傳

曰：虍有餘。（五篇上）

《說文》：䖝，山獸之君。從虍、從

儿。虎足象人足也。凡虎之屬皆從

虎。䖝，古文虎。䖝，亦古文虎。

（五篇上）

虎全形。

鑪　lav

[甲骨]

[金文]

[小篆]《說文》：鑪，方爐也。從

金，盧聲。（十四篇上）

有支架而可移動的煉爐形。甲骨有

地名作爐與鼓風囊連接在一起或並

列。

*虪　giav，kjav

[甲骨]

[金文]

[小篆]《說文》：虪，鬮相乤不解

也。從豕、虍。豕虎之鬥不相捨。

讀若蘮蒘艸之蘮。司馬相如說：

虪，封豕之屬。一曰虎兩足舉。

（九篇下）

表達野豕與虎要相鬥至分勝負才作

罷的激烈情況。

*叕　grav

[甲骨]

[金文]

[小篆]《說文》：希，豕也。從彑。

下象其足，讀若瑕。（九篇下）

可能是象形希字的變形或是豬的形

象。

*巫　mjwav

[甲骨]

[金文]

[小篆]《說文》：巫，巫祝也。女

能事無形，以舞降神者也。象人兩褒

舞形。與工同意。古者巫咸初作巫。

凡巫之屬皆從巫。巫，古文巫。（五

篇上）

巫行法工具，筮占使用。

*步　bwav

[甲骨]

[金文]

[小篆]《說文》：步，行也。從止

屮相背。凡步之屬皆從步。（二篇

上）

行步前後足跡。

*㒰　t'iak

[甲骨]

[金文]

[小篆]《說文》：㒰，乍行乍止

也。從彳、止。凡㒰之屬皆從㒰。

讀若（段注曰衍文）春秋傳曰：㒰階

而走。（二篇下）

足行走於道路上。

*吳 ngwav

[甲骨]

[金文]

[小篆]《說文》：，大言也。从矢、口。，古文如此。（十篇下）

?

*赤 ts'jiak

[甲骨]

[金文]

[小篆]《說文》：，南方色也。从大、火。凡赤之屬皆从赤。，古文从炎、土。（十篇下）

大火色赤，會意。

赦 st'jiav

[甲骨]

[金文]

[小篆]《說文》：，置也。从攴，赤聲。，赦或从亦。（三篇下）

原形可能象以鞭刑罰人至流血的程度，替代更嚴重的處罰。銅器銘文有以鞭打替代黥刑之赦免例子。

*車 t'jiav,kjav

[甲骨]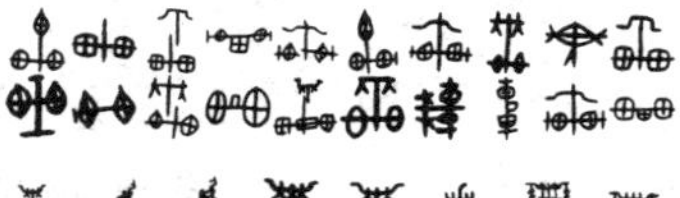

[金文]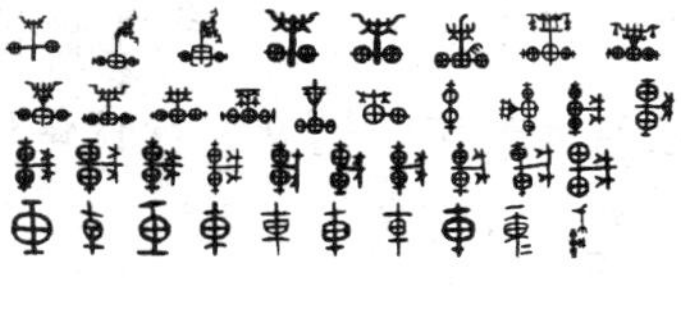

[小篆]《說文》：車，輿輪之總名也。夏后時奚仲所造。象形。凡車之屬皆从車。，籀文車。（十四篇上）

或繁或簡之車形。

*谷 gjak

[甲骨]

[金文]

[小篆]《說文》：，口上阿也。从口，上象其理。凡谷之屬皆从谷。，谷或如此。，谷或从㢘、肉。（三篇上）

鼻口之間的紋理形。

*兵 piwang

[甲骨]

[金文]

[小篆]《說文》：，械也。从廾持斤，并力之貌。，古文兵从人、廾、干。，籀文兵。（三篇上）

雙手揮動石斧之狀。

早期的武器取自工具，使用青銅後才有專為殺人設計的武器。

*囧 kiwang

[甲骨]

[金文]

[小篆]《說文》：，窗牖麗廔闓明也。象形。凡囧之屬皆从囧。讀

若獷。賈侍中說：讀與明同。（七篇上）

窗形。

*冶　rav

[甲骨]

[金文] 張必咍舀
（鋊剞鋦勆釡釾胋弑釾
鋱坎亷從郍亷炳㤄的衿岊
鉤淂淂㵸三台三台）

[小篆]《說文》：焟，銷也。从
冫，台聲。（十一篇下）

大致表現刀于火上加熱，并在砧上鍛打以擠出雜質的冶鐵法。

*杏　grang

[甲骨]

[金文]

[小篆]《說文》：㵇，杏果也。从木，向省聲。（六篇上）

省聲之說不可靠，創意難知。

*网（兩）　liang

[甲骨]

[金文] 兩兩兩兩

[小篆]《說文》：兩，再也。从冖、从從、从丨。易曰：參天兩地。凡兩之屬皆从兩。（七篇下）

《說文》：兩，二十四銖為一兩。从一、兩，平分也。兩亦聲。（七篇下）

可能象車衡上之兩軛，一車有一衡兩軛。

*皂　xjang

[甲骨]

[金文]

[小篆]《說文》：皀，穀之馨香也。象嘉穀在裹中之形，匕所以扱之。或說皀，一粒也。凡皀之屬皆皀。又讀若香。（五篇下）

陶豆中食物滿盛之狀。

卿　k'iang

[甲骨]

[金文]

[小篆]《說文》：卿，章也。六卿：天官，冢宰；地官，司徒；春官，宗伯；夏官，司馬；秋官，司寇；冬官，司空。从卯，皀聲。（九篇上）

兩卿士相面對用食，卿士之禮儀。

*雨　vjwav

[甲骨]

[金文]

[小篆]《說文》：雨，水從雲下也。一象天，冂象雲，水霝其閒也。凡雨之屬皆从雨。𩃬，古文。（十一篇下）

雨下自天。

*黍　st'jav

［甲骨］（字形）

［金文］（字形）

［小篆］《說文》：黍，禾屬而黏者也。以大暑而種故謂之黍。從禾，雨省聲。孔子曰黍可為酒，故從禾入水也。凡黍之屬皆從黍。（七篇上）

黍形，水點表示釀酒材料？

*者　tjiav

［甲骨］（字形）

［金文］（字形）

［小篆］《說文》：者，別事詞也。從白，米聲。米，古文旅。（四篇上）

菜蔬與魚肉諸物煮于鍋中而水氣上蒸狀。

*耒　grwav

［甲骨］（字形）

［金文］

［小篆］《說文》：耒，耕曲木也。從木。丯象形，宋、魏曰耒也。（六篇上）

木柄端裝有兩銳刃之犁。

*初　ts'iav

［甲骨］（字形）

［金文］（字形）

［小篆］《說文》：初，始也。從刀、衣。裁衣之始也。（四篇下）

以刀裁布為縫衣之始。

*股　kwav

［甲骨］

［金文］

［小篆］《說文》：股，髀也。從肉，殳聲。（四篇下）

股處之骨粗大，需用錘打以助切割截斷。

*武　mjwav

［甲骨］（字形）

［金文］（字形）

［小篆］《說文》：武，楚莊王曰：夫武，定功戢兵，故止戈為武。（十二篇下）

持干戈之舞，古代重要舞容。或表現持戈行走。

*舍　st'jiav

［甲骨］（字形）

［金文］（字形）

［小篆］《說文》：舍，市居曰舍。從亼、屮、口。屮象屋也。口象築也。（五篇下）

旅舍前插招牌以為辨識。

余　riav

[甲骨]（字形）

[金文]（字形）

[小篆]《說文》：余，語之舒也。从八，舍省聲。（二篇上）

使節旅行路上所持之標記，住宿則交店保管。

敘　rav

[甲骨]（字形）

[金文]

[小篆]《說文》：敘，次第也。从支，余聲。（三篇下）

手持節，以序官吏站位之次第。

*炙　tjiak

[甲骨]

[金文]

[小篆]《說文》：炙，炙肉也。从肉在火上。凡炙之屬皆从炙。（字形），籀文。（十篇下）

火上烤肉。

*居　kjav

[甲骨]

[金文]

[小篆]《說文》：居，蹲也。从尸，古聲。（字形），俗居从足。（八篇上）

人坐于矮几上。

春秋晚期才有坐矮几之現象，但為

野外臨時坐具。

*昔　sjiak

[甲骨]（字形）

[金文]（字形）

[小篆]《說文》：昔，乾肉也。从殘肉日以晞之。與俎同意。（字形），籀文从肉。（七篇上）

大水為患之日，往日的主要災害。

耤　dzjiak

[甲骨]（字形）

[金文]（字形）

[小篆]《說文》：耤，帝耤千畝也。古者使民如借，故謂之藉。从耒，昔聲。（四篇下）

足踏耒以耕田狀。

*秉　piwang

[甲骨]（字形）

[金文]（字形）

[小篆]《說文》：秉，禾束也。从又持禾。（三篇下）

手持一束禾。

*明　miwang

[甲骨]（字形）

[金文]（字形）

[小篆]《說文》：明，照也。从月、囧。凡明之屬皆从明。（字形），古

文从日。（七篇上）

月光照射入窗有光明。

*亯（亨）　xjang

[甲骨]

[金文]

[小篆]《說文》：亯，獻也。从高省。曰象孰物形。孝經曰：祭則鬼亯之。亯，篆文亯。凡亯之屬皆从亯。（五篇下）

夯土臺上之建築物，廟亯之處，一般住家不用如此費工的方式。

*昌　t'jang

[甲骨]

[金文]

[小篆]《說文》：昌，美言也。从日从曰。一曰，日光也。詩曰：東方昌矣。昌，籀文。（七篇上）

日升離海面之景，反映其影，早上時分，與旦字同形。

*庚　krang

[甲骨]

[金文]

[小篆]《說文》：庚，位西方。象秋時萬物庚庚有實也。庚承己，象

人臍。凡庚之屬皆从庚。（十四篇下）

鈴形或手鼓形？

唐　dang

[甲骨]

[金文]

[小篆]《說文》：唐，大言也。从口庚聲。啺，古文唐从口易。（二篇上）

或是有舌之鈴形，聲響大。

*京　kiang

[甲骨]

[金文]

[小篆]《說文》：京，人所為絕高丘也。从高省，丨象高形。凡京之屬皆从京。（五篇下）

干欄上之建築，高于一般平地或半地下穴居建築。

黥（剠）　giang

[甲骨]

[金文]

[小篆]《說文》：黥，墨刑在面也。从黑，京聲。剠，或从刀作。（十篇上）

以刀在臉上施墨刑，墨為受墨刑者。

*並　bwang

[甲骨]

[金文] 𡘭 𡘮 𡘮 𡘮

[小篆]《說文》：𡘭，併也。从二
立。凡並之屬皆从並。（十篇下）
兩人並立。

*禹　vjwav

[甲骨]

[金文] 𧖇 𧖇 𧖇 𧖇 𧖇

[小篆]《說文》：禹，蟲也。从内。
象形。𧖇，古文禹。（十四篇下）
某種蟲形。

*亞　ʔrav

[甲骨] 亞 亞 亞 亞 亞 亞 亞 亞 亞

[金文] 亞 亞 亞 亞 亞 亞 亞 亞 亞

[小篆]《說文》：亞，醜也。象人
局背之形。賈侍中說以為次弟也。
凡亞之屬皆从亞。（十四篇下）
墓道或建築地基形。

*叚　krav

[甲骨]

[金文] 叚 叚 叚 叚 叚 叚 叚 叚 叚

[小篆]《說文》：叚，借也。闕。
叚，古文叚。叚，譚長說：叚如此。
（三篇下）
與段結構相似，似與挖掘石材有
關。

豭　krav

[甲骨] 豭 豭

[金文]

[小篆]《說文》：豭，牡豕也。从
豕，叚聲。（九篇下）
特顯明雄豬之性器。

家　krav

[甲骨] 家 家 家 家 家 家 家 家 家　家 家 家 家 家 家 家

[金文] 家 家 家 家 家 家 家 家 家 家　家 家 家 家 家 家 家 家

[小篆]《說文》：家，居也。从宀，
豭省聲。家，古文家。（七篇下）
屋下養豬，為人家居所在。為收集
肥料方便，漢代豬圈常與廁所建在
一起。其他大型家畜，稍遠人們生
活圈。

*香　xjang

[甲骨] 香 香 香

[金文]

[小篆]《說文》：香，芳也。从
黍、从甘。春秋傳曰：黍稷馨香。
凡香之屬皆从香。（七篇上）
禾于鍋上煮，蒸氣上升有馨香味。

*若(叒)　njak

[甲骨] 若 若 若 若 若 若 若 若 若

[金文] 若 若 若 若 若 若 若 若 若

[小篆]《說文》：若，擇菜也。从

艸、右。右，手也。一曰：杜若馨
香。（六篇下）

《說文》：叒，日初出東方湯谷所登
榑桑。桑木也。凡叒之屬皆叒。
叒，籀文。（六篇下）

兩手上伸，理髮使順，或高興而雙
手高舉揮舞狀。

*兔　t'av

[甲骨]

[金文]

[小篆]《說文》：兔，獸也。象兔
踞，後其尾形。兔頭與㲋頭同。凡
兔之屬皆从兔。（十篇上）

兔形。

*相　sjang

[甲骨]

[金文]

[小篆]《說文》：相，省視也。从
目、木。易曰：地可觀者，莫可觀于
木。詩曰：相鼠有皮。（四篇上）

以眼觀察樹木生長或性質之優劣。

*昜　riang

[甲骨]

[金文]

[小篆]《說文》：昜，開也。从
日、一、勿。一曰飛揚，一曰長也。
一曰彊者眾貌。（九篇下）

太陽高升標杆以上位置。

*馬　mrwav

[甲骨]

[金文]

[小篆]《說文》：馬，怒也，武
也。象馬頭髦尾、四足之形。凡馬
之屬皆从馬。馬，古文。馬，籀文
馬與影同有髦。（十篇上）

（馬全形）

*卸　sjiav
御、馭　ngjav

[甲骨]

[金文]

[小篆]《說文》：卸，舍車解馬
也。从卩、止，午聲。讀若汝南人
寫書之寫。（九篇上）

《說文》：御，使馬也。从彳、卸。
馭，古文御，从又、馬。（二篇下）
卸自御析出。

跪於繩索之前，攘除儀式。
跪駕。或以鞭驅馬。

*亮 liang

[甲骨]

[金文]

[小篆]《說文》：亮，明也。从儿，高省。（八篇下）

上半為地上高房之形，人在高房子中，屋高採光好。

*庫 k'av

[甲骨]

[金文] 庫 庫

[小篆]《說文》：庫，兵車藏也。从車在广下。（九篇下）

放車之庫房。

*夏 grav

[甲骨]

[金文] 夏 夏 夏 夏 夏 夏 夏

[小篆]《說文》：夏，中國之人也。从夊、从頁、从臼。臼，兩手，夊，兩足也。夏，古文夏。（五篇下）

巫在夏日跳舞祈雨之姿。

*旅 liav

[甲骨]

[金文]

[小篆]《說文》：旅，軍之五百人。

从放、从从。从，俱也。旅，古文旅。古文以為魯衛之魯。（七篇上）

多人在一旗下，表示衆族組成的軍隊、大團體。

*烏(於) ʔjav

[甲骨]

[金文]

[小篆]《說文》：烏，孝鳥也。孔子曰：烏于呼也。取其助气，故以為烏呼。凡烏之屬皆从烏。烏，古文烏，象形。烏，象古文烏省。（四篇上）

烏鴉身黑不見眼珠？

*䀠(䀠) kjwav

[甲骨]（ ）

[金文]

[小篆]《說文》：䀠，左右視也。从二目。凡䀠之屬皆从䀠。讀若拘，又若良士瞿瞿。（四篇上）

《說文》：䀠，舉目驚，䀠然也。从夰、从䀠，䀠亦聲。（十篇下）

轉頭左右視之狀。與䀠䀠應為同一字之分化。

瞿 gjwav

[甲骨]

[金文]（ ）

[小篆]《說文》：瞿，雁隼之視也。

從隹、䀠，䀠亦聲。凡瞿之屬皆從
瞿。讀若章句之句。（四篇上）
視力敏銳著稱之鳥。

*素　sav

［甲骨］

［金文］（圖形）（圖形）

［小篆］《說文》：圖形，白致繒也。
從糸、𠬸，取其澤也。凡素之屬皆
從素。（十三篇上）

粗織之布，未加工縫邊者，𠬸 為未
修齊邊緣的形象。

*皎　k'iak

［甲骨］（圖形）

［金文］（圖形）

［小篆］《說文》：圖形，際見之白
也。從白，上下小見。（七篇下）

日被雲所遮，光線自四周透出。或
釋暈。

*索　sak

［甲骨］（圖形）

［金文］（圖形）

［小篆］《說文》：圖形，艸有莖葉可
作繩索。從𣎵、糸。杜林說：𣎵亦
朱市字。（六篇下）

繩索合股之形。或加手表示糾繩的
動作。

*隻　tjiak

［甲骨］（圖形）

［金文］（圖形）

［小篆］《說文》：圖形，鳥一枚也。
從又持隹。持一隹曰隻，持二隻曰
雙。（四篇上）

手捉到一隻鳥之狀。

*躬（射）　zdjiav

［甲骨］（圖形）

［金文］（圖形）

［小篆］《說文》：圖形，弓弩發於身而
中於遠也。從矢，從身。圖形，篆文
躬。從寸。寸，法度也，亦手也。
（五篇下）

箭在弦上待射之狀。

*舁　riav

［甲骨］（圖形）

［金文］（圖形）

［小篆］《說文》：圖形，共舉也。從
臼、廾。凡舁之屬皆從舁。讀若
余。（三篇上）

四手共舉一物，大半自輿、與、興等
字析出。

輿　riav

［甲骨］（圖形）

［金文］

［小篆］《說文》：圖形，車輿也。從

車，舁聲。（十四篇上）

四手共舉一輿。

輿、与　riav

[甲骨]

[金文]𦥔 𦥔 𦥔

[小篆]《說文》：𦥑，黨與也。從舁、与。𥄳，古文與。（三篇上）

二人用四手合作糾繩。

*鬯　t'ang

[甲骨]

[金文]

[小篆]《說文》：鬯，以秬釀鬱草，芬芳攸服以降神也。從凵，凵，器也。中象米。匕，所以扱之。易曰：不喪匕鬯。凡鬯之屬皆從鬯。（五篇下）

可能象香料包或花蕾形，用以製香酒。

*畕　kjang

[甲骨]

[金文]

[小篆]《說文》：畕，比田也。從二田。凡畕之屬皆從畕。闕。（十三篇下）

田地疆界區劃分明。卜辭同田字。

畺　kjang

[甲骨]

[金文]

[小篆]《說文》：畺，界也。從畕。三，其界畫也。疆，畺或從土。彊聲。（十三篇下）

田地疆界區畫分明，強字以之為聲符。

*桑　sang

[甲骨]

[金文]

[小篆]《說文》：桑，蠶所食葉木。從叒、木。（六篇下）

桑樹形。

*泝　tsrav

[甲骨]

[金文]

[小篆]《說文》：泝，棠棗之汁也。從赤、水。泟，泝或從正。（十篇下）

赤色之汁。

*席　rjiak

[甲骨]

[金文]

[小篆]《說文》：席，藉也。禮：天子、諸侯席有黼繡純飾。從巾，庶省聲。囻，古文席，從石省。（七篇下）

古文字形象屋內之坐席形。

*魚　ngjav

［甲骨］

［金文］

［小篆］《說文》：𩵋，水蟲也。象
形。魚尾與燕尾相似。凡魚之屬皆
從魚。（十一篇下）

魚形。

魯　lav

［甲骨］

［金文］

［小篆］《說文》：魯，鈍詞也。從
白，魚聲。論語曰：參也魯。（四
篇上）

魚在盤上，魚為美食，西周初已挖
池人工養魚。

漁　ngjav

［甲骨］

［金文］

［小篆］《說文》：𩼪，搏魚也。從
𩵋、水。𩼪，篆文。從魚。（十一篇
下）

魚游水中，或垂釣、撒網等捕魚
法。

穌　sav

［甲骨］

［金文］

［小篆］《說文》：穌，杷取禾若
也。從禾，魚聲。（七篇上）

聲不同部，大半不是形聲字，取意
不詳。

*圉　ngiav

［甲骨］

［金文］

［小篆］《說文》：圉，囹圉，所以拘
辠人。從口、幸。一曰：圉，垂也。
一曰：圉人，掌馬者。（十篇下）

拘禁犯人之牢獄。

*庶　tjav

［甲骨］

［金文］

［小篆］《說文》：庶，屋下眾也。
從广、炗。炗，古文光字。（九篇
下）

以火烤石之煮食法，用多塊石頭，
故有眾庶之義。

*鹵　lav

［甲骨］

［金文］

［小篆］《說文》：鹵，西方鹹地
也。從西省，口象鹽形。安定有鹵

縣，東方謂之庴，西方謂之鹵。凡
鹵之屬皆从鹵。（十二篇上）

鹵味的袋包，中實香料。

*莫　mwav

[甲骨]

[金文]

[小篆]《說文》：莫，日且冥也。
从日在茻中，茻亦聲。（一篇下）

日已西下，看似在林間，黃昏時刻。
或加鳥，表達于黃昏時分歸巢。

*竟　kiang

[甲骨]

[金文]

[小篆]《說文》：竟，樂曲盡為
竟。从音、儿。（三篇上）

或象一人吹長管樂，古時有以鐸節
舞容之俗，或可能以某種管樂為曲
盡之信號？

*章　tjang

[甲骨]

[金文]

[小篆]《說文》：章，樂竟為一章。
从音、十。十，數之終也。（三篇
上）

儀仗的形象，為表彰身分之物。

*商　st'jang

[甲骨]

[金文]

[小篆]《說文》：商，從外知內也。
从㕯，章省聲。商，古文商。商，亦
古文商。商，籀文商。（三篇上）

可能是商人之社的建築形，故以商
名其首府，有大商、中商、丘商等的
區別。口為無意義的填空。

*爽　siang

[甲骨]

[金文]

[小篆]《說文》：爽，明也。从
㸚、大。爽，篆文爽。（三篇下）

人所穿衣服織孔粗大，透風，涼
爽。

*朢(望)　mjwang

[甲骨]

[金文]

[小篆]《說文》：朢，月滿也，與
日相望，似朝君也。从月，从臣，从
壬。壬，朝廷也。望，古文朢省。
（八篇上）

抬頭遠望，或站於高地，視野更
遠。

*亯（郭）　kwak

[甲骨] 𠋾 𠅞 𠅠 𠅝 𠅡 𠅟 𠅢 𠅣

[金文] 𠋾 𠅞 𠅠 𠅝 𠅟 𠅡 𠅢 𠅣

[小篆]《說文》：亯，度也，民所度居也。从回，象城亯之重，兩亭相對也。或但从口。凡亯之屬皆从亯。（五篇下）

《說文》：𩫏，齊之郭氏虛。善善不能進，惡惡不能退，是以亡國也。从邑，亯聲。（六篇下）

城郭形，四看亭或省為二。演變成墉郭兩字，《說文》墉的古文即作郭字形。

*斝　krav

[甲骨] 𣃫 𣃬 𣃭 𣃮 𣃯 𣃰 𣃱

[金文] 𣃲

[小篆]《說文》：斝，玉爵也。夏曰醆，殷曰斝，周曰爵。从斗、門。象形。與爵同意。或說斝受六升。（十四篇上）

無流之飲酒器形。

*強　gjang

[甲骨] （𧈧 𧈨 𧈩 𧈪 ？）

[金文] （𧈫 ？）

[小篆]《說文》：強，蚚也。从虫，弘聲。𧕽，籀文強。从蚰、从彊。（十三篇上）

从虫，彊聲或弘聲，但弘、彊不同部。弘可能為𢎨之誤寫，𢎨又為弓的後來寫法，表示弓體拉引若口之形狀者為強勁有力之弓。因弘與弜字形太近，加虫之後就不會混淆。

*暜　p'wav

[甲骨]

[金文]

[小篆]《說文》：暜，日無色也。从日，並聲。（七篇上）

兩人站立於日下，其陰影皆相似，難以辨認面貌。

*瓜瓜　vriwav

[甲骨]

[金文]

[小篆]《說文》：𤬗，本不勝末，微弱也。从二瓜。（七篇下）

一藤結二瓜，不勝負荷重量。

*芔　mwang

[甲骨] （𦬸 𦬹 𦬺 𦬻）

[金文] （𦬼 𦬽）

[小篆]《說文》：芔，衆艸也。从四屮。凡芔之屬皆从芔。讀若與冈同。（一篇下）

衆草叢生，他字析出。

*舄　sjiak

[甲骨] 𨾴 𨾵 𨾶 𨾷 𨾸 𨾹 𨾺

［金文］〔金文字形〕

［小篆］《說文》：鷫，鵲也。象形。
雜，篆文舄，从隹、昔。（四篇上）
鵲鳥有高聳的羽冠。

*彭　brwang

［甲骨］〔甲骨字形〕

［金文］〔金文字形〕

［小篆］《說文》：彭，彭聲也。从
壴、从彡。（五篇上）
鼓聲短促，聲聲分明，以三短劃表
示。

*象　rjang

［甲骨］〔甲骨字形〕

［金文］〔金文字形〕

［小篆］《說文》：象，南越大獸。
象耳、牙、四足、尾之形。凡象之屬
皆从象。（九篇下）
象獸之形。

*量　liang

［甲骨］〔甲骨字形〕

［金文］〔金文字形〕

［小篆］《說文》：量，稱輕重也。
从重省，曏省聲。量，古文。（八
篇上）
以小量器度量袋中之物的容量？

*戟　kiak

［甲骨］

［金文］

［小篆］《說文》：戟，有枝兵也。
从戈，榦省。周禮戟長丈六尺。
（十二篇下）
戈之形有歧出若旗有游之狀。

*黃　gwang

［甲骨］〔甲骨字形〕

［金文］〔金文字形〕

［小篆］《說文》：黃，地之色也。
从田，炗聲。炗，古文光。凡黃之屬
皆从黃。仌，古文黃。（十三篇下）
成組之玉佩形。

*壺　gwav

［甲骨］〔甲骨字形〕

［金文］〔金文字形〕

［小篆］《說文》：壺，昆吾圓器
也。象形。从大，象其蓋也。凡壺
之屬皆从壺。（十篇下）
酒壺形。

*覎　kjwav

［甲骨］

［金文］

[小篆]《說文》：䀏，目衺也。从
眴、从大。大，人也。（四篇上）
兩眼不正視，好像老是看下面或同
靠近中間。

*黽　mrwang

[甲骨] 𪓰 𪓰 𪓰 𪓰 𪓰

[金文] 𪓰 𪓰

[小篆]《說文》：黽，鼃黽也。从
它，象形。黽頭與它頭同。凡黽之
屬皆从黽。𪓷，籀文黽。（十三篇
下）
象形，爬行動物。

*臦（䂊）　kjwang,kiwang

[甲骨]

[金文]

[小篆]《說文》：臦，乖也。从二
臣相違。讀若誑。（三篇下）
《說文》：䂊，驚走也。一曰往來
貌。从夰，臦聲。周書曰：伯䂊。
古文臦、古文囧字。（十篇下）
人豎立目左右游視，驚恐貌。與
䀏、䂊為同一字之分化。

*鼓　kwav

[甲骨]

[金文] 𪔐 𪔐 𪔐 𪔐 𪔐 𪔐 𪔐 𪔐 𪔐
𪔐 𪔐 𪔐 𪔐 𪔐

[小篆]《說文》：鼓，郭也。春分
之音，萬物郭皮甲而出，故曰鼓。

从壴、从屮、又。屮象垂飾，又象其
手擊之也。周禮：六鼓、靁鼓八面，
靈鼓六面，路鼓四面，鼖鼓、皋鼓、
晉鼓皆兩面。凡鼓之屬皆从鼓。
𪔐，籀文鼓，从古。（五篇上）
手拿鼓棒打鼓狀。

*葬　tsang

[甲骨] 𦱴 𦱴 𦱴 𦱴 𦱴 𦱴

[金文]

[小篆]《說文》：葬，臧也。从死
在茻中。一，其中所以荐之。易
曰：古者葬厚，衣之以薪。茻亦聲。
（一篇下）
床於棺中，或尸體放置在棺內之床
上，床在古代為承尸之物，死亡儀
式所需，非日常睡眠所在。

*鼠　st'jav

[甲骨]

[金文] 𪖊

[小篆]《說文》：鼠，穴蟲之總名
也。象形。凡鼠之屬皆从鼠。（十
篇上）
老鼠坐立形。

*睪　riak

[甲骨]

[金文]

[小篆]《說文》：睪，司視也。从

目、从卒。今吏將目捕罪人也。
（十篇下）

罪犯之頭套上刑具，眼代表頭部。

*赫　xrak

[甲骨]

[金文]

[小篆]《說文》：赫，大赤貌。从
二赤。（十篇下）

以多赤會意。

*蒦　ʔjwak

[甲骨]

[金文]（𦾐 𩁹）

[小篆]《說文》：蒦，規蒦，商
也。从又持萑。一曰：視遽貌。一
曰：蒦，度也。𦾐，蒦或从尋，尋亦
度也。楚辭曰：求矩蒦之所同。
（四篇上）

（某種常見於手上持著的鳥？ 可能
是獵鷹隼一類猛鳥，眼銳利能搜尋
獵物，持之去打獵）

*圖　dav

[甲骨]

[金文] 𪔛 𪔜 𪔝 𪔞 𪔟

[小篆]《說文》：圖，畫計難也。
从口、从啚。啚，難意也。（六篇
下）

範圍內的禾堆，標明農村座落的圖
籍。

*誩　giang

[甲骨]（𫡎 𫡏 𫡐 𫡑 𫡒 𫡓）

[金文]（𫡔 𫡕 𫡖 𫡗 𫡘 𫡙 𫡚 𫡛）

[小篆]《說文》：誩，競言也。从
二言。凡誩之屬皆从誩。讀若競。
（三篇上）

競字析出。

*虢　krwak

[甲骨] 𫝋

[金文] 𫝌 𫝍 𫝎 𫝏 𫝐 𫝑 𫝒 𫝓 𫝔 𫝕 𫝖 𫝗 𫝘 𫝙 𫝚 𫝛 𫝜 𫝝

[小篆]《說文》：虢，虎所攫畫明
文也。从虎、寽。（五篇上）

徒手搏虎之狀，為虢地有名的娛樂
節目。

*寡　krwak

[甲骨] 𡧃 𡧄

[金文] 𡧅 𡧆 𡧇 𡧈 𡧉 𡧊 𡧋

[小篆]《說文》：寡，少也。从宀、
頒。頒，分也。宀分，故為少也。
（七篇下）

屋中最高地位只一人，故表達寡少，
大頭的頁一般表示特殊身份者。

*慶　kʼiang

[甲骨] 𢜫 𢜬

[金文] 𢜭 𢜮 𢜯 𢜰 𢜱 𢜲 𢜳 𢜴 𢜵

[小篆]《說文》：慶，行賀人也。

从心、夊，从鹿省。吉禮以鹿皮為
摯，故从鹿省。（十篇下）

某種野獸之心有大用，藥用？ 獵得
則可慶。

*㷻 mjwav

［甲骨］

［金文］

［小篆］《說文》：㷻，豐也。從
林、爽。爽或說規模字，從大、冊。
冊，數之積也。林者，木之多也。
㷻與庶同意，商書曰：庶艸緐㷻。
（六篇上）

舞字析出。

舞 mjwav

［甲骨］

［金文］

［小篆］《說文》：舞，樂也。用足
相背。從舛，㷻聲。翌，古文舞。
（五篇下）

雙手持舞具跳舞。

羉 mjwav

［甲骨］

［金文］

［小篆］《說文》：羉，牖中網也。
從网，舞聲。 （七篇下）

一人設網捕鳥之狀。

*靃（霍） xwak

［甲骨］

［金文］

［小篆］《說文》：靃，飛聲也。從
雨、雔。雨而雔飛者，其聲靃然。
（四篇上）

衆鳥遇雨紛紛振羽去找避雨所，其
聲紛雜。

*叚 nrang

［甲骨］

［金文］

［小篆］《說文》：叚，亂也。從
爻、工、交叩。一曰窒叚。讀若
穰。𢿥，籀文叚。（二篇上）

很可能表現一人頂着盛土的籃筐而
一人拿杖在一旁督導？

襄 sjang

［甲骨］

［金文］

［小篆］《說文》：襄，漢令，解衣
而耕謂之襄。從衣，叚聲。𧞻，古
文襄。（八篇上）

雙手扶犁，前有牛曳拉之，並激起
灰塵之狀。

《說文》所列兩個字形，小篆是形聲
字，古文則自甲骨文演化。

所扶之犁，有的有犁壁，有的無犁
壁。犁壁是連續拉犁才用得着的裝
置。

*叡(㝐)　xak

[甲骨]

[金文]

[小篆]《說文》：叡，溝也。從
叔、從谷。讀若郝。㝐，叡或從
土。（四篇下）

手在深谷撿拾殘骨。

古代葬俗，丟棄尸體於深谷，讓鳥
獸吃剩殘骨後，才撿回家埋葬。

覃　p'wak

[甲骨]

[金文]（覃 覃 覃 覃 覃 覃 覃 覃）

[小篆]《說文》：覃，雨濡革也。
從雨、革。讀若膊。（十一篇下）

獸皮任風雨淋灑去其雜質，製革
之法

*鬺(鬺、䰜、羹)　krang

[甲骨]

[金文]

[小篆]《說文》：鬺，五味盉鬺也。
從𩰔、從羔。鬺，鬺或省。鬺，或從
美，𩰔省。羹，小篆。從羔、從美。
（三篇下）

鬲煮羹食，蒸氣上騰之象，字形已
訛變。

*矍　kjwak

[甲骨]

[金文]

[小篆]《說文》：矍，隹欲逸走
也。從又，持之瞿瞿也。讀若詩
云：穬彼淮夷之穬。一曰視遽貌。
（四篇上）

手持老鷹欲行獵，因其視覺廣遠敏
銳。

*蠱　kav

[甲骨] 蠱 蠱 蠱 蠱 蠱 蠱

[金文]

[小篆]《說文》：蠱，腹中蟲也。
春秋傳曰：皿蟲為蠱，晦淫之所生
也。梟磔死之鬼亦為蠱。從蟲、從
皿。皿，物之用也。（十三篇下）

皿中有蟲，致病之由。

*麤　ts'av

[甲骨] 麤 麤

[金文]

[小篆]《說文》：麤，行超遠也。
從三鹿。凡麤之屬皆從麤。（十篇
上）

群鹿奔跑莽闊之狀。

三、支錫耕　　-ev,-ek,-eng

*乀　kjiev

[甲骨]

[金文]

[小篆]《說文》：乁，流也。从反
厂。讀若移。凡乀之屬皆从乀。
（十二篇下）

氏字析出。

氏　tjiev

[甲骨] 亻 亻

[金文] （金文字形）

[小篆]《說文》：氒，巴蜀名山岸
脅之㫄箸欲落墮者曰氏。氏崩，
聲聞數百里。象形。乀聲。凡氏之
屬皆从氏。楊雄賦：響若氏隤。
（十二篇下）

某種工具形，與山岸無關。

也　rav

[甲骨]

[金文] （金文字形）

[小篆]《說文》：也，女陰也。从
乀，象形。乀亦聲。虒，秦刻石也
字。（十二篇下）

小篆字形有可能為女陰形象，與毓
字一形（䍃）的該部分相當。

*厂　sjiev

[甲骨]

[金文]

[小篆]《說文》：厂，抴也，明
也。象抴引之形。凡厂之屬皆从
厂。虒字从此。（十二篇下）

《說文》：虒，委虒，虎之有角者
也。从虎，厂聲。（五篇上）

與虎有關？

*丁　treng

[甲骨] □ ● ○ ○ ○ ○ ❙ □ ▢

[金文] ● ● ❶ ❶ ▬ ❶ ○ ○ ▽ ❙

[小篆]《說文》：↑，夏時萬物皆
丁實。象形。丁承丙，象人心。凡
丁之屬皆从丁。（十四篇下）

釘頭形。另一為神主之室的正面
形。

成　djieng

[甲骨] （甲骨字形）

[金文] （金文字形）

[小篆]《說文》：成，就也。从戌，
丁聲。成，古文成。从午。（十四篇
下）

從戌，丁聲。丁或作釘之側視形。

盛　djieng

[甲骨] （甲骨字形）

[金文]

[小篆]《說文》：盛，黍稷在器中以祀者也。从皿，成聲。（五篇上）

從皿，戌聲？ 或成省聲？

*冂、冋　kweng

[甲骨]

[金文] 冂冂冋冋冋冋冋冋冋

[小篆]《說文》：冂，邑外謂之郊，郊外謂之野，野外謂之林。林外謂之冂。象遠介也。凡冂之屬皆从冂。冋，古文冂。从口，象國邑。坰，冋或从土。（五篇下）

郊外牌樓建築之形？ 口為無意義的填空。

鼏　mjiet

[甲骨]

[金文] 鼏 冣

[小篆]《說文》：鼏，以木橫貫鼎耳舉之。从鼎，冂聲。周禮：廟門容大鼏七箇。即易：玉鉉大吉也。（七篇上）

有蓋之鼎？

《說文》：鼏，覆鼎也。从鼎冖，冖亦聲。（七篇上）

以巾一類東西覆鼎。

*冖　mek

[甲骨]

[金文]

[小篆]《說文》：冖，覆也。从一下垂。凡冖之屬皆从冖。（七篇下）

自他字析出。

𠭤　st'jiek

[甲骨] 𠭤

[金文] 𠭤𠭤𠭤𠭤𠭤𠭤𠭤𠭤

[小篆]《說文》：𠭤，飯剛柔不調相𠭤。从皀，冖聲。讀若適。（五篇下）

蓋食物之具。

冥　meng

[甲骨] 冥冥冥冥冥冥冥冥

[金文]

[小篆]《說文》：冥，窈也。从日、六，从冖。日數十，十六日而月始虧冥也。凡冥之屬皆从冥。（七篇上）

雙手掰開子宮以助生產順利，古時於黑房中生產，故有幽暗的意思。

*彳　t'iek

[甲骨] （彳彳）

[金文] （彳彳）

[小篆]《說文》：彳，小步也。象人脛三屬相連也。凡彳之屬皆从彳。（二篇下）

行字析出，行道形。

*兮　gev

[甲骨] 十 于 于 兮 于 兮 于 于 于

[金文] 屮 兮 兮 兮 兮 兮 兮

[小篆] 《說文》：兮，語所稽也。
从丂、八。象气越于也。凡兮之屬
皆从兮。（五篇上）
不知。

*井　tsjieng

[甲骨] 丼 丼 井 丼

[金文] 丼 共 丼 丼 片 丼 丼 丼 丼 丼

[小篆] 《說文》：井，八家一井。
象構韓形。•，甕象也。古者伯益初
作井。凡井之屬皆从井。　（五篇下）
井內木構形。

阱　dzjieng

[甲骨] 𡧃 𡩠 𡩠 𡩠 𡧃 𡨙 𡧃 𡨙 𡧃

[金文]

[小篆] 《說文》：阱，陷也。从
阜、井，井亦聲。𡧜，阱或从穴。
𤆍，古文阱从水。（五篇下）
動物被陷於人為的坑陷中。

*支　tjiev

[甲骨]

[金文]

[小篆] 《說文》：支，去竹之枝
也。从手持半竹。凡支之屬皆从

支。𡭖，古文支。（三篇下）
手持樹枝。

*壬　t'eng

[甲骨] 𡵂 𡵂 𡵂 𡵂 𡵂 𡵂 𡵂 𡵂 𡵂

[金文]

[小篆] 《說文》：壬，善也。从人、
士。士，事也。一曰象物出地挺生
也。凡壬之屬皆从壬。（八篇上）
人挺立狀，或站於高土堆上。

呈　dieng

[甲骨] 𡆥 𡆥 𡆥 𡆥 𡆥

[金文] (𡠊)

[小篆] 《說文》：呈，平也。从
口，壬聲。（二篇上）
某種底部彎曲、能保持平衡而不傾
倒之器物。

聖　st'jieng

[甲骨] 𦔶 𦔶 𦔶 𦔶

[金文] 𦕞 𦕞 𦕞 𦕞 𦕞 𦕞 𦕞 𦕞 𦕞 𦕞

[小篆] 《說文》：聖，通也。从
耳，呈聲。（十二篇上）
一人聽口發出之聲音。特著耳朵以
示有特殊聽力之人，強調天賦本
領。

聽　t'eng

[甲骨] 𦕢 𦕢 𦕢 𦕢 𦕢 𦕢 𦕢 𦕢

[金文] 𦕢 𦕢 𦕢 𦕢 𦕢

[小篆]《說文》：𦕅，聆也。從
耳、悳，壬聲。（十二篇上）
耳聽一人或多人口說之言。

廷　deng

[甲骨]

[金文]

[小篆]《說文》：𢋐，朝中也。從
廴，壬聲。（二篇下）
階前官員所站之處為廷。三斜劃或
表示階級，土或是從壬析出？

*只　k'jiek

[甲骨]

[金文]

[小篆]《說文》：只，語巳詞也。
從口。象氣下引之形。凡只之屬皆
從只。（三篇上）
不詳。

*令　lieng

[甲骨]

[金文]

[小篆]《說文》：令，發號也。從
亼、卩。（九篇上）
戴帽之人。可能為作戰之方便，號
令者戴帽，在人衆中突出，易於識
別。

*冊　ts'rek

[甲骨]

[金文]

[小篆]《說文》：冊，符命也。諸
侯進受於王者也。象其札一長一
短，中有二編。凡冊之屬皆从冊。
𥸨，古文冊。从竹。（二篇下）
竹簡編冊之形。

*疒　nrek

[甲骨]

[金文]

[小篆]《說文》：疒，倚也。人有
疾痛也。象倚箸之形。凡疒之屬皆
从疒。（七篇下）
病時睡在隔離地面之床上，預防不
測時能符合禮儀，死在床上。古時
亦稱地面睡臥之處為床。

*戹(軶)　ʔrek

[甲骨]

[金文]

[小篆]《說文》：戹，隘也。從
戶，乙聲。（十二篇上）
《說文》：軶，轅前也。從車，戹
聲。（十四篇上）
轅上之軶形。

*正　tjieng

[甲骨]

[金文]

[小篆]《說文》：正，是也。从一。一以止。凡正之屬皆从正。𤔎，古文正。从二。二，古文上字。𤔍，古文正。从一、足。足亦止也。（二篇下）

方塊為腳步行進的目標，為前往征伐的城邑？

*平　bieng

[甲骨]

[金文] 𤰣 𤰤 𤰥 𤰦 𤰧 𤰨 𤰩 𤰪

[小篆]《說文》：𤰫，語平舒也。从于、八。八，分也。爰禮說。𤰬，古文平如此。（五篇上）

可能是天平的形象，兩端均平才能稱得正確重量。

*厄　tjiev

[甲骨]

[金文]

[小篆]《說文》：𢇇，圜器也。一名觚。所以節飲食。象人。卩在其下也。易曰：君子節飲食。凡厄之屬皆从厄。（九篇上）

？

*生　sreng

[甲骨] 𤯓 𤯔 𤯕 𤯖 𤯗 𤯘

[金文] 𤯙 𤯚 𤯛 𤯜 𤯝 𤯞

[小篆]《說文》：𤯟，進也。象艸木生出土上。凡生之屬皆从生。（六篇下）

草苗生自土地。

星　seng

[甲骨] 𤉣 𤉤 𤉥 𤉦 𤉧 𤉨 𤉩

[金文] 𤉪

[小篆]《說文》：曐，萬物之精，上為列星。从晶、从生聲。一曰象形从〇。古〇復注中，故與日同。𤊎，古文。星，或省。（七篇上）

列星形，或加生聲。

*此　ts'jiev

[甲骨] 𣥂 𣥃 𣥄 𣥅 𣥆 𣥇 𣥈 𣥉

[金文] 𣥊 𣥋 𣥌 𣥍 𣥎 𣥏 𣥐

[小篆]《說文》：𣥑，止也。从止、匕。匕相比次也。凡此之屬皆从此。（二篇上）

人以腳踏地以指示即此處？

*企　k'jiev

[甲骨] 𠈌 𠈍 𠈎 𠈏 𠈐 𠈑 𠈒

[金文]

[小篆]《說文》：𠈓，舉踵也。从人、止。𧾷，古文企，从足。（八篇上）

人企足以觀望，希望看得遠。

*朿　ts'jiev

[甲骨] 𣐀 𣐁 𣐂 𣐃 𣐄 𣐅 𣐆 𣐇

[金文] 朿 朿 朿 朿 朿 朿

[小篆]《說文》:朿,木芒也。象形。凡朿之屬皆从朿。讀若刺。(七篇上)

有刺之植物形。

帝　tev

[甲骨] 帝 帝 帝 帝 帝 帝 帝 帝 帝

[金文] 帝 帝 帝 帝 帝 帝 帝 帝

[小篆]《說文》:帝,諦也。王天下之號。从上,朿聲。帝,古文帝。古文諸丄字皆从一,篆文皆从二。二,古文上字。示辰龍童音童皆从古文上。(一篇上)

大概象草木結紮之崇拜神像形。

*圭　kwev

[甲骨]

[金文] 圭 圭 圭 圭

[小篆]《說文》:圭,瑞玉也。上圜下方。公執桓圭九寸;侯執信圭,伯執躬圭,皆七寸;子執穀璧,男執蒲璧,皆五寸,以封諸侯。从重土。楚爵有執圭。珪,古文圭。从玉。(十三篇下)

土圭及其倒影,測量時間。授之以定季節,演成地位及治權之象徵。

*辰　prev

[甲骨]

[金文] 辰

[小篆]《說文》:辰,水之衺流別也。从反永。凡辰之屬皆从辰。讀若稗縣。(十一篇下)

永之分別字,大河受眾流,多呈分支狀。

*糸　mek

[甲骨] 糸 糸 糸 糸 糸 糸 糸 糸 糸

[金文] 糸 糸 糸

[小篆]《說文》:糸,細絲也。象束絲之形。凡糸之屬皆从糸。讀若覛。糸,古文糸。(十三篇上)

束絲形。

*并　pjieng

[甲骨] 并 并 并 并 并 并 并 并

[金文] 并

[小篆]《說文》:并,相从也。从从、开聲。一曰:从持二干為并。(八篇上)

兩人相隨,以一或二線表示其為一組。

*名　mjieng

[甲骨] 名 名 名 名 名

[金文] 名 名 名

[小篆]《說文》:名,自命也。从

口、夕。夕者，冥也。冥不相見。
故以口自名。（二篇上）

夜晚時看不清楚，要開口道名，才
能使人知是誰。

*芈　mev

[甲骨] （符號）

[金文]

[小篆]《說文》：芈，羊鳴也。從
羊。象气上出，與牟同意。（四篇
上）

（以記號表達羊鳴之意）

*启　k'ev

[甲骨] （符號）

[金文]

[小篆]《說文》：启，開也。從
戶、口。（二篇上）

以口叫戶使開門，啟字析出。

啟　k'ev

[甲骨] （符號）

[金文] （符號）

[小篆]《說文》：敃，教也。從攴，
启聲。論語曰：不憤不啟。（三篇
下）

以手啟戶，或加口，表明呼叫開
門。

*系　gev

[甲骨] （符號）

[金文] （符號）

[小篆]《說文》：系，縣也。從糸
厂聲。繫，系或從毄處。𢇰，籀文
系從爪絲。（十二篇下）

手整理數股絲線成一系統，要捻成
較粗的線才以之織布。

奚　gev

[甲骨] （符號）

[金文] （符號）

[小篆]《說文》：奚，大腹也。從
大，絲省聲。𢇳，籀文系。（十篇
下）

受繩索捆綁之俘虜，或男或女。

*役　vriwek

[甲骨] （符號）

[金文]

[小篆]《說文》：役，戍也。從
殳、彳。㑅，古文役。從人。（三
篇下）

持武器于行道戍守？

甲骨之役與病疾有關，應是手持器
具搥背醫病之狀。

*医　ʔev

[甲骨]

[金文] （符號）

[小篆]《說文》：医，盛弓弩矢器也。从匸、矢。矢亦聲。春秋、國語曰：兵不解医（十二篇下）

盛矢之器。

*豕　st'jiev

[甲骨] （甲骨文字形）

[金文] （金文字形）

[小篆]《說文》：豕，彘也。竭其尾，故謂之豕。象毛足而後有尾。讀與豨同。按：今世字誤以豕為豕，以彖為彖。何以明之？ 為啄、琢从豕，蠡从彖，皆取其聲，以是明之。凡豕之屬皆从豕。㣇，古文。（九篇下）

肥豬形。

*佞　neng

[甲骨]

[金文]

[小篆]《說文》：佞，巧讇高材也。从女，仁聲。（十二篇下）

對婦女行仁道，古代低視婦女地位，過於尊重婦女被認為是種佞諂的行為？

*豸　diev

[甲骨] （甲骨文字形）

[金文] （金文字形）

[小篆]《說文》：豸，獸長脊。行

豸豸然欲有所。司殺形。凡豸之屬皆从豸。（九篇下）

有強壯牙齒的大獸。

*巠　keng

[甲骨]

[金文] （金文字形）

[小篆]《說文》：巠，水脈也。从川在一下。一，地也。壬省聲。一曰水冥，巠也。𢀖，古文巠不省。（十一篇下）

織機的上線部分，經線已安上。

*狄　dek

[甲骨] （甲骨文字形）

[金文] （金文字形）

[小篆]《說文》：狄，北狄也。本犬穜。狄之為言淫辟也。从犬，亦省聲。（十篇上）

甲骨从犬、从大，金文訛成从火？創意不詳。

*甹　p'eng

[甲骨] （甲骨文字形）

[金文] （金文字形）

[小篆]《說文》：甹，亟詞也。从丂、从由。或曰：甹，俠也。三輔謂：輕財者為甹。（五篇上）

背架上之籃，有力者背負之以搬運重物。

*寍(寍、寧) deng

[甲骨]

[金文]

[小篆] 《說文》：寍，定息也。從血，甹省聲。讀若亭。（五篇上）
熱皿要以架子承接才安全。

《說文》：寍，安也。從宀、心在皿上。皿，人之食飲器，所以安人也。（七篇下）

《說文》：寧，願詞也。從丂，寍聲。（五篇上）

*兒 njiev

[甲骨]

[金文]

[小篆] 《說文》：兒，孺子也。從儿。象小兒頭囟未合。（八篇下）
或是小孩髮式形。

*知 tiev

[甲骨]

[金文]

[小篆] 《說文》：知，詞也。從口、矢。（五篇下）

《說文》：智，識詞也。從白、于、知。獅，古文智。（四篇上）
可能自智字析出，創意難知，冊封長子？

*易 riev

[甲骨]

[金文]

[小篆] 《說文》：易，蜥易、蝘蜓、守宮。象形。秘書說曰：日月為易。象会易也。一曰從勿。凡易之屬皆從易。（九篇下）
硬殼的水生軟體動物形？ 水點表示其生活環境。剔字或表現以工具剔挖硬殼之狀，用以取其肉。

*爭 tsreng

[甲骨]

[金文]

[小篆] 《說文》：爭，引也。從受、厂。（四篇下）
兩手拉一物，相爭不下。

*幸 greng

[甲骨]

[金文]

[小篆] 《說文》：幸，吉而免凶也。從屰、從夭。夭，死之事。死，謂之不幸。（十篇下）
刑具演化而來。

*炅 kweng

[甲骨]

[金文]

[小篆]《說文》：🔥，見也。从
火、日。（十篇上）

日與火皆能照明視物。

*析　sek

[甲骨] 🔥🔥🔥🔥🔥🔥🔥🔥

[金文] 🔥🔥🔥🔥

[小篆]《說文》：析，破木也。一
曰折也。从木、从斤。（六篇上）

以斤縱裂一樹，析木成板。

*青　ts'eng

[甲骨]

[金文] 🔥🔥

[小篆]《說文》：青，東方色也。
木生火。从生、丹。丹青之信，言
必然。凡青之屬皆从青。🔥，古文
青。（五篇下）

丹之色如青草。

*卑　pjiev

[甲骨]（🔥）

[金文] 🔥🔥🔥🔥🔥🔥🔥🔥🔥

[小篆]《說文》：卑，賤也。執事
者。从ナ，甲。（三篇下）

手持儀仗牌，卑賤者之職。

*是　djiev

[甲骨]

[金文] 🔥🔥🔥🔥🔥🔥🔥🔥
🔥🔥🔥🔥🔥🔥🔥🔥

[小篆]《說文》：是，直也。从
日、正。凡是之屬皆从是。是，籀
文是。从古文正。（二篇下）

可能自長柄匙形演變而來，止的部
分是增繁的結果。

*弭　mjiev

[甲骨]

[金文]

[小篆]《說文》：弭，弓無緣可以
解轡紛者。从弓，耳聲。弭，弭或
从兒。（十二篇下）

弓之角飾，在弓之兩旁若人之兩
耳。

*臭　kwek

[甲骨]

[金文]

[小篆]《說文》：臭，犬視貌。从
犬，目。（十篇上）

以犬之眼睛會意。

*盈　rieng

[甲骨]

[金文]

[小篆]《說文》：盈，滿器也。从
皿、及。（五篇上）

腳入水盆，致水滿溢之狀。

*省　sreng

[甲骨] 🔥🔥🔥🔥🔥🔥🔥🔥
🔥🔥🔥🔥🔥🔥🔥🔥

[金文] 〔字形〕

[小篆]《說文》：省，視也。从眉省、从屮。〔字〕，古文省。从少、囧。（四篇上）

以眼省視幼苗生長的情形。

*益　ʔjiek

[甲骨] 〔字形〕

[金文] 〔字形〕

[小篆]《說文》：益，饒也。从水、皿。水皿，益之意也。（五篇上）

水溢出盆狀。

*彖　t'jiev

[甲骨]

[金文]

[小篆]《說文》：彖，豕也。从彑、豕。讀若弛。（九篇下）

野豬鼻堅突之狀。

*秝　lek

[甲骨] 〔字形〕

[金文]（〔字形〕）

[小篆]《說文》：秝，稀疏適，秝也。从二禾。會意。讀若歷。凡秝之屬皆从秝。（七篇上）

兩禾之間的空間稀疏，因種禾不能太密集。

歷　lek

[甲骨] 〔字形〕

[金文] 〔字形〕

[小篆]《說文》：歷，過也。傳也。从止，厤聲。（二篇上）

行過禾間小道，禾不密植，可通行其間。

*鬲　lek

[甲骨] 〔字形〕

[金文] 〔字形〕

[小篆]《說文》：鬲，鼎屬也。實五㝅。斗二升曰㝅。象腹交文三足。凡鬲之屬皆从鬲。〔字〕，鬲或从瓦。（三篇下）

空足之煮飯器形。

*耿　kreng

[甲骨]

[金文] 〔字形〕

[小篆]《說文》：耿，耳箸頰也。从耳，烓省聲。杜林說：耿，光也。从火，聖省聲。凡字皆ナ形又聲。杜說非也。（十二篇上）

?

*脊　tsjiek

[甲骨]

[金文]

[小篆]《說文》：𦟝，背呂也。从
𡿨、从肉。（十二篇上）
骨架、脊椎與肋骨，加肉以明確所
指示的形象。

*徙　sjiev

[甲骨] （古文字形）

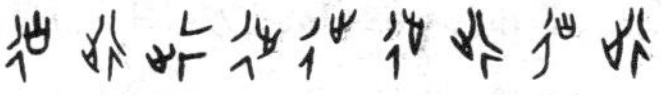

[金文] （古文字形）

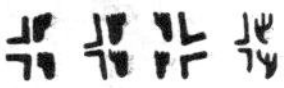

[小篆]《說文》：�徙，迻也。从
辵、止。𨂯，徙或彳。㞚，古文徙。
（二篇下）
步于行道。

*規　kjiwev

[甲骨]

[金文]

[小篆]《說文》：𧠟，規巨有灋度
也。从夫、見。（十篇下）
成年人之見識有規度。

*頃　k'jiweng

[甲骨]

[金文]

[小篆]《說文》：頃，頭不正也。
从匕、頁。（八篇上）
可能以手支頭，有所思想之狀。頁
為高位者之象，多勞心。

*斯　sjiev

[甲骨]

[金文]

[小篆]《說文》：斯，析也。从
斤，其聲。詩曰：斧以斯之。（十
四篇上）
簸箕與斧斤皆勞動工具。可能為廝
之本字。

*買　mrev

[甲骨] （古文字形）

[金文] （古文字形）

[小篆]《說文》：買，市也。从
网、貝。孟子曰：登壟斷而网市利。
（六篇下）
網撈得貝，可用以購物。

*畫　grwev

[甲骨] （古文字形）

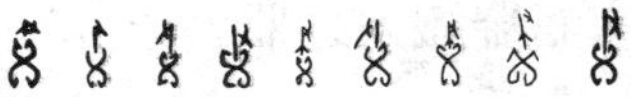

[金文] （古文字形）

[小篆]《說文》：畫，介也。从
聿。象田四介。聿所以畫之。凡畫
之屬皆从畫。𤲯，古文畫。𢒈，亦
古文畫。（三篇下）
手持筆畫模樣狀。

*奠　deng

[甲骨] （古文字形）

[金文] （古文字形）

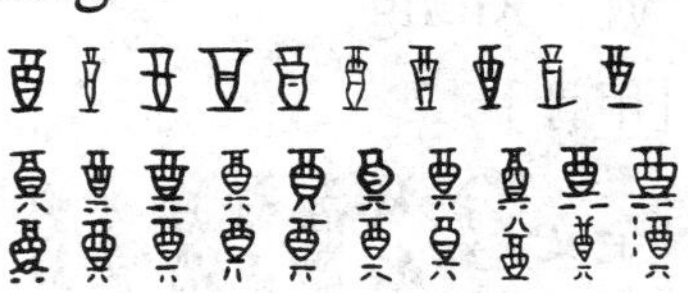

[小篆]《說文》：奠，置祭也。从
酋。酋，酒也。丌，其下也。禮有
奠祭。（五篇上）

置大酒罈或水缸于地中狀，不致輕
易被移動。

*晶　tsjieng

[甲骨] 𣊫𣊫

[金文]

[小篆]《說文》：晶，精光也。從
三日。凡晶之屬皆從晶。（七篇上）
衆星晶亮。

*詈　liev

[甲骨]

[金文]

[小篆]《說文》：詈，罵也。從
网、言。（七篇下）
以言語羅織人之罪。

*解　krev

[甲骨] 𥹖

[金文] 𥹖 𥹖 𥹖 𥹖

[小篆]《說文》：解，判也。從刀
判牛角。一曰解廌，獸也。（四篇
下）
雙手解下牛角。

*敬　kieng

[甲骨]

[金文] 𢼸 𢼸 𢼸 𢼸 𢼸 𢼸 𢼸 𢼸 𢼸 𢼸 𢼸 𢼸 𢼸 𢼸 𢼸 𢼸 𢼸

[小篆]《說文》：敬，肅也。從
攴、茍。茍，自急敕也。（九篇上）
手持杖刑問一人以儆戒之？

*辟　pjiek

[甲骨] 𦣻𦣻𦣻𦣻𦣻𦣻𦣻𦣻𦣻

[金文] 𦣻𦣻𦣻𦣻𦣻𦣻𦣻𦣻
𦣻𦣻𦣻𦣻𦣻𦣻𦣻𦣻𦣻

[小篆]《說文》：辟，法也。從卩、
辛。節制其辠也。從口。用法者也。
凡辟之屬皆從辟。（九篇上）
男之受刺墨刑者。

*嬖　pjiek

[甲骨] 𡣆𡣆𡣆𡣆𡣆𡣆𡣆𡣆

[金文]

[小篆]《說文》：嬖，便嬖，愛
也。從女，辟聲。（十二篇下）
妾為女受刺墨刑者之形象，或可能
表達女罪犯常被充作他人之愛嬖。

闢　bjiek

[甲骨]

[金文] 𨳿𨳿𨳿𨳿𨳿𨳿

[小篆]《說文》：闢，開也。從
門，辟聲。（十二篇上）
雙手開門狀。

*鼎　teng

[甲骨] 𠉀𠉀𠉀𠉀𠉀𠉀𠉀𠉀𠉀𠉀
𠉀𠉀𠉀𠉀𠉀𠉀𠉀𠉀𠉀𠉀

[金文] 𠉀𠉀𠉀𠉀𠉀𠉀𠉀𠉀𠉀𠉀
𠉀𠉀𠉀𠉀𠉀𠉀𠉀𠉀𠉀𠉀
𠉀𠉀𠉀𠉀𠉀𠉀𠉀𠉀

[小篆]《說文》:鼎,三足兩耳,和五味之寶器也。象析木以炊。貞省聲。昔禹收九牧之金,鑄鼎荊山之下,入山林川澤者,魑魅蝄蜽莫能逢之,以協承天休。易卦巽木於下者為鼎。古文以貝為鼎,籒文以鼎為貝。凡鼎之屬皆從鼎。(七篇上)

象形,古代最重要之炊器,歷時七八千年,至漢始衰。亦用以列席盛食。

*廌 drev,diev

[甲骨]

[金文]

[小篆]《說文》:廌,解廌獸也。似牛一角。古者決訟,令觸不直者。象形。從豸省。凡廌之屬皆從廌。(十篇上)

象形,甲骨文作雙角。後以廌為獨角的神羊,或取形自鹿與犀。甲骨文有一形似為獨角鹿的形象,也許與廌的傳說有關。

金文廌字中之廌的部分,其眼珠突出眼眶,看起來像是獨角之狀,也許獨角之傳說因此訛變而創。

*鳴 mieng

[甲骨]

[金文]

[小篆]《說文》:鳴,鳥聲也。從鳥、從口。(四篇上)

鳥之叫聲。

*覡 gek

[甲骨]

[金文]

[小篆]《說文》:覡,能齊肅事神明者,在男曰覡,在女曰巫。從巫、見。(五篇上)

以見著明男性之巫? 以見特著頭部形象,有如以頁表達較高地位? 古代的男巫較女巫地位高?

*毄 k'ek

[甲骨]

[金文]

[小篆]《說文》:毄,相擊中也。如車相擊聲,故從殳、軎。(三篇下)

以殳擊打固定輪與車軸之釘。

*熒 gweng

[甲骨]

[金文]

[小篆]《說文》:熒,屋下鐙燭之光也。從焱、冖。(十篇下)

交叉的火把形,早期戶外的照明工具。

裝　gweng

[甲骨] （甲骨字形）

[金文] 褮（（金文字形））

[小篆]《說文》：褮，鬼衣也。從衣，熒省聲。讀若詩曰：葛藟縈之。一曰若靜女其袾之袾。（八篇上）衣服塗磷可發光，好像火在燃燒，扮鬼神之衣飾。

*賏　ʔjieng

[甲骨]

[金文] （金文字形）

[小篆]《說文》：賏，頸飾也。從二貝。（六篇下）

《說文》：嬰，繞也。從女、賏。賏，貝連也，頸飾。（十二篇下）貝飾纓繞於頸之形。

*夐　xjiweng

[甲骨]

[金文]

[小篆]《說文》：夐，營求也。從夐、人在穴。商書曰：高宗夢得說，使百工營求，得之傅巖。巖，穴也。（四篇上）可能表現開採玉璞之事，一手拿工具於山洞內挖掘，洞外有一人在接應。

*磬（殸）　k'eng

[甲骨] （甲骨字形）

[金文]

[小篆]《說文》：磬，石樂也。從石。殸，象縣虡之形。殳，所以擊之也。古者毋句氏作磬。硁，籀文省。硻，古文從巠。（九篇下）手敲打石磬之狀。

*霝　leng

[甲骨] （甲骨字形）

[金文] （金文字形）

[小篆]《說文》：霝，雨零也。從雨。皿象零形。詩曰：霝雨其濛。（十一篇下）象大雨點落下之狀。

*嬴　rieng

[甲骨]

[金文] （金文字形）

[小篆]《說文》：嬴，帝少皡之姓也。從女，嬴省聲。（十二篇下）形聲字，因姓氏保存較古發音，以致不同韻部？

*鬻　nrek

[甲骨]

[金文]

[小篆]《說文》：𦣻，楚謂小兒嬾
𣤶。从臥、食。(八篇上)
臥而食，小孩尚未能坐之階段。

*觲　sjieng

[甲骨]

[金文]

[小篆]《說文》：觲，用角低仰，
便也。从羊、牛、角。讀若詩曰：
觲觲角弓。(四篇下)
羊牛之角皆可作膠。用以增強弓之
反彈力。

*雟　gweng

[甲骨]

[金文]

[小篆]《說文》：雟，雟周，燕也。
从隹，山象其冠也。冏聲。一曰：
蜀王望帝婬其相妻，亡去為子雟
鳥，故蜀人聞子雟鳴皆起曰：是望
帝也。(四篇上)
有冠長尾之鳥形。

*醯　xev

[甲骨]

[金文]

[小篆]《說文》：醯，酸也。作醯
以鬻以酒。从鬻、酒並省。从皿。
皿，器也。(五篇上)
一人低頭洗髮於皿中，旁邊有一陶

罐。醯似酒，盛于罐中，亦用以洗
頭。

*麗　lev

[甲骨]

[金文]

[小篆]《說文》：麗，旅行也。鹿
之性，見食急則必旅行。从鹿、丽。
禮：麗皮納聘，蓋鹿皮也。丽，古
文。𠫞，篆文麗字。(十篇上)
成對之美麗鹿角。

*繼(𥾊)　kev

[甲骨]

[金文]

[小篆]《說文》：繼，續也。从
糸、𢇍。𥾊，繼或作𥾊。反𢇍為𥾊。
(十三篇上)
亂絲以刀斷，以便續接。

*轟　xrweng

[甲骨]

[金文]

[小篆]《說文》：轟，轟轟，群車
聲也。从三車。(十四篇上)
眾車行動，聲勢大。

四、幽中　-əw,-əwk,-əwng

*丂　k'əw

[甲骨]

[金文] 丂 丂 丂 丂 丂 丂 丂

[小篆]《說文》：丂，气欲舒出，
ㄅ上礙於一也。丂，古文以為亐
字，又以為巧字。凡丂之屬皆从
丂。（五篇上）
木柯已修整成能作器柄之用？ 若從
寧字看，似為皿之托架。

考　k'əw

[甲骨]

[金文] （金文字形）

[小篆]《說文》：㫕，老也。从老
省，丂聲。（八篇上）
老人扶杖助行，與老字分別。

*勹（包）　prəw

[甲骨]

[金文]

[小篆]《說文》：勹，裹也。象人
曲形有所包裹。凡勹之屬皆从勹。
（九篇上）
包字析出，包覆胎兒之形。

勺　bəw

[甲骨] （甲骨字形）

[金文]

[小篆]《說文》：勺，覆也，从
勹、人。（九篇上）
與包同意，懷子之形。

雹　brəwk

[甲骨]

[金文]

[小篆]《說文》：雹，雨仌也。从
雨，包聲。雹，古文雹如此。（十
一篇下）
古文字形作雨字下雹粒之形。

匏　brəw

[甲骨]

[金文]

[小篆]《說文》：匏，瓠也。从
包、从瓠省。包，取其可包藏物也。
（九篇上）
瓠古音 gav，依聲律應從包聲。

*ㄐ　kjəw

[甲骨] （甲骨字形）

[金文]

[小篆]《說文》：ㄐ，相糾繚也。
一曰瓜瓠結ㄐ起。象形。凡ㄐ之屬
皆从ㄐ。（三篇上）
兩物相糾纏狀。

*九　kjəw

[甲骨] （甲骨字形）

[金文] （金文字形）

[小篆]《說文》：九，易之變也。
象其屈曲究盡之形。凡九之屬皆从
九。（十四篇下）

借手肘之形以計數。

宄　kiwəw

[甲骨]

[金文]

[小篆]《說文》：，姦也。外為盜，內為宄。从宀，九聲。讀若軌。，古文宄。，亦古文宄。（七篇下）

驅打屋中害蟲之狀

*冃（冒）　məw

[甲骨]

[金文]（）

[小篆]《說文》：，重覆也。从冂、一。凡冃之屬皆从冃。讀若艸莓莓。（七篇下）

《說文》：，小兒及蠻夷頭衣也。从冂。二，其飾也。凡冃之屬皆从冃。（七篇下）

小孩帽形，加目成冒，指示頭上之物。

*爪　tsrəw

[甲骨]

[金文]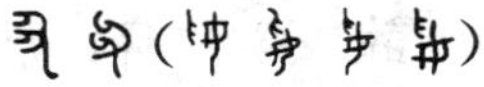

[小篆]《說文》：，丮也。覆手曰爪。象形。凡爪之屬皆从爪。（三篇下）

手爪形。

*𠦒　pəw

[甲骨]

[金文]

[小篆]《說文》：，相次也。从匕、十。鴇从此。（八篇上）

？

*丑　t'iəw

[甲骨]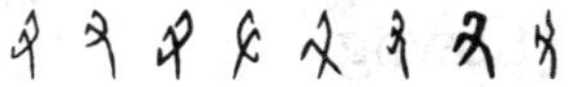

[金文]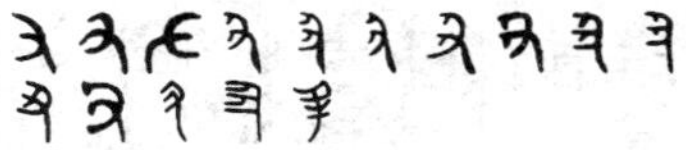

[小篆]《說文》：，紐也。十二月萬物動用事。象手之形。日加丑亦舉手時也。凡丑之屬皆从丑。（十四篇下）

手指扭曲之狀，借以名干支。

羞　sjəw

[甲骨]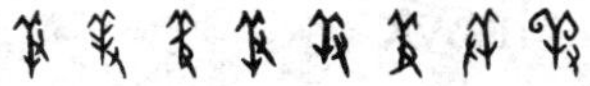

[金文]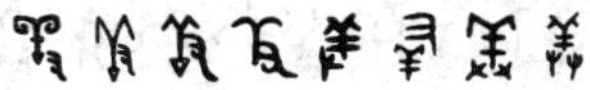

[小篆]《說文》：，進獻也。从羊、丑。羊，所進也。丑亦聲。（十四篇下）

手取羊，將烹煮食用。

*叉　tsrəw

[甲骨]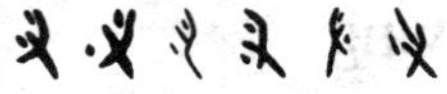

[金文]

[小篆]《說文》：，手足甲也。从又。象叉形。（三篇下）

指出手指甲之叉所在。

*手　st'jəw

[甲骨]

[金文]

[小篆]《說文》：屮，拳也。象形。凡手之屬皆从手。屮，古文手。（十二篇上）

手繁形，五指齊備。

*中　tiəwng

[甲骨]

[金文]

[小篆]《說文》：中，內也。从口、｜。下上通也。屮，古文中。（一篇上）

部族居處中心以旗幟為標志。

*六　liəwk

[甲骨]

[金文]

[小篆]《說文》：六，易之數。会變於六，正於八。从入、八。凡六之屬皆从六。（十四篇下）

記號。

*冗　njəwng

[甲骨]

[金文]

[小篆]《說文》：冗，㮣也。从宀、儿。人在屋下無田事也。周書曰：宮中之冗食。（七篇下）

與安創意同，閒散於屋中，不外出勞動。

初始的住家甚小，只當睡眠休息用。後來擴大，才能在屋中從事生產活動。

*夲（皋）　t'əw,k'əw

[甲骨]

[金文]

[小篆]《說文》：夲，進趣也。从大、十。大十者，猶兼十人也。凡夲之屬皆从夲。讀若滔。（十篇下）

《說文》：皋，气皋白之進也。从白、夲。禮：祝曰皋，登謌曰奏。故皋、奏皆从夲。周禮曰：詔來鼓皋舞。（十篇下）

皋分別字，一人在高架上，居高臨下宣布政令？ 皋字畫出該人頭部以特出其身份。

*夰　kəw

[甲骨]

[金文]

[小篆]《說文》：夰，放也。从八、大。八，分也。凡夰之屬皆从夰。（十篇下）

《說文》：昊，春為昊天，元气昊昊也。从日、夰，夰亦聲。（十篇下）

《說文》：㒅，嫚也。从百、从夰，夰亦聲。虞書曰：若丹朱㒅。讀若傲。論語：㒅湯舟。（十篇下）
夰可能自昊、㒅析出。㒅為大人物站立形象。高高在上位者有傲氣？

*戉　mwəw

[甲骨]

[金文]

[小篆]《說文》：戉，中宮也。象六甲五龍相拘絞也。戉承丁象人脅。凡戉之屬皆从戉。（十四篇下）
長的平刃兵器形，儀杖用。

*卯　mrəw

[甲骨]

[金文]

[小篆]《說文》：卯，冒也。二月萬物冒地而出。象開門之形，故二月為天門。凡卯之屬皆从卯。非，古文卯。（十四篇下）
一物被劈成兩半之狀，殺牲法。

*矛　mjəw

[甲骨]

[金文]

[小篆]《說文》：矛，酋矛也。建於兵車，長二丈。象形。凡矛之屬皆从矛。㺜，古文矛从戈。（十四篇上）
矛頭形。

柔　njəw

[甲骨]

[金文]

[小篆]《說文》：柔，木曲直也。从木，矛聲。（六篇上）
大致以反在木上表意，字形有所訛變。反為手持軟皮之狀，在木上搓揉使皮革軟化。

*由(繇)　riəw

[甲骨]

[金文]

[小篆]《說文》：繇，隨從也。从系、䚻。由，或繇字。（十二篇下）
繇為形聲，從樂器之言，鼬鼠形為聲。由之形象不知，或由胄字析出。

胄　diəw

[甲骨]

[金文]

[小篆]《說文》：胄，兜鍪也。从冃，由聲。䩜，司馬法胄从革。（七篇下）
胄形。目代表頭部，或表示覆蓋整個頭部而只露出眼睛之兜鍪。

*幼　ʔjiəw

[甲骨]

[金文]

[小篆]《說文》：幼，少也。从幺、力。（四篇下）

與犁之使用有關？

*目　mjəwk

[甲骨]

[金文]

[小篆]《說文》：目，人眼也。象形。重童子也。凡目之屬皆从目。圉，古文目。（四篇上）

眼睛形。

*囚　rjəw

[甲骨]

[金文]

[小篆]《說文》：囚，繫也。从人在囗中。（六篇下）

人囚於牢中。

*冬　təwng

[甲骨]

[金文]

[小篆]《說文》：冬，四時盡也。从仌、从夊。夊，古文終字。𡇈，古文冬从日。（十一篇下）

《說文》：終，絿絲也。从糸，冬聲。夃，古文終。（十三篇上）

終字原形，樹葉凋零之狀。

*老　ləw

[甲骨]

[金文]

[小篆]《說文》：老，考也。七十曰老。从人、毛、匕，言須髮變白也。凡老之屬皆从老。（八篇上）

戴老人帽之老人，或作持杖之老人形。

*尖　liəwk

[甲骨]

[金文]

[小篆]《說文》：尖，菌尖，地蕈，叢生田中。从屮，六聲。蕣，籀文尖从三尖。（一篇下）

多腳小爬蟲形。

陸　liəwk

[甲骨]

[金文]

[小篆]《說文》：陸，高平地。从阜，坴聲。𨸟，籀文陸。（十四篇下）

山上種植矮樹叢之坡地。

*早　wesw

[甲骨]

[金文]

[小篆]《說文》：早，晨也。从日

在甲上。（七篇上）

日已上升至標竿上見的高度？ 為早上時候。

*艸　ts'əw

［甲骨］（🌱）

［金文］（🌱）

［小篆］《說文》：艸，百卉也。从二中。凡艸之屬皆从艸。（一篇下）

象草叢生。

*好　xəw

［甲骨］🌱

［金文］🌱

［小篆］《說文》：好，媄也。从女、子。（十二篇下）

婦女抱子，有子可繼承家業是美好的事。

薅　xəw

［甲骨］🌱

［金文］

［小篆］《說文》：薅，披田艸也。从蓐，好省聲。蒜，籀文薅省。茠，薅或从休。詩曰：既茠荼蓼。（一篇下）

手持蓐刀於山坡除草。

*牟　mjəw

［甲骨］

［金文］

［小篆］《說文》：牟，牛鳴也。从牛。厶象其聲气從口出。（二篇上）

施記號於牛字上以表達牛鳴叫聲。

*舟　tjəw

［甲骨］🌱

［金文］🌱

［小篆］《說文》：舟，船也。古者共鼓貨狄刳木為舟，剡木為楫，以濟不通。象形。凡舟之屬皆从舟。（八篇下）

象多塊木板接合之舟板形，有突出之船頭尾，非獨木舟之象。

*臼　gjəw

［甲骨］（🌱）

［金文］（🌱）

［小篆］《說文》：臼，舂臼也。古者掘地為臼，其後穿木石。象形，中象米也。凡臼之屬皆从臼。（七篇上）

穀粒脫殼之臼形，小點為穀粒。

*州　tjəw

［甲骨］🌱

［金文］🌱

［小篆］《說文》：州，水中可居者曰州，水周繞其旁。从重川。昔堯遭洪水，民居水中高土，故曰九州。

詩曰：在河之州。一曰州，疇也。
各疇其土而生也。州，古文州。
（十一篇下）
象水流中之島嶼形。

*休　xjəw

[甲骨] 𣁋 𣁋 𣁋 𣁋 𣁋 𣁋 𣁋 𣁋

[金文] 𣁋 𣁋 𣁋 𣁋 𣁋 𣁋 𣁋 𣁋 𣁋
　　　𣁋 𣁋 𣁋 𣁋 𣁋 𣁋 𣁋

[小篆]《說文》：休，息止也。从
人依木。庥，休或从广。（六篇上）
象人依木休息之意。

*𢆷（幽）　ʔjiəw

[甲骨]（𢆷 𢆷 𢆷 𢆷）

[金文] 𢆷 𢆷 𢆷 𢆷 𢆷 𢆷 𢆷 𢆷 𢆷 𢆷 𢆷 𢆷
　　　（𢆷 𢆷 𢆷 𢆷 𢆷 𢆷 𢆷 𢆷 𢆷）

[小篆]《說文》：𢆷，微也。从二
幺。凡𢆷之屬皆从𢆷。（四篇下）

《說文》：幽，隱也。从山、𢆷，𢆷
亦聲。（四篇下）

可能表示燈蕊發光幽暗之意，兩股
燈蕊稍增光明。

*缶　pjəw

[甲骨] 缶 缶 缶 缶 缶 缶 缶

[金文] 缶 缶 缶 缶 缶 缶

[小篆]《說文》：缶，瓦器所以盛
酒漿。秦人鼓之以節謌。象形。凡
缶之屬皆从缶。（五篇下）

陶字析出，以陶拍伸入陶胚中造

形。

寶　pəw

[甲骨] 寶 寶 寶 寶 寶 寶
　　　寶 寶 寶 寶 寶 寶 寶 寶 寶

[金文] 寶 寶 寶 寶 寶 寶 寶 寶 寶
　　　寶 寶 寶 寶 寶

[小篆]《說文》：寶，珍也。从宀、
玉、貝，缶聲。𡪍，古文寶省貝。
（七篇下）

收藏於屋中之玉、貝，皆為珍寶。

*守　st'jəw

[甲骨]

[金文] 守 守 守 守 守 守 守 守

[小篆]《說文》：守，守官也。从
宀、从寸。从宀，寺府之事也；从
寸，法度也。（七篇下）
?

*汓　rjəw

[甲骨] 汓

[金文]

[小篆]《說文》：汓，浮行水上
也。从水、子。古文
汓為沒字。𣲺，汓或从囚聲。（十
一篇上）

象子浮游水上之意。

*竹　tiəwk

[甲骨] 竹 竹 竹 竹 竹 竹 竹 竹

[金文] 竹（竹 竹）

[小篆]《說文》：竹，冬生艸也。象形。下垂者箁箬也。凡竹之屬皆从竹。（五篇下）

向下垂竹葉形。

*夙　sjəwk

[甲骨]

[金文]

[小篆]《說文》：𩇢，早敬也。从丮、夕。夕不休，早敬者也。𠈇，亦古文。𠈇，古文。（七篇上）

早上之儀式，送月歸息之時。

*尗(叔)　st'jəwk

[甲骨]

[金文]

[小篆]《說文》：尗，豆也。尗象豆生之形也。凡尗之屬皆从尗。（七篇下）

叔字析出。

《說文》：叔，拾也。从又，尗聲。汝南名收芌為叔。㭬，叔或从寸。（三篇下）

手摘豆莢之狀。

戚　ts'əwk

[甲骨]

[金文]

[小篆]《說文》：戚，戉也。从戉，尗聲。（十二篇下）

甲骨文字形為儀杖武器形，後字形起了訛變。

*戎　njəwng

[甲骨]

[金文]

[小篆]《說文》：戎，兵也。从戈、甲。𠇹，古文甲字。（十二篇下）

盔甲和兵戈皆兵戎之事？

*肉　njəw

[甲骨]

[金文]

[小篆]《說文》：肉，胾肉。象形。凡肉之屬皆从肉（四篇下）

象肉塊形

育(毓)　vriəwk

[甲骨]

[金文]

[小篆]《說文》：育，養子使作善也。从𠫓，肉聲。虞書曰：教育子。毓，育或从每。（十四篇下）

育作小孩產自子宮，毓作婦女生下孩子之狀。

*充　t'jəwng

[甲骨]

[金文]

[小篆]《說文》：充，長也，高

也。从儿，育省聲。（八篇下）

省聲之說不可靠，可能表現插髮笄之成年人，已完全長成。

*孝　xrəw

[甲骨]

[金文]

[小篆]《說文》：善事父母者。从老省、从子。子，承老也。（八篇上）

老人之手搭於孫兒頭上，孫扶祖父表現孝心。

*告　kəw

[甲骨]

[金文]

[小篆]《說文》：牛觸人，角箸橫木所以告人也。从口、从牛。易曰：僮牛之告。凡告之屬皆从告。（二篇上）

豎標志於坑陷之上，警告行人小心，不要誤陷其中。

誥　kəw

[甲骨]

[金文]

[小篆]《說文》：告也。从言，告聲。古文誥。（三篇上）

雙手拿長管樂器，吹號召集人員以

宣布政府的通告。

*牡　mwəw

[甲骨]

[金文]

[小篆]《說文》：牡，畜父也。从牛，土聲。（二篇上）

牛、羊、豕、鹿、馬等加雄性性徵。

*孚　p'jwəw

[甲骨]

[金文]

[小篆]《說文》：卵即孚也。从爪、子。一曰信也。古文孚从禾。禾，古文保。保亦聲。（三篇下）

俘字之源，以手捉小孩。小孩易屈服及訓練，較成人俘奴可資信賴。

俘　p'wəw

[甲骨]

[金文]

[小篆]《說文》：軍所獲也。从人，孚聲。春秋傳曰：以為俘馘。（八篇上）

於行道以手捉小孩，與孚創意同。

*牢　ləw

[甲骨]

[金文]

[小篆]《說文》：𤘑，閑也，養牛、馬圈也。从牛、冬省，取其四周帀。（二篇上）

象牛或羊圈養於牢中之意，柵欄要建堅固。

*百 st'jəw

[甲骨]（字形）

[金文]（字形）

[小篆]《說文》：𦣻，頭也。象形。凡百之屬皆从百。（九篇上）

頭形，同首字。

*攸 riəw

[甲骨]（字形）

[金文]（字形）

[小篆]《說文》：𢽾，行水也。从攴、从人，水省。𢽾，秦刻石嶧山。石文攸字如此。（三篇下）

象以棍杖打人，小點為血水。

條 deəw

[甲骨]（字形）

[金文]

[小篆]《說文》：𢄥，小枝也。从木，攸聲。（六篇上）

秋天樹木之葉已落，只剩枝條。或天已涼，要搬進屋裏才不致凍死，故表現栽於盆中？

*酉 riəw

[甲骨]（字形）

[金文]（字形）

[小篆]《說文》：酉，就也。八月黍成可為酎酒。象古文酉之形也。凡酉之屬皆从酉。𡆥，古文酉从卯。卯為春門，萬物已出。丣為秋門，萬物已入。一，閉門象也。（十四篇下）

酒尊之形。古文字形大半是上部分的訛變。

酒 tsjəw

[甲骨]（字形）

[金文]（字形）

[小篆]《說文》：𣲂，就也。所以就人性之善惡。从水、酉，酉亦聲。一曰造也，吉凶所造起也。古者儀狄作酒醪，禹嘗之而美，遂疏儀狄。杜康作秫酒。（十四篇下）

酒滴溢出酒尊之狀。

柳 liəw

[甲骨]（字形）

[金文]（字形）

[小篆]《說文》：𣜌，少楊也。从木，丣聲。丣，古文酉。（六篇上）

似从木，卯聲，但 l 與 m 少諧聲現
象，或表現柳樹多種植於溝渠水流
之旁？

留　liəw

［甲骨］

［金文］

［小篆］《說文》：畱，止也。从
田，戼聲。（十三篇下）

田邊之溝渠，積留水以便灌溉之
意。

弅　giwəw

［甲骨］

［金文］

［小篆］《說文》：弇，持弩拊。从
廾，肉聲。讀若逮。（三篇上）

不从肉聲，k 與 n 少諧聲現象，大概
表現雙手捧肉以祭。

*宋　səwng

［甲骨］

［金文］

［小篆］《說文》：宋，居也。从
宀、木。讀若送。（七篇下）

廟中之樹為神靈所居之處。

*臼　kjəwk

［甲骨］（）

［金文］（）

［小篆］《說文》：𦥑，叉手也。从

𠀎、彐。凡臼之屬皆从臼。（三篇
上）

自學、興等字析出。

學　grəwk

［甲骨］

［金文］

［小篆］《說文》：斆，覺悟也。从
教、冂。冂，尚矇也。臼聲。學，
篆文斆省。（三篇下）

初為繩結形。加手表示動作，加屋
表示使用繩結所在。

*肘　tiəw

［甲骨］

［金文］

［小篆］《說文》：肘，臂節也。从
肉、寸。寸，手寸口。（四篇下）

彎線表示肘所在之處。

*秀　sjəw

［甲骨］

［金文］

［小篆］《說文》：秀，上諱。（七
篇上）

結構與年同，人頂禾束。表達禾已
長成，可收割搬運？

*卤　deəw

［甲骨］

[金文] 金文圖形

[小篆] 《說文》：卤，艸木實垂卤卤然。象形。凡卤之屬皆从卤。讀若調。鹵，籀文从三卤作。（七篇上）

《說文》：東，气行皃。从乃，卤聲。讀若攸。（五篇上）

象溫酒之器形，或在器座中。

*夆(降) grəwng

[甲骨] (甲骨圖形)

[金文] 金文圖形

[小篆] 《說文》：夅，服也。从夂、牛相承不敢並也。（五篇下）

《說文》：降，下也。从阜，夆聲。（十四篇下）

自降字析出，降字表現雙腳自木梯下降之狀。

*肜 dəwng

[甲骨]

[金文] 金文圖形

[小篆] 《說文》：肜，丹飾也。从丹、彡。彡，其畫也。彡亦聲。（五篇下）

丹字衍化。

*咎 kəw

[甲骨] 甲骨圖形

[金文] 金文圖形

[小篆] 《說文》：𠈌，災也。从人、各。各者，相違也。（八篇上）

被他人之足所踐踏，是種災殃。

*匋 dəw

[甲骨] 甲骨圖形

[金文] 金文圖形

[小篆] 《說文》：匋，作瓦器也。从缶，包省聲。古者昆吾作匋。案：史篇讀與缶同。（五篇下）

人蹲坐而製作陶器之狀。

*受 djəw

[甲骨] 甲骨圖形

[金文] 金文圖形

[小篆] 《說文》：受，相付也。从受，舟省聲。（四篇下）

一手授盤，一手接受之狀。

*匊 kjəw

[甲骨]

[金文] 金文圖形

[小篆] 《說文》：匊，在手曰匊。从勹、米。（九篇上）

大概為掬之初字，表現以手掬米之狀。

*阝（阜） bjəw

[甲骨] （oracle bone forms）

[金文] （金文 forms）

[小篆]《說文》：阜，大陸也。山無石者。象形。凡阜之屬皆从阜。𨸏，古文。（十四篇下）

梯形，借以表示山陵，上下山崗需階級才容易步行。

梯形的斜劃往上，山形為斜劃交會。

*帚 tjəw

[甲骨] （oracle bone forms）

[金文] （金文 forms）

[小篆]《說文》：帚，所以糞也。从又持巾埽冂内。古者少康初作箕帚、秫酒。少康，杜康也，葬長垣。（七篇下）

掃帚之形，婦女之職。

*臭 kəw

[甲骨]

[金文]

[小篆]《說文》：臭，大白也。从大、白。古文以為澤字。（十篇下）

一人的頭部特顯著，可能也是昊等字的分化。

*周 tjəw

[甲骨] （oracle bone forms）

[金文] （金文 forms）

[小篆]《說文》：周，密也。从用、口。𠱧，古文周字，从古文及。（二篇上）

莊稼四周有圍牆或籬笆保護，防風？

*宗 tsəwng

[甲骨] （oracle bone forms）

[金文] （金文 forms）

[小篆]《說文》：宗，尊祖廟也。从宀、示。（七篇下）

放置神主之宗廟，為同宗者所崇拜之處。

*杳 ʔeəw

[甲骨]

[金文]

[小篆]《說文》：杳，冥也。从日在木下。（六篇上）

太陽已西下，好像落入林中，天色已昏暗。

*首 st'jəw

[甲骨] （oracle bone forms）

[金文] （金文 forms）

[小篆]《說文》：首，古文百也。巛象髮也。髮謂之鬊，鬊即巛也。

凡首之屬皆从首。（九篇上）

某動物之頭部形。

*保　pəw

[甲骨]

[金文]

[小篆]《說文》：保，養也。从人，采省聲。采，古文孚。保，古文不省。保，古文。（八篇上）

背負小孩加以保護之意。

*叟　swəw

[甲骨]

[金文]

[小篆]《說文》：叟，老也。从又、灾。叟，籀文从寸。叟，叟或从人。（三篇下）

搜之原形，手持火把於屋內搜查東西。

*韭　kjəw

[甲骨]

[金文]

[小篆]《說文》：韭，韭菜也。一種而久生者也，故謂之韭。象形。在一之上。一，地也，此與耑同意。凡韭之屬皆从韭。（七篇下）

象叢生之韭菜形。

*毒　dəwk

[甲骨]

[金文]

[小篆]《說文》：毒，厚也。害人之艸往往而生。从屮，毒聲。毒，古文毒从刀、葍。（一篇下）

象某種有毒的塊莖形，上部分為其莖葉。

*酋　dzjəw

[甲骨]

[金文]

[小篆]《說文》：酋，繹酒也。从酉，水半見於上。禮有大酋，掌酒官也。凡酋之屬皆从酋。（十四篇下）

香醇酒氣上揚之狀。

*复　bjəwk

[甲骨]

[金文]

[小篆]《說文》：复，行故道也。从夊，畐省聲。（五篇下）

腳踏鼓風袋反復鼓風之意。

*采(穗)　vriwər

[甲骨]

[金文]

[小篆]《說文》：采，禾成秀，人所收者也。从爪、禾。穗，俗从禾，惠

聲。（七篇上）

象以手摘穗之狀。

*討　t'əw

［甲骨］

［金文］

［小篆］《說文》：討，治也。從言、寸。（三篇上）

手持管樂，吹信號以討伐敵人之意。

*舀　riəw

［甲骨］

［金文］（稻　　）

［小篆］說文：舀，抒臼也。從爪、臼。詩曰：或簸或舀，　，舀或從手、宂。　，舀或從臼、宂。（七篇上）

手在臼中掏洗之狀。

稻　dəw

［甲骨］

［金文］稻

［小篆］《說文》：稻，稌也。從禾，舀聲。（七篇上）

商代之前稻為南方之產物，華北少見其株，多見貯存於罐中。或表示稻米可久藏罐中。

*臭　t'jəw

［甲骨］

［金文］

［小篆］《說文》：臭，禽走臭而知其迹者，犬也。從犬、自。（十篇上）

犬鼻善嗅。

*流　liəw

［甲骨］

［金文］

［小篆］《說文》：流，水行也。從㐬、充。充，突忽也。流，篆文從水。（十一篇下）

夭死之子被丟棄於水流。

*躬　kjəwng

［甲骨］

［金文］

［小篆］《說文》：躬，身也。從呂、從身。躬，俗從弓、身。（七篇下）

身子及脊椎骨之形。

宮　kjəwng

［甲骨］

［金文］

［小篆］《說文》：宮，室也。從宀，躬省聲。凡宮之屬皆從宮。（七篇下）

建築基地有間隔，為大型建築才有的現象。或加房屋之形以顯明其意。

*畜　t'iəwk

［甲骨］

[金文] 𥂕 𥂕 𥂕

[小篆]《說文》:𥂕,田畜也。淮南王曰:元田為畜。𥂕,魯郊禮畜從田、從茲。茲,益也(十三篇下)腸胃之形,用以裝貯水酒。或所食之腸胃來自家畜。

*髟　piəw

[甲骨]

[金文]

[小篆]《說文》:髟,長髮猋猋也。從長、彡。一曰白黑髮襍而髟。凡髟之屬皆從髟。(九篇上)與長字區別,長髮彪盛之狀。

*祝　tjəwk

[甲骨] (古文字形)

[金文] (古文字形)

[小篆]《說文》:祝,祭主贊詞者。從示、從儿、口。一曰從兌省。易曰:兌為口、為巫。(一篇上)一人仰頭或前伸雙手陳說祝願於神示之前。

*曹　dzəw

[甲骨] (古文字形)

[金文] (古文字形)

[小篆]《說文》:曹,獄兩曹也。從㯥在廷東也。從曰治事者也。(五篇上)

槽上置放用以過濾濁酒之兩草袋,衍化成曹、槽、糟等字。糟字籀文作𥂕,㯥下有酉,酉為盛酒器,可證曹表現濾酒之事。

*馗　giwəw

[甲骨]

[金文]

[小篆]《說文》:馗,九達道也似龜背,故謂之馗。從九、首。逵,馗或從辵、坴。馗,高也,故從坴。(十四篇下)可能表現高懸之斷首,交通要道出入人多,為懸首儆戒之理想所在。九,或為又、或寸之訛,道的古文為手持首,表現於交通要道懸首的習慣。

*殷(簋)　kjəw

[甲骨] (古文字形)

[金文] (古文字形)

[小篆]《說文》:殷,揉屈也。從殳、𠁥。𠁥,古叀字。廄字從此。(三篇下)

《說文》:簋,黍稷方器也。從竹、皿、𠁥。匭,古文簋。從匚、食、九。匭,古文簋。從匚、軌。朹,亦古文簋。(五篇上)

盛飯之圓形器，加匙以明確其用途。

廄　kjəw

[甲骨]🐚🐚🐚

[金文]

[小篆]《說文》：廄，馬舍也。從广、豛。周禮曰：馬有二百十四匹為廄，廄有僕夫。𣪠，古文。從九。（九篇下）

畜馬於有狹窄入口之柵欄中。馬特為貴族所寵，飼養所有別於他種家畜，故別有專稱。

*埽（掃）　səw

[甲骨]🖌🖌🖌🖌🖌🖌🖌🖌🖌🖌🖌

[金文]

[小篆]《說文》：埽，棄也。從土、帚。（十三篇下）

手持帚以掃除髒污之意。

*腬　njəw

[甲骨]

[金文]

[小篆]《說文》：腬，面和也。從百、肉。讀若柔。（九篇上）

頭多肉，為胖子的兂象，胖子脾氣好，多和善。

*彪　piəwv

[甲骨]

[金文]🐯🐯

[小篆]《說文》：彪，從虎、彡。彡，象其文也。（五篇上）

虎之毛紋彪炳美麗。

*翏　liəw

[甲骨]

[金文]🪶🪶🪶🪶🪶🪶🪶🪶

[小篆]《說文》：翏，高飛也。從羽、㣎。（四篇上）

象一人持雙羽跳舞作飛翔狀。

*宿　sjəwk

[甲骨]🛏🛏🛏🛏🛏🛏🛏🛏

[金文]🛏🛏🛏🛏🛏🛏

[小篆]《說文》：宿，止也。從宀、佰。佰，古文夙。（七篇下）

象人睡臥室內席之意。金文一形作睡臥於乾草堆上之狀。

*茜　siəwk

[甲骨]🌿🌿🌿🌿🌿🌿

[金文]

[小篆]《說文》：茜，禮。祭，束茅加於裸圭而灌鬯酒，是為茜，象神飲之也。從酉、艸。春秋傳曰：爾貢苞茅不入，王祭不供，無以茜酒。一曰茜，榼上塞也。（十四篇下）

雙手持草束以過濾酒之意。

*鳥 teəw

[甲骨] （甲骨文字形）

[金文] （金文字形）

[小篆] 《說文》：鳥，長尾禽總名也。象形。鳥之足似匕。从匕。凡鳥之屬皆从鳥。（四篇上）
鳥的繁形。

*孰 djəwk

[甲骨] （甲骨文字形）

[金文] （金文字形）

[小篆] 《說文》：孰，食飪也。从丮、㐆。易曰：孰飪。（三篇下）
象一人在有臺基的廟前，大致表現以熟食獻祭？

*逐 diəwk

[甲骨] （甲骨文字形）

[金文] （金文字形）

[小篆] 《說文》：逐，追也。从辵，豕省聲。（二篇下）
人足在野獸之後追趕狀。

*㣹(穆) mjəwk

[甲骨]

[金文] （金文字形）

[小篆] 《說文》：㣹，細文也。从彡、㣆省。（九篇上）

《說文》：穆，禾也。从禾，㣹聲。（七篇上）
穆字析出，禾穗結實飽滿而致垂下狀。

*臼 gjəw

[甲骨]

[金文]

[小篆] 《說文》：臼，舂糗。从米、臼。（七篇上）
精米是將米置於臼中舂搗而得。

*報 pəw

[甲骨]

[金文] （金文字形）

[小篆] 《說文》：報，當辠人也。从㚔、㞋。㞋，服辠也。（十篇下）
一人服戴刑具又被人執捉。

*棗 tsəw

[甲骨]

[金文] （金文字形）

[小篆] 《說文》：棗，羊棗也。从重朿。（七篇上）
小棗樹密集栽種。

*游 riəw

[甲骨] （甲骨文字形）

[金文] （金文字形）

[小篆] 《說文》：游，旌旗之流

也。从㫃，汙聲。𝌻，古文游。
（七篇上）

一子執有流之旗，為與旅分別，不
用人而用子，遊玩之旗，非戰爭之
旗。

*就　dzjəw

[甲骨]

[金文]

[小篆]《說文》：𩠐，就，高也。
从京、尤。尤，異於凡也。𩠐，籀
文就。（五篇下）

以手攀援而上高樓，或一人仰望高
樓之狀。

*奧　ʔəw

[甲骨]

[金文]

[小篆]《說文》：𡩃，宛也。室之
西南隅。从宀、釆聲。（七篇下）

屋裏添柴取暖的地方，習慣在西南
角落。有以牛糞為燃料者。

*衆　tjəwng

[甲骨]

[金文]

[小篆]《說文》：𥅫，多也。从
众、目，衆意。（八篇上）

在日下勞動的廣大群衆，後錯成目
而成為受監視的勞工們。

*肅　sjəwk

[甲骨]

[金文]

[小篆]《說文》：肅，持事振敬
也。从聿在𣶒上。𦘓，古文肅。从
心、卪。（三篇下）

以筆畫圖樣，為刺繡的第一步驟，
需謹慎從事。

*瑁　məw

[甲骨]

[金文]

[小篆]《說文》：瑁，諸侯執圭朝天
子，天子執玉以冒之，似黎冠。周禮
曰：天子執瑁四寸。从王、冒，冒亦
聲。玥，古文从目。（一篇上）

覆蓋玉之具，若人覆面之紗。

*道　dəw

[甲骨]

[金文]

[小篆]《說文》：䠂，所行道也。
从辵、首。一達謂之道。𧥜，古文
道。从首、寸。（二篇下）

示斷首于行道，警戒有心犯法者。
或以手持斷首以表達展示的場所為
衆人往來的行道。

*㠠　ʔjəw

[甲骨]

[金文] 𩑶

[小篆]《說文》：𩓋，愁也。从心、頁。惪心形於顏面，故从頁。（十篇下）

貴人常為事所煩而有心思。

*麀　ʔjəw

[甲骨]

[金文]

[小篆]《說文》：麀，牝鹿也。从鹿，牝省。𪊽，或从幽聲（十篇上）

鹿加性徵。

甲骨文只見家畜加性徵，農業社會少見獵獸，且無法控制獵得物的性別，此字之創作必有基於實用的原因。

*農　nəwng

[甲骨] 𦬊𦱒𦱤 𦱰𦰡𦱦𦰓𦰞𦰟 𦱀𦰠𦰐𦰑

[金文] 𧄔𧄕𧅅𧅆𧄙𧄜𧄚𧄝

[小篆]《說文》：農，耕人也。从晨，囪聲。𧄝，籀文農。从林。𧄚，古文農。𧄙，亦古文農。（三篇上）

在林間以工具辰從事勞作，乃農業之職。農作一早就要從事，故亦有晨之義。

*蒐　siəw

[甲骨]

[金文]

[小篆]《說文》：蒐，茅蒐，茹蘆。人血所生，可以染絳。从艸、鬼。（一篇下）

不詳，鬼為人戴面具形，或是製作面具的植物材料。

*牖　riəw

[甲骨]

[金文]

[小篆]《說文》：牖，穿壁以木為交窗也。从片、戶，甫聲。譚長以為甫上，日也，非戶也，牖所以見日。（七篇上）

?

*嘼　xjəw

[甲骨]

[金文] 𤜴𤜵𤜶𤜷𤜸𤜹 𤜺𤜻𤜼𤜽𤜾𤜿

[小篆]《說文》：嘼，獸牲也。象頭足厹地之形。古文嘼下从厹。凡嘼之屬皆从嘼。（十四篇下）

獸字析出，網之形。

獸　st'jəw

[甲骨] 𤜴𤜵𤜶𤜷𤜸𤜹𤜺𤜻 𤜼𤜽𤜾𤜿𤝀𤝁𤝂𤝃

[金文] 𤝄𤝅𤝆𤝇𤝈𤝉𤝊𤝋

[小篆]《說文》：獸，守備者也。一曰兩足曰禽，四足曰獸。从嘼、从犬。（十四篇下）

田網與犬俱為田獵用具。

*雔（雦）　djəw

[甲骨]

[金文] 𩿪𩿪𩿪

[小篆]《說文》：雔，雙鳥也。從二隹。凡雔之屬皆從雔。讀若醻。（四篇上）

《說文》：讎，猶膺也。從言，雔聲。（三篇上）

二鳥相對啾叫不停如仇敵相罵而不讓。

*虝　bəw

[甲骨] 𠂤

[金文] 𣪊（𧯐）

[小篆]《說文》新附：虝，虐也，急也。從虎從武。（五篇上）

以戈鬥虎是暴烈的行為。安全的方法是用遠射或設陷。

*敌　tiəw

[甲骨]

[金文] 𢾭 𢾭 𢾭 𢾭 𢾭 𢾭

[小篆]《說文》：敌，引擊也。從牟支見血也。扶風有敌厔縣。（十篇下）

鞭打受刑者至見血的程度。

*蟲　diəwng

[甲骨]（𧑓 𧑓 𧑓 𧑓）

[金文]（𧑓 𧑓）

[小篆]《說文》：蟲，有足謂之蟲，無足謂之豸。從三虫。凡蟲之屬皆從蟲。（十三篇下）

衆多小蟲蠕動而聚集一起。

*豊　p'jəwng

[甲骨]

[金文] 𧯐 𧯐 𧯐 𧯐 𧯐 𧯐 𧯐 𧯐 𧯐 𧯐 𧯐 𧯐 𧯐 𧯐

[小篆]《說文》：豊，豆之豊滿也。從豆，象形。一曰鄉飲酒有豊侯者。凡豊之屬皆從豊。𧯐，古文豊。（五篇上）

敬神之豆，盛食豊盛狀。敬神之饌總是堆得高高的，且加有裝飾物。但字形像又與鼓有關？

*夒　nəw

[甲骨] 𠂤 𠂤 𠂤 𠂤 𠂤 𠂤 𠂤 𠂤 𠂤 𠂤 𠂤 𠂤 𠂤

[金文] 𠂤 𠂤 𠂤 𠂤

[小篆]《說文》：夒，貪獸也。一曰母猴。似人。從頁。巳、止、夂，其手足。（五篇下）

猴子象形，以猴子好動不靜習性表達煩躁不安的心情。

*疇　diəw

[甲骨] 𤲃 𤲃 𤲃 𤲃 𤲃 𤲃 𤲃

[金文]（🗚🗚🗚）

[小篆]《說文》:🗚,耕治之田也。从田、壽。象耕田溝詰詘也。🗚,疇或省（十三篇下）

被翻起之耕土曲卷形。

*鑄　tjəw

[甲骨]🗚🗚

[金文]🗚🗚🗚🗚🗚🗚🗚🗚🗚🗚🗚🗚🗚🗚🗚🗚🗚🗚🗚🗚🗚🗚🗚🗚🗚🗚🗚🗚🗚🗚🗚

[小篆]《說文》:🗚,銷金也。从金,壽聲。（十四篇上）

雙手持倒皿,傾倒銅汁入另一皿,表達套合範型而澆鑄之意。

*竈　tsəw

[甲骨]

[金文]🗚🗚

[小篆]《說文》:🗚,炊竈也。周禮以竈祠祝融,从穴,黽省聲。🗚,或不省作。（七篇下）

穴內有爬蟲,灶穴因炊煮而油煙多,易生蟑螂。

*燋　tsjiaw

[甲骨]

[金文]

[小篆]《說文》:🗚,灼龜不兆也。从龜、火。春秋傳曰:卜戰,龜燋不兆。讀若焦。（十篇上）

秋字析出,火烤蝗蟲之狀。因形近龜,故又衍生以火灼龜現兆之義,讀音也與秋不同。

秋　ts'jəw

[甲骨]🗚🗚🗚🗚🗚🗚🗚🗚🗚🗚🗚🗚🗚🗚

[金文]🗚🗚🗚🗚

[小篆]《說文》:🗚,禾穀熟也。从禾,𤋳省聲。🗚,籀文不省。（七篇上）

蝗蟲見於秋天禾熟時,或以火驅趕之,烤以食之。

*鬻　tjəwk

[甲骨]

[金文]

[小篆]《說文》:🗚,鍵也。从弻、米。（三篇下）

煮米於鍋中,熱氣上騰狀。

*驫　piəw,piaw

[甲骨]

[金文]🗚🗚🗚🗚

[小篆]《說文》:🗚,眾馬也。从三馬。（十篇上）

眾馬奔騰之雄姿。

五、宵藥　-aw,-awk

*了　leaw

[甲骨]

[金文]

[小篆]《說文》：𠤎，㐬也。从子無臂。象形。凡了之屬皆从了。（十四篇下）

可能象湯匙形。

*刀　taw

[甲骨]

[金文]

[小篆]《說文》：𠚣，兵也。象形。凡刀之屬皆从刀。（四篇下）

一把刀的輪廓。

召　tjiaw

[甲骨]

[金文]

[小篆]《說文》：召，評也。从口，刀聲。（二篇上）

以杓自溫酒器中挹取酒，入之酒杯以招待客人。

紹　djiaw

[甲骨]

[金文]

[小篆]《說文》：紹，繼也。从糸，召聲。一曰紹，緊糾也。𦃟，古文紹，从卩。（十三篇上）

以刀斷亂絲，以便再接續。

*小　sjiaw

[甲骨]

[金文]

[小篆]《說文》：川，物之微也。从八、丨，見而八分之。凡小之屬皆从小。（二篇上）

沙粒一類小東西之形。

*幺　ʔeaw

[甲骨]

[金文]

[小篆]《說文》：幺，小也。象子初生之形。凡幺之屬皆从幺。（四篇下）

自幽字析出。

*勺　djawk

[甲骨]

[金文]

[小篆]《說文》：勺，枓也。所以挹取也。象形。中有實，與包同意。凡勺之屬皆从勺。（十四篇上）

中有東西的小湯匙之形。

*少　st'iaw

[甲骨]

[金文]

[小篆]《說文》：少，不多也。从小，丿聲。（二篇上）

小之分別字，細小事物。

*毛　maw

[甲骨]

[金文]丰丰丰丰丰丰丰丰丰

[小篆]《說文》：毛，眉髮之屬及獸毛也。象形。凡毛之屬皆从毛。（八篇上）

取自長而有毛之牛或馬的尾巴形。

*爻　graw

[甲骨]爻爻爻爻爻爻爻爻爻

[金文]爻爻爻爻爻爻爻爻

[小篆]《說文》：爻，交也。象易六爻頭交也。凡爻之屬皆从爻。（三篇下）

繩結形，為學習的技巧，與學同字。

教　kraw

[甲骨]教教教教教教教教教

[金文]教教

[小篆]《說文》：教，上所施，下所效也。从攴、孝。凡教之屬皆从教。教，古文教。斆，亦古文教。（三篇下）

以鞭打方式教小孩學打繩結。

*夭　ʔiaw

[甲骨]

[金文]

[小篆]《說文》：夭，屈也。从大。象形。凡夭之屬皆从夭。（十篇下）

頭被屈壓傾向一邊的景象？

*㢭(弢)　t'aw

[甲骨]

[金文]

[小篆]《說文》：㢭，滑也。詩云：㢭兮達兮。从又、中。一曰取也。（三篇下）

不詳，或自弢字析出。

《說文》：弢，弓衣也。从弓、㢭。㢭，垂飾，與鼓同意。（十二篇下）

可能表達拉弓時手套扳指，箭才不致滑動，則㢭為手戴扳指之狀。此字原義可能不是弓衣。

*屵　riawk

[甲骨]

[金文]

[小篆]《說文》：屵，岸上見也。从厂、从之省。讀若躍。（九篇下）

高岸上的高目標，能於岸下見到。

*号　gaw

[甲骨]

[金文]

[小篆]《說文》：号，痛聲也。从口在丂上。凡号之屬皆从号。（五篇上）

？，大致从丂聲，但音讀已起變化。

*吊 teaw

[甲骨]（字形）

[金文]（字形）

[小篆]《說文》：弔，問終也。從人、弓。古之葬者，厚衣之以薪。故人持弓會敺禽也。弓，蓋往復弔問之義。（八篇上）

可能象以繩子把人懸吊狀，可能為古喪制，讓鳥啄食其腐肉，若東北或西藏之天葬。

*交 kraw

[甲骨]（字形）

[金文]（字形）

[小篆]《說文》：交，交脛也。從大。象交形。凡交之屬皆從交。（十篇下）

表現一人兩脛相交狀。商代焚巫求雨的姿勢之一。

*皀 ʔeaw

[甲骨]

[金文]

[小篆]《說文》：皀，望遠，合也。從日、匕。匕，合也。讀若窈窕之窈。（七篇上）

或象人抬頭遠望之狀。

*兆 diaw

[甲骨]（字形）

[金文]

[小篆]《說文》：兆，分也。從重八。孝經說曰：故上下有別。（二篇上）

東西龜裂之紋。

頯 t'eaw

[甲骨]

[金文]

[小篆]《說文》：頯，低頭也。從頁、逃省。太史卜書頯仰字如此。楊雄曰：人面頯。頯，頯或從人、免。（九篇上）

有所煩惱，低頭而皺眉之狀，兆為皺眉形。大人物多煩惱。

*休 neawk

[甲骨]

[金文]

[小篆]《說文》：休，沒也。從水、人。讀與溺同。（十一篇上）

人沈沒水中狀。

*尿 neaw

[甲骨]（字形）

[金文]

[小篆]《說文》：尿，人小便也。從尾、水。（八篇下）

象人站立小便之狀。

*皃　mraw

［甲骨］

［金文］

［小篆］《說文》：皃，頌儀也。从
儿。白，象面形。凡皃之屬皆从
皃。覍，皃或从頁，豹省聲。䫉，
籀文皃。从豸。（八篇下）

特出人頭部之面貌部分。

*杲　kaw

［甲骨］

［金文］

［小篆］《說文》：杲，明也。从日
在木上。讀若槁。（六篇上）

日已上升到樹頂位置，大放光明。

*表　piaw

［甲骨］

［金文］

［小篆］《說文》：表，上衣也。从
衣、毛。古者衣裘，故以毛為表。
䘫，古文表。从麃。（八篇上）

罩毛裘之外袍，毛被衣所蓋，《禮
記‧玉藻》有表裘不上公堂的記載。

*卓　t'rawk

［甲骨］（⿱匕早）

［金文］⿱匕早　⿱匕子

［小篆］《說文》：卓，高也。早、匕
為卓。匕、卩為卬。皆同義。　⿱匕早，
古文卓。（八篇上）

大概是種懸掛在路旁高柱上的標
識，從甲骨字形看，或是小孩一種
高翹的髮式，借用以表達高突的形
勢。

*要　ʔjiaw

［甲骨］⿻

［金文］（⿻　⿻）

［小篆］《說文》：要，身中也。象
人要自臼之形。从臼，交省聲。
⿻，古文要。（三篇上）

象兩手抱持一人之腰部，可能習慣
來自欲舉起一人時，常用兩手環抱
腰部而舉起。《說文》所收古文要
的字形可能是婁字之誤。

*苗　miaw

［甲骨］

［金文］

［小篆］《說文》：苗，草生於田
者。从艸、田。（一篇下）

田上所長的草為苗，非一般之野草。

*㬎　keaw

［甲骨］

［金文］

［小篆］《說文》：㬎，到首也。賈
侍中說：此斷首到縣，㬎字。凡㬎之
屬皆从㬎。（九篇上）

縣字析出，身子倒懸而致頭上髮下，古代刑法之一。

*垚(堯)　ngeaw

[甲骨]（𡪋）

[金文]

[小篆]《說文》：垚，土高也。從三土。凡垚之屬皆從垚。（十三篇下）

《說文》：堯，高也。從垚在兀上，高遠也。𡉈，古文堯。（十三篇下）堯字析出。堯作頭頂高堆的土塊，強有力者才能作到的事。

*虐　ngjawk

[甲骨]

[金文]

[小篆]《說文》：虐，殘也。從虍、爪、人。虎足反爪人也。𧆁，古文虐如此。（五篇上）虎以利爪殘害一人。

*笑　sjiaw

[甲骨]

[金文]

[小篆]《說文》：笑，喜也。從竹、從犬。（五篇上）可能象一人及其眯笑之雙眼，大的部分訛成犬。

*高　kaw

[甲骨]𠖌 𠖌 𠖌 高 𣅷 𠖌 𣅷 高 𣅷

[金文]高 𣅷 𣅷 𣅷 高 高 𣅷 𣅷

[小篆]《說文》：高，崇也。象臺觀高之形。從冂、口。與倉、舍同意。凡高之屬皆從高。（五篇下）高聳建築物形，口為填白。

鎬　gaw

[甲骨]

[金文]（金文字形）

[小篆]《說文》：鎬，溫器也。從金，高聲。武王所都，在長安西上林苑中，字亦如此。（十四篇上）或是表意字，周人之首都。方為犁形，其上三角形為犁壁，犁壁利於耕作生土，或表示以犁在草叢中開墾，為周人新開闢出來的都邑？

*肁(肇)　diaw

[甲骨]𢼄 𢼄 𢼄 𢼄

[金文]（金文字形）

[小篆]《說文》：肁，始開也。從戶、聿。（十二篇上）

《說文》：肇，上諱。（十二篇下）與兵器有關，或是以礪石磨銳刀刃取意。肇下型之戈無鋒刃，不成器用。磨之使銳利為利用武器之始，一若初以刀剪布為裁衣之始。或有可能以戈砍人門戶,製造事端。聿或為後加聲符,但聲母不同大類。

*料 leaw

[甲骨]

[金文] 料

[小篆] 《說文》:料,量也。从米在斗中。讀若遼。(十四篇上)

以斗量米以知其量。

*釗 tjiaw

[甲骨]

[金文]

[小篆] 《說文》:釗,刓也。从刀、金。周康王名。(四篇下)

創意與割字的古文同,金為模型已套合之形,澆鑄後要以刀剖剔出所鑄之器。

*隺 gwawk

[甲骨]

[金文]

[小篆] 《說文》:隺,高至也。从隹上欲出冂。易曰:夫乾隺然。(五篇下)

上半可能為鶴之頭部形,鶴頸長,頭部位置高於一般鳥類。

*弱 njawk

[甲骨]

[金文]

[小篆] 《說文》:弱,橈也。上象橈曲,彡象毛氂橈弱也。弱物並,故从二弓。(九篇上)

鳥羽下垂,過於疲倦?無力振羽高飛。

*羔 kaw

[甲骨]

[金文]

[小篆] 《說文》:羔,羊子也。从羊,照省聲。(四篇上)

烤羊肉以羊羔為最美嫩可口。

*窅 ʔraw

[甲骨]

[金文]

[小篆] 《說文》:窅,深目也。从穴中目。(四篇上)

深目之說解可能有問題。大致與開礦之事有關,坑道深邈,目或是表現礦井的結構形。

*丵 dzrawk

[甲骨]

[金文] (丵 丵 丵 丵)

[小篆] 《說文》:丵,叢生艸也。象丵嶽相並出也。凡丵之屬皆从丵。讀若浞。(三篇上)

某種儀仗形。與叢字比較,或是展示殺馘的架子,持之遊行以展示殺敵的戰果。

*敖　ngaw

［甲骨］

［金文］

［小篆］《說文》：𣀠，出游也。从
出、放。（四篇下）

放出，會意。流放的處罰？

*𦥔　naw

［甲骨］

［金文］

［小篆］《說文》：𦥈，頭髓也。从
匕。匕，相比箸也。巛以象髮。囟
象囟形。（八篇上）

人及其長髮之腦門形。

*巢　dzraw

［甲骨］

［金文］

［小篆］《說文》：巢，鳥在木上曰
巢，在穴曰窠。从木。象形。凡巢
之屬皆从巢。（六篇下）

衆鳥息於木上之巢。

*票　p'jiaw

［甲骨］

［金文］

［小篆］《說文》：𤎚，火飛也。从
火、𪉒。票與䙴同意。（十篇上）

雙手持物燒烤於火上，火焰飛揚。

*謠　vriaw

［甲骨］

［金文］

［小篆］《說文》：䚻，徒歌也。从
言，肉聲。（三篇上）

結構與䚻同，以口吹管樂之狀，口
訛成肉。

*梟　keaw

［甲骨］

［金文］

［小篆］《說文》：梟，不孝鳥也。
日至捕梟磔之。从鳥在木上。（六
篇上）

老是息於樹上，少見飛翔的鳥。

*雀　tsjawk

［甲骨］ （甲骨文字形）

［金文］ （金文字形）

［小篆］《說文》：雀，依人小鳥也。
从小、隹。讀與爵同。（四篇上）

小鳥會意。雀為家居常見之小鳥。

*盜　daw

［甲骨］

［金文］ （金文字形）

［小篆］《說文》：盜，厶利物也。
从㳄、皿。㳄，欲也。欲皿為盜。
（八篇下）

一人見食物於皿中，饞涎下滴，想

偷偷嘗食之意。

*勞 law

[甲骨]

[金文] 𣪊

[小篆]《說文》：𤇅，勮也。從力、熒省。焱火燒冖，用力者勞。𤆐，古文如此。（十三篇下）

設火把照明以耕田，勞苦工作至夜晚，或有事勞心要思考至夜晚，而用火照明。

*喬 kiaw

[甲骨]

[金文] 𠐍 𠐍 𠐍 𠐍 𠐍 𠐍

[小篆]《說文》：喬，高而曲也。從夭、從高省。（十篇下）

高建築物頂有彎曲之裝飾物形。

*朝 tiaw

[甲骨]

[金文] 𠦪 𠦪 𠦪 𠦪 𠦪 𠦪 𠦪 𠦪 𠦪 𠦪 𠦪 𠦪

[小篆]《說文》：𠦝，旦也。從倝，舟聲。（七篇上）

《說文》：潮，水朝宗于海也。從水、朝省。（十一篇上）

早上太陽尚於林中未升而見潮水來臨的時刻。

*猋 pjiaw

[甲骨]

[金文]

[小篆]《說文》：猋，犬走貌。從三犬。（十篇上）

衆犬爭相奔逐獵物之狀。《金文詁林》所錄為兩犁三牛的協字下半。

*尞 liaw

[甲骨] 𤆄 𤆄 𤆄 𤆄 𤆄 𤆄 𤆄 𤆄 𤆄 𤆄

[金文] 𤆄

[小篆]《說文》：尞，柴，祭天也。從火、昚。昚，古文慎字。祭天所以慎也。（十篇上）

焚木之祭，本在郊野，後移至室內舉行，呂(宮)訛變成日。

*焦 tsjiaw

[甲骨]

[金文] 𤓰

[小篆]《說文》：𤐫，火所傷也。從火，雥聲。焦，或省。（十篇上）

燒烤小鳥之狀，要烤至焦的火候才好吃。

醮 tsjiaw

[甲骨]

[金文]

[小篆]《說文》：醮，面焦枯小也。從面、焦。（九篇上）

面貌枯瘦黝黑如燒焦一般。

*喿　saw

［甲骨］

［金文］ 𣏁

［小篆］《說文》：喿，鳥群鳴也。
从品在木上。（二篇下）

群鳥聚集樹上，噪鳴煩人之意。

*敫　keawk

［甲骨］

［金文］

［小篆］《說文》：敫，光景流貌。
从白、放。讀若龠。（四篇下）

不詳，或是橄原形，鞭打重要人物
以作儆戒，故其面貌顯著。

*罩　traw

［甲骨］ 𦥯 𦥯 𦥯 𦥯

［金文］

［小篆］《說文》：罩，覆鳥令不得
飛走也。从网、隹。讀若到。（四
篇上）

以網覆鳥之意。

*翟　deawk

［甲骨］

［金文］ 𦏧

［小篆］《說文》：翟，山雉也。尾
長。从羽、从隹。（四篇上）

翟鳥振羽之狀。

*暴　paw

［甲骨］

［金文］

［小篆］《說文》：暴，晞也。从日、
出、廾、米。㬥，古文暴。从日，麃
聲。（七篇上）

雙手散播米出曝於日下。

*暴　baw

［甲骨］

［金文］

［小篆］《說文》：暴，疾有所趣
也。从日、出、本廾之。（十篇下）

可能是暴字的訛化。

*麃　p'aw, braw, piaw

［甲骨］

［金文］

［小篆］《說文》：麃，麞屬。从
鹿，㷃省聲。（十篇上）

火烤鹿肉，鹿常為獵人於林中捕得
而燒食的動物？

*皛　geaw

［甲骨］

［金文］

［小篆］《說文》：皛，顯也。通白
曰皛。从三白。讀若皎。（七篇
下）

非常之白。

*樂 lawk

[甲骨] 〔甲骨文字形〕

[金文] 〔金文字形〕

[小篆]《說文》：樂，五聲八音總名。象鼓鞞。木，虡也。（六篇上）木上安線之樂器。早期的弦樂使用敲打的方式。

*龠 riawk

[甲骨] 〔甲骨文字形〕

[金文] 〔金文字形〕

[小篆]《說文》：龠，樂之竹管。三孔，以和衆聲也。从品、侖。侖，理也。凡龠之屬皆从龠。（三篇上）捆合多管之多音程樂器。

*爵 tsjawk

[甲骨] 〔甲骨文字形〕

[金文] 〔金文字形〕

[小篆]《說文》：爵，禮器也。象雀之形。中有鬯酒。又，持之也。所以飲器象雀者，取其鳴節節足足也。爵，古文爵，象形。（五篇下）有流、尾、把手、支柱和支腳的飲酒器形。

*鼂 tiaw

[甲骨]

[金文]

[小篆]《說文》：鼂，匽鼂也。讀若朝。楊雄說：匽鼂，蟲名。杜林以為朝旦。非是。从黽、从旦。鼂，古文。从皀。（十三篇下）某種頭形殊異之昆蟲形。

*嚣 ngaw

[甲骨]

[金文] 〔金文字形〕

[小篆]《說文》：嚣，聲也。气出頭上。从㗊、頁。頁亦首也。嚣，嚣或省。（三篇上）一人多話有若四張嘴。頁為高級人士的形象，以巫之念經聲調高而急表意？

*顥 gaw

[甲骨]

[金文]

[小篆]《說文》：顥，白貌。从景、頁。楚詞曰：天白顥顥。南山四顥，白首人也。（九篇上）太陽高升於高樓之上而映照滿頭的白髮，使特為明顯？

六、侯屋東 -ew,-ewk,-ewng

*几(鳧) djew/bjew

[甲骨]

[金文] 〔金文字形〕

[小篆]《說文》：几，鳥之短羽飛几几也。象形。凡几之屬皆从几。讀若殊。（三篇下）

《說文》：鳧，舒鳧，鶩也。从几、鳥，几亦聲。（三篇下）

鳧為水鴨游水時以蹼划水之狀，几由之析出。

*殳 djew

[甲骨]

[金文]

[小篆]《說文》：殳，以杖殊人也。周禮：殳以積竹。八觚。長丈二尺，建於兵車，旅賁以先驅。从又，几聲。凡殳之屬皆从殳。（三篇下）

手持鈍頭之武器或工具狀，亦使用於儀仗。

*卜 pewk

[甲骨]

[金文]

[小篆]《說文》：卜，灼剝龜也。象炙龜之形。一曰：象龜兆之縱衡也。凡卜之屬皆从卜。卟，古文卜。（三篇下）

燒灼甲骨所顯之卜紋形。

*口 k'ew

[甲骨]

[金文]

[小篆]《說文》：口，人所以言食也。象形。凡口之屬皆从口。（二篇上）

嘴巴之形。

*工 kewng

[甲骨]
[金文]

[小篆]《說文》：工，巧飾也。象人有規矩。與巫同意。凡工之屬皆从工。𢒄，古文工。从彡。（五篇上）

攻可能是象意字，非形聲字。作手持圓頭器敲打工形之器形。工是種被敲打的器物形，大半是樂器。樂器的敲打槌常是圓頭的。

虹 gewng

[甲骨]

[金文]

[小篆]《說文》：虹，螮蝀也。狀似虫。从虫，工聲。明堂月令曰：虹始見。蜺，籀文虹。从申。申，電也。（十三篇上）

想像中的兩頭虹形。

*于 t'iewk

[甲骨]

[金文]

[小篆]《說文》：𣥚，步止也。从反彳。讀若畜。（二篇下）
行字析出。

*廾　kjewng

[甲骨]（甲骨文字形）

[金文]（金文字形）

[小篆]《說文》：𠬞，竦手也。從屮、又。凡廾之屬皆从廾。𢪒，楊雄說：廾从兩手。（三篇上）
雙手前伸有所動作之狀。

龏　?rewk

[甲骨]（甲骨文字形）

[金文]（金文字形）

[小篆]《說文》：龔，慤也。从廾，龍聲。（三篇上）
雙手捧寵物狀。大半是揚子鱷。

*斗　tew

[甲骨]（甲骨文字形）

[金文]（金文字形）

[小篆]《說文》：斗，十升也。象形。有柄。凡斗之屬皆从斗。（十四篇上）
量物之有柄容器形。

*孔　k'ewng

[甲骨]

[金文]（金文字形）

[小篆]《說文》：𦈗，通也。嘉美之也。从乙、子。乙，請子之候鳥也。乙至而得子，嘉美之也。故古人名嘉字子孔。（十二篇上）
小孩之髮辮形。

*公　kewng

[甲骨]（甲骨文字形）

[金文]（金文字形）

[小篆]《說文》：公，平分也。从八、厶。八，猶背也。韓非曰：背厶為公。（二篇上）
嘴巴兩旁之紋形，老人特徵。

*从　dzjewng

[甲骨]（甲骨文字形）

[金文]（金文字形）

[小篆]《說文》：从，相聽也。从二人。凡从之屬皆从从。（八篇上）
人相從於人。

*丰　p'ewng

[甲骨]（甲骨文字形）

[金文]（金文字形）

[小篆]《說文》：丰，艸盛丰丰也。从生，上下達也。（六篇下）
邊疆封樹之形。

邦　prewng

[甲骨]（甲骨文字形）

[金文]

[小篆]《說文》：𨛫，國也。从邑，丰聲。𤮃，古文。（六篇下）

田上種有封邦之樹，為邦人所居之處。

*凶　xjewng

[甲骨]

[金文]

[小篆]《說文》：凶，惡也。象地穿交陷其中也。凡凶之屬皆从凶。（七篇上）

坑陷形，×為其上之掩蓋物。坑陷為凶險之場所。

*兇　xjewng

[甲骨]𠒭　𠒭

[金文]

[小篆]《說文》：兇，擾恐也。从儿在凶下。春秋傳曰：曹人兇懼。（七篇上）

凶鬼之扮相，或為吐舌之形象，如長沙出土的戰國時期楚鹿角伸舌神怪漆雕，或是面具飾有長鬚。

*木　mewk

[甲骨]𣎵 𣎵 𣎵 𣎵 𣎵 𣎵 𣎵

[金文]𣎵 𣎵 𣎵 𣎵 𣎵 𣎵 𣎵

[小篆]《說文》：木，冒也。冒地而生，東方之行。从屮，下象其根。

凡木之屬皆从木。（六篇上）

有枝有根的樹形。

*句　kew

[甲骨]𠯢

[金文]𠯢 𠯢 𠯢 𠯢 𠯢 𠯢 𠯢 𠯢 𠯢

[小篆]《說文》：句，曲也。从口，丩聲。凡句之屬皆从句。（三篇上）

包裹一件東西之狀，引申指彎曲的事物或狀況。

*主(丶)　tjew

[甲骨]𡱘 𡱘 𡱘 𡱘 𡱘

[金文]

[小篆]《說文》：主，鐙中火主也。从坐，象形。从丶，丶亦聲。（五篇上）

《說文》：丶，有所絕止，丶而識之也。凡丶之屬皆从丶。（五篇上）

丶自主字析出。主為豎立的火把形。戰國始見大量使用燈具，字形也變作燈盤上的火炷形。

*付　pjew

[甲骨]

[金文]𠆤 𠆤 𠆤 𠆤 𠆤 𠆤

[小篆]《說文》：付，予也。从寸持物對人。（八篇上）

以手碰及一人之背，表示前付之動

作。

*用　riewng

[甲骨]

[金文]

[小篆]《說文》：用，可施行也。從卜、中。衛宏說。凡用之屬皆從用。用，古文用。（三篇下）

竹節有裝水、敲擊出聲等用處。

甬　riewng

[甲骨]

[金文]

[小篆]《說文》：甬，草木華甬甬然也。從马，用聲。（七篇七）

可能是可懸掛之甬鐘形。

*玉　ngjewk

[甲骨]

[金文]

[小篆]《說文》：王，石之美有五德者。潤澤以溫，仁之方也。䚡理自外，可以知中義之方也。其聲舒揚，專以遠聞，智之方也。不撓而折，勇之方也。銳廉而不忮，絜之方也。象三玉之連，丨其貫也。凡玉之屬皆從玉。玨，古文玉。（一篇上）

玉片成串之形。

*后　gew

[甲骨]

[金文]

[小篆]《說文》：后，繼體君也。象人之形。從口。易曰：后以施令以告四方。凡后之屬皆從后。（九篇上）

與司應同為一字之分化，鉤針與籃筐皆職司紡織之工具。

*戍　st'jew

[甲骨]

[金文]

[小篆]《說文》：戍，守邊也。從人持戈。（十二篇下）

人荷戈以戍守要地。

*朱　tjew

[甲骨]

[金文]

[小篆]《說文》：朱，赤心木，松柏屬。從木，一在其中。（六篇上）

以短橫示木幹所在。

鼄(蛛)　tiew

[甲骨]

[金文]

[小篆]《說文》：鼄，鼅鼄也。從黽，朱聲。蛛，鼄或從虫。（十三

篇下）

蛛蜘象形。

*肯（殼）　k'rewk

[甲骨]（圖像符號）

[金文]（圖像符號）

[小篆]《說文》：肯，幬帳之象。從冂。屮，其飾也。（七篇下）

《說文》：殼，從上擊下也。從殳，肯聲。一曰素也。（三篇下）

據殼字看，肯較可能是種懸掛式的鐘形，可能在奏樂時，鐘樂常陳設在南邊，故用以代表南的方向。以樂棒敲打鐘狀。

*曲　k'jewk

[甲骨]

[金文]（圖像符號）

[小篆]《說文》：凷，象器曲受物之形也。凡曲之屬皆從曲。或說曲，蠶薄也。𠥓，古文曲。（十二篇下）

某種有曲角之器形。可能是用藤竹一類東西編成的簸箕。

*同　dewng

[甲骨]（圖像符號）

[金文]（圖像符號）

[小篆]《說文》：同，合會也。從冂、口。（七篇下）

盒之蓋與器同大者。

*共　kjewng

[甲骨]（圖像符號）

[金文]（圖像符號）

[小篆]《說文》：𦴒，同也。從廿、卝。凡共之屬皆從共。𢍲，古文共。（三篇上）

二手共舉重物之意。

*曳（曳）　vriew

[甲骨]

[金文]（圖像符號）

[小篆]《說文》：㯱，束縛捽㧜為曳曳。從申、從乙。（十四篇下）

《說文》：曳，㯱曳也。從申，厂聲。（十四篇下）

雙手曳拉一人之狀，大概是搬移尸體。

*匢　lew

[甲骨]

[金文]

[小篆]《說文》：匢，側匢也。從匸，丙聲。一曰箕屬。（十二篇下）

與丙字的聲及韻都不同部，不知創意，可能是勉強從他字析出之字。

*走　tsew

[甲骨]（圖像符號）

[金文] 𢓊 𢓊 走 𢓊 𢓊 𢓊 𢓊 𢓊 𢓊

[小篆]《說文》：走，趨也。从夭、止。夭者，屈也。凡走之屬皆从走。（二篇上）

走快步時，手臂上下擺動以助速度。

*豆　dew

[甲骨] 豆 豆 豆

[金文] 豆 豆 豆 豆 豆 豆

[小篆]《說文》：豆，古食肉器也。从口，象形。凡豆之屬皆从豆。豆，古文豆。（五篇上）

圈足淺盤之盛食器形。

*足　tsjewk

[甲骨]

[金文] 足 足 足 足 足 足 足

[小篆]《說文》：足，人之足也。在體下。从口、止。凡足之屬皆从足。（二篇下）

疋字變形，腿連腳趾形。

*束　st'jewk

[甲骨] 束 束 束

[金文] 束 束 束 束 束 束 束 束 束

[小篆]《說文》：束，縛也。从口、木。凡束之屬皆从束。（六篇下）

兩端都束緊之袋形。

*禿　t'ewk

[甲骨]

[金文]

[小篆]《說文》：禿，無髮也。从儿。上象禾粟之形，取其聲。凡禿之屬皆从禿。王育說：蒼頡出，見禿人伏禾中，因以制字。未知其審。（八篇下）

可能表示頭髮不多，好像種植禾的行列空疏。

*谷　kewk

[甲骨] 谷 谷 谷 谷

[金文] 谷 谷 谷 谷 谷

[小篆]《說文》：谷，泉出通川為谷。从水半見出於口。凡谷之屬皆从谷。（十一篇下）

山谷之水碰到阻礙物而分流之狀？

*角　krewk

[甲骨] 角 角 角 角 角 角 角 角

[金文] 角 角 角 角 角 角 角 角

[小篆]《說文》：角，獸角也。象形。角與刀魚相似。凡角之屬皆从角。（四篇下）

粗壯之牛角形。

*局　gjewk

[甲骨]

[金文]

［小篆］《說文》：㑞，促也。从口
在尺下復局之。一曰博所以行棋。
象形。（二篇上）
象人駝背之狀？下為雙腳，駝背的
人上身看起來短，口或為不與尺字
混淆而加之填白。

*弄　lewng

［甲骨］

［金文］

［小篆］《說文》：弄，玩也。从廾
玉。（三篇上）
於礦穴中喜得玉璞而把玩之狀。

*囪　ts'rewng

［甲骨］

［金文］

［小篆］《說文》：囪，在牆曰牖，
在屋曰囪。象形。凡囪之屬皆从
囪。囱，古文。（十篇下）
窗形。先在屋頂，後發展到牆上。

蔥　ts'ewng

［甲骨］

［金文］

［小篆］《說文》：蔥，菜也。从
艸，悤聲。（一篇下）
蔥頭之形。

*尨　mrewng

［甲骨］

［金文］

［小篆］《說文》：尨，犬之多毛者。
从犬、彡。詩曰：無使尨也吠。（十
篇上）
犬的毛豐盛而長之狀。

*乳　njew

［甲骨］

［金文］

［小篆］《說文》：乳，人及鳥生子
曰乳，獸曰產。从孚、乞。乞者，
乞鳥。明堂月令：乞鳥至之日，祠
于高禖以請子，故乳从乞。請子必
以乞至之日者，乞春分來，秋分去，
開生之候鳥，帝少昊司分之官也。
（十二篇上）
一婦女給懷中的嬰兒授乳狀。

*取　ts'ew

［甲骨］

［金文］

［小篆］《說文》：取，捕取也。从
又、耳。周禮：獲者取左耳。司馬
法曰：載獻聝。聝者，耳也。（三
篇下）
手取一耳之狀，取耳以為殺敵憑
信，輕便，如為大頭目就割頭。

*彔　lewk

[甲骨]（圖形）

[金文]（圖形）

[小篆]《說文》：彔，刻木彔彔也。象形。凡彔之屬皆从彔。（七篇上）

轆轤形，上為框架，中為水桶，下為水滴。

*丯　djew

[甲骨]

[金文]

[小篆]《說文》：丯，老人行才相逮。从老省、勹。象形。讀若樹。（八篇上）

老人扶杖行路，步緩而步距又小。此杖可能有多只腳，利於分散重力，今日有三或四只腳的輔助工具。

*具　gjew

[甲骨]（圖形）

[金文]（圖形）

[小篆]《說文》：具，共置也。从廾，貝省。古以貝為貨。（三篇上）

雙手捧鼎，預備炊具以煮食或行禮。陶鼎為新石器時代的主要炊具，家家戶戶所備有，一清早就得用它。

*豕　t'iewk

[甲骨]（圖形）

[金文]

[小篆]《說文》：豕，豕絆足行，豕豕也。从豕繫二足。（九篇下）

受閹割之雄豬，其性器已離身。

*東　tewng

[甲骨]（圖形）

[金文]（圖形）

[小篆]《說文》：東，動也。从木。官溥說：从日在木中。凡東之屬皆从東。（六篇上）

兩端都要縛緊的裝物袋囊形，借指方向。

重　diewng

[甲骨]

[金文]（圖形）

[小篆]《說文》：重，厚也。从壬，東聲。凡重之屬皆从重。（八篇上）

囊裝滿物，提舉甚重。

*後　gew

[甲骨]（圖形）

[金文]（圖形）

[小篆]《說文》：後，遲也。从彳、

幺、夊。幺、夊者，後也。，古文後。从辵。（二篇下）

犯人足受繩縛，不良於行，行路後於人。

*奏　tsew

［甲骨］

［金文］

［小篆］《說文》：，奏，進也。从𠦍、从廾、从屮。屮，上進之義。，古文。，亦古文。（十篇下）

雙手捧奏樂之器，或是指揮合奏。

*侯　gew

［甲骨］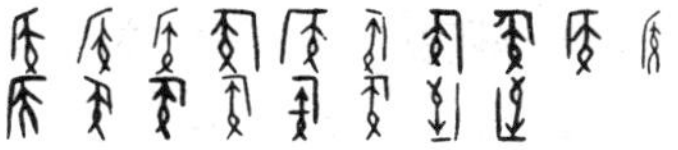

［金文］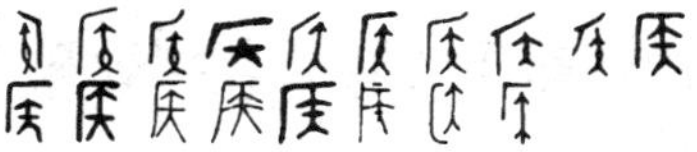

［小篆］《說文》：，春饗所射侯也。从人、从厂。象張布，矢在其下。天子射熊、虎、豹，服猛也。諸侯射熊、虎，大夫射麋。麋，惑也。士射鹿、豕，為田除害也。其祝曰：毋若不寧侯，不朝于王所，故伉而射汝也。，古文侯。（五篇下）

射箭的目標，箭已中的。

猴　gew

［甲骨］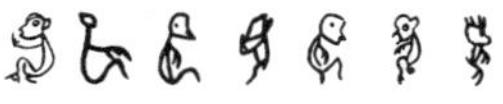

［金文］

［小篆］《說文》：，夒也。从犬，侯聲。（十篇上）

猴形。

*俞　riew

［甲骨］

［金文］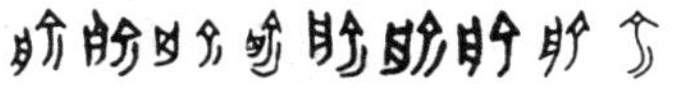

［小篆］《說文》：，空中木為舟也。从亼、从舟、从巜。巜，水也。（八篇下）

刺針及受膿血之盤，膿血宣洩後病可癒。

*玨　kewk

［甲骨］

［金文］

［小篆］《說文》：，二玉相合為一玨。凡玨之屬皆从玨。，玨或从㱿。（一篇上）

兩串玉垂掛之狀。

*禺　ngjew

［甲骨］

［金文］

［小篆］《說文》：，母猴屬。頭似鬼。从甶、从禸。（九篇上）

某種大頭的爬蟲形。

*敄　mjew

［甲骨］

［金文］

［小篆］《說文》：，彊也。从

攴，矛聲。（三篇下）

撲打某種東西狀，或是撲打麻桿以分離其表皮，其纖維可織布。

*屋　ʔewk

［甲骨］

［金文］

［小篆］《說文》：屋，居也。从尸。尸，所主也。一曰尸象屋形。从至。至，所止也。室屋皆从至。𡱂，籀文屋。从厂。𡱥，古文屋。（八篇上）

至大半表現圖騰一類的雕刻，經常見於大廳或屋前。

*壴　tiew

［甲骨］

［金文］

［小篆］《說文》：壴，陳樂立而上見也。从中、豆。凡壴之屬皆从壴。（五篇上）

鼓形。

尌（樹）　tjewk,djew

［甲骨］

［金文］

［小篆］《說文》：尌，立也。从壴、从寸。寸，持之也。讀若駐。（五篇上）

《說文》：樹，木生殖之總名也。从

木，尌聲。𣏵，籀文。（六篇上）

樹的甲骨文為从木或來(禾)的形聲字，則尌似是表現安置皿豆，預備飲食之事，非安置鼓樂。

*封　pjewng

［甲骨］

［金文］

［小篆］《說文》：封，爵諸侯之土也。从之、土、从寸。寸，守其制度也。公、侯，百里。伯，七十里。子、男，五十里。𡌻，籀文封。从丰、土。𡉅，古文。封省。（十三篇下）

手植樹以確定疆界所在。丰的衍生字。

*㫗(厚)　gew

［甲骨］

［金文］

［小篆］《說文》：㫗，厚也。从反亯。凡㫗之屬皆从㫗。（五篇下）

《說文》：厚，山陵之㫗也。从厂、从㫗。𠪀，古文厚。从后、土。（五篇下）

旁靠他物的容器形，裝燙熱量重的銅液，陶坩鍋的器壁要厚，且需上重下輕才易傾倒。它難獨立，陳立時要依靠他物。

*鬥 tew

[甲骨]

[金文]

[小篆]《說文》：鬥，兩士相對，兵杖在後，象鬥之形。凡鬥之屬皆從鬥。（三篇下）

兩人徒手打鬥狀。

*冓 kew

[甲骨]

[金文]

[小篆]《說文》：冓，交積材也。象對交之形。凡冓之屬皆從冓。（四篇下）

兩木構交接之意，端部要稍削尖才易捆縛。新石器時代的建築大致如此作。

*芻 dziew

[甲骨]

[金文]

[小篆]《說文》：芻，刈草也。象包束草之形。（一篇下）

一手摘拔兩把草之狀。

*辱（蓐） njewk

[甲骨]（ ）

[金文]

[小篆]《說文》：辱，恥也。從寸在辰下。失耕時，於封畺上戮之也。辰者，農之時也，故房星為辰，田候也。（十四篇下）

蓐析出。

《說文》：蓐，陳草復生也。從艸，辱聲。一曰蔟也。凡蓐之屬皆從蓐。蓐，籀文蓐從茻。（一篇下）

手持蚌製之工具除草，其草可以織席子。

*冡 mewng

[甲骨]

[金文]

[小篆]《說文》：冡，覆也。從冃、豕。（七篇下）

鳥被罩蓋於籠中，視界受阻。養鳥之法。

*送 sewng

[甲骨]

[金文]

[小篆]《說文》：送，遣也。從辵，倴省。送，籀文不省。（二篇下）

雙手持火把於行道，以示送客之意。

*哭 k'ewk

[甲骨]

[金文]

[小篆]《說文》：哭，哀聲也。從

吅、从獄省聲。凡哭之屬皆从哭。
（二篇上）

一人散髮痛哭，聲響好像多張嘴巴
齊哭之狀。

*茸　njewng

[甲骨]

[金文]

[小篆]《說文》：茸，艸茸茸貌。
从艸，耳聲。（一篇下）

耳上細毛，一若地上之草。

*容　vriewng

[甲骨]

[金文] 𢎤

[小篆]《說文》：容，盛也。从
宀，谷聲。容，古文容。从公。
（七篇下）

宀加公聲，或大屋內有花園山石水
流，非一般的家居？　西周早期的宮
殿已見如此佈置。

*邕　ʔjewng

[甲骨]

[金文] �

[小篆]《說文》：邕，邑四方有
水，自邕成池者是也。从川、邑。
讀若雝。邕，籀文邕如此。（十一
篇下）

水包圍中之城邑，為有濠溝防護之
大城。

雝（雍）　ʔjewng

[甲骨]

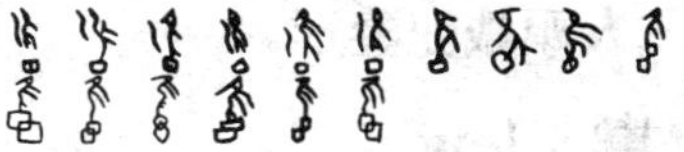

[金文]

[小篆]《說文》：雝，雝渠也。从
隹，邕聲。（四篇上）

養有鳥、有水池的宮苑。

饔　ʔjewng

[甲骨]

[金文]

[小篆]《說文》：饔，孰食也。从
食，雝聲。（五篇下）

雙手捧著高堆於豆的食物，以熟食
獻祭神靈。

*冢　tiewng

[甲骨]

[金文]

[小篆]《說文》：冢，高墳也。从
勹，豕聲。（九篇上）

廢棄之豬骨高堆若墳頭，或由人們
習慣於墓中隨葬豬取意。

*兜　tew

[甲骨]

[金文]

[小篆]《說文》：兜，兜鍪，首鎧
也。从兒、从皃省。皃，象人頭形

也。（八篇下）

一人頭戴兜鍪形。

*婁　lew

［甲骨］

［金文］� 𦈟

［小篆］《說文》：𡢔，空也。從毋、
從中、女。婁空之意也。一曰婁務，
愚也。𡢜，籀文婁。從人、中、女，臼
聲。𢋓，古文婁如此。（十二篇下）

一婦女雙手扶住頭頂之東西狀。空
罐子重量輕，較不易平衡，故用雙
手扶住？

樓　lew

［甲骨］（𥴯 𥴯）

［金文］（𥴯 𥴯 𥴯 𥴯 𥴯 𥴯 𥴯）

［小篆］《說文》：樓，重屋也。從
木，婁聲。（六篇上）

在干欄式上所建的二層樓房。可能
假借為數，《大克鼎》《師兌簋》等
“今余唯䮲䜌乃令”意為重數，重
述。

*錔　dew

［甲骨］𤽝 𤽝 𤽝 𤽝 𤽝

［金文］

［小篆］《說文》：錔，酒器也。從
金。錔，象器形。錔，錔或省金。
（十四篇上）

酒尊一類的器形。

*屚　lew

［甲骨］

［金文］

［小篆］《說文》：屚，屋穿水入
也。從雨在尸下。尸者，屋也。
（十一篇下）

雨自屋頂漏下之意。

*寇　k'ew

［甲骨］𠣸𠣸 𠣸𠣸 𠣸𠣸

［金文］𡨚 𡨚 𡨚 𡨚 𡨚 𡨚 𡨚 𡨚

［小篆］《說文》：寇，暴也。從
攴、完。（三篇下）

強寇手持利器破壞屋中之物。

*晝　tiew

［甲骨］𦘔 𦘔

［金文］𦘚

［小篆］《說文》：晝，日之出入，
與夜為介。從畫省、從日。𦘚，籀
文晝。（三篇下）

見太陽，手持筆寫字的白天時候。

*鹿　lewk

［甲骨］𢉖𢉖𢉖𢉖 𢉖𢉖𢉖𢉖𢉖 𢉖𢉖𢉖𢉖

［金文］𢉖 𢉖 𢉖 𢉖

［小篆］《說文》：鹿，鹿，獸也。
象頭角、四足之形。鳥、鹿足相比，

从比。凡鹿之屬皆从鹿。（十篇上）

有歧角的鹿形。

*族　dzewk

[甲骨]（字形）

[金文]（字形）

[小篆]《說文》：㫃，矢鏠也。束之族，族也。从㫃、从矢。㫃，所以標眾，眾矢之所集。（七篇上）

矢為戰爭武器，表示同隸一旗幟下的血族戰鬥單位。

*舂　st'jewng

[甲骨]（字形）

[金文]（字形）

[小篆]《說文》：舂，擣粟也。从廾持杵以臨臼上。午，杵省也。古者雝父初作舂。（七篇上）

雙手持杵舂糧於臼中之狀。

*區　k'jew

[甲骨]（字形）

[金文]（字形）

[小篆]《說文》：區，踦區，臧隱也。从品在匸中。品，眾也。（十二篇下）

象品物收藏於庫房內，區分明白。

驅(敺)　k'jew

[甲骨]（字形）

[金文]（字形）

[小篆]《說文》：驅，驅馬也。从馬，區聲。敺，古文驅。从攴。（十篇上）

以杖驅趕動物之狀。

*須　sjew

[甲骨]（字形）

[金文]（字形）

[小篆]《說文》：須，頤下毛也。从頁、从彡。凡須之屬皆从須。（九篇上）

人下頷之長鬚形。

*粟　sjewk

[甲骨]（字形）

[金文]

[小篆]《說文》：粟，嘉穀實也。从卤、从米。孔子曰：粟之為言續也。㮺，籀文粟。（七篇上）

禾及其打下之顆粒形。

*糞　bewk

[甲骨]（字形）

[金文]（字形）

[小篆]《說文》：糞，潰糞也。从丮、从廾，廾亦聲。凡糞之屬皆从

僕。（三篇上）

《說文》：僕，給事者。从人、菐。菐亦聲。𢷶，古文从臣。（三篇上）

自僕字析出，罪犯從事倒垃圾一類的賤役。

璞　p'rewk

[甲骨] 𤰗 𤰗 𤰗 𤰗

[金文]

[小篆]

《說文》失收。

於山岩洞窟內，雙手持鑿剖取玉璞，放置於籃中之狀。

*竦　sjewng

[甲骨]

[金文]

[小篆]《說文》：竦，敬也。从立、从束。束，自申束也。（十篇下）

筆直站立，一點也不動，有如袋子安放在地上的樣子。

*羼　tjew

[甲骨]

[金文]

[小篆]《說文》：羼，馬後左足白也。从馬。二其足。讀若注。（十篇上）

馬腳被捆縛，不讓隨意行動。防止動情時的騷動？

*蜀　djewk

[甲骨] 𧉚 𧉚 𧉚 𧉚 𧉚 𧉚 𧉚 𧉚 𧉚

[金文] 𧉚

[小篆]《說文》：蜀，葵中蠶也。从虫。上目象蜀頭形。中象其身蜎蜎。詩曰：蜎蜎者蜀。（十三篇上）

某種大頭卷曲的蟲形，大概是蜀地的特產。

*獄　ngjewk

[甲骨]

[金文] 𤟟

[小篆]《說文》：獄，确也。从狀、从言。二犬所以守也。（十篇上）

兩犬相吠好像訴訟的兩造爭論不停。

嶽（岳）　ngrewk

[甲骨] 𡶴 𡶴 𡶴 𡶴 𡶴 𡶴 𡶴 𡶴 𡶴 𡶴 𡶴 𡶴 𡶴 𡶴 𡶴 𡶴 𡶴 𡶴 𡶴

[金文]

[小篆]《說文》：嶽，東岱，南霍，西華，北恆，中大室，王者之所以巡狩所至。从山，獄聲。岳，古文。象高形。（九篇下）

象多層峰巒之山脈。

*罷　sjew

[甲骨]

[金文]

[小篆]《說文》：需，頾也。遇雨不進，止須也。从雨、而。易曰：雲上于天需。（十一篇下）

濡字源，連鬍鬚也被雨淋濕。

*亯　riewng

[甲骨]

[金文]

[小篆]《說文》：亯，用也。从亯、从自。自，知臭。香所食也。讀若庸同。（五篇下）

高基址之建築為祭神所在，自為鼻子形，表達神以鼻嗅聞祭祀的食物。也有可能來自墉、郭字的訛變。

*賣　riewk

[甲骨]

[金文]

[小篆]《說文》：賣，衙也。从貝，𡔈聲。𡔈，古文睦。讀若育。（六篇下）

以省貝會意，貝為古代通貨，檢驗貝的好壞以確定其價值？

續(賡)　rjewk

[甲骨]

[金文]

[小篆]《說文》：續，連也。从糸，賣聲。𧶠，古文續，从庚、貝。

（十三篇上）

庚為鈴或手鼓一類的器物，不知庚貝何以有繼續之意。

*龍　liewng

[甲骨]

[金文]

[小篆]《說文》：龍，鱗蟲之長。能幽能明，能細能巨，能短能長。春分而登天，秋分而潛淵。从肉。𦬃，肉飛之形。童省聲。凡龍之屬皆从龍。（十一篇下）

象形，大致是揚子鱷，銅銘有獲龍，《左傳》也有龍見于淵的記載。最早形象見於六千多年前河南濮陽西水坡墓葬的貝龍圖案。

*雙　srewng

[甲骨]

[金文]

[小篆]《說文》：雙，隹二枚也。从雔，又持之。（四篇上）

一手捉住一對鳥。

*叢　dzewng

[甲骨]

[金文]

[小篆]《說文》：叢，聚也。从丵，取聲。（三篇上）

手取耳將掛於架上之狀。叢集勝戰

割下的敵人耳朵，以為展示之用。

七、歌 -a

*丂(柯) k'a

[甲骨]

[金文]

[小篆]《說文》：，反丂也。讀若呵。（五篇上）

《說文》：，肯也。从口、丂，丂亦聲。凡可之屬皆从可。（五篇上）

柯字源，利用自然的木柯以挖掘坑陷。口為填空。

何 ga

[甲骨] 

[金文] 

[小篆]《說文》：，儋也。一曰誰也。从人，可聲。（八篇上）

一人以肩擔荷東西狀。

*匕(化) xrwa

[甲骨] 

[金文] 

[小篆]《說文》：，變也。从到人。凡匕之屬皆从匕。（八篇上）

《說文》：，教行也。从匕、人，匕亦聲。（八篇上）

匕自化字析出，化人為魔術師，人一正一倒，雜技的倒立、正立等技巧變化的表演。

*ナ tsa

[甲骨] 

[金文] 

[小篆]《說文》：，左手也。象形。凡ナ之屬皆从ナ。（三篇下）

左手形。

陊(墮) dwa

[甲骨] 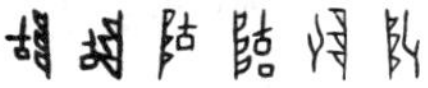

[金文]

[小篆]《說文》：，敗城𨸏曰陊。从𨸏，差聲。，篆文。（十四篇下）

可能楷梯腐壞，人自上倒栽墜下。

*叉 ts'ra

[甲骨]

[金文]

[小篆]《說文》：，手指相錯也。从又、一。象叉之形。（三篇下）

以短橫劃表示兩指間之處。

*𡕒 k'rwa

[甲骨]

[金文]

[小篆]《說文》：，跨步也。从反夂。䯞从此。（五篇下）

自舞、舛等字析出？

*箇(个)　ka

[甲骨]

[金文]

[小篆]《說文》：箇，竹枚也。从竹，固聲。巾，箇或作个，半竹也。（五篇上）

一枝竹葉形。

*戈　kwa

[甲骨]

[金文]

[小篆]《說文》：戈，平頭戟也。从弋，一衡之。象形。凡戈之屬皆从戈。（十二篇下）

有柄之戈形，實戰的武器。

*厄　ngwa

[甲骨]

[金文]

[小篆]《說文》：厄，科厄，木節也。从卩，厂聲。賈侍中說以為厄，裹也。一曰：厄，蓋也。（九篇上）

人被壓抑於低矮之處，不能伸身，處於厄運。

*瓦　ngwa

[甲骨]

[金文]

[小篆]《說文》：瓦，土器已燒之總名。象形也。凡瓦之屬皆从瓦。（十二篇下）

兩瓦相互交疊之形。西周早期遺址始見出土陶瓦。

*它　t'a

[甲骨]

[金文]

[小篆]《說文》：它，虫也。从虫而長，象冤曲埀尾形。上古艸居患它，故相問無它乎。凡它之屬皆从它。蛇，它或从虫。（十三篇下）

腳趾常被蛇咬，以之表現該種爬蟲。

*禾　gwa

[甲骨]

[金文]

[小篆]《說文》：禾，嘉穀也。以二月始生，八月而孰，得之中和，故謂之禾。禾，木也。木王而生，金王而死。从木。象其穗。凡禾之屬皆从禾。（七篇上）

禾全株之形。

*加　kra

[甲骨]

[金文]

[小篆]《說文》：加，語相譄加也。从力、从口。（十三篇下）

嘉字簡省，或以耒為挖掘坑陷的好
工具表意。

*皮　biwa

[甲骨]

[金文]（篆形）

[小篆]《說文》：（篆形），剝取獸革者謂
之皮。从又，為省聲。凡皮之屬皆从
皮。（篆形），古文皮。（篆形），籀文皮。（三
篇下）

手拿皮製之盾牌，表明製作的材
料。

*多　ta

[甲骨]（篆形）

[金文]（篆形）

[小篆]《說文》：（篆形），緟也。从緟
夕。夕者，相繹也，故為多。緟夕
為多，緟日為疊。凡多之屬皆从
多。（篆形），古文並夕。（七篇上）

肉多塊重疊狀。

*朵　twa

[甲骨]

[金文]

[小篆]《說文》：（篆形），樹木垂朵朵
也。从木。象形。此與采同意。
（六篇上）

樹上結花朵狀。

*冎　krwa

[甲骨]（篆形）

[金文]

[小篆]《說文》：（篆形），剔人肉，置
其骨也。象形。頭隆骨也。凡冎之
屬皆从冎。（四篇下）

牛肩胛骨形，或加燒灼之卜紋。用
以占問吉凶，故有災禍之義。

*危　ngiwa

[甲骨]

[金文]

[小篆]《說文》：（篆形），在高而懼
也。从厃。人在崖上，自卪止之。
凡危之屬皆从危。（九篇下）

一人立于高崖，而一人藏於崖下欲
加害，處境危險。

*攽　st'jia

[甲骨]（篆形）

[金文]

[小篆]《說文》：（篆形），敷也。从
攴，也聲。讀與施同。（三篇下）

手持杖打蛇之狀。

*那　na

[甲骨]

[金文]

[小篆]《說文》：（篆形），西夷國。从

邑，冉聲。安定有朝那縣。（六篇下）

與冉聲不同部，可能國名保存較古之音讀？

*坐　dzwa

［甲骨］

［金文］

［小篆］說文：𡎐，止也。從留省、從土。土，所止也。此與留同意。𡎍，古文𡎐。（十三篇下）

兩人據一物相對坐形，字形有所訛變。

*我　nga

［甲骨］

［金文］

［小篆］《說文》：𢦒，施身自謂也。或說我，頃頓也。從戈、手。手，古文垂也。一曰古文殺字。凡我之屬皆從我。𡙸，古文我。（十二篇下）

刃部呈鋸齒狀之武器，儀仗用，非實用兵器。

*沙　sra

［甲骨］

［金文］

［小篆］《說文》：沙，水散石也。從水、少。水少沙見。楚東有沙水。𣲻，譚長說：沙或從尐。（十一篇上）

象水邊之小砂形。

*吹　t'jiwa

［甲骨］

［金文］

［小篆］《說文》：吹，嘘也。從口欠。（二篇上）

《說文》：吹，出氣也。從欠從口。（八篇下）

一人張口吹奏塤一類的樂器。

*妥　t'wa

［甲骨］

［金文］

［小篆］《說文》：妥，安也。從爪、女。妥與安同意。（十二篇下）

手捉住一女俘。女體弱，少抵抗力，不用再加繩索，以手捉住即妥當。

*果　kwa

［甲骨］

［金文］

［小篆］《說文》：果，木實也。從木。象果形在木之上。（六篇上）

樹上結果狀。

*臥　ngwa

［甲骨］

［金文］

[小篆]《說文》：臥，伏也。从
人、臣。取其伏也。凡臥之屬皆从
臥。（八篇上）

人臥而頭歪在一邊熟睡狀。

*奇　kia

[甲骨] 　　　

[金文]

[小篆]《說文》：奇，異也。一曰
不耦。从大、从可。（五篇上）

人騎於動物背上之狀，一人只能騎
一隻，故有單數義。

*娿（嘉）　kra

[甲骨]

[金文]

[小篆]《說文》：娿，女師也。从
女，加聲。杜林說：加教於女也。
讀若阿。（十二篇下）

《說文》：嘉，美也。从壴，加聲。
（五篇上）

一婦人與一耒會意，育有兒子能使
用耒耜耕田，是令人嘉美之事。金
文加鼓形，可能表達喜慶之樂。

*宜　ngia

[甲骨]

[金文]

[小篆]《說文》：宜，所安也。从
宀之下，一之上，多省聲。　，古
文宜。　，亦古文宜。（七篇下）

肉在俎上安放之狀。同俎字。

*科　k'wa

[甲骨]

[金文]

[小篆]《說文》：科，程也。从
禾、斗。斗者，量也。（七篇上）

以斗量米穀的輕重或多少以區分等
級。

*差　ts'ra

[甲骨]

[金文]

[小篆]《說文》：差，貳也。左不
相值也。从左、來。　，籀文差，
从二。（五篇上）

用手採摘麥穗或拔禾秆，效率大差
於使用收割工具。

*糸　djiwa

[甲骨]

[金文]

[小篆]《說文》：糸，艸木華葉
糸。象形。凡糸之屬皆从糸。　，
古文。（六篇下）

樹枝、花果下垂之狀。

*負　swa

[甲骨]

[金文]

[小篆]《說文》：負，貝聲也。从
小貝。（六篇下）
？

*离　t'ia

[甲骨]

[金文]

[小篆]《說文》：离，山神也。獸
形。从禽頭、从厹、从中。歐陽喬
說：离，猛獸也。（十四篇下）
某種蟲或獸之形。

離　lia

[甲骨]

[金文]

[小篆]《說文》：離，離黃，倉庚
也。鳴則蠶生。从隹，离聲。（四
篇上）
鳥被困于長柄捕鳥網中狀。

*麻　mrwa

[甲骨]

[金文]

[小篆]《說文》：麻，枲也。从
林、从广。广，人所治也，在屋下。
凡麻之屬皆从麻。（七篇下）
屋中表皮已分析的麻，在屋中燒煮
麻皮以分析纖維，與其他植物在屋

外處理者不同。

*惢　swa

[甲骨]

[金文]

[小篆]《說文》：惢，心疑也。从
三心。凡惢之屬皆从惢。讀若易：
旅瑣瑣。（十篇下）
花盛開，衆花朵聚集在一起之狀。
也有可能表示疑心多。

*為　viwa

[甲骨]

[金文]

[小篆]《說文》：為，母猴也。其
為禽好爪。下腹為母猴形。王育
曰：爪，象形也。為，古文為，象兩
母猴相對形。（三篇下）
手牽象之長鼻，服勞役，有所作為。

*義　ngia

[甲骨]

[金文]

[小篆]《說文》：義，己之威義
也。从我、从羊。（十二篇下）
儀仗兵器，非實用，柄上有裝飾。

*瑞　djiwa

[甲骨]

［金文］

［小篆］《說文》：瑞，以玉為信也。从玉，耑聲。（一篇上）

非耑聲，創意不知。或有可能字形已起變化，原作鋸和玉，與琢磨玉器之事有關？

*蠃　lwa

［甲骨］

［金文］（𧖲 𧖲）

［小篆］《說文》：蠃，或曰獸名。象形，闕。（四篇下）

多足蟲形，身上無長毛、硬甲一類的皮膚。

*罷　biwa

［甲骨］

［金文］

［小篆］《說文》：罷，遣有辠也。从网、能。网，辠网也。言有賢能而入網，即貰遣之。周禮曰：議能之辟是也。（七篇下）

以網捕熊，使疲憊而後捕捉之。

*戲　xia

［甲骨］

［金文］𢧐 𢧐 𢧐 𢧐 𢧐

［小篆］《說文》：戲，三軍之偏也。一曰兵也。从戈，虚聲。（十二篇下）

扮演搏鬥高踞於石或山上老虎的遊戲。

*虧　k'iwa

［甲骨］

［金文］

［小篆］《說文》：虧，气損也。从于，虖聲。𩅿，虧或从兮。（五篇上）

不知。于為稱物之天平形，或表示以虎易鳥為吃虧之事？

*羅　la

［甲骨］𦉥 𦉥 𦉥

［金文］

［小篆］《說文》：羅，以絲罟鳥也。从网、从維。古者芒氏初作羅。（七篇下）

可能是離的分化字，捕鳥之網，糸表示材料。

*羈　kia

［甲骨］𦌊 𦌊 𦌊 𦌊 𦌊 𦌊 𦌊 𦌊

［金文］

［小篆］《說文》：羈，馬落頭也。从网、罪。罪，絆也。𩍃，罪或从革。（七篇下）

以絡籠住麆角作特別的記號，供驛站之麆。

八、祭月元　-ar,-at,-an

*乙　ʔrat

[甲骨]

[金文]

[小篆]《說文》：乚，燕燕，乞鳥也。齊魯謂之乞，取其鳴自謼。象形也。凡乞之屬皆從乞。鳦，乞或從鳥。（十二篇上）

燕飛翔於天空之狀。

*丿　riar

[甲骨]

[金文]

[小篆]《說文》：丿，又戾也。象左引之形。凡丿之屬皆從丿。（十二篇下）

析出之字。

*く　kewan

[甲骨]

[金文]

[小篆] 說文：く，水小流也。周禮：匠人為溝洫，枱廣五寸，二枱為耦。一耦之伐，廣尺、深尺謂之く。倍く謂之遂，倍遂曰溝，倍溝曰洫，倍洫曰巜。凡く之屬皆從く。𤰡，古文く。從田、川。𤰔，篆文く。從田，犬聲。六畎為一畮。（十一篇下）

細流之水。

*亅（戉）　vjwat

[甲骨]（𢓲 𢓓 𢓔 𢓕）

[金文]（亅）

[小篆]《說文》：亅，鉤識也。從反亅。讀若窶。（十二篇下）

《說文》：戉，大斧也。從戈，乚聲。司馬法曰：夏執元戉，殷執白戚，周左杖黃戉，又把白髦。凡戉之屬皆從戉。（十二篇下）

大致自戉字析出。

寬弧刃之大鉞形，主要用於刑罰，為權威的象徵。

*巜　kwar

[甲骨]

[金文]

[小篆]《說文》：巜，水流澮澮也。方百里為巜。廣二尋，深二仞。凡巜之屬皆從巜。（十一篇下）

稍寬大之水溝。

*乂（刈）　ngjar

[甲骨]𣏂𣏂𣏂𣏂𣏂乂乂乂

[金文]

[小篆]《說文》：乂，芟艸也。從丿、乀相交。𠛭，乂或從刀。（十二篇下）

以器物摘取水果形。

*厂 xan

[甲骨] ㇆ ㇉ ㇉ ㇆ ㇆ ㇉ ㇉

[金文] 厂 庈 庈 庈 庈 庈

[小篆]《說文》：厂，山石之崖巖，人可居。象形。凡厂之屬皆從厂。斥，籀文从干。（九篇下）

原為石塊形，崖岸多石質，使用以為崖岸。

*大 dar

[甲骨] 大 大 大 大 大 大 大 大

[金文] 大 大 大 大 大 大 大 大

[小篆]《說文》：大，天大，地大，人亦大焉。象人形。古文从穴也。凡大之屬皆從大。（十篇下）

《說文》：大，籀文大。改古文，亦象人形。凡大之屬皆從大。（十篇下）

成人的身軀大於小兒，用以表示大小的概念。

*孑 kiat

[甲骨]（孑 孑 孑）

[金文]（孑 孑 孑）

[小篆]《說文》：孑，無又臂也。从了、乚。象形。（十四篇下）

缺右臂之象。

*孓 kjwat

[甲骨]（孓 孓 孓）

[金文]（孓 孓 孓）

[小篆]《說文》：孓，無左臂也。从了、亅。象形。（十四篇下）

缺左臂之象。

*干 kan

[甲骨] 干 單 單 單 單

[金文] 干 干 干 干

[小篆]《說文》：干，犯也。从一、从反入。凡干之屬皆從干。（三篇上）

兼有攻擊及保衛之盾形，尖刺在上。

戋 kan

[甲骨] 戋 戋 戋 戋 戋

[金文]

[小篆]《說文》：戋，盾也。从戈，旱聲。（十二篇下）

盾之兼有戈者，防衛兼攻擊之武器，戈刺在前。

*屮 t'iat

[甲骨] 屮 屮 屮 屮 屮

[金文] 屮 屮

[小篆]《說文》：屮，草木初生也。象丨出形有枝莖也。古文或以為艸字。讀若徹。凡屮之屬皆從屮。尹彤說。（一篇下）

一株青草之形。

*山　srian

[甲骨]

[金文]

[小篆]《說文》：山，宣也。謂能宣散氣生萬物也。有石而高。象形。凡山之屬皆从山。（九篇下）

象有數峰之山形。

*彑　kiar

[甲骨]

[金文]

[小篆]《說文》：彑，豕之頭。象其銳而上見也。凡彑之屬皆从彑。讀若罽。（九篇下）

豬頭之形，祭祀時常以之代表全體。

*宀　mjiwan

[甲骨]

[金文]

[小篆]《說文》：宀，交覆深屋也。象形。凡宀之屬皆从宀。（七篇下）

屋形。

*丸　gwan

[甲骨]

[金文]

[小篆]《說文》：丸，圜也。傾側而轉者。从反仄。凡丸之屬皆从丸。（九篇下）

《說文》：彈，行丸也。从弓，單聲。或說彈从弓持丸如此。（十二篇下）

大致自彈之象形字訛變，丸為弓所射出之物。

*夬　krwar

[甲骨]

[金文]

[小篆]《說文》：夬，分決也。从又、丰。象決形。（三篇下）

拇指戴著射箭之套指形。

*丰　kriar

[甲骨]（丯）

[金文]（丯）

[小篆]《說文》：丰，艸蔡也。象艸生之散亂也。凡丰之屬皆从丰。讀若介。（四篇下）

刻識的記號，㓞字析出。

《說文》：㓞，巧也。从刀，丰聲。凡㓞之屬皆从㓞。（四篇下）

刀及刻識的記號，各持契約之半，日後以為憑證。

栔　k'ear, k'eat, sjiat

[甲骨]

[金文]

[小篆]《說文》：栔，刻也。从㓞、木。（四篇下）

以刀在木上刻識記號，合約兩方各
持一半，以為日後驗證的憑證。

害　gar

［甲骨］

［金文］（金文字形）

［小篆］《說文》：𡧳，傷也。從
宀、口。言從家起也。丯聲。（七
篇下）

與鑄金之模型有關，割字以之造
形，範與模沒套好以致鑄件走樣，
或模範已被刀剔壞，故其中一形的
中線已斷？

割　kat

［甲骨］

［金文］（金文字形）

［小篆］《說文》：𠠷，剝也。從
刀，害聲。（四篇下）

魏三體石經古文不從害聲，字形與
釗相似，作以刀剝剔澆鑄後的型以
便取出鑄件之狀。

＊市　p'wat

［甲骨］

［金文］（金文字形）

［小篆］《說文》：市，韠也。上古
衣蔽前而已，市以象之。天子朱
市，諸侯赤市，卿大夫蔥衡。從巾。
象連帶之形。凡市之屬皆從市。
韍，篆文市。從韋、從犮。俗作

紱。（七篇下）

蔽膝掛於帶上之形。

＊曰　vjwat

［甲骨］（甲骨字形）

［金文］（金文字形）

［小篆］《說文》：𠙵，詞也。從
口、乚。象口气出也。凡曰之屬皆
從曰。（五篇上）

短劃表示言語自口說出。

＊月　ngjwat

［甲骨］（甲骨字形）

［金文］（金文字形）

［小篆］《說文》：𝌆，闕也。太会
之精。象形。凡月之屬皆從月。
（七篇上）

象常缺之月形。

刖（跀）　ngjwat

［甲骨］（甲骨字形）

［金文］

［小篆］《說文》：𠛱，斷足也。從
足，月聲。跀，刖或從兀。（二篇
下）

尢兀皆跛腳形象，以跛者之足會
意。

*𣎵　p'wat

［甲骨］

［金文］

［小篆］《說文》：，分枲莖皮也。从屮。八象枲皮。凡𣎵之屬皆从𣎵。讀若髕。（七篇下）

孛字析出？芽冒出而外殼分離之狀。

*丹　tan

［甲骨］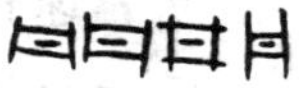

［金文］

［小篆］《說文》：，巴越之赤石也。象采丹井。丶象丹形。凡丹之屬皆从丹。，古文丹。，亦古文丹。（五篇下）

丹礦井口之形。

*卝(關)　kwan

［甲骨］

［金文］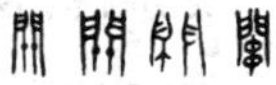

［小篆］《說文》：，古文卵。（十三篇下）

《說文》：，織以絲貫杼也。从絲省，卝聲。卝，古文卵字。（十三篇上）

《說文》：，以木橫持門戶也。从門，𢇁聲。（十二篇上）

卝、𢇁皆關字析出，門已上栓而關閉之狀。

*反　pjwan

［甲骨］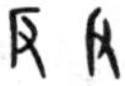

［金文］

［小篆］《說文》：，覆也。从又、厂。，古文。（三篇下）

可能以手攀援，借為正反。或以手翻轉毛皮一類的材料以製造器物。

*元　ngiwan

［甲骨］

［金文］

［小篆］《說文》：，始也。从一，兀聲。（一篇上）

特出人之頭部，身高從頭量起。

*幻　griwan

［甲骨］

［金文］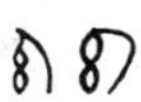

［小篆］《說文》：，相詐惑也。从反予。周書曰：無或譸張為幻。（四篇下）

？

*犬　k'ewan

［甲骨］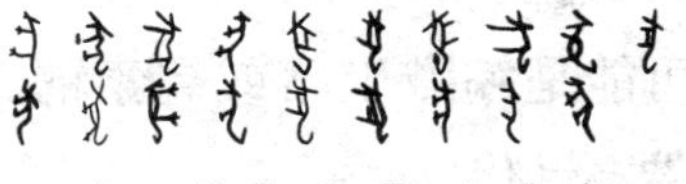

［金文］（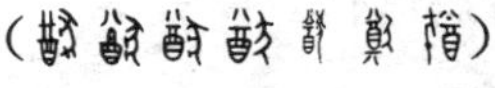）

［小篆］《說文》：，狗之有縣蹏者也。象形。孔子曰：視犬之字如

畫狗也。凡犬之屬皆从犬。（十篇上）

象犬之形。

*片　p'ewan

[甲骨]

[金文]

[小篆]《說文》：片，判木也。从半木。凡片之屬皆从片。（七篇上）

析木成片。

*介　kriar

[甲骨]

[金文]

[小篆]《說文》：介，畫也。从人、从八。（二篇上）

一人穿著小片綴甲之甲盔，或表示身上有很多小疥疤？

*世　st'jiar

[甲骨]

[金文]

[小篆]《說文》：世，三十年為一世。从卅而曳長之，亦取其聲。（三篇上）

可能是編織坐席或繩索的工具形，借為世代。

*匃　kar

[甲骨]

[金文]

[小篆]《說文》：匃，气也。亡人為匃，逯安說。（十二篇下）

从刀，不从人，不詳。或以失刀是種經濟損失表意。

*外　ngwar

[甲骨]

[金文]

[小篆]《說文》：外，遠也。卜尚平旦，今若夕，卜於事外矣。夗，古文。（七篇上）

借自占卜術語，橫兆向上為外，向下為內。

*歺　ngat

[甲骨]

[金文]

[小篆]《說文》：歺，列骨之殘也。从半冎。凡歺之屬皆从歺。讀若櫱岸之櫱。𣦵，古文歺。（四篇下）

肉已腐掉之人的殘骨狀，喪葬儀式。

*癶（撥）　pwat

[甲骨]

[金文]

[小篆]《說文》：癶，足剌，癶

也。从止、㞢。凡癶之屬皆从癶。讀若撥。（二篇上）

《說文》：，以足蹋夷艸。从癶、从殳。春秋傳曰：發夷蘊崇之。（二篇上）

《說文》：，治也。从手，發聲。（十二篇上）

撥字原，手持杖以撥腳，阻礙他人的行步。

*屳 sjian

［甲骨］

［金文］

［小篆］《說文》：，人在山上皃。从人、山。（八篇上）

人在山上見意。

*犮 bwat

［甲骨］

［金文］

［小篆］《說文》：，犬走皃。从犬而丿之。曳其足則剌，犮也。（十篇上）

犬跛腳，走動搖晃不穩狀。

髮 pjwat

［甲骨］

［金文］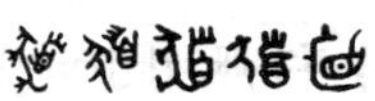

［小篆］《說文》：，頭上毛也。从髟，犮聲。，髮或从首。，古文。（九篇上）

頭髮比其他部位之毛長，好像狗有長毛。

瞂 bjwat

［甲骨］

［金文］

［小篆］《說文》：，盾也。从盾，犮聲。（四篇上）

（人持戈與盾，正規的戰鬥裝備。犮可能是字形的訛變，非聲符）

*末 mwat

［甲骨］

［金文］

［小篆］《說文》：，木上曰末。从木、从上。（六篇上）

以短畫指出樹梢的部位。

*旦 tan

［甲骨］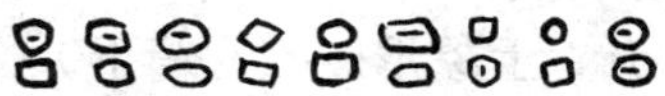

［金文］

［小篆］《說文》：，明也。从日見一上。一，地也。凡旦之屬皆从旦。（七篇上）

太陽剛升上海面，與倒影甚近的時候。同昌字。

*半 pwan

［甲骨］

［金文］

［小篆］《說文》：，物中分也。

从八、牛。牛為物大，可以分也。
凡半之屬皆从半。（二篇上）
中分牛體的意思。

*毌　kwan

［甲骨］

［金文］

［小篆］《說文》：毌，穿物持之也。
从一橫囗。囗象寶貨之形。凡毌之
屬皆从毌。讀若冠。（七篇上）
以棍貫穿某物體之狀，便於搬運。

*弁　biwan

［甲骨］𠬞 𠬞

［金文］𠬞 𠬞 𠬞 𠬞 𠬞 𠬞 𠬞

［小篆］《說文》：弁，冕也。周曰
弁，殷曰吁，夏曰收。从皃、八。
象形。𠈌，或弁字。𠈌，籀文弁。
从廾，上象形。（八篇下）
象人戴弁形，小篆或作雙手捧弁之
狀。

*㲋　nian

［甲骨］𡰪

［金文］

［小篆］《說文》：㲋，柔皮也。从
尸、又。又，申尸之後也。（八篇
上）
或與𡰪為一字的分化，以手揉皮使
軟之動作。柔大致表達在木上揉皮

使柔軟狀。其他還有用齒咬、撐
拉、泡酸等方法。製作帽子要用軟
皮。

*㕣（沿、袞）　riwan

［甲骨］

［金文］（𡿧 𡿧 𡿧 𡿧）

［小篆］《說文》：㕣，山間陷泥
地。从口，从水敗貌。讀若沇州之
沇。九州之渥地也，故以沇名焉。
𡿧，古文㕣。（二篇上）
《說文》：沿，緣水而下也。从水，
㕣聲。春秋傳曰：王沿夏。（十一
篇上）
《說文》：袞，天子亯先王，卷龍繡
於下常，幅一龍，蟠阿上鄉。从衣，
㕣聲。（八篇上）
或自袞字析出，表現衣上有山水圖
案，貴人之服裝。或自沿字析出，
水沿石旁而流。

*夗（智）　ʔjwan，ʔwan

［甲骨］（𡆥 𡆥 𡆥 𡆥）

［金文］

［小篆］《說文》：夗，轉臥也。从
夕、卩。臥有卩也。（七篇上）
《說文》：智，目無明也。从目，夗
聲。讀若委。（四篇上）
智字析出，挖眼之刑，受刑後獨眼
的視覺較差。

*伐　bjwat

[甲骨]（甲骨字形）

[金文]（金文字形）

[小篆]《說文》：（篆字），擊也。從人持戈。一曰敗也。亦斫也。（八篇上）

以戈砍人之頭狀，處刑之法。

*乒　kjwat

[甲骨]（甲骨字形）

[金文]（金文字形）

[小篆]《說文》：乒，木本也。從氏、丁。本大於末也。讀若厥。（十二篇下）

或是尺字原形，張開手指量物之狀。

*昏　kwat

[甲骨]

[金文]（金文字形）

[小篆]《說文》：昏，塞口也。從口，乒省聲。昏，古文。從甘。（二篇上）

似與乒無關？

*歹　liat

[甲骨]

[金文]

[小篆]《說文》：（篆字），水流歺歺也。從川，列省聲。（十一篇下）

水流撞碰石頭一類阻礙物所發出之聲響。

*安　ʔan

[甲骨]（甲骨字形）

[金文]（金文字形）

[小篆]《說文》：（篆字），靜也。從女在宀中。（七篇下）

女安息於屋中，古代女性少參加社會活動，工作需要才外出。

*劣　liwat

[甲骨]

[金文]

[小篆]《說文》：（篆字），弱也。從力、少。（十三篇下）

力少會意。

*全　dzjiwan

[甲骨]

[金文]

[小篆]《說文》：全，完也。從入、從工。全，篆文仝。從王。純玉曰全。（篆字），古文仝。（五篇下）

與金字形近，可能表達模型已全套好，或已澆鑄而尚未用刀剖開的完好狀態。

*奻　nrwan

[甲骨]

[金文]

[小篆]《說文》：奻，訟也。从二女。（十二篇下）

婦女在一起易生爭端。

*亙　sjiwan

[甲骨]　（㐭㐭㐭）

[金文]（㐭㐭）

[小篆]《說文》：亙，求亙也。从二、从囘。囘，古文回。象亙回之形。上下所求物也。（十三篇下）

《說文》：宣，天子宣室也。从宀，亙聲。（七篇下）

宣字的部分，象回旋雕刻文之形。

*开(荆)　kean

[甲骨]

[金文]（㓝 㓝 㓝 㓝 㓝）

[小篆]《說文》：开，平也。象二干對冓，上平也。凡开之屬皆从开。（十四篇上）

《說文》：荆，楚木也。从艸，刑聲。㓝，古文荆。（一篇下）

小篆或自荆字析出，荆表示荆棘當道，以刀開路。後來多一井，也許表示開闢荆棘為村落，挖井安居之意。开為井所訛變，荆非形聲字，

故與开不同韻部。荆為國名，也許保存較古音讀。

*舌　zdjiat

[甲骨]

[金文]

[小篆]《說文》：舌，在口所以言也、別味者也。从干、口。干亦聲。凡舌之屬皆从舌。（三篇上）

舌形，舌有紋理，簡化後像是有分歧。

*辛　k'ian

[甲骨]

[金文]

[小篆]《說文》：辛，辠也。从干、二。二，古文上字。凡辛之屬皆从辛。讀若愆。張林說。（三篇上）

一端尖一端鈍的刺墨針形，刑罰器具。

言　ngjan

[甲骨]

[金文]

[小篆]《說文》：言，直言曰言，論難曰語。从口，辛聲。凡言之屬皆从言。（三篇上）

長管樂器形，用以宣告，引申為語言。

*吅(雚)　xjwan

［甲骨］（）

［金文］（）

［小篆］《說文》：，驚嘑也。从二口。凡吅之屬皆从吅。讀若讙。（二篇上）

《說文》：，雚爵也。从雈，吅聲。詩曰：雚鳴于垤。（四篇上）

或從雚字析出，鳥之眼大者，或叫聲嘈雜若多張嘴齊開口。

*㫃　ʔian

［甲骨］

［金文］

［小篆］《說文》：，旌旗之游，㫃蹇之貌。从屮曲而垂下，㫃相出入也。讀若偃。古人名㫃，字子游。凡㫃之屬皆从㫃。，古文㫃字。象旌旗之游及㫃之形。（七篇上）

有游之旗形。

串(患)　grwan

［甲骨］

［金文］

［小篆］《說文》：，憂也。从心上貫吅，吅亦聲。，古文从關省。，亦古文患。（十篇下）

《說文》失收串，象串連東西之狀，與吅聲無關。

*𢍏　giwan

［甲骨］

［金文］

［小篆］《說文》：，摶飯也。从廾，釆聲。釆，古文辨字。讀若書卷。（三篇上）

《說文》：，豆屬。从豆，𢍏聲。（五篇上）

以手摶牛糞成團，曬後可充燃料。或自𤼷析出，雙手捧盛飯食之豆以供祭祀。或為合書，後成一字。

豢　grwan

［甲骨］

［金文］

［小篆］《說文》：，以穀圈養豕也。从豕，𢍏聲。（九篇下）

雙手捧豬，飼養家畜。豬或懷有仔豬。

*吠　bjwar

［甲骨］

［金文］

［小篆］《說文》：，犬鳴。从口、犬。（二篇上）

犬開口叫吠之意。

*巿　mwan

［甲骨］

[金文]

[小篆]《說文》：，相當也。闕。讀若宀。（四篇上）

？

*寽 lwat

[甲骨]

[金文]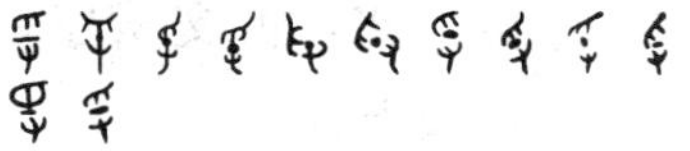

[小篆]《說文》：，五指寽也。从𠬪，一聲。讀若律。（四篇下）

兩手交接東西之狀，表現其使用於交易的時機。

*𣦼 dzan

[甲骨]

[金文]（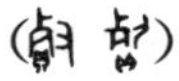）

[小篆]《說文》：，殘穿也。从又、歺。歺亦聲。凡𣦼之屬皆从𣦼。讀若殘。（四篇下）

喪俗，一手收拾野獸吃剩之殘骨，或撿拾肉已腐化之殘骨，以便再次埋葬。

商、周時代常以貝隨葬，或以為具有宗教意義。

*卵 lwan

[甲骨]

[金文]

[小篆]《說文》：，凡物無乳者，卵生。象形。凡卵之屬皆从卵。，古文卵。（十三篇下）

並排魚卵形。

*折 tjiat

[甲骨]

[金文]

[小篆]說文：，斷也。从斤、斷艸。譚長說。，籀文折。从艸在仌中。仌寒故折。，篆文折。从手。（一篇下）

以斤中斷樹幹。

哲（嚞） tiat

[甲骨]

[金文]

[小篆]說文：，知也。从口，折聲。，哲或从心。，古文哲。三吉。（二篇上）

金文不从折聲，主要以阜、斤、心組成，表示有判斷良木之能，值得砍伐取材？古文从三吉，吉為鑄器之良法，意義來自冶金專家？都以有專長的專家表達。

*貝 pwar

[甲骨]

[金文]

[小篆]《說文》：，海介蟲也。

居陸名猋,在水名蜬。象形。古者
貨貝而寶龜,周而有泉,至秦廢貝
行錢。凡貝之屬皆从貝。(六篇
下)
象海貝腹部形。

狽　pwar

[甲骨]

[金文]

[小篆] 《說文》失收。
犬屬,尾毛豐滿若貝字。

*兌　dwar

[甲骨]

[金文]

[小篆] 《說文》:兌,說也。从
儿,㕣聲。(八篇下)
人開口笑時嘴旁有紋之狀。

剡(銳)　dwar,riwar

[甲骨]

[金文]

[小篆] 《說文》:銳,芒也。从
金,兌聲。剡,籀文銳。从厂、剡。
(十四篇上)
籀文的字形表現把刀放進爐火中加
熱,以便鍛打成銳利的武器。

*删　sran

[甲骨]

[金文]

[小篆] 《說文》:删,剟也。从
刀、冊。冊,書也。(四篇下)
以刀删削竹簡上書寫錯誤的字。

*虎　grwan

[甲骨]

[金文]

[小篆] 《說文》:虎,屋牡瓦也。
一曰維綱也。从广,閦省聲。讀若
環。(九篇下)
屋頂有似戈戟的裝飾? 甲骨文雖見
字形表現屋頂有不同形式的裝飾,
但尚未見實物出土。

*次　rjian

[甲骨]

[金文]

[小篆] 《說文》:次,慕欲口液也。
从欠、水。凡次之屬皆从次。㳄,
次或从㳄。㳄,籀文次。(八篇下)
一人之嘴流出口水狀。

*別　piwat,biwat

[甲骨]

[金文]

[小篆] 《說文》:別,分解也。从
冎、从刀。(四篇下)
以刀自骨上挖下肉之狀。
或表現古代的喪儀,無腐肉附於骨
上才表示生前無罪惡。

*延（延）　t'ian，rian

[甲骨]

[金文]

[小篆]《說文》：延，安步延延也。从廴、止。凡延之屬皆从延。（二篇下）

《說文》：延，長行也。从延，厂聲。（二篇下）

行走於正規修築的大路，易行，不像巷路坎坷難行。

*采　briwan

[甲骨]

[金文]

[小篆]《說文》：米，辨別也。象獸指爪分別也。凡采之屬皆从采。讀若辨。𠨁，古文采。（二篇上）

動物足跡印痕，各有不同形狀，可加以分辨。

番　p'wan

[甲骨]

[金文]

[小篆]《說文》：番，獸足謂之番。从采、田。象其掌。𨿳，番或从足、从煩。𡍬，古文番。（二篇上）

獸蹄形，指與腳跟。

*見　kean

[甲骨]

[金文]

[小篆]《說文》：見，視也。从目、儿。凡見之屬皆从見。（八篇下）

眼睛司視覺。

*肙　ʔewan

[甲骨]

[金文]（𩖉）

[小篆]《說文》：肙，小蟲也。从肉、口。一曰空也。（四篇下）

象蚊蟲一類幼蟲蜷曲之狀，頭部訛成口，身子訛成月。

*華　pwan

[甲骨]

[金文]（ 𦭞 ）

[小篆]《說文》：華，箕屬。所以推糞之器也。象形。凡華之屬皆从華。官溥說。（四篇下）

他字析出，有柄之網形，行獵用具。於糞字則為有柄的掃除器。

*晏　ʔran

[甲骨]

[金文]

[小篆]《說文》：晏，安也。从女、从日。詩曰：以晏父母。（十二篇下）

婦女坐姿，宜穩而不噪。大概為與

女字分別，才畫出頭部輪廓。

*朿(㡀)　bjiwar

[甲骨]　(朿 㡀 㡀 㡀 㡀)

[金文]

[小篆]　《說文》：㡀，敗衣也。從巾。象衣敗之形。凡朿之屬皆從朿。（七篇下）

《說文》：敝，帗也。一曰敗衣。從朿、從攴，朿亦聲。（七篇下）

以杖打衣，衣服洗滌之法，因常洗滌而致破損。

*制　tjiar

[甲骨]

[金文] 㓞 㓞

[小篆]　《說文》：㓞，裁也。從刀、未。未，物成有滋味，可裁斷。一曰止也。㓞，古文制如此。（四篇下）

以刀削剪樹枝以備製作器具。

*叔　sriwat

[甲骨]

[金文]

[小篆]　《說文》：叔，飾也。從又持巾在尸下。（三篇下）

手拿刷子以刷洗東西之意。

*免(冕)　miwan

[甲骨] 免 免 免 免

[金文] 冕 冕 冕

[小篆]　《說文》：冕，大夫以上冠也。邃延、垂瑬、紞纊。從冃，免聲。古者黃帝初作冕。㡌，冕或從糸作。（七篇下）

段注補："免，兔逸也。從兔不見足。會意。"

一人戴盔冑形，可免矢石之傷。非平常所戴的帽，後來演變成禮冕。

*叕　tiwat

[甲骨]

[金文]

[小篆]　《說文》：叕，綴聯也。象形。凡叕之屬皆從叕。（十四篇下）

線索相聯綴之狀。

*戔　dzan

[甲骨] 戔 戔 戔 戔 戔 戔 戔

[金文]　(戔 戔)

[小篆]　《說文》：戔，賊也。從二戈。周書曰：戔戔，巧言也。（十二篇下）

兩戈交鋒，導致傷害。

*侃　k'an

[甲骨]

[金文] 侃 侃 侃 侃 侃 侃 侃 侃

[小篆]　《說文》：侃，剛直也。從仡。仡，古文信也。從川，取其不舍晝夜。論語曰：子路侃侃如也。

（十一篇下）

或表示一人因心情喜樂，滔滔不絕地說話。三斜畫表示話語之多？

*啻（辥、孽）　geat

［甲骨］（甬 甬 甬 甬 甬 甬 甬 甬 甬）

［金文］（甬 甬 甬 甬 甬）

［小篆］《說文》：甬，危高也。從自，中聲。讀若臬。（十四篇上）

《說文》：孽，皋也。從辛，啻聲。（十四篇下）

土堆與刺針，或夕與刺針，不知表示何意。或本是從辛聲的形聲字。

*官　kwan

［甲骨］甬 甬 甬 甬 甬 甬 甬 甬 甬

［金文］甬 甬 甬 甬 甬 甬 甬 甬 甬

［小篆］《說文》：官，吏事君也。從宀、自。自，猶眾也。此與師同意。（十四篇上）

可能表示以土堆成的居處，沒有夯打的地基，臨時性的館舍，由行館而擴充為一般的家居？

*夶（輦）　bwan，lian

［甲骨］

［金文］夶 夶 夶

［小篆］《說文》：夶，並行也。從二夫。輦字從此。讀若伴侶之伴。（十篇下）

《說文》：輦，輓車也。從車、夶。夶在車前引之也。（十四篇上）

輦析出，輦為兩個人夫推動步輦之狀。

*叀　djiwan

［甲骨］叀 叀 叀 叀 叀 叀 叀 叀 叀 叀

［金文］叀 叀 叀 叀 叀 叀 叀 叀 叀 叀

［小篆］《說文》：叀，小謹也。從幺省、從中。中，財見也。田，象謹形。中亦聲。凡叀之屬皆從叀。叀，古文叀。叀，亦古文叀。（四篇下）

紡磚形，上為所繞的線的末端。

專　tjiwan

［甲骨］專 專 專 專 專 專 專 專 專

［金文］專（專 專 專 專）

［小篆］《說文》：專，六寸簿也。從寸，叀聲。一曰專，紡專。（三篇下）

手操作紡磚，紡織為專門之職，工作時要專心，否則會織錯紋。

斷（剸）　tjiwan

［甲骨］

［金文］

［小篆］《說文》：斷，截首也。從斷、首。剸，或從刀，專聲。（九篇

上）

以斷首會意。

*肩　kean

［甲骨］

［金文］

［小篆］《說文》：，髆也。从肉。象形。，俗肩从戶。（四篇下）

上為肩胛骨之形，為與戶字分別，下附肉塊。

*肰　njian

［甲骨］

［金文］（）

［小篆］《說文》：，犬肉也。从肉、犬。讀若然。，古文肰。，亦古文肰。（四篇下）

狗之肉，古代食狗多用燒烤的方式，故有然字？

*歺　dzan

［甲骨］

［金文］

［小篆］《說文》：，禽獸所食餘也。从歺、从月。（四篇下）

應从歺、从肉。殘骨尚附有肉之意。古俗丟棄尸體於荒野，讓野獸啄食殘肉而後撿拾骨加以埋藏，此為未被吃乾淨者，被認為生前有罪的表示。

*拜（𢷎）　priwar

［甲骨］

［金文］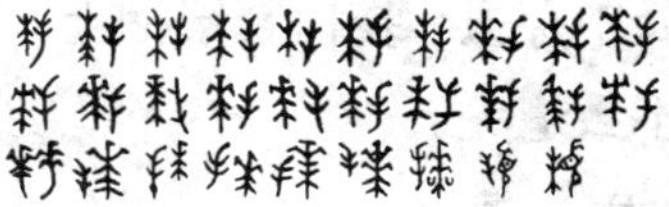

［小篆］《說文》：，首至手也。从手、𠦪。，古文𢷎。从二手。，楊雄說：𢷎从兩手下。（十二篇上）

彎腰以手拔植物之狀，其彎腰姿勢與行禮相似。

*砅　liar

［甲骨］

［金文］

［小篆］《說文》：，履石渡水也。从水、石。詩曰：深則砅。，砅或从厲。（十一篇上）

水中墊石以利行步渡過。

*剌　lat

［甲骨］

［金文］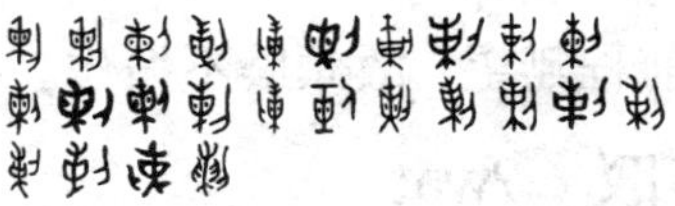

［小篆］《說文》：，戾也。从束、从刀。刀束者，剌之也。（六篇下）

以刀砍伐某種植物之狀，速度快？

賴　lar

［甲骨］

［金文］

[小篆]《說文》：賴，贏也。从
貝，剌聲。（六篇下）
袋中存貝，袋口緊緊捆上，可信賴，
不致遺失。

*苜　mwat

[甲骨]
[金文]
[小篆]《說文》：苜，目不正也。
从丫、目。凡苜之屬皆从苜。讀若
末。（四篇上）
鬥雞眼，兩眼瞳孔似集在一起。

蔑　mewat

[甲骨]

[金文]

[小篆]《說文》：蔑，勞目無精
也。从苜、从戍。人勞則蔑然也。
（四篇上）
表現某人的腳被戈所傷，把人物的
眉毛也畫出來的大都是統治階級。
前程無望，故頹廢不振作。

*取　ʔwat

[甲骨]
[金文]
[小篆]《說文》：取，掐目也。从
目、叉。（四篇上）
以手指張開眼睛以便看得清楚些。

*悤　san

[甲骨]
[金文]
[小篆]《說文》：悤，疾利口也。
从心、从冊。詩曰：相時悤民。
（十篇下）
能記得書中所記之事而有辯才？

*豙　t'wan

[甲骨]
[金文]
[小篆]《說文》：豙，豕走也。从
彑、从豕省。（九篇下）
野豬低頭怒衝之狀。

喙　xjwar

[甲骨]
[金文]
[小篆]《說文》：喙，口也。从
口，彖聲。（二篇上）
以野獸之口會意。

*耑　twan

[甲骨]
[金文]
[小篆]《說文》：耑，物初生之題
也。上象生形，下象根也。凡耑之
屬皆从耑。（七篇下）
象植物根部之形。

*夏　xjiwat

[甲骨]

[金文]

[小篆]《說文》：夏，舉目使人也。从攵、目。凡夏之屬皆从夏。讀若颰。（四篇上）

手持針以刺瞎他人，上古刑法之一。可能表現獨眼者視物的特異神態。

*爰　vjwan

[甲骨]

[金文]

[小篆]《說文》：爰，引也。从受、从于。籀文以為車轅字。（四篇下）

援字源，以杖援引他人。

*奐　xwan

[甲骨]

[金文]

[小篆]《說文》：奐，取奐也。一曰大也。从廾，夐省聲。（三篇上）

雙手捧帽狀，舉行成年儀式，改換所戴帽。

*姦　kran

[甲骨]

[金文]

[小篆]《說文》：姦，厶也。从三女。姦，古文姦。从旱、心。（十二篇下）

多女相聚易生事端。

*孨　tsrwan

[甲骨]

[金文]

[小篆]《說文》：孨，謹也。从三子。凡孨之屬皆从孨。讀若翦。（十四篇下）

子女食口衆多，注意教養問題，尤其是謹慎生活費的開支。

*衍　vrian

[甲骨]

[金文]

[小篆]《說文》：衍，水朝宗于海皃也。从水、行。（十一篇上）

水漫淹行道，通行難，拖延通過的時間。

*建　kjan

[甲骨]

[金文]

[小篆]《說文》：建，立朝律也。从聿、从廴。（二篇下）

持筆策劃便利交通之道路藍圖以便修建。

*奐　njiwan

[甲骨]

[金文]

[小篆]《說文》：奐，稍前大也。
從大，而聲。讀若畏偄。（十篇
下）

以大人與髯鬚表示年紀稍長，鬚髮
已長，體格不再強壯。

*便　bjiwan

[甲骨]

[金文] 徛

[小篆]《說文》：便，安也。有不
便更之。從人、更。（八篇上）

《說文》：鞭，敺也。從革，便聲。
𤰁，古文鞭。（三篇下）

鞭的古文作手持鞭狀，便字則作持
鞭打人。

*柬　krian

[甲骨]

[金文] 𣏣 柬

[小篆]《說文》：柬，分別簡之
也。從束、八。八，分別也。（六
篇下）

裝礦石或絲絮於袋中，以便讓水流
去除雜質，篩選精料。

闌　lan

[甲骨]

[金文] （圖形文字）

[小篆]《說文》：闌，門遮也。從
門，柬聲。（十二篇上）

門道以重袋欄住，權充障礙，防止
水或人進來。

*泉　dzjiwan

[甲骨] （圖形文字）

[金文] （圖形文字）

[小篆]《說文》：泉，水原也。象
水流出成川形。凡泉之屬皆從泉。
（十一篇下）

水自泉眼涌出狀。

*穿　t'jiwan

[甲骨]

[金文]

[小篆]《說文》：穿，通也。從牙
在穴中。（七篇下）

以工具挖掘穴洞，礦坑。

*冠　kwan

[甲骨]

[金文]

[小篆]《說文》：冠，絭也。所以
絭髮。弁冕之總名也。從冖、元。
元亦聲。冠有法制，故從寸。（七
篇下）

手加冠於一人頭上，成年加冠禮。

*面　mjiwan

[甲骨]

[金文]（）

[小篆]《說文》：，顏前也。從
百。象人面形。凡面之屬皆從面。
（九篇上）

眼睛所在的面部輪廓。

*段　twan

[甲骨]

[金文]

[小篆]《說文》：，椎物也。從
殳，耑省聲。（三篇下）

手持工具在山岩挖玉石或金屬礦之
狀，有石及鍛打兩義。

*看　k'an

[甲骨]

[金文]

[小篆]《說文》：，睎也。從手
下目。，看或從倝。（四篇上）

手遮刺眼之光線以便利觀看。

*扁　p'jiwan

[甲骨]

[金文]

[小篆]《說文》：，署也。從
戶、冊。戶冊者，署門戶之文也。
（二篇下）

編柵成為門戶，其形扁平。

編　pjiwan

[甲骨]

[金文]

[小篆]《說文》：，次簡也。從
糸，扁聲。（十三篇上）

以繩編簡成冊之意。

*前　dzean

[甲骨]

[金文]

[小篆]《說文》：，不行而進謂
之歬。從止在舟上。（二篇上）

《說文》：，湔水。出蜀郡綿虒玉
壘山東南入江。從水，前聲。一
曰：湔，半澣也。（十一篇上）

腳在盤中洗滌之狀，行禮場所要保
持乾淨，可能表達為在進入莊嚴場
所前，要洗腳令乾淨。

*欮　kjwat

[甲骨]

[金文]

[小篆]《說文》：，屰氣也。從
疒、從屰、欠。，瘚或省疒。（七
篇下）

呼吸困難，若人倒懸而呼吸時之情
況。

*苦　ngat

[甲骨]

[金文]

[小篆]《說文》：𠅷，語相訶歫也。从口、辛。辛，惡聲也。讀若糱。（二篇上）

以言語傷人之痛，好像以刺墨之刀向人施刑。也有可能是諧辛聲的形聲字。

*桀　giat

[甲骨]

[金文]

[小篆]《說文》：𣎾，磔也。从舛在木上也。凡桀之屬皆从桀。（五篇下）

一人的兩腳被倒吊于樹上，桀頑不馴者的下場。

*泰　t'ar

[甲骨]

[金文]

[小篆]《說文》：𣹢，滑也。从廾、水，大聲。𠇗，古文泰。（十一篇上）

因地滑有水，雙手扶持一人以助其行走其上。

*宦　grwan

[甲骨]𠖃

[金文]𡦁

[小篆]《說文》：宦，仕也。从宀、臣。（七篇下）

牢中罪犯，順從主人而成為管事之小吏。

*軎　viwar

[甲骨]

[金文]

[小篆]《說文》：軎，車軸耑也。从車。象形。杜林說。轊，軎或从彗。（十四篇上）

車輪及軸端的形狀。

*殺　sriar

[甲骨]

[金文]

[小篆]《說文》：𣏂，戮也。从殳，杀聲。凡殺之屬皆从殺。𣏂，古文殺。𣏂，古文殺。𣏃，古文殺。𣏃，古文殺。𢼊，籀文殺。（三篇下）

蜈蚣一類多足昆蟲之形，不益于人，該撲殺之。兩字的卜辭用法有差別。

*虔　gian

[甲骨]

[金文]

[小篆]《說文》：𧆦，虎行皃。从

虒，文聲。讀若矜。（五篇上）

人戴虎頭裝飾之帽，武士威風凜凜
之狀。

*威　xmjiwat

［甲骨］

［金文］

［小篆］《說文》：威，滅也。从
火、戌。火死於戌。陽氣至戌而
盡。詩曰：赫赫宗周，褒姒威之。
（十篇上）

與戊不同部，以戈消滅火才安全不
燙手。

古代生火不易，家中有特別設施以
保持火種不滅。可能於行軍燒食後
才需滅火，故有用戈撲滅火苗的景
象。

*臬　ngeat

［甲骨］

［金文］

［小篆］《說文》：臬，射臬的也。
从木，自聲。（六篇上）

樹上懸習射的目標，狀似罪犯的
鼻子？

劓　ngiar

［甲骨］

［金文］劓

［小篆］《說文》：劓，刖鼻也。从
刀，臬聲。易曰：天且劓。劓，劓

或从鼻。（四篇下）

劓字同，以刀割鼻之刑，或並以之
懸掛樹上以警戒他人。

*般　pwan

［甲骨］

［金文］

［小篆］《說文》：般，辟也。象舟
之旋。从舟、从殳。殳，令舟旋者
也。般，古文般从支。（八篇下）

盤的字源，手拿工具製作木盤狀。

*祘　swan

［甲骨］

［金文］

［小篆］《說文》：祘，明視以筭
之。从二示。逸周書曰：士分民之
祘。均分以祘之也。讀若筭。（一
篇上）

橫綱上結多條打結的繩索，以之幫
助計算或記憶財物、日期等事。

*扇　st'jian

［甲骨］

［金文］

［小篆］《說文》：扇，扉也。从
戶、羽。（十二篇上）

羽毛編綴如門戶之形。

*雋　dzjiwan

[甲骨]

[金文]

[小篆]《說文》：雋，鳥肥也。從弓、隹。弓，所以射隹。長沙有下雋縣。（四篇上）

用弓射獵之鳥，太小則沒有用箭射的價值，所射者為甚有肉之鳥？

*班　prwan

[甲骨]

[金文] 班珏珏

[小篆]《說文》：班，分瑞玉。從珏、刀。（一篇上）

以刀分剖玉為兩半，王與被封者各執一半以為信符。玉不能用刀分剖，可能表現分剖有刻痕的木竹，一如契約字，故平行的刻痕有時像玉字，有時像王字。

*原　ngjwan

[甲骨]

[金文] 原原原原

[小篆]《說文》：厵，水本也。從灥出厂下。原，篆文從泉。（十一篇下）

源之字源，泉水湧出處為水源。

*曹　k'jian

[甲骨] 𦥑（𦥑 𦥑 𦥑 𦥑 𦥑 𦥑 𦥑）

[金文] 𦥑（𦥑 𦥑 𦥑 𦥑 𦥑 𦥑 𦥑 𦥑 𦥑 𦥑 𦥑 𦥑 𦥑 𦥑 𦥑 𦥑 𦥑）

[小篆]《說文》：𦥑，曹商，小塊也。從𠂤、從臾。臾，古文𧵣字。（十四篇下）

《說文》：𧵣，縱也。從辵，曹聲。（二篇下）

兩字表達相同意思，曹作兩手搬運土塊，遣則更作以之盛于筐中以便搬運。

*袁　vjwan

[甲骨]（𧝓）

[金文]（𧝓 𧝓 𧝓 𧝓）

[小篆]《說文》：袁，長衣皃。從衣，叀省聲。（八篇上）

有蓋頭之長袍，嬰兒服，嬰兒全身被包裹，只露出頭部，擴充至長衣。見毓字其中一形。

還　grwan

[甲骨] 𧾭𧾭𧾭𧾭𧾭𧾭

[金文] 𧾭𧾭𧾭𧾭𧾭𧾭𧾭𧾭

[小篆]《說文》：還，復也。從辵，睘聲。（二篇下）

不詳，後來才變成從袁聲。原與行道之巫術有關，或是有關戰爭之儀式，以農民使用之犁在行道旁招魂？周原甲骨作行道之旁有衣服與眼睛，可能表現改以衣服招魂的儀式。

*帶　tar

[甲骨]

[金文] 𢃇

[小篆] 《說文》：帶，紳也。男人
鞶帶，女人帶絲。象繫佩之形。佩
必有巾，从重巾。（七篇下）

束帶及其所造成的下擺上之縐紋
形。

*敗　prwar

[甲骨]

[金文]

[小篆] 《說文》：敗，毀也。从攴
貝。敗、賊皆从貝。𣥏，籀文敗。从
賏。（三篇下）

兩手各持一貝相互碰擊，或手持棍
敲擊貝，皆能破壞貝而失其寶貴價
值。

*埶　ngjiar

[甲骨]

[金文]

[小篆] 《說文》：𡘈，種也。从丮、
坴。丮，持種之。詩曰：我埶黍稷。
（三篇下）

手持樹苗將栽植之。
甲骨刻辭之用法似與爇字無別。

爇　njiwat

[甲骨]

[金文]

[小篆] 《說文》：爇，燒也。从
火，蓺聲。春秋傳曰：爇僖負羈。
（十篇上）

手執火炬，夜間照明工具。《說文》
無从草蓺聲之字，故以从火从艸埶
聲之說較好。

*祭　tsriar

[甲骨]

[金文]

[小篆] 《說文》：祭，祭祀也。从
示、以手持肉。（一篇上）

手持尚滴血水的肉塊，以之祭祀。
人為熟食。

*彗(雪)　rjiwar

[甲骨]

[金文] （𩁹 𩁋）

[小篆] 《說文》：彗，埽竹也。从
又持甡。彗或从竹。篲，古文彗。
𥕢，从竹、習。（三篇下）

掃把之形，掃雪工具，卜辭與雪同
字。

《說文》：雪，冰雨，說物者。从
雨，彗聲。（十一篇下）

以掃把除雪之意。

*离　sjiat

[甲骨]

[金文]

[小篆]《說文》：离，蟲也。从
厹。象形。讀與偰同。，古文
离。（十四篇下）

某種爬蟲類動物形。

*設　st'jiat

[甲骨]

[金文]

[小篆]《說文》：,施陳也。从
言、殳。殳，使人也。（三篇上）

長管樂器與鼓棒，表達陳設演奏之
樂器。

*聝　tjiwat

[甲骨]

[金文]

[小篆]《說文》：聝，軍法以矢毌耳
也。从耳、矢。司馬濊曰：小辠聝
之，中辠刖之，大辠剄之。（十二篇
上）

以矢刺穿耳朵會意。

*冤　ʔjwan

[甲骨]

[小篆]《說文》：冤，屈也。从

宀、兔。兔在宀下不得走，益屈折
也。（十篇上）

動物被困于獵網中，不能動彈之
狀。

*㒼　mwan

[甲骨]

[金文]㒼㒼

[小篆]《說文》：㒼，平也。从廿。
五行之數，二十分為一辰。从兩。
兩，平也。讀若蠻。（七篇下）

天平一類的用具，保持兩端平衡？

*曼　mjwan

[甲骨]

[金文]

[小篆]《說文》：曼，引也。从
又，冒聲。（三篇下）

用兩手張開或揉眼睛，欲令視覺更
明晰。

*連　lian

[甲骨]

[金文]

[小篆]《說文》：連，負車也。从
辵、車。會意。（二篇下）

大車隊行於路，總是前後相接連，
以防孤單被盜搶？

*旋　rjiwan

[甲骨]

[金文]

[小篆]《說文》：，周旋，旌旗之指麾也。从㫃、疋。疋，足也。（七篇上）

軍隊前往征伐，以旌旗前導，旗所指之方向即前進的目標。

*舆(遷) ts'jian

[甲骨]

[金文]（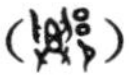）

[小篆]《說文》：，升高也。从舁，囟聲。，舆或从卩。，古文舆。（三篇上）

《說文》：，登也。从辵，䙴聲。，古文遷。从手、西。（二篇下）

四手共搬起一重物讓一人背負，以便搬往別處。

*最 tswar

[甲骨]

[金文]

[小篆]《說文》：，犯取也。从冃、取。（七篇下）

手取帽下之耳朵，戰鬥之最終目的為割取敵人耳朵以便領賞。

*毳 ts'riwar

[甲骨]

[金文]

[小篆]《說文》：，獸細毛也。从三毛。凡毳之屬皆从毳。（八篇上）

細毛多之狀。

*叕 tjiwar

[甲骨]

[金文]

[小篆]《說文》：，楚人謂：卜問吉凶曰叕。从又持祟。讀若贅。（三篇下）

手持束柴獻於神示之前。

*絕(𢇍) dzjiwat

[甲骨]

[金文]

[小篆]《說文》：，斷絲也。从刀、糸，卪聲。，古文絕。象不連體，絕二絲。（十三篇上）

亂絲被切斷之狀，以便再接續。

*寒 gan

[甲骨]

[金文]

[小篆]《說文》：，凍也。从人在宀下。从茻上下為覆，下有仌也。（七篇下）

冬天睡臥草上，受凍寒。或以草塞屋之隙縫，以杜絕寒氣。

*㪔 san

[甲骨] 〔圖形〕

[金文] 〔圖形〕

[小篆]《說文》：㪔，分離也。从林、从支。林，分㪔之意也。（七篇下）

撲打麻使表皮與莖分離，以便取其纖維紡織。

散 san

[甲骨]

[金文] 〔圖形〕

[小篆]《說文》：散，雜肉也。从肉，㪔聲。（四篇下）

金文不从㪔聲。在竹葉上剁肉使碎散？

歡 san

[甲骨] 〔圖形〕

[金文]

[小篆]《說文》：歡，繳㪔也。从隹，㪔聲。一曰飛㪔也。（四篇上）

以杖驅鳥，使散開。

*萑 gwan

[甲骨] 〔圖形〕

[金文]（〔圖形〕）

[小篆]《說文》：萑，鴟屬。从隹、从丫，有毛角。所鳴其民有旤。

凡萑之屬皆从萑。讀若和。（四篇上）

鳥之有特殊眉毛者。

*單 tan

[甲骨] 〔圖形〕

[金文] 〔圖形〕

[小篆]《說文》：單，大也。从吅、甲。吅亦聲。闕。（二篇上）

象田網形，用以狩獵。

彈 dan

[甲骨] 〔圖形〕

[金文]

[小篆]《說文》：彈，行丸也。从弓，單聲。〔圖形〕，或說彈从弓持丸如此。（十二篇下）

彈丸在弓弦上之狀。

鼉 dan

[甲骨] 〔圖形〕

[金文]

[小篆]《說文》：鼉，水蟲。似蜥易，長丈所。皮可為鼓。从黽，單聲。（十三篇下）

有觸鬚之爬行動物形。

*莧 gwan

[甲骨]

[金文] 〔圖形〕

[小篆]《說文》：莧，山羊細角

者。从兔足。从苜聲。凡莧之屬皆从莧。讀若丸。寬字从此。（十篇上）

某種大頭而有尖細角之動物形。

*鬲　lwan

［甲骨］

［金文］𤔔 𤔔 𤔔

［小篆］《說文》：𤔔，治也。幺子相亂，受治之也。讀若亂同。一曰理也。𤔔，古文鬲。（四篇下）

雙手解線軸上的亂絲，絲亂故要治理使順。

*焉　ʔian

［甲骨］

［金文］𩾏

［小篆］《說文》：𩾏，焉鳥，黃色。出於江淮。象形。凡字朋者，羽蟲之長；烏者，日中之禽；舄者，知大歲之所在；燕者，請子之候，作巢避戊己。所貴者，故皆象形，焉亦是也。（四篇上）

小篆字形似是某種有特殊羽冠之鳥形。

*棥　bjwan

［甲骨］

［金文］棥 棥 棥 棥 棥 棥 棥 棥

［小篆］《說文》：棥，藩也。从爻、林。詩曰：營營青蠅，止于棥。

（三篇下）

《說文》：𦲷，𦲷不行也。从𠬪、棥，棥亦聲。（三篇上）

棥為樊籬之木與編綴之繩結形，為明示其編綴的動作，加雙手成樊。

《說文》：𠬪，引也。从反廾。凡𠬪之屬皆从𠬪。𢫾，𠬪或从手、从樊。（三篇上）

自樊字析出。

*桒　k'ran

［甲骨］

［金文］

［小篆］《說文》：桒，槎識也。从木、㮁，闕。夏書曰：隨山桒木。讀若刊。𣎴，篆文从开。（六篇上）

可能表現劈木頭端頭部分以作記號或某種用途。

*間　krian

［甲骨］

［金文］間 間 間

［小篆］《說文》：閒，隙也。从門、月。閒，古文閒。（十二篇上）

月光從門隙透入之意。

澗　kran

［甲骨］𣲙

［金文］

［小篆］《說文》：澗，山夾水也。从水，閒聲。一曰澗水出弘農新安

東南入維。（十一篇上）
澗在二山之間流過。

*萬　mjwan

[甲骨]

[金文]

[小篆]《說文》：🦂，蟲也。从
厹。象形。（十四篇下）
蠍子形，借為數目。

蠆　t'rar

[甲骨]

[金文]

[小篆]《說文》：🦂，毒蟲也。象
形。🦂，蠆或从虫。（十三篇上）
蠍形，為與數目的萬字區別而造。

*閑　grian

[甲骨]

[金文]

[小篆]《說文》：閑，闌也。从門
中有木。（十二篇上）
門下的木頭以表達門檻之意。

*珡　tian

[甲骨]

[金文]

[小篆]《說文》：珡，極巧視之
也。从四工。凡珡之屬皆从珡。

（五篇上）
排列非常整齊，有技巧。

*善　djian

[甲骨]

[金文]

[小篆]《說文》：譱，吉也。从
誩、羊。此與義、美同意。善，篆
文从言。（三篇上）
可能是雙管羊角形狀的樂器，因聲
音好聽故有良善之義？

*隉　ngeat

[甲骨]

[金文]

[小篆]《說文》：隉，危也。从
𨸏，从毀省。徐巡以為：隉，凶也。
賈侍中說：隉，澟度也。班固說：不
安也。周書曰：邦之阢隉。讀若虹
蜺之蜺。（十四篇下）
山上的凹陷，能令人不察而陷入
其中？

*短　twan

[甲骨]

[金文]

[小篆]《說文》：短，有所長短以
矢為正。从矢，豆聲。（五篇下）
矢之長度纔如豆之高度，甚短。弩
機所用之箭大大短於長弓使用之

箭。

*筮　djiar

［甲骨］

［金文］𥐟

［小篆］《說文》：籭，易卦用蓍也。从竹、𣏁。𣏁，古文巫字。（五篇上）

雙手搬弄竹製之筮卜器具，巫為蓍草或竹箸形。

*輨　grat

［甲骨］

［金文］

［小篆］《說文》：輨，車軸耑鍵也。网穿相背。从舛，𡄦省聲。𡄦，古文离字。（五篇下）

字形有訛變，原為車軸裝轄處的形狀。

*裔　riar

［甲骨］

［金文］

［小篆］《說文》：裔，衣裾也。从衣，冏聲。夻，古文裔。（八篇上）

有寬帶之長袍形，其衣緣距上衣遠，口部分大致為填空。

*會　kwar

［甲骨］𤕣

［金文］會 𤖕 𤖍 𤖍 𤕣 𤖍 𤖍 𤖎 𤖕

［小篆］《說文》：會，合也。从亼，增省。曾益也。凡會之屬皆从會。㣛，古文會如此。（五篇下）

多層可套合的蒸籠形，上有蓋，下有鍋。

*歲　sjiwar

［甲骨］𣥐 𣥏 𣥐 𣥏 𣥐 𣥐 𣥐 𣥐 𣥐 𣥏

［金文］𣥐 𣥏 𣥐 𣥏 𣥐 𣥏 𣥐 𣥐 𣥐

［小篆］《說文》：歲，木星也。越歷二十八宿，宣遍陰陽，十二月一次。从步，戌聲。律曆書名五星為五步。（二篇上）

處刑之大鉞形，或加步，表示歲星年年移動位置；加月，表示年歲。可能遠自商代既有以歲星紀年的習慣。

*劊　keat

［甲骨］

［金文］

［小篆］《說文》：劊，楚人謂治魚也。从刀、魚。讀若鍥。（四篇下）

表示以刀刮殺魚。

*算　swan

［甲骨］

［金文］

［小篆］《說文》：算，長六寸，所以計曆數者。从竹、弄。言常弄乃

不誤也。（五篇上）

結構與筮同，以搬弄筮占的竹箸以求得單或雙的數目，以之計算吉凶。

*眷　kiwan

［甲骨］

［金文］

［小篆］《說文》：眷，目圍也。從目、厂。讀若書卷之卷。古文以為靦字。（四篇上）

畫眼眶使眼睛顯得大些，美麗些。

*煩　bjwan

［甲骨］

［金文］

［小篆］《說文》：煩，熱頭痛也。從頁、火。一曰焚省聲。（九篇上）

面煩燙熱如火焚，焦急心煩之現象。

*尟　sjian

［甲骨］

［金文］

［小篆］《說文》：尟，是少也。是少，俱存也。從是、少。賈侍中說。（二篇下）

以是少會甚少之意？

*甏　njiwan

［甲骨］

［金文］

［小篆］《說文》：鬮，柔韋也。從北、從皮省，夐省聲。凡鬮之屬皆從鬮。讀若奐。一曰若儇。𡰥，古文鬮。𡕥，籀文鬮。從夐省。（三篇下）

手拿柔皮製作帽子之狀，上面部分即甲骨文之冃字，帽子一般用軟皮製作。

*緐　bjwan

［甲骨］

［金文］

［小篆］《說文》：緐，馬髦飾也。從糸、每。春秋傳曰：可以稱旌緐乎。繠，緐或從弁。弁，籀文弁。（十三篇上）

婦女頭上除髮笄外，尚有絲帶等繁多的裝飾。

*算　swan

［甲骨］

［金文］

［小篆］《說文》：算，數也。從竹、具。讀若筭。（五篇上）

雙手演算籌算之盤，竹為算箸的材料。

*睿　riwar

［甲骨］

［金文］

[小篆]《說文》龘，深明也。从叔、从目、从谷省。𥄚，古文叡。𡓬，籀文叡。从土。（四篇下）

眼睛能看得深遠，好像看得到手撿殘骨的壑底深遠處，古代葬俗。或字形有訛變，表達於礦井的深處以手挖掘礦石。也有可能目是貝形之訛變，叡字分化之意義。

*叡 grar

[甲骨]

[金文] 𣦼 𣦼

[小篆]《說文》：叡，深堅意也。从叔、从貝。貝，堅實也。讀若概。（四篇下）

於壑谷深處撿拾殘骨及隨葬之海貝，或以海貝與撿拾的殘骨同葬？海貝是商周墓葬常見之隨葬品。

*罰 bjwat

[甲骨]

[金文] � 𠏅 𤔲 𡧘 𡨄 𠍰 𣤶 𢽥 𥅡

[小篆]《說文》：罰，辠之小者。从刀、詈。未以刀有所賊，但持刀罵詈則應罰。（四篇下）

以刀傷人，或以語言糴人以罪，都要受罰。

*奪 dwat

[甲骨]

[金文] 𡨄 𡨄 𡨄

[小篆]《說文》：奪，手持隹，失之也。从又、奞。（四篇上）

鳥被網所罩，被捕捉而持於手中，掙扎欲飛逃之狀。

*辡 piwan

[甲骨]

[金文]（𨐌 𨐌 𨐌）

[小篆]《說文》：辡，辠人相與訟也。从二辛。凡辡之屬皆从辡。（十四篇下）

辯字析出，以言論辯論對方有罪。辨則以刀刑辨兩造之對錯。

*漢(灘) xan

[甲骨]

[金文]

[小篆]《說文》：漢，漾也。東為滄浪水。从水，難省聲。𣵽，古文漢如此。（十一篇上）

域內之大水會意，漢水為楚地之大河。

*冕 mjiwan,pewan

[甲骨] 𦥑

[金文]（𦥑 𦥑）

[小篆]《說文》：冕，宀宀不見也。闕。（四篇上）

《說文》：冕，行垂崖也。从𢌳，冕聲。（二篇下）

邊境為懸掛割下之鼻子處？

*截（戩）　dzeat

[甲骨]

[金文]

[小篆]《說文》：戩，斷也。从戈，雀聲。（十二篇下）

以戈殺雀？　用得不得法。

*徹　t'iat

[甲骨]

[金文]

[小篆]《說文》：徹，通也。从彳、从攴、从育。一曰相臣。𢓴，古文徹。（三篇下）

以手清洗煮飯的器具。鬲為袋足之器，不易清洗，故要特別用心，確實洗乾淨。

*緜　mjiwan

[甲骨]

[金文]

[小篆]《說文》：緜，聯微也。从系、帛。（十二篇下）

帛為蠶絲所織，其絲線細緻。

*廛　dian

[甲骨]

[金文]

[小篆]《說文》：廛，二畝半也。一家之居。从广、里、八、土。（九篇下）

可能原象堆放雜物的倉庫形。

*衛　viwar

[甲骨]

[金文]

[小篆]《說文》：衛，宿衛也。从韋、帀、行。行，列也。（二篇下）

與遝結構相似，與戰爭或邊境有關？

*熯　xan

[甲骨]

[金文]

[小篆]《說文》：熯，乾皃。从火，漢省聲。詩曰：我孔熯矣。（十篇上）

巫師雙手抱腹而口叫餓，或又以火燒烤之以求雨，乾旱時的景象。

難　nan

[甲骨]

[金文]

[小篆]《說文》：難，鸛鳥也。从鳥，堇聲。𪆯，鸛或从隹。𪆫，古文鸛。𪆧，古文鸛。𪆨，古文鸛。（四篇上）

从鳥，熯聲。

*縣　gewan

[甲骨]

[金文] 𤴐 𤴐 𤴐

[小篆]《說文》:縣,繫也。从系持県。(九篇上)

人頭被懸掛於樹上之狀。

*嬔　p'jwan

[甲骨]

[金文]

[小篆]《說文》:嬔,生子齊均也。从女、兔、生。讀若幡。(十二篇下)

婦女有兒及女,可不用再生育?

*鬳(獻)　ngjan

[甲骨] 𣇄 𣇄 𣇄 𣇄 𣇄 𣇄 𣇄 𣇄 𣇄 𣇄

[金文] 𣇄 𣇄 𣇄 𣇄 𣇄 𣇄 𣇄 𣇄 𣇄 𣇄 𣇄 𣇄 𣇄 𣇄

[小篆]《說文》:鬳,鬲屬。从鬲,虍聲。(三篇下)

《說文》:獻,宗廟犬名羹獻,犬肥者以獻。从犬,鬳聲。(十篇上)

與虍不同韻部,大半象意字。以供祭祀用的食器飾有虎紋(饕餮紋)會意? 加犬表示烹犬肉以獻祭? 高級貴族則以牛或羊。

*櫱(不)　ngat,ngiat

[甲骨]

[金文]

[小篆]《說文》:櫱,伐木餘也。从木,獻聲。商書曰:若顛木之有甹櫱。𣠩,櫱或從木,辥聲。𣎆,古文櫱。从木無頭。𣠩,亦古文櫱。(六篇上)

古文字形以木而無上半會意。

*憲　xjan

[甲骨]

[金文] 𠎥 𠎥 𠎥 𠎥 𠎥 𠎥 𠎥

[小篆]《說文》:憲,敏也。从心、目,害省聲。(十篇下)

眼睛代表頭部,頭戴盔冑,為貴族或武士形象,在上古皆為社會賢達。

*虤　ngrian

[甲骨] 𧇭 𧇭 𧇭 𧇭 𧇭

[金文] 𧇭

[小篆]《說文》:虤,虎怒也。从二虎。凡虤之屬皆从虤。(五篇上)

兩雄虎不相容,要鬥至疲憊才會分開。

*聯　lian

[甲骨]

[金文]

[小篆]《說文》:聯,連也。从耳、从絲。从耳,耳連于頰。从絲,絲連不絕也。(十二篇上)

一耳及串聯甚長的耳環。

*燕　ʔean

[甲骨] （甲骨字形）

[金文]

[小篆]《說文》：燕，燕燕，玄鳥也。籥口、布翅、枝尾。象形。凡燕之屬皆從燕。（十一篇下）

燕子展翅飛翔之狀。

*盥　kwan

[甲骨]

[金文] （金文字形）

[小篆]《說文》：盥，澡手也。從臼、水臨皿也。春秋傳曰：奉匜沃盥。（五篇上）

洗手於皿中之狀。

*鮮　sjian

[甲骨]

[金文] （金文字形）

[小篆]《說文》：鮮，鮮魚也。出貉國。從魚，羴省聲。（十一篇下）

魚與羊皆為有腥味之食品。

*羴　st'jian

[甲骨] （甲骨字形）

[金文] （金文字形）

[小篆]《說文》：羴，羊臭也。從三羊。凡羴之屬皆從羴。羶，羴或

從亶。（四篇上）

以多羊表現如羊群之有羶味狀。

*贅　tjiwar

[甲骨]

[金文]

[小篆]《說文》：贅，以物質錢也。從敖、貝。敖者，猶放。謂貝當復取之。（六篇下）

以貝出放會意，典當貝製的飾物？

*竄　ts'wan

[甲骨]

[金文]

[小篆]《說文》：竄，匿也。從鼠在穴中。（七篇下）

鼠急忙躲入穴中之情狀。

*斷　twan

[甲骨]

[金文] （金文字形）

[小篆]《說文》：斷，截也。從斤、𢇍。𢇍，古文絕。㫁，古文斷。從皀。皀，古文叀字。周書曰：詔詔猗無它技。𢇍，亦古文斷。（十四篇上）

以斤斷亂線，斷繼同源。金文字形似以刀斷紡磚上的線取意，後加義符斤。

*絲　lwan

[甲骨]

[金文] （金文字形）

[小篆]《說文》：（篆文），亂也。一曰治也，一曰不絕也。从言、絲。（古文），古文䜌。（三篇上）

長管樂器飾以絲帶以壯軍容，軍樂儀仗之器。

*賛　tsan

[甲骨]

[金文]

[小篆]《說文》：（篆文），見也。从貝、从兟。（六篇下）

兩官員相見，以貝(財物)相贈送。

*繭　kean

[甲骨]

[金文]

[小篆]《說文》：（篆文），蠶衣也。从糸、从虫、从芇。（古文），古文繭。从糸、見。（十三篇上）

繭中之蟲供絲，線綻見于繭外。

*邍　ngjwan

[甲骨]

[金文] （金文字形）

[小篆]《說文》：（篆文），高平曰邍。人所登。从辵、从备、从录。闕。（二篇下）

可能表示在平原地區驅逐野獸以開闢農田的措施？

*顯　xean

[甲骨]

[金文] （金文字形）

[小篆]《說文》：（篆文），頭明飾也。从頁，㬎聲。（九篇上）

耳飾在日照下閃亮，高貴者才戴長串的耳飾，妨害工作，非勞動者所宜。

*鱻　sjian

[甲骨]

[金文] （金文字形）

[小篆]《說文》：（篆文），新魚精也。从三魚。不變魚也。（十一篇下）

魚多腥味重，新鮮的魚特有其鮮味。

*爨　ts'wan

[甲骨]

[金文]

[小篆]《說文》：（篆文），齊謂炊爨。臼象持甑，冂為竈口，廾推林內火凡爨之屬皆从爨。（篆文），籀文爨省。（三篇上）

雙手放鍋於灶上，另雙手添柴升火於灶下以會烹煮之意。

九、微物文　-ər,-ət,-ən

*乙　ʔiət

[甲骨] （甲骨字形）

[金文] ﹗﹗ ﹗～﹗﹗﹗﹗﹗

[小篆]《說文》：乁，象春艸木冤曲而出，陰气尚彊，其出乙乙也。與丨同意。乙承甲，象人頸。凡乙之屬皆从乙。（十四篇下）

記號。

*夊 ts'iwər

[甲骨] ﹗﹗﹗﹗

[金文]

[小篆]《說文》：夊，行遲曳夊夊也。象人兩脛有所躧也。凡夊之屬皆从夊。（五篇下）

止趾字的不同位置，可能有意以之表達某種有關的意義。

*囗 vjwər

[甲骨]

[金文]

[小篆]《說文》：囗，回也。象回匝之形。凡囗之屬皆从囗。（六篇下）

在一定範圍之內，由他字析出。

韋 vjwər

[甲骨] ﹗﹗﹗﹗﹗﹗

[金文]

[小篆]《說文》：韋，相背也。从舛，囗聲。獸皮之韋，可以束物。枉戾相韋背，故借以為皮韋。凡韋之屬皆从韋。（五篇下）

眾足（人）前進包圍一城之意。

*去 t'wət

[甲骨]（﹗﹗﹗）

[金文]（﹗﹗）

[小篆]《說文》：去，不順忽出也。从到子。易曰：突如其來，如不孝子突出不容於內也。去即易突字也。凡去之屬皆从去。﹗，或从到古文子。（十四篇下）

毓字析出，頭倒栽之狀。

*兀 ngwət

[甲骨] ﹗﹗﹗﹗﹗﹗

[金文]（﹗﹗﹗﹗）

[小篆]《說文》：兀，高而上平也。从一在儿上。讀若夐。茂陵有兀桑里。（八篇下）

或元字析出，本亦元字。或可能表達頭上無毛，不見參差頭髮之狀。

*寸 ts'wən

[甲骨]

[金文]（﹗﹗）

[小篆]《說文》：寸，十分也。人手卻一寸動脈謂之寸口。从又、一。凡寸之屬皆从寸。（三篇下）

手指之旁一短劃，表示大拇指的寬度為一寸，古希臘初亦以之定長度單位。其他从寸之結構大都由又變化而來。

*巾　kiən

[甲骨]巾 巾

[金文]巾 巾

[小篆]《說文》：巾，佩巾也。从冂。丨，象系也。凡巾之屬皆从巾。（七篇下）

下垂之巾形，古時人人佩帶之物。

*刃　njiən

[甲骨]刃

[金文]

[小篆]《說文》：刃，刀鋻也。象刀有刃之形。凡刃之屬皆从刃。（四篇下）

一短劃在刀上，表示刃在刀上之部位。

*川　t'jiwən

[甲骨]川 川 川 川 川 川

[金文]川 川 川

[小篆]《說文》：川，毌穿通流水。虞書曰：濬く巜距川。言深く巜之水會為川也。凡川之屬皆从川。（十一篇下）

多水之大河形。

*旡　kjər

[甲骨]旡 旡

[金文]

[小篆]《說文》：旡，飲食屰气不得息曰旡。从反欠。凡旡之屬皆从旡。旡，古文旡。（八篇下）

轉頭打嗝狀，以示禮貌。食後常打嗝。

既　kjər

[甲骨]既 既 既 既 既 既 既 既 既 既 既 既 既 既 既 既 既 既

[金文]既 既 既 既 既 既 既 既 既 既 既 既 既 既 既 既 既 既

[小篆]《說文》：既，小食也。从皀，旡聲。論語曰：不使勝食既。（五篇下）

一人於食前轉頭打嗝，表示已吃飽，可撤去食物。

*內　nwər

[甲骨]內 內 內 內 內 內 內 內

[金文]內 內 內 內 內 內 內 內

[小篆]《說文》：內，入也。从冂、入。自外而入也。（五篇下）

大概取自門內往外望之形象，掛簾在兩旁束住之象？

*气　k'jər

[甲骨]气 气 气 气 气 气 气 气

[金文]气 气 气

[小篆]《說文》：气，雲气也。象形。凡气之屬皆从气。（一篇上）

或象長條之雲形。

*火　xwər

[甲骨]

[金文]

[小篆]《說文》：火，燬也。南方
之行炎而上。象形。凡火之屬皆从
火。（十篇上）

火焰上揚狀。

*勿　mjwət

[甲骨]

[金文]

[小篆]《說文》：勿，州里所建
旗。象其柄，有三游。雜帛。幅半
異。所以趣民，故遽偁勿勿。凡勿
之屬皆从勿。𠃌，勿或从㫃。（九
篇下）

不是旗形？

*屯　dwən

[甲骨]

[金文]

[小篆]《說文》：屯，難也，屯。
象艸木之初生，屯然而難。从屮貫
一屈曲之也。一，地也。易曰：
屯，剛柔始交而難生。（一篇下）

捆縛兩片肩胛骨而套成一對之形，
為計算甲骨的單位。

*允　riwən

[甲骨]

[金文]

[小篆]《說文》：允，信也。从
目、儿。（八篇下）

《說文》：畯，農夫也。从田，夋
聲。（十三篇下）

從畯字考察，允可能表示頭上包紮
布巾遮陽的農民形態，農民樸素誠
實。

*斤　kjən

[甲骨]

[金文]

[小篆]《說文》：斤，斫木斧也。
象形。凡斤之屬皆从斤。（十四篇
上）

長柄石斧的形象。

*分　pjwən

[甲骨]

[金文]

[小篆]《說文》：分，別也。从八、
刀。刀以分別物也。（二篇上）

以刀切物分成兩半之意。

*云　vjwən

[甲骨]

[金文]

[小篆]《說文》：雲，山川气也。

从雨。云象回轉之形。凡雲之屬皆
从雲。�，古文省雨。ㄋ，亦古文
雲。（十一篇下）
象蜷曲的雲形。

*文　mjwən

[甲骨] （甲骨文字形）

[金文] （金文字形）

[小篆]《說文》：文，錯畫也。象
交文。凡文之屬皆从文。（九篇上）
一人胸上有刺紋，刺紋為象徵流血
的死亡儀式，引申為紋飾。

吝　liən

[甲骨] （甲骨文字形）

[金文]

[小篆]《說文》：吝，恨惜也。从
口，文聲。易曰：以往吝。𠫤，古
文吝。从彣。（二篇上）
恐不从文聲，大致象紋身的尸體埋
於土坑之意，惋惜其違背古俗？喪
儀演變是棒殺、棄尸、割體而後繢
紋身、埋藏。要流血而死繢合古時
的禮儀。

麐　liən

[甲骨] （甲骨文字形）

[金文]

[小篆]《說文》：麐，牝麒也。从

鹿，吝聲。（十篇上）
甲骨文作从鹿从文，較不會从文
聲，大概表達有美麗花紋的鹿。

*臼　swən

[甲骨] （甲骨文字形）

[金文] （金文字形）

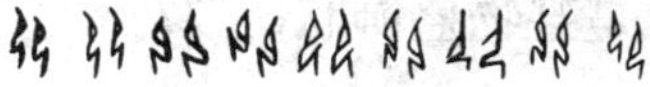

[小篆]《說文》：臼，二卪也。巽
从此。闕。（九篇上）
《說文》：𢍸，具也。从廾，臼聲。
𢍍，古文巽。𢍝，篆文巽。（五篇
上）
行禮或宴席時列坐有序。

*卉　xjwər

[甲骨]

[金文]

[小篆]《說文》：卉，艸之總名
也。从艸、屮。（一篇下）
草卉眾多之狀。

奔　xwət

[甲骨] （甲骨文字形）

[金文] （金文字形）

[小篆]《說文》：奔，疾也。从
夭，卉聲。撩从此。（十篇下）
舞具形，用以祈福。與字形相近之
求雖同為祭名，但用法有別。

賁　bjwən

[甲骨]

[金文]

[小篆]《說文》：贄，飾也。從貝，卉聲。（六篇下）

可能與貝無關，也不像從卉聲，大致是某物盛飾狀，鼓？

鼖　bjwən

[甲骨] 𣍘

[金文]

[小篆]《說文》：鼖，大鼓謂之鼖。鼖八尺而兩面，以鼓軍事。從鼓，卉聲。鞼，鼖或從革，賁聲。（五篇上）

大鼓上有多道裝飾物形。

*未　mjwər

[甲骨] 𣎴 𣎴 𣎴 𣎴 𣎴 𣎴 𣎴 𣎴

[金文] 𣎴 𣎴 𣎴 𣎴 𣎴 𣎴 𣎴 𣎴

[小篆]《說文》：未，味也。六月滋味也。五行木老於未。象木重枝葉也。凡未之屬皆從未。（十四篇下）

樹長得茂盛，枝條多。

沬　xmwər

[甲骨]

[金文]（金文字形群）

[小篆]《說文》：沬，洒面也。從水，未聲。湏，古文沬。從𦥑、水、

從頁。（十一篇上）

一人臨皿洗臉之狀。金文字形象是以盆水替他人沖洗之狀。《說文》古文則作雙手捧水洗臉之狀。

*出　t'jiwət

[甲骨]（甲骨字形群）

[金文]（金文字形群）

[小篆]《說文》：出，進也。象艸木益滋上出達也。凡出之屬皆從出。（六篇下）

一足步出半地下穴居之狀。

朏　k'wət

[甲骨]

[金文]

[小篆]《說文》：朏，月未盛之明也。從月、出。周書曰：丙午朏。（七篇上）

新月出現之日子。

*秫　zdjiwət

[甲骨]

[金文]

[小篆]《說文》：秫，稷之粘者也。從禾。朮，象形。朮，秫或省禾。（七篇上）

某種穀類作物之特殊形象？

*屈　k'wər

[甲骨]

[金文]

[小篆]《說文》：凷，墣也。从
土、凵。凵，屈。象形。塊，俗凷
字。（十三篇下）
土塊盛于筐中之意，以便搬運。

*弗　pjwət

[甲骨]

[金文]

[小篆]《說文》：弗，矯也。从
丿、乀，从韋省。（十二篇下）
捆縛東西使保持一定形狀之意？ 某
種器物製作之過程，借為否定詞。

*本　pwən

[甲骨]

[金文]㮺

[小篆]《說文》：㮺，木下曰本。
从木、从丅。㭋，古文。（六篇上）
以一短劃指示樹木之根本所在。

*圣　k'wət

[甲骨]

[金文]圣圣

[小篆]《說文》：圣，汝穎之閒謂
致力於地曰圣。从又、土。讀若兔
鹿窟。（十三篇下）
雙手以石斧挖土狀，或扶持有犁壁
之犁刺土以挖土狀，挖土墾荒基本

的工作。

*自　twər

[甲骨]

[金文]

[小篆]《說文》：自，小阜也。象
形。凡自之屬皆从自。（十四篇上）
兩小土堆形，為適應窄長竹簡之寬
度而豎寫。

帥　siwər

[甲骨]

[金文]

[小篆]《說文》：帥，佩巾也。从
巾，自聲。帨，帥或从兌聲。（七篇
下）
懸巾於門右，古時告知生產女嬰的
習慣，巾為婦女從事家務的器具。

歸　kjwər

[甲骨]

[金文]

[小篆]《說文》：歸，女嫁也。从
止、婦省，自聲。㫚，籀文省。（二
篇上）
可能不是形聲字，而是表達於歸嫁
時要帶一把故鄉的泥土？ 籀文作止
帚，大概與古時歸嫁的習俗有關，

帶一把掃帚回娘家？ 不久前尚有嫁女以雞隨行之俗。或遠行者怕到陌生地而水土不服，亦有帶一把故鄉土滲於飲水中的習慣。

*妃　p'wər,p'jwər

[甲骨]（圖形）

[金文]（圖形）

（圖形）

[小篆]《說文》：妃，匹也。從女、己。（十二篇下）

本來或作跪坐的一男與一女，相配成夫婦。新石器早期的婦女沒有法定的固定配偶？

*回　gwər

[甲骨]

[金文] 回

[小篆]《說文》：回，轉也。從口。中象回轉之形。回，古文。（六篇下）

回旋之花紋形。

*耒　lwər

[甲骨]

[金文]（圖形）

[小篆]《說文》：耒，耕曲木也。從木推丰。古者垂作耒枱，以振民也。凡耒之屬皆從耒。（四篇下）

手推耕犂之訛變，藉字所析出。

*衣　ʔjər

[甲骨]（圖形）

[金文]（圖形）

[小篆]《說文》：衣，依也。上曰衣，下曰常。象覆二人之形。凡衣之屬皆從衣。（八篇上）

有領之上衣形。

*虫　xjwər

[甲骨]（圖形）

[金文]（圖形）

[小篆]《說文》：虫，一名蝮。博三寸，首大如擘指。象其臥形。物之微細，或行，或飛，或毛，或蠃，或介，或鱗，以虫為象。凡虫之屬皆從虫。（十三篇上）

蟲形。

*戌　sjiət

[甲骨]（圖形）

[金文]（圖形）

[小篆]《說文》：戌，威也。九月易气微，萬物畢成，易下入地也。五行土生於戌，盛於戌。從戊、一，一亦聲。凡戌之屬皆從戌。（十四篇下）

寬刃武器形，多充作儀仗。

*甶　pjwət

［甲骨］

［金文］

［小篆］《說文》：甶，鬼頭也。象形。凡甶之屬皆从甶。（九篇上）

扮鬼神所戴的面具形。

*肸　xjət

［甲骨］

［金文］

［小篆］《說文》：肸，振肸也。从肉，八聲。（四篇下）

八在脂部？

*厽　liwər

［甲骨］

［金文］

［小篆］《說文》：厽，絫坺土為牆壁。象形。凡厽之屬皆从厽。（十四篇下）

疊土塊之狀，用以砌牆。

*聿　riwət

［甲骨］

［金文］

［小篆］《說文》：聿，所以書也。楚謂之聿，吳謂之不律，燕謂之弗。从聿、一。凡聿之屬皆从聿。（三篇下）

一手持有毛尖之筆狀。

*艮　kən

［甲骨］

［金文］

［小篆］《說文》：艮，很也。从匕、目。匕目，猶目相匕，不相下也。易曰：艮其限。匕目為艮匕。 目為真。（八篇上）

一人怨恨不屑顧盼而轉頭或瞪眼之狀。

*存　dzwən

［甲骨］

［金文］

［小篆］《說文》：存，恤問也。从子、在省。（十四篇下）

子在會意，孩子生產順利。

*先　seən

［甲骨］

［金文］

［小篆］《說文》：先，前進也。从儿、之。凡先之屬皆从先。（八篇下）

一足在一人頭上，跣之字源？ 踏在他人頭上或身上要跣足。

*舛　t'jiwən

［甲骨］

［金文］

[小篆]《說文》：𦥔，對臥也。从
夂、𠂉相背。凡舛之屬皆从舛。
𦥝，楊雄作舛从足、春。（五篇下）
舞磷等字析出，兩腳外分舞蹈之
狀。

舜　st'jiwən

[甲骨]

[金文]

[小篆]《說文》：𦰩，舜艸也。楚
謂之葍，秦謂之藑。蔓地生而連華。
象形。从舛，舛亦聲。凡舜之屬皆从
舜。𦰤，古文舜。（五篇下）
巫者身上塗磷，藏身櫃中，舛後加，
強調巫師跳舞作法的景象。櫃中之
巫大概是神像。

*𣎆（殷）　ʔjən

[甲骨]

[金文]（𣎆 𣎆 𣎆 𣎆 𣎆 𣎆 𣎆 𣎆
　　　𣎆 𣎆 𣎆 𣎆 𣎆 𣎆 𣎆 𣎆 𣎆）

[小篆]《說文》：𣎆，歸也。从反、
身。凡𣎆之屬皆从𣎆。（八篇上）
《說文》：𣎆，作樂之盛稱殷。从
𣎆、殳。易曰：殷薦之上帝。（八
篇上）
殷字析出，手持棒槌擊鼓一類的樂
器，為大規模奏樂纔使用的樂器。

*位　viwər

[甲骨]

[金文]（𢓊）

[小篆]《說文》：𠅛，列中庭之左
右謂之位。从人、立。（八篇上）
人所立之處為列位所在，與立區別
的後起字。

*孛　bwər

[甲骨]

[金文]

[小篆]《說文》：𡼑，𡽪孛也。从
宋、从子。人色也，故从子。論語
曰：色孛如也。（六篇下）
芽衝出地面而其外殼分裂狀。

誖　bwər

[甲骨] 𤯍 𤯍 𤯍 𤯍 𤯍 𤯍 𤯍 𤯍

[金文] 𤯍

[小篆]《說文》：𧪡，亂也。从
言，孛聲。𢓐，誖或从心。𤯍，籀
文誖，从二或。（三篇上）
兩盾相撞擊之狀，可能是慌急之時
隊伍排列不整齊的現象。

*希　xjər

[甲骨]

[金文]

[小篆]《說文》失收。
《說文》：𢁄，疏也。从禾，希聲。
（七篇上）
布之織孔大，稀疏不密之意。

*旻(沒)　mwət

[甲骨]

[金文]

[小篆]《說文》：旻，入水有所取也。从又在回下。囘，古文回，回，淵水也。讀若沫。（三篇下）

人沒於水中，只見漩渦中一手上舉等待救援。

*宀　nwət

[甲骨] 宀 宀 宀 宀 宀 宀 宀

[金文]

[小篆]《說文》：宀，言之訥也。从口、内。凡宀之屬皆从宀。（三篇上）

大半與嘴巴無關而與住家有關？

*尾　mjwər

[甲骨] 尾

[金文]（尾，尾）

[小篆]《說文》：尾，微也。从到毛在尸後。古人或飾系尾，西南夷皆然。凡尾之屬皆从尾。（八篇下）

身後部之尾形，傳說中之伏犧、女媧有尾。或動物之尾形，因受竹簡寬度所限而豎寫。

*君　kjwən

[甲骨]

[金文]

[小篆]《說文》：君，尊也。从尹、口。口以發號。古文象君坐形。（二篇上）

手持筆沾墨寫字為發號令者，乃作決策的長官，與書字區別，不畫出筆毛。

*辰　djiən

[甲骨]

[金文]

[小篆]《說文》：辰，震也。三月易气動，雷電振，民農時也，物皆生。从乙、匕。匕象芒達。厂聲。辰，房星天時也。从二。二，古文上字。凡辰之屬皆从辰。辰，古文辰。（十四篇下）

蜃爬在地上之形。受竹簡寬度所限而豎寫。古時以蚌殼作為農具。

晨　djiən

[甲骨]

[金文]

[小篆]《說文》：晨，早昧爽也。从臼、辰。辰，時也。辰亦聲。丮、夕為夙，臼、辰為晨，皆同意。凡晨之屬皆从晨。（三篇上）

雙手持蜃製工具，去田地工作是一清早就得從事之事。

*困　k'wən

［甲骨］

［金文］

［小篆］《說文》：困，故廬也。从木在口中。米，古文困。（六篇下）

樹木受踐踏或限於範圍之內，均難充分地生長。

*隶　dər

［甲骨］

［金文］

［小篆］《說文》：隶，及也。从又，尾省。又持尾者從後及之也。凡隶之屬皆从隶。（三篇下）

手持之筆因墨汁太多而相續滴下之狀。

*曶　xmwət

［甲骨］

［金文］

［小篆］《說文》：曶，出气詞也。从曰。象气出形。春秋傳曰：鄭大子曶。曶，籀文曶。一曰佩也。象形。（五篇上）

象有刻紋的長方玉佩形。

*枚　mwər

［甲骨］

［金文］

［小篆］《說文》：枚，幹也。从木、支。可為杖也。詩曰：施于條枚。（六篇上）

自樹取下枝柯以為手杖。

*乖　krwər

［甲骨］

［金文］

［小篆］《說文》：乖，戾也。从丬、北。（四篇上）

某物有毛或根分散而不集中之狀。

*肥　bjwər

［甲骨］

［金文］

［小篆］《說文》：肥，多肉也。从肉、卪。（四篇下）

人而有肉者為肥胖。

*非　pjwər

［甲骨］

［金文］

［小篆］《說文》：非，韋也。从飛下翅，取其相背也。凡非之屬皆从非。（十一篇下）

排的字源，雙手往兩旁推開某些物之狀。

*委　ʔiwər

［甲骨］

［金文］

[小篆]《說文》：，委，隨也。从女、禾聲。（十二篇下）
婦女搬運禾束，不堪負荷其重之意。

*隹 tjwər

[甲骨]

[金文]

[小篆]《說文》：，鳥之短尾總名也。象形。凡隹之屬皆从隹。(四篇上)
鳥的簡略輪廓，與長短尾之分無關。

*卒 tswət

[甲骨]

[金文]

[小篆]《說文》：，隸人給事者為卒。古以染衣題識，故从衣一。(八篇上)
鱗片綴合之盔甲形，初為將領之裝備。後因盔甲普及，轉稱兵卒。

*舠 ngwət

[甲骨]

[金文]

[小篆]《說文》：，船行不安也。从舟，刖省聲。讀若兀。（八篇下）
與刖不同部，大概表示於船上用刀劈砍東西會造成木板裂隙而進水，擔心遲早會出事。

*昏 xmwən

[甲骨]

[金文]

[小篆]《說文》：，日冥也。从日、氐省。氐者，下也。一曰民聲。(七篇上)
太陽已下降至像是低於人之高度的時候為黃昏。

*門 mwən

[甲骨]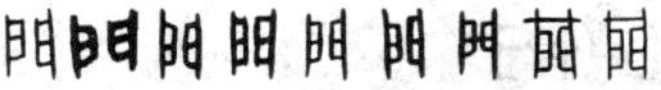

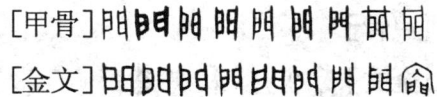

[金文]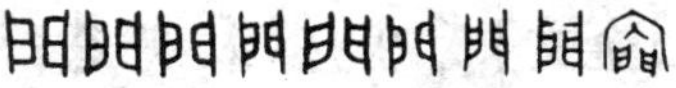

[小篆]《說文》：，聞也。从二戶。象形。凡門之屬皆从門。（十二篇上）
象兩扇戶之門形。

聞 xmwən

[甲骨]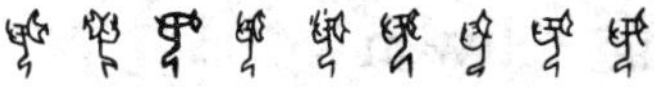

[金文]

[小篆]《說文》：，知聲也。从耳，門聲。，古文从昏。(十二篇上)
《說文》：，婦家也。禮：娶婦以昏時。婦人侌也，故曰婚。从女、

昏，昏亦聲。覉，籀文婚如此。
（十二篇下）

一人側耳傾聽且手有所反應之狀。
意外消息。金文借為婚姻。

*昆 kwən

[甲骨]

[金文] 𝌀

[小篆] 《說文》：𦨙，同也。从
日、从比。（七篇上）

金文字形可能有訛變，原來可能表
現太陽照射下的陰影，人人相似，
不能分辨面貌。

*奔 pwən

[甲骨]

[金文] 𡗜 𡙡 𡗜 𡗜 𡙡 𡙡

[小篆] 《說文》：𠌶，走也。从
夭，卉聲。與走同意，俱从夭。
（十篇下）

兩手上下擺動快速奔跑，腳步快，
看似多腳的樣子。

*侖 liwən

[甲骨]

[金文] 𠈌 （𤎸）

[小篆] 《說文》：侖，思也。从
亼、冊。𠌏，籀文侖。（五篇下）

象眾音管或眾竹簡有順序地捆編在
一起之意？

*囷 k'iwən

[甲骨]

[金文]

[小篆] 《說文》：囷，廩之圜者。
从禾在口中。圜謂之囷，方謂之
京。（六篇下）

存放禾堆之範圍。

*典 teən

[甲骨] 𦘒 𦘒 𦘒 𦘒 𦘒 𦘒 𦘒 𦘒 𦘒 𦘒 𦘒 𦘒 𦘒 𦘒

[金文] 𠔏 𠔏 典 典 𠔏 𠔏 典 𠔏 𠔏

[小篆] 《說文》：𠔏，五帝之書
也。从冊在丌上，尊閣之也。莊都
說：典，大冊也。𠔼，古文典，从
竹。（五篇上）

雙手捧重要的典冊，恭敬閱讀，冊
下二短劃是為與冊字區別？

*屍（臀） dewən

[甲骨] 𠂤 𠂤 𠂤 𠂤 𠂤 𠂤 𠂤

[金文]

[小篆] 《說文》：屍，髀也。从尸
下丌居几。𦡞，或从肉、隼。𩨗，
或从骨，殿聲。（八篇上）

以圈指示臀所在人身之部位，後加
丌表示坐具。

*叔（菽） k'rwər, krwər

[甲骨]

[金文]

[小篆]《說文》失收。

《說文》：，艸也。从艸，𠭥聲。(一篇下)

𠭥可能是蕢字源，从𠭥聲之字或作从貴，如聵()。字象手持蕢器以收集草葉之狀。

*臾(蕢) giwər

[甲骨]

[金文]

[小篆]《說文》：，艸器也。从艸，貴聲。，古文蕢。象形。論語曰：有荷臾而過孔氏之門。(一篇下)

雙手拿收集落葉之筐。

*㒸 rjiwər

[甲骨]

[金文]

[小篆]《說文》：，从意也。从八，豕聲。(二篇上)

豬身上一短畫。野豬受箭傷，急於逃遁之狀？

*威 ʔjwər

[甲骨]

[金文]

[小篆]《說文》：，姑也。从女，戌聲。漢律曰：婦告威姑。(十二篇下)

以戈威嚇女性？但戌形兵器大都用於儀仗，或表示婦女持戚之象，也是有威儀者才見得到的景象。

*畏 ʔjwər

[甲骨]

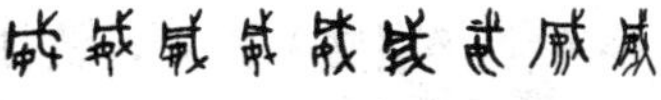

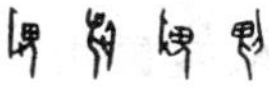

[金文]

[小篆]《說文》：，惡也。从由、虎省。鬼頭而虎爪，可畏也。，古文省。(九篇上)

巫師戴面具扮鬼且持兵器之象，其威力更高，令人畏怕。

*胃 vjwər

[甲骨]

[金文]

[小篆]《說文》：，穀府也。从肉，図象形。(四篇下)

胃裝有食物形，加肉之意符使其意義更為明顯。

*突 t'wət

[甲骨]

[金文]

[小篆]《說文》：，犬從穴中暫出也。从犬在穴中。一曰滑也。(七篇下)

不从穴，穴為有井架支木的礦坑。犬從牆洞出入，突見竄出屋外之象，小點為激起的灰塵。

*胤　riən，rien

[甲骨]

[金文] （金文字形）

[小篆]《說文》：胤，子孫相承續也。從肉從八，象其長也。幺亦象重纍也。𦙃，古文胤。（四篇下）

腸子形。子孫相承甚久長，如腸子連續甚長。

*盾　dwən

[甲骨]

[金文] （金文字形）

[小篆]《說文》：盾，瞂也。所以扞身蔽目。從目。象形。凡盾之屬皆從盾。（四篇上）

護衛人身之盾，以目代身，露眼睛以看來襲之方向，或作十字盾形及豚聲。

循　rjwən

[甲骨] （甲骨字形）

[金文] （𢓊 德 德）

[小篆]《說文》：循，行也。從彳，盾聲。（二篇下）

建路時以眼測量道路是否筆直，是種才能。依字形看，德字應由此字演變。

*軍　kjwən

[甲骨]

[金文] （金文字形）

[小篆]《說文》：軍，圜圍也。四千人為軍。從包省、從車。車，兵車也。（十四篇上）

從車，旬聲？ 但旬在脂部。馬車為指揮官乘坐，要較大的編制纔配備馬車。牛車則為軍事輜重運輸所必備。可能表現車隊有護衛包圍，是軍隊的編制。

*眉　xrər

[甲骨]

[金文]

[小篆]《說文》：眉，臥息也，從尸、自。（八篇上）

睡臥而聞鼻息聲，熟睡之現象。

*疢　t'iən

[甲骨]

[金文]

[小篆]《說文》：疢，熱病也。從火、從疒。（七篇下）

發燒之病。

*屍　st'jiər

[甲骨]

[金文]

[小篆]《說文》：屍，終主也。從尸、死。（八篇上）

死人之尸會意？ 尸於此或是二次葬的姿態，象身手足都疊在一起之狀。

*彪(魅、彔)　miwər

[甲骨] 𰼴 𰼴

[金文]

[小篆]《說文》：彔，老物精也。從鬼、彡。彡，鬼毛。魅，或从未。𰼴，籀文。从象首，从尾省聲。（九篇上）

彡表示磷光，唯久年之尸骨纔能在黑暗中發出磷光，故為老精怪。

*配　p'wər

[甲骨] 𰼴 𰼴 𰼴

[金文] 𰼴 𰼴 𰼴 𰼴 𰼴 𰼴 𰼴 𰼴

[小篆]《說文》：配，酒色也。从酉，己聲。（十四篇下）

饗宴時一人配以一杯酒之象。

*飛　pjwər

[甲骨]

[金文]（𰼴）

[小篆]《說文》：飛，鳥翥也。象形。凡飛之屬皆从飛。（十一篇下）

鳥張羽飛翔狀。

*盉　ʔwən

[甲骨] 𰼴 𰼴 𰼴 𰼴

[金文]

[小篆]《說文》：盉，仁也。从皿以食囚也，官溥說。（五篇上）

象人在澡盆中，洗澡使用溫水。

*退　t'wər

[甲骨] 𰼴 𰼴 𰼴 𰼴 𰼴 𰼴 𰼴

[金文] 𰼴 𰼴

[小篆]《說文》：退，卻也。从彳、日、夊。一曰行遲。退，退或从內。復，古文从辵。（二篇下）

足在門內，內為門裏頭的形狀，退居家中的景象。

*衰　siwər

[甲骨]

[金文]

[小篆]《說文》：衰，艸雨衣也。秦謂之萆。从衣，象形。𰼴，古文衰。（八篇上）

象不縫邊純的喪衣形，服喪期間少飲食，故體弱。

*散　mjwər

[甲骨] 𰼴 𰼴 𰼴

[金文] 𰼴 𰼴 𰼴 𰼴 𰼴 𰼴 𰼴 𰼴

[小篆]《說文》：散，眇也。从人、从攴，豈省聲。（八篇上）

打殺眼瞎或病微體弱的老人，古代喪俗，放出血與魂以便投胎重生。彳後加，籀文薇即無彳。殺字的古文與此字形甚近，可能是一字之分化。

*豈　k'jər

[甲骨]

[金文]

[小篆]《說文》：𧯛，還師振旅樂也。一曰欲登也。从豆，微省聲。凡豈之屬皆从豈。（五篇上）

鼓上有裝飾的軍鼓形。

*祟　riwər

[甲骨]

[金文]

[小篆]《說文》：祟，神禍也。从示、出。𥜻，籀文祟。从襄省。（一篇上）

除祟的道具形。同殺字。

*骨　kwət

[甲骨]

[金文]

[小篆]《說文》：骨，肉之覈也。从冎有肉。凡骨之屬皆从骨。（四篇下）

牛肩胛骨形，用以占卜問禍福。

*鬼　kjwər

[甲骨]

[金文]

[小篆]《說文》：鬼，人所歸為鬼。从儿。甶，象鬼頭也。从厶。鬼陰气賊害，故从厶。凡鬼之屬皆从鬼。𩲡，古文从示。（九篇上）

巫師戴面具扮鬼形之象。

*孫　swən

[甲骨]

[金文]

[小篆]《說文》：孫，子之子曰孫。从系、子。系，續也。（十二篇下）

子所連續傳下之末裔，如絲線之持繼長遠。或以為表現出殯牽紼者為孫輩，但執紼者非皆親戚或孫輩。

*圂　gwən

[甲骨]

[金文]

[小篆]《說文》：圂，豕廁也。从口。象豕在口中。會意。（六篇下）

養豬處亦為家居之廁所所在。為集肥的方便。

*㘝（隱）　ʔjən

[甲骨]

[金文]

[小篆]《說文》：㘝，有所依也。从爪、工。讀與隱同。（四篇下）

兩手上下包持一物，隱藏不使人知其中為何物？

*員　vjwən

[甲骨]

[金文]

[小篆]《說文》：員，物數也。從貝，口聲。凡貝之屬皆從貝。（六篇下）

絕大多數的鼎體正圓，以鼎及圓圈表示其輪廓為圓。

*隺　sjiwən

[甲骨]

[金文]

[小篆]《說文》：雠，祝鳩也。從鳥，隹聲。隺，雠或從隹、一。一曰鶉字。（四篇上）

小篆或文以常棲於枝頭之鳥會意？或攜於手臂以往狩獵？

*尉　ʔjwər

[甲骨]

[金文]

[小篆]《說文》：尉，從上按下也。從尸、又持火所以申繒也。（十篇上）

作手以（工具）取火上燒烤之石塊以熨燙病人的背部狀。

*豚　dwən

[甲骨]

[金文]

[小篆]《說文》：豚，小豕也。從古文豕，從又持肉以給祠祀也。凡豚之屬皆從豚。豚，篆文。從肉、豕。（九篇下）

最好吃的豬肉，即幼豬的肉。

*率　siwət

[甲骨]

[金文]

[小篆]《說文》：率，捕鳥畢也。象絲网。上下其竿柄也。凡率之屬皆從率。（十三篇上）

象腸子及所附帶的油脂狀。

*敏　miwən

[甲骨]

[金文]

[小篆]《說文》：敏，疾也。從攴，每聲。（三篇下）

一手在一婦女頭上梳髮插笄狀，動作要敏捷纔能節省時間做別的事。

*堇　giən

[甲骨]

[金文]

[小篆]《說文》：堇，黏土也。從黃省、從土。凡堇之屬皆從堇。

薷，古文菫。藄，亦古文。（十三篇
下）

與第八部的熯同形，土為火所訛
變。饑荒肚餓，手按肚子，巫師求
雨姿勢，或下加火烤，思取得上帝
的同情而降下雨。

*呂　siwət

[甲骨]

[金文]

[小篆]《說文》：呂，背呂也。象
脅肋形。凡呂之屬皆从呂。讀若
乖。（十二篇上）

象肋骨在脊椎骨上之狀。

*奞　sjwər

[甲骨]

[金文]

[小篆]《說文》：奞，鳥張毛羽自
奮，奞也。从大、隹。凡奞之屬皆
从奞。讀若睢。（四篇上）

大鳥翅膀有力，振動有聲？

*豙　ngjər

[甲骨]

[金文]

[小篆]《說文》：豙，豕怒毛豎
也。一曰殘艾也。从豕、辛。（九
篇下）

野豬激怒，低頭前突狀？但毅字作
辛於豕上，把野豬閹割以馴服

之象？

*開　k'ər

[甲骨]

[金文]

[小篆]《說文》：開，張也。从
門，幵聲。閞，古文。（十二篇上）
雙手解門閂以開門之狀。

*幾　kjər

[甲骨]

[金文] 𢆶 𢆶 𢆶

[小篆]《說文》：幾，微也。殆
也。从絲、从戍。戍，兵守也。絲
而兵守者，危也。（四篇下）

人可坐而以腳踏板控制經線開闔之
織機，戈即機之側視，絲線表示其
作用，引申為機械操作之事物。

*飧　swən

[甲骨]

[金文]

[小篆]《說文》：飧，餔也。从
夕、食。（五篇下）

以晚上之食會意。古時一般人只用
二餐，偶爾滯留甚晚時纔用晚餐，
約在十時左右，特為製一專字。

*壼　jwən

[甲骨]

[金文]

[小篆]《說文》：壼，壹壼也。从

凶、从壺。壺，不得溥也。易曰：
天地壹壺。（十篇下）

壺蓋密合，壺中之氣泄露不出去之
狀。

*蚰　kwən

[甲骨] 𧕟 𧖌 𧖌 𧖌 𧖌 ⁏⁏ 𧖌 𧖌 𧖌

[金文] 𧖌

[小篆]《說文》：𧖌，蟲之總名
也。从二虫。凡蚰之屬皆从蚰。讀
若昆。（十三篇下）

小蟲群集狀。

*筋　kjən

[甲骨]

[金文]

[小篆]《說文》：𦓀，肉之力也。
从肉、力，从竹。竹，物之多筋者。
凡筋之屬皆从筋。（四篇下）

肉中有物韌硬有力，好像竹之纖
維。

*焚　bjwən

[甲骨] 𤐫 𤐫 𤐫 𤐫 𤐫 𤐫 𤐫 𤐫 𤐫
𤐫 𤐫 𤐫 𤐫

[金文] 焚 焚

[小篆]《說文》：𤐫，燒田也。从
火、林。（十篇上）

火燒森林之狀。

*尊　tswən

[甲骨] 𤼈 𤼈 𤼈 𤼈 𤼈 𤼈 𤼈 𤼈 𤼈
𤼈 𤼈 𤼈 𤼈 𤼈 𤼈

[金文] （金文字形）

[小篆]《說文》：𤼈，酒器也。从
酋，廾以奉之。周禮：六尊，犧尊、
象尊、箸尊、壺尊、大尊、山尊，以
待祭祀賓客之禮。𤼈，尊或从寸。
（十四篇下）

雙手捧酒尊以供祭，或點明於階前
舉行。

*綏　sjiwər

[甲骨]

[金文]

[小篆]《說文》：綏，車中靶也。
从糸、妥聲。（十三篇上）

婦女用手拉上車的繩綏，婦女不能
如男子不顧形象而跳上車。

*罪　dzwər

[甲骨]

[金文]

[小篆]《說文》：𦉹，捕魚竹网
也。从网，非聲。秦以為辠字。
（七篇下）

密網之形，網用以捕魚，陷人以罪

亦似之。

*辠　dzwər

[甲骨]

[金文] 辛

[小篆]《說文》：辠，犯法也。從辛、自。言辠人蹙鼻苦辛之憂，秦以辠似皇字，改為罪。（十四篇下）以刀刺紋於罪犯者之鼻，亦以警戒他人。

*壼　k'wən

[甲骨]

[金文]

[小篆]《說文》：壼，宮中道。從口，象宮垣道上之形。詩曰：室家之壼。（六篇下）宮殿有所裝飾，且其圍牆內行道規整之狀。

*熏　xjwən

[甲骨]

[金文] 熏 熏 熏 熏 熏

[小篆]《說文》：熏，火煙上出也。從屮、從黑。屮、黑，熏象。（一篇下）熏香之香囊形。

*對　twər

[甲骨] 對 對 對 對 對

[金文] 對

[小篆]《說文》：對，應無方也。從丵、口，從寸。寸，法度也。對，對或從士。漢文帝以為責對而面言，多非誠對，故去口以從士也。（三篇上）手舉一物，大致回答上級問話的習慣。

*豩（燹）　piwən，seən

[甲骨]

[金文]（豩 豩 豩 豩 豩 豩 豩）

[小篆]《說文》：豩，二豕也。豳從此。闕。（九篇下）

《說文》：燹，火也。從火，豩聲。（十篇上）以火逐獸出窩，捕獵之一法。豩為析出之字。

*麈　diən

[甲骨]

[金文]

[小篆]《說文》：麈，鹿行揚土也。從麤、土。麈，籀文。（十篇上）群鹿奔跑而揚起大量灰塵之狀。

*雷　lwər

[甲骨] 雷 雷 雷 雷 雷 雷 雷 雷 雷 雷 雷 雷 雷 雷 雷 雷

[金文] 𐀀

[小篆]《說文》：靁,陰陽薄動生物者也。从雨,晶象回轉形。𐀀,籀文。雷間有回。回,雷聲也。𐀀,古文雷。𐀀,古文雷。（十一篇下）
閃電及想像之雷形。

*纍　liwər

[甲骨]

[金文]

[小篆]《說文》：纍,綴得理也。一曰大索也。从糸,晶聲。（十三篇上）
多物繫於一線,不勝負荷。

*絲　sjiər

[甲骨] 𐀀

[金文] 𐀀

[小篆]《說文》：絲,希屬。从二希。𐀀,古文絲。虞書曰：絲類于上帝。（九篇下）
此種野獸常成對出現,一次追捕兩隻以上？ 或用坑陷捕捉之。造字常例,並列同一事物必有特別的用意。

*穎　lwər

[甲骨]

[金文]

[小篆]《說文》：穎,難曉也。

从頁、米。一曰鮮白皃。从粉省。（八篇下）
眼睛視物模糊不清,散光的現象。

*羣　djiwən

[甲骨] 𐀀

[金文] 𐀀

[小篆]《說文》：羣,孰也。从𦎫、羊。讀若純。一曰鬻也。羣,篆文羣。（五篇下）
羊於宗廟前,表現出發攻敵前以熟羊供祭於宗廟前之習慣？

*磊　lwər

[甲骨]

[金文]

[小篆]《說文》：磊,眾石皃。从三石。（九篇下）
石頭多之狀。

*褱　grwər

[甲骨]

[金文] 𐀀

[小篆]《說文》：褱,俠也。从衣,罒聲。一曰橐。（八篇上）
衣裏有啼哭嬰兒之狀？ 以母親常把啼哭的嬰兒抱在懷中哄造意。

*器　k'iər

[甲骨]

[金文] （字形）

[小篆]《說文》：器，皿也。象器
之口，犬所以守之。（三篇上）
犬善吠好像多張嘴，這樣的狗能守
物業，有器用。

*冀 kiər

[甲骨]

[金文]（字形）

[小篆]《說文》：冀，北方州也。
从北，異聲。（八篇上）
戴面具扮北方之神像。

*奮 pjwən

[甲骨]

[金文]（字形）

[小篆]《說文》：奮，翬也。从奞
在田上。詩曰：不能奮飛。（四篇
上）
可能衣上繡有鳥飛翔圖，為武士的
戎裝。或作鳥在田地上被棍棒驅逐
而奮飛之狀。

*毇 xiwər

[甲骨]

[金文]（毇）

[小篆]《說文》：毇，糲米一斛舂
為九斗也。从臼、米、从殳。凡毇
之屬皆从毇。（七篇上）
舂粗米於臼中以得精米之意。

*薦 tseən

[甲骨]

[金文]（字形）

[小篆]《說文》：薦，獸之所食艸
也。从廌、草。古者，神人以廌遺
黃帝，帝曰何食何處？曰：食薦。
夏處水澤，冬處松柏。（十篇上）
廌獸喜食之草是編織席子的好材
料。

*糞 pjwən

[甲骨]

[金文]

[小篆]《說文》：糞，棄除也。
从廾推華。糞，采也。官溥說：似
米而非米者，矢字。（四篇下）
雙手持箕倒廢物之狀。

*羃 kwən

[甲骨]

[金文]

[小篆]《說文》：羃，周人謂兄曰
羃。从弟、眔。（五篇下）
及弟會意，兄弟多人。

*鯀 kwən

[甲骨]

[金文]（字形）

[小篆]《說文》：鯀，鯀魚也。
从魚，系聲。（十一篇下）

釣魚之繩？　釣魚之繩有異於一般之
繩索，故特為造字。

*繠　njiwər, njiwa

[甲骨]

[金文]

[小篆]　《說文》：繠，烝也。从
惢、糸。（十篇下）

絲線有三結的垂飾，心即結的模
樣，可能是串聯玉珮的絲穗。

*鰥　krwən

[甲骨]

[金文]　（圖形）

[小篆]　《說文》：鰥，鰥魚也。从
魚、眾聲。（十一篇下）

不从眔聲，創意不詳。

*巽　swən

[甲骨]

[金文]

[小篆]　《說文》：巽，具也。从
丌、从頣。此易巽卦為長女、為風
者。（五篇上）

與巽字的結構同，表達大人物相會
時，列坐有序。

*彎　piwər

[甲骨]

[金文]

[小篆]　《說文》：彎，馬彎也。从
絲、車。與連同意。詩曰：六彎如

絲。（十三篇上）

車上控制馬之多條韁繩。

*霓　xjiər

[甲骨]

[金文]

[小篆]　《說文》：霓，見雨而比息。
从覞、雨。讀若欷。（八篇下）

二人都被雨淋，找不到遮蓋物。

*奰　krwən

[甲骨]

[金文]

[小篆]　《說文》：奰，壯大也。从
三大、三目。二目為奰，三目為奰。
益大也。一曰迫也。讀若易虙羲氏。
詩曰：不醉而怒曰奰。（十篇下）

眾多有頭臉的貴族的聚會，聲勢浩
大。

*鬱　vjwət

[甲骨]

[金文]

[小篆]　《說文》：鬱，芳艸也。十
葉為貫，百廿貫，築以煮之為鬱。
从臼、缶、冖、鬯。彡，其飾也。一
曰鬱鬯，百草之華，遠方鬱人所貢，
芳草合釀之，以降神。鬱，今鬱林
郡也。（五篇下）

與雙手拿鍋在灶上煮鬯之事有關。

鬱　vjwət

[甲骨]

[金文]𣜩 𣜪 𣜫

[小篆]《說文》：鬱，木叢者。从林，鬱省聲。（六篇上）

可能表示人在茂林中難行走之意。可能上部與鬱形似而合為一字。

*爨　xiən

[甲骨]

[金文]

[小篆]《說文》：爨，血祭也。象祭竈也。从爨省、从酉。酉，所以祭也。从分，分亦聲。（三篇上）

或是从分聲，也可能是火的訛化，表現雙手扶住灶上之鍋子，灶下火在溫酒的樣子。

十、脂質真　-er,-et,-en

*一　ʔjiet

[甲骨]一

[金文]━ ⌒ ⌒ ⌒

[小篆]《說文》：一，惟初大極，道立於一。造分天地，化成萬物。凡一之屬皆从一。弌，古文一。（一篇上）

記號。

*厶　sjier

[甲骨]

[金文]

[小篆]《說文》：厶，姦衺也。韓非曰：蒼頡作字，自營為厶。凡厶之屬皆从厶。（九篇上）

可能象犁頭之形，借為私。

*匕　pjier

[甲骨]ㄑ ㄑ ㄣ ㄣ ㄣ ㄑ ㄑ ㄣ

[金文]ㄋ ㄣ ㄧ ㄥ ㄣ ㄣ ㄣ ㄟ

[小篆]《說文》：匕，相與比敘也。从反人。匕亦所以用比取飯，一名柶。凡匕之屬皆从匕。（八篇上）

匙匕之形，家務之器具，故用以代表雌性徵。

旨　tjier

[甲骨]𠤎 𠤎 𠤎 𠤎 𠤎 𠤎 𠤎 𠤎

[金文]𠤎 𠤎 𠤎 𠤎 𠤎 𠤎 𠤎 𠤎

[小篆]《說文》：旨，美也。从甘，匕聲。凡旨之屬皆从旨。𠱔，古文旨。（五篇上）

與匕聲無關，p與t少諧聲現象。以匙自容器中取食以會甘美食物之意。後來為與召字區別，乃於口中加點。

牝　bjien，bjier

[甲骨]（甲骨文字形）

[金文]

[小篆]《說文》：牝，畜母也。从牛，匕聲。易曰：畜牝牛吉。（二篇上）

動物加性徵，匙匕為家務工具，表示女性。

*几　kier

[甲骨]

[金文]（𣎆）

[小篆]《說文》：几，居几也。象形。周禮：五几，玉几、彫几、彤几、鬃几、素几。凡几之屬皆从几。（十四篇上）

短几形。中國古代不坐几椅，春秋晚期雖有坐短几之圖像，可能是東夷的習慣，但也非此形制。

*二　njier

[甲骨]

[金文]

[小篆]《說文》：二，地之數也。从耦一。凡二之屬皆从二。弍，古文二。（十三篇下）

記號。

次　ts'jier

[甲骨]

[金文]

[小篆]《說文》：羡，不前不精

也。从欠，二聲。𣢩，古文次。（八篇下）

說話或吃飯而噴出口水狀，被認為是不高尚的行為。

*八　pret

[甲骨]

[金文]

[小篆]《說文》：八，別也。象分別相背之形。凡八之屬皆从八。（二篇上）

記號。

*七　ts'jiet

[甲骨]

[金文]

[小篆]《說文》：七，易之正也。从一，微会從中衺出也。凡七之屬皆从七。（十四篇下）

記號，或以為刀切口之形。

*人　njien

[甲骨]

[金文]

[小篆]《說文》：人，天地之性冣貴者也。此籀文。象臂脛之形。凡人之屬皆从人。（八篇上）

人側立形。

千　ts'en

[甲骨]

[金文] 𠦃 𠦃 𠦃 𠦃 𠦃 𠦃 𠦃 𠦃 𠦃

[小篆]《說文》：仟，十百也。从
十，人聲。（三篇上）

借人為千數的記號。

年　nen

[甲骨]

[金文]

[小篆]《說文》：秊，穀孰也。从
禾，千聲。春秋傳曰：大有年。
（七篇上）

一人頭頂禾束搬運之狀，收穫之景
象。一年只有一次主糧的收穫，引
申為一年之時間長度。

*卩　tset

[甲骨]

[金文]

[小篆]《說文》：卩，瑞信也。守
邦國者用玉卩，守都鄙者用角卩，
使山邦者用虎卩，土邦者用人卩，
澤邦者用龍卩，門關者用符卩，貨
賄者用璽卩，道路用旌卩。象相合
之形。凡卩之屬皆从卩。（九篇
上）

一人跪坐之姿，為卿士的坐姿，一
般人有時不妨蹲坐。

即　tsjiet

[甲骨]

[金文]

[小篆]《說文》：皍，即食也。从
皀，卩聲。（五篇下）

一人前就食物，準備食用之意。

*尸　st'jier

[甲骨]

[金文]

[小篆]《說文》：𡰝，陳也。象臥
之形。凡尸之屬皆从尸。（八篇上）

夷人坐姿，蹲坐，亦為屈肢葬之姿
勢。

*夊　tjier

[甲骨]

[金文]

[小篆]《說文》：夊，從後至也。
象人兩脛後有致之者。凡夊之屬皆
从夊。讀若黹。（五篇下）

後等字析出，同止形。

*飞　sjien

[甲骨]

[金文]

[小篆]《說文》：飞，疾飛也。从
飛而羽不見。凡飞之屬皆从飞。
（十一篇下）

疾風吹得旗幟飄搖之狀。

訊　sjien

[甲骨] 𤽍 𢀳 𢀳 𢀳 𤽍 𢀳 𤽍 𢀳 𤽍

[金文] 𤽍 𤽍 𤽍 𤽍 𤽍 𤽍 𤽍 𤽍 𤽍

[小篆]《說文》：訊，問也。從言，卂聲。𤽍，古文訊，從卤。（三篇上）

口頭訊問雙手被捆綁於背後的人犯，有時把繩索也表現出來。

*廴　rien

[甲骨]

[金文]（𢓊 𢓊 𢓊 𢓊）

[小篆]《說文》：廴，長行也。從彳引之。凡廴之屬皆從廴。（二篇下）

彳字分化。

*比　bjier

[甲骨] 𠤎𠤎 𠤎 𠤎 𠤎 𠤎 𠤎 𠤎 𠤎

[金文] 𠤎𠤎 𠤎𠤎𠤎 𠤎𠤎 𠤎 𠤎

[小篆]《說文》：𠤎，密也。二人為從，反從為比。凡比之屬皆從比。𠤎，古文比。（八篇上）

兩人或兩匕相比，同從字。

*水　st'jiwer

[甲骨] 𣲆 𣲆 𣲆 𣲆 𣲆 𣲆 𣲆 𣲆 𣲆

[金文] 𣲆 𣲆 𣲆 𣲆

[小篆]《說文》：𣲆，準也。北方之行。象衆水並流中有微陽之氣也。凡水之屬皆從水。（十一篇上）

水流及水滴形。

*勻　vriwen

[甲骨]

[金文] 𠣎 𠣎 𠣎 𠣎

[小篆]《說文》：𠣎，少也。從勹、二。（九篇上）

物小，個體均勻，加旬聲以與二區別。

*日　njiet

[甲骨] ▭ ▭ ▭ ◯ ◇ ◯ ◯ ◯ ◯ ◯ ◉ ◉ ◇ ◉ ⬭ ◯ ◉ ◯ ◯

[金文] ● ◖ ◯ ◯ ◯ ⬭ ▭ ◖

[小篆]《說文》：日，實也。大昜之精不虧。從〇、一。象形。凡日之屬皆從日。⊖，古文。象形。（七篇上）

太陽之形，圈內之點或為分別，或有意表現日斑。

*引　rien

[甲骨]

[金文]

[小篆]《說文》：引，開弓也。從弓、｜。｜亦象矢。（十二篇下）

弦著於弓，但未接上另一端，不像開弓之狀。或為與弓字分別，故讓弦與弓體分離。

*匹　pjiet

［甲骨］

［金文］

［小篆］《說文》：𠃡，四丈也。從
匸、八。八揲一匹。八亦聲。（十
二篇下）

可能是捆卷之布匹形狀。

*尹　vriwen

［甲骨］

［金文］

［小篆］《說文》：尹，治也。從
又、丿。握事者也。𢍱，古文尹。
（三篇下）

治事者手持筆作批示。為與聿字分
別，故不畫出筆毛。

*天　t'en

［甲骨］

［金文］

［小篆］《說文》：兲，顛也。至高
無上。從一、大。（一篇上）

人之頭部形特顯著，借為天。

*朿　tsjier

［甲骨］

［金文］（朿）

［小篆］《說文》：朿，止也。從

朿。盛而一橫止之也。（六篇下）

禾捆縛成束之形。

*卟　ker

［甲骨］

［金文］

［小篆］《說文》：卟，卜以問疑也。
從口、卜。讀與稽同。（三篇下）

骨卜旁之丿用意不明。

*氐　ter

［甲骨］

［金文］

［小篆］《說文》：氐，至也、本
也。從氏下箸一。一，地也。凡氐
之屬皆從氐。（十二篇下）

象手提物之狀。

祇　tjier

［甲骨］

［金文］

［小篆］《說文》：祇，敬也。從
示，氏聲。（一篇上）

金文作兩竹籃之底部相抵安置狀，
應是抵初文。

*矢　st'jier

［甲骨］

［金文］

［小篆］《說文》：矢，弓弩矢也。
從入，象鏑括栝羽之形。古者夷牟

初作矢。凡矢之屬皆从矢。（五篇下）

箭形。

疾　dzjiet

［甲骨］（甲骨字形）

［金文］（金文字形）

［小篆］《說文》：𤕭，病也。从疒，矢聲。𤕰，籀文疾。廿，古文。（七篇下）

一人被箭射到，造成病疾。

雉　dier

［甲骨］（甲骨字形）

［金文］

［小篆］《說文》：雉，有十四種。盧諸雉、鷸雉、卜雉、鷩雉、秩秩海雉、翟山雉、韓雉、卓雉、伊雒而南曰翬、江淮而南曰搖、南方曰疇、東方曰甾、北方曰稀、西方曰蹲。从隹，矢聲。𤡌，古文雉，从弟。（四篇上）

用繳射之法捕捉的鳥。

𢑟　dier

［甲骨］（甲骨字形）

［金文］（金文字形）

［小篆］《說文》：𢑟，豕也。後蹏廢謂之𢑟。从彑、从二匕，矢聲。𢑟足與鹿足同。（九篇下）

以箭射捕獲的野豬。

*四　sjier

［甲骨］（甲骨字形）

［金文］（金文字形）

［小篆］《說文》：四，含數也。象四分之形。凡四之屬皆从四。𦉭，古文四如此。亖，籀文四。（十四篇下）

記號。

*示　zdjier

［甲骨］（甲骨字形）

［金文］（福福）

［小篆］《說文》：示，天垂象見吉凶，所以示人也。从二。三垂，日、月、星也。觀乎天文以察時變。示，神事也。凡示之屬皆从示。𥘅，古文示。（一篇上）

祖先神主之形。擴充代表鬼神之事。

*尒（爾）　njier

［甲骨］

［金文］（金文字形）

［小篆］《說文》：尒，詞之必然也。从入丨、八。八，象气之分散。入聲。（二篇上）

《說文》：爾，麗爾，猶靡麗也。从

冂、焱。焱，其孔焱焱。从尒聲。
此與爽同意。（三篇下）

尒自爾字析出。爾可能是網魚之竹
簍形。

*穴　gwet

［甲骨］（介 穼）

［金文］（窸 家 穾 㞷）

［小篆］《說文》：内，土室也。从
宀，八聲。凡穴之屬皆从穴。（七
篇下）

有木架結構支撐之礦穴形。

*必　pjiet

［甲骨］晨 霎 变 霎 乡 乑 霎 渥 豙

［金文］夬 忲 心 夬 夬

［小篆］《說文》：㣇，分極也。从
八、弋。八亦聲。（二篇上）

以一短劃指示斗之長柄部分。

瑟　siet

［甲骨］

［金文］

［小篆］《說文》：蕘，庖犧所作弦
樂也。从珡，必聲。㻎，古文瑟。
（十二篇下）

古文字形作瑟調弦處之形。

*失　st'jiet

［甲骨］

［金文］

［小篆］《說文》：虎，縱也。从
手，乙聲。（十二篇上）

大半不从乙聲，象東西自手中滑失
之狀。

眣　t'iet, st'jiwen

［甲骨］𥄂 𣏓 𣏐 𣏘 𣏠 𣏙 𣏜 𣏚

［金文］

［小篆］《說文》：睒，目不從正
也。从目，失聲。（四篇上）

一眼為矢所傷，獨眼而導致視力
差，有所偏失。

*㐱　tjien

［甲骨］

［金文］彐 彐

［小篆］《說文》：彡，稠髮也。从
彡，人聲。詩曰：㐱髮如雲。鬘，
㐱或从髟，真聲。（九篇上）

人毛多稠密之意。

*玄　gwen

［甲骨］

［金文］8

［小篆］《說文》：玄，幽遠也。象
幽而入覆之也。黑而有赤色者為
玄。凡玄之屬皆从玄。8，古文。
（四篇下）

象絲束之形，費工多次染成的赤黑
色在古代是受喜愛的顏色之一，也

許以常見的布帛顏色以表意。

*申　st'jien

[甲骨] （甲骨文字形）

[金文] （金文字形）

[小篆]《說文》：申，神也。七月
会气成，體自申束。从臼自持也。
吏以餔時聽事，申旦政也。凡申之
屬皆从申。 ，古文申。 ，籀文
申。（十四篇下）

閃電之形。

陳(陣)　dien

[甲骨]

[金文] （金文字形）

[小篆]《說文》： ，宛丘也。舜
後媯滿之所封。从阜、从木，申聲。
，古文陳。（十四篇下）

《說文》： ，列也。从攴，陳聲。
（三篇下）

陣字源，在山阜以土袋築成之防禦
工事。或多一手持棒，敲打而填實
袋與袋之間的空隙，防水患。

*田　den

[甲骨] （甲骨文字形）

[金文] （金文字形）

[小篆]《說文》： 田，陳也。樹穀
曰田。象形。口十，千百之制也。
凡田之屬皆从田。（十三篇下）

規劃整齊的田地形，田獵為保護莊
稼之舉，驅逐野獸，不使損毀禾
苗。

*民　mjien

[甲骨] （甲骨文字形）

[金文] （金文字形）

[小篆]《說文》： 民，衆萌也。从
古文之象。凡民之屬皆从民。 ，
古文民。（十二篇下）

眼睛被刺瞎之俘虜，減少其抵抗力
而便於管理。

*夷　rier

[甲骨]

[金文] （金文字形）

[小篆]《說文》： 夷，東方之人
也。从大、从弓。（十篇下）

一作大持弓，表示善於用弓之民
族，一作夷人蹲坐之姿。

*伊　ʔjier

[甲骨] （甲骨文字形）

[金文] （金文字形）

[小篆]《說文》： ，殷聖人阿衡
也。尹，治天下者。从人、尹。 ，
古文伊。从古文死。（八篇上）

造意與尹字相似，手拿筆之人，為
以書記治人之官吏。手持筆桿上

端，為與聿字區別，故尹字不畫筆毛。

*西 ser

[甲骨] （甲骨字形）

[金文] （金文字形）

[小篆] 《說文》：囟，鳥在巢上也。象形。日在西方而鳥西，故因以為東西之西。凡西之屬皆從西。㮃，西或木、妻。卤，古文西。卤，籀文西。（十二篇上）

編織之籃筐形，借以名方向。

*自 dzjier

[甲骨] （甲骨字形）

[金文] （金文字形）

[小篆] 《說文》：自，鼻也。象鼻形。凡自之屬皆從自。𦣹，古文自。（四篇上）

《說文》：白，此亦自字也。省自者，詞言之气從鼻出，與口相助。凡白之屬皆從白。（四篇上）

人鼻之形。

*死 sjier

[甲骨] （甲骨字形）

[金文] （金文字形）

[小篆] 《說文》：𣨛，澌也。人所

離也。從歺、人。凡死之屬皆從死。𣦹，古文死如此。（四篇下）

一人哀悼於殘骨之旁，或尸體以不同的姿勢埋於棺中之狀。

*弜 pjiet

[甲骨] （甲骨字形）

[金文] （金文字形）

[小篆] 《說文》：弜，彊也，重也。從二弓。凡弜之屬皆從弜。闕。（十二篇下）

複體弓之意，增加弓的反彈力，提高殺傷力。

*至 tjier

[甲骨] （甲骨字形）

[金文] （金文字形）

[小篆] 《說文》：至，鳥飛從高下至地也。從一，一猶地也。象形。不上去而至下。來也。凡至之屬皆從至。𦤧，古文至。（十二篇上）

箭到達目標之狀。

*吉 kjiet

[甲骨] （甲骨字形）

[金文] （金文字形）

[小篆] 《說文》：吉，善也。從士、口。（二篇上）

上為泥土模範套合形，下為土坑。

可能表現冶金經驗，即澆鑄後置於窖穴以待慢慢冷卻，纔能得光滑的好鑄件，因以會良善之意。

*米　mer

[甲骨] 米 米 米 米 米 米 米 米

[金文] （米 米 米 米 米）

[小篆]《說文》：米，粟實也。象禾黍之形。凡米之屬皆从米。（七篇上）

已去殼之米粒形，一橫為與少字區別。

麋　mier

[甲骨] 米 米 米 米 米 米 米 米

[金文]

[小篆]《說文》：麋，鹿屬，从鹿，米聲。麋冬至解角。（十篇上）

鹿之眉有特殊花紋者。

*血　xwet

[甲骨] 血 血 血 血 血 血 血 血

[金文] （血 血 血 血 血）

[小篆]《說文》：血，祭所薦牲血也。从皿。一象血形。凡血之屬皆从血。（五篇上）

血盛於皿中之狀，血為結盟、鑄器等儀式所需之物。

*因　ʔjien

[甲骨]

[金文] 因 因 因

[小篆]《說文》：因，就也。从口、大。（六篇下）

可能是編織席子形的簡化，茵的字源。

*印　ʔjien

[甲骨] 印 印 印 印 印 印

[金文] 印 印

[小篆]《說文》：印，執政所持信也。从爪、卪。凡印之屬皆从印。（九篇上）

抑，以手壓服人，與押印動作同。

*旬　rjiwen

[甲骨] 旬 旬 旬 旬 旬 旬 旬 旬 旬 旬 旬 旬 旬 旬 旬 旬

[金文] 旬 旬

[小篆]《說文》：旬，徧也。十日為旬。从勹、日。旬，古文。（九篇上）

某種可吃的蟲形，甲骨文有作旬於皿中者。

*囟　sjien

[甲骨]

[金文]

[小篆]《說文》：囟，頭會匘蓋也。象形。凡囟之屬皆从囟。䐐，或从肉、宰。囟，古文囟字。（十篇下）

小兒腦蓋尚未合之狀。

*兕　rjier

[甲骨]

[金文]

[小篆]《說文》：兕，如野牛青色，其皮堅厚可制鎧。象形。兕頭與禽离頭同。凡兕之屬皆从兕。兂，古文从儿。（九篇下）
有大獨角的兕牛形。或以為是某種已滅絕的水牛形。

*臣　djien

[甲骨]

[金文]

[小篆]《說文》：臣，牽也。事君者。象屈服之形。凡臣之屬皆从臣。（三篇下）
眼睛豎立望上方，順从而尊敬官長。

嚚　ngien

[甲骨]

[金文]

[小篆]《說文》：嚚，語聲也。从㗊，臣聲。𣜩，古文嚚。（三篇上）
甲骨文不从口，或表示奴隸們常發牢騷，埋怨待遇不善？

*弟　der

[甲骨]

[金文]

[小篆]《說文》：弟，韋束之次弟也。从古文之象。凡弟之屬皆从弟。𢎁，古文弟从古文韋省，丿聲。（五篇下）
繩索捆繞東西很有次弟之意。

*利　lier

[甲骨]

[金文]

[小篆]《說文》：利，銛也。刀和然後利。从刀、和省。易曰：利者義之和也。𥝤，古文利。（四篇下）
刀銳利，宜於割禾，用手拔則差。其中一形作手抓禾而刀已把禾莖割成兩段之狀。

犁　ler

[甲骨]

[金文]

[小篆]《說文》：犁，耕也。从牛，黎聲。（二篇上）
犁形，用以起土，點為土塊。用以代表如雜土之顏色，或耕田之牛種？

*抑　ʔjiet

[甲骨]

[金文]

[小篆]《說文》：𠨍，按也。从反印。抑，俗从手。（九篇上）

印之反文，古文字常正反不分，印與抑為後起的分別字。

*辛　sjien

[甲骨]

[金文]

[小篆]《說文》：辛，秋時萬物成而孰，金剛味辛，辛痛即泣出。从一、辛。䇂，辠也。辛承庚，象人股。凡辛之屬皆从辛。（十四篇下）

向罪犯施刺墨之刀形。

*身　st'jien

[甲骨]

[金文]

[小篆]《說文》：𨈼，躳也。从人，申省聲。凡身之屬皆从身。（八篇上）

以圓圈指出腹部所在，或以有身孕者造形。

*希　rier,der

[甲骨]

[金文]

[小篆]《說文》：希，脩豪獸。一曰河內名豕也。从彑，下象毛足。凡希之屬皆从希。讀若弟。𣟁，籀文。𢑚，古文。（九篇下）

甲骨字形不象獸形，除祟的道具形？ 演變至金文已頗象某種獸形。同殺祟字。

*季　kjiwer

[甲骨]

[金文]

[小篆]《說文》：季，少偁也。从子、稚省，稚亦聲。（十四篇下）

象小孩頭頂禾束之狀。小孩為最後收割、搬運禾束的人力資源。

*妻　ts'er

[甲骨]

[金文]

[小篆]《說文》：妻，婦與己齊者也。从女、从中、从又。又，持事，妻職也。中聲。𡜌，古文妻从肖女。肖古文貴字。（十二篇下）

象婦女以手梳髮之狀。當人妻之後纔梳髮型。

*戻　ler

[甲骨]

[金文]

[小篆]《說文》：戻，曲也。从犬

出戶下。犬出戶下為戾者，身曲戾
也。（十篇上）

象犬曲身自門下鑽出來之狀。

*皆　krer

[甲骨] 𣌭 𣌮 𣌯 𣌰 𣌱 𣌲 𣌳

[金文] 𣌴 𣌵 𣌶

[小篆]《說文》：𣥚，俱詞也。从
比、从白。（四篇上）

《說文》：𧮫，兩虎爭聲。从虤、从
曰，讀若慜。（五篇上）

二虎或二人都陷於阱中。兩雄虎不
相容，患難中猶相爭不下。

*眉　mier

[甲骨] 𥄂 𥄃 𥄄 𥄅 𥄆 𥄇 𥄈 𥄉
𥄊 𥄋 𥄌 𥄍 𥄎 𥄏

[金文] 𥄐 𥄑 𥄒 𥄓 𥄔 𥄕 𥄖 𥄗 𥄘

[小篆]《說文》：𥄥，目上毛也。
从目。象眉之形。上象額理也。凡
眉之屬皆从眉。（四篇上）

眼上之眉形，或畫出人全形，應強
調其為大人物或巫師纔注重畫眉之
形象。

媚　mier

[甲骨] 𡡾 𡡿 𡢀 𡢁 𡢂 𡢃 𡢄 𡢅

[金文]

[小篆]《說文》：𡡾，說也。从
女，眉聲。（十二篇下）

女子有美麗的眉毛，大有魅力。

*美　mier

[甲骨] 𦬅 𦬆 𦬇 𦬈 𦬉 𦬊 𦬋 𦬌 𦬍

[金文] 𦬎 𦬏

[小篆]《說文》：𦬐，甘也。从
羊、大。羊在六畜主給膳也。美與
善同意。（四篇上）

一人頭戴彎曲羽毛之象，美麗的形
象。

*癸　kjiwer

[甲骨] 𤼋 𤼌 𤼍 𤼎 𤼏 𤼐 𤼑 𤼒

[金文] 𤼓 𤼔 𤼕 𤼖 𤼗 𤼘 𤼙 𤼚
𤼛 𤼜

[小篆]《說文》：𤼙，冬時水土平
可揆度也。象水從四方流入地中之
行。癸承壬象人足。凡癸之屬皆从
癸。𤼚，籀文。从癶、从矢。（十
四篇下）

從𤼋𤼌𤼍𤼎𤼏等字形看，為某種
被敲擊的東西，大半不是兵器形，
可能是樂器。

*計　ker

[甲骨]

[金文]

[小篆]《說文》：𧨬，會也、筭
也。从言、十。（三篇上）

原形可能為一管樂器與一直線，計

算管長以定音律？　漢代律制。

*頁　get

[甲骨] 𩑋 𩑋 𩑋 𩑋 𩑋

[金文] 𩑋（𩑋𩑋𩑋）

[小篆]《說文》：𩑋，頭也。從百、從儿。古文䭫首如此。凡頁之屬皆從頁。（九篇上）

象一頭部形狀顯著的人，甲骨及金文以頁構形者，大都表現非一般的民衆。

*垔　ʔjien

[甲骨]

[金文] 𡘤（𡘤）

[小篆]《說文》：𡘤，塞也。從土，西聲。商書曰：鯀垔洪水。𡋰，垔或從𨸏。𡘤，古文垔如此。（十三篇下）

金文字形象是一人頭頂竹籠狀，將以竹籠裝砂石堙塞堤防，加𨸏表明堤防所在。

*信　sjien

[甲骨]

[金文] 𧥀 𡘤 𡘤 𡘤

[小篆]《說文》：𧥀，誠也。從人、言。𡉉，古文信省也。𧥀，古文信。（三篇上）

人與長管樂，人言不盡可信，政府

以管樂召集衆人而作的公告纔是可信的消息。

*聿(津)　tsjien

[甲骨]

[金文]

[小篆]《說文》：聿，聿飾也。從聿、從彡。俗語以書好為聿。讀若津也。（三篇下）

手持的筆尖端處有很多墨汁的津液狀。

*𡱁　rjien

[甲骨] 𡱁

[金文]

[小篆]《說文》：𡱁，火之餘木也。從火，聿聲。一曰薪也。（十篇上）

爐的字源，手持火箸撥弄灰爐，欲使火苗旺些。

*盡　tsjien

[甲骨] 𥁕 𥁕 𥁕 𥁕 𥁕 𥁕 𥁕 𥁕

[金文] 𥁕

[小篆]《說文》：盡，器中空也。從皿，㶳聲。（五篇上）

手持刷子洗滌容器，才能洗得淨。

*㲌(慎)　djien

[甲骨]

[金文] 㲌

[小篆]《說文》：𢜫，謹也。从心，真聲。𢜻，古文。（十篇下）

古文字形可能與煮食有關，要謹慎用火或不要為熱食所燙傷。

*秦　dzjien

[甲骨] 𥟃 𥟅 𥟆 𥟇 𥟈 𥟉 𥟊 𥟋

[金文] 𥟌 𥟍 𥟎 𥟏 𥟐 𥟑 𥟒 𥟓 𥟔 𥟕 𥟖 𥟗 𥟘

[小篆]《說文》：𥠼，伯益之後所封國，地宜禾。从禾、舂省。一曰秦禾名。𥠽，籀文秦，从秝。（七篇上）

雙手持杵搗打禾、製作精米的景象。

*師　sier

[甲骨]

[金文] 𠂤 𠂥 𠂦 𠂧 𠂨 𠂩 𠂪 𠂫 𠂬 𠂭 𠂮 𠂯 𠂰 𠂱 𠂲 𠂳 𠂴

[小篆]《說文》：師，二千五百人為師。从帀、从𠂤。𠂤四帀，衆意也。𢀗，古文師。（六篇下）

帀為軍隊駐在的標識，在山丘駐軍，地勢高有利偵查。

*栗　liet

[甲骨] 𣎼 𣎽 𣎾 𣎿 𣏀

[金文] 𣏁 𣏂

[小篆]《說文》：𣜆，栗木也。从卤木，其實下垂故从卤。𣜇，古文𣜆从西从二卤。徐巡說：木至西方

戰栗。（七篇上）

栗樹形。

*真　tjien

[甲骨]

[金文] 𥃨 𥃩 𥃪 𥃫

[小篆]《說文》：𥄶，僊人變形而登天也。从匕、目、𠃊，儿所以乘載也。𠩲，古文真。（八篇上）

慎的字源，要慎謹以匕匙自鼎中挹取熱食。

*兩　dien

[甲骨]

[金文]

[小篆]《說文》：兩，登也。从門二。二，古文下字。讀若軍敶之敶。（十二篇上）

門前有數級台階之狀，台階用以登進屋中。

*晉　tsjien

[甲骨] 𣊭

[金文] 𣊮 𣊯 𣊰 𣊱 𣊲 𣊳 𣊴 𣊵 𣊶

[小篆]《說文》：𣊷，進也。日出而萬物進。从日从臸。易曰：明出地上晉。（七篇上）

象兩片鑄箭鏃的泥範及其澆口形。考工記有兩處使用晉字為兩片範所鑄之器的例子。

*甡　sien

[甲骨]

[金文]

[小篆]《說文》：甡，衆生並立之皃，从二生。詩曰：甡甡其鹿。（六篇下）

象衆草叢生，欣欣其榮之意。

*桼　ts'jiet

[甲骨]

[金文] 米（桼）

[小篆]《說文》：桼，木汁可以髤物。从木，象形。桼如水滴而下也。凡桼之屬皆从桼。（六篇下）

象漆樹皮已被剖割分離而汁液流出之狀。

*悉　sjiet

[甲骨]

[金文]

[小篆]《說文》：悉，詳盡也。从心釆。悉，古文悉。（二篇上）

心與鳥獸足跡，表達智慧足以辨別鳥獸的足跡。

*开　ʔwen

[甲骨] 開 開

[金文] 开 开 淵

[小篆]《說文》：淵，回水也。从水。象形。左右，岸也。中象水貌。

開，淵或省水。淵，古文从口水。（十一篇上）

象淵潭中的水波形。

*閉　per,pet

[甲骨]

[金文] 明 閉

[小篆]《說文》：閉，闔門也。从門，才所以距門也。（十二篇上）

象門已上閂而關閉之狀。

*戜　det

[甲骨]

[金文] 戜 戜 戜 戜

[小篆]《說文》：戜，利也。一曰，剔也。从戈，呈聲。（十二篇下）

可能表現砧上鍛鐵戈之意，鐵器銳利。

*戛　kret

[甲骨]

[金文]

[小篆]《說文》：戛，戟也。从戈百。讀若棘。（十二篇下）

懸首於戈之狀，以展示殺敵之功。

*黹　tier

[甲骨] 黹 黹 黹 黹

[金文] 黹 黹 黹 黹 黹 黹 黹 黹 黹 黹 黹 黹 黹 黹 黹

[小篆]《說文》：黹，緘縷所紩衣

也。从㡀丵省，象刺文也。凡黹之屬皆从黹。（七篇下）

衣緣之對稱紋形。

*矞　vriwet

［甲骨］

［金文］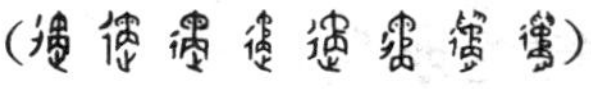

［小篆］《說文》：，以錐有所穿也。从矛冏。一曰，滿有所出也。（三篇上）

示有鐓之矛的全形，可植立地上。

*犀　ser

［甲骨］

［金文］

［小篆］《說文》：，徼外牛，一角在鼻，一角在頂，似豕。从牛，尾聲。（二篇上）

从尾聲，但音讀起變化而與尾不同韻部。

遲　dier

［甲骨］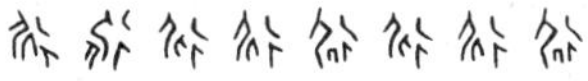

［金文］

［小篆］《說文》：，徐行也。从辵，犀聲。詩曰：行道遲遲。，遲或从𡰥。，籀文遲从屖。（二篇下）

象一人背負一人行走於道路，表達行動緩慢而較他人遲到之意。

*寅　rien

［甲骨］

［金文］

［小篆］《說文》：，髕也。正月昜气動，去黃泉，欲上出，侌尚強也。象宀不達，髕寅於下也。凡寅之屬皆从寅。，古文寅。（十四篇下）

箭形，借以充干支字。

*惠　gwer

［甲骨］

［金文］

［小篆］《說文》：，仁也。从心叀。，古文惠从芔。（四篇下）

心與紡磚，心智足以使用紡磚織布，為細心而又聰明之人。

*替　t'er

［甲骨］

［金文］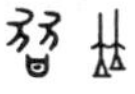

［小篆］《說文》：，廢也。一偏下也。从竝，白聲。，或从曰。，或从兟从曰。（十篇下）

二人並立於深坑中，無補於事。站於他人肩上或可能脫困。或作兩人並立，一高一低，行列不整齊有礙觀贍？　一偏下應是針對 艸 字形的解說。

*畢　pjiet

[甲骨]

[金文] 畢 畢 畢 畢 畢 畢 畢 畢 畢

[小篆]《說文》：畢，田网也。从田从華。象形。或曰：田聲。（四篇下）

田獵時使用之有柄網。

*銍　njiet

[甲骨]

[金文] 銍

[小篆]《說文》：銍，到也。从二至。（十二篇上）

晉字析出。

*睿(濬)　sjiwen

[甲骨]

[金文]

[小篆]《說文》：睿，深通川也。从𣦵谷。𣦵，殘也。谷，阬坎意也。虞書曰：睿畎澮岠川。濬，睿或从水。𥁞，古文睿。（十一篇下）

谷與殘骨，表示深谷丟棄尸體之處。也有可能表達挖礦之事，以礦穴與礦架會意，水的部分或以深谷水流取意，或為礦山清除礦石雜質

之水流或水坑。

*粦　lien

[甲骨] 粦 粦

[金文] 粦 粦

[小篆]《說文》：粦，兵死及牛馬之血為粦。粦，鬼火也。从炎舛。（十篇上）

巫師身上或衣服塗磷以扮神之象，久年之骨纔能發出磷光。

鄰　lien

[甲骨]

[金文] 鄰

[小篆]《說文》：鄰，五家為鄰。从邑粦聲。（六篇下）

紋身之人與二方形坑洞，古代的墓葬區都是矩形的土坑而規整地比鄰安排，故表達比鄰而次之狀況。

*進　tsjien

[甲骨] 進

[金文] 進 進 進 進

[小篆]《說文》：進，登也。从辵，藺省聲。（二篇下）

以鳥行路會意，鳥在一般情況下只前進行走。

*閵　njwen

[甲骨]

[金文]

[小篆]《說文》：閏，餘分之月，五歲再閏也。告朔之禮，天子居宗廟，閏月居門中。从王在門中。周禮：閏月王居門中終月也。（一篇上）

以王居門內會意，五行說盛行後王輪流居住各室，閏月則居門中。

*肆　rier

[甲骨]

[金文]

[小篆]《說文》：肄，習也。从聿，希聲。𦔩，籀文肆。𦒾，篆文肆。（三篇下）

以手馴服動物之狀，甚熟習該動物的習性纔易行事。加水點可能表示涮洗之，對家畜纏有的現象。

*棄　k'ier

[甲骨]

[金文]

[小篆]《說文》：棄，捐也。从廾推華棄也。从𠫓。𠩱，古文棄。𡿫，籀文棄。（四篇下）

雙手捧箕丟棄新出生之嬰孩，或加雙手持繩索示絞殺之動作。古時殺嬰原因多：多生、非婚、經濟、宗教

等。

*寷　tier

[甲骨]

[金文]

[小篆]《說文》：寷，礙不行也。从叀引而止之也。叀者如叀馬之鼻，从門，此與牽同意。（四篇下）

足所行之處植有園圃之象，不能踐踏通過，要繞道以行？

*豐　ler

[甲骨]

[金文]

[小篆]《說文》：豐，行禮之器也。从豆，象形。凡豐之屬皆从豐。讀與禮同。（五篇上）

行禮時以豆盛食，食上且插有裝飾。日常用食則不如此裝飾。但是字形也頗象鼓上飾有某物之狀。

*逸　riet

[甲骨]

[金文]

[小篆]《說文》：逸，失也。从辵兔。兔謾訑善逃也。（十篇上）

在行道上追逐兔子狀。兔體格小，但敏捷而跳跑得快，如不利用狗追捕，易讓之逸走。

*齊　dzer

［甲骨］

［金文］

［小篆］《說文》：齊，禾麥吐穗上平也。象形。凡齊之屬皆从齊。（七篇上）

象很多同樣尺寸而排列整齊的東西，大致表達銅簇鑄造情形。

*實　zdjiet

［甲骨］

［金文］

［小篆］《說文》：實，富也。从宀从貫。貫為貨物。（七篇下）

屋中有箱櫃貯存寶貝，有實力之人家。

*賓　pjien

［甲骨］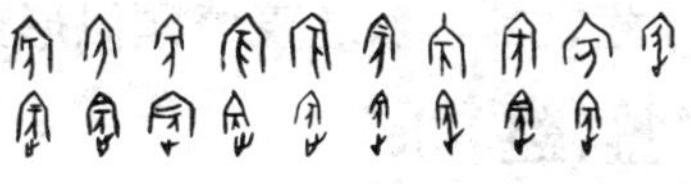

［金文］

［小篆］《說文》：賓，所敬也。从貝，㝉聲。𡧍，古文。（六篇下）

有關廟祭之事。廟中某種神像？走前迎之以致祭。

*履　lier

［甲骨］

［金文］

［小篆］《說文》：履，足所依也。从尸，服履者也。从彳、夊，从舟，象履形。一曰尸聲。凡履之屬皆从履。䫌，古文履从頁从足。（八篇下）

眼部化妝者穿鞋子之狀，眼有化妝者為進入聖地舉行禮儀的貴族或巫師。開始時履為臨時的措施。

*摯　tjier

［甲骨］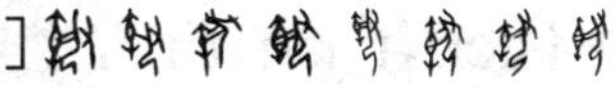

［金文］

［小篆］《說文》：摯，握持也。从手執。（十二篇上）

一手捉住已上刑具的罪犯狀。

*質　tjiet

［甲骨］

［金文］

［小篆］《說文》：質，以物相贅。从貝从所。闕。（六篇下）

以兩把石斧交換一枚海貝，石斧是當時的常用工具，海貝則得自遠地。

*𦤶　t'ier

［甲骨］

［金文］

［小篆］《說文》：𦤶，忿戾也。从至。至而復孫。孫，遁也。周書曰：有夏氏之民叨𦤶。讀若摯。（十二篇

上）

?

*燊　sien

［甲骨］

［金文］

［小篆］《說文》：燊，盛貌。从焱
在木上。讀若詩曰：莘莘征夫。
（十篇下）

樹上花盛開之狀。

*齔　tsien, t'jən, tjiən

［甲骨］

［金文］

［小篆］《說文》：齔，毀齒也。男
八月生齒，八歲而齔。女七月生齒，
七歲而齔。从齒匕。（二篇下）

齒化見意，換牙。

*彝　rier

［甲骨］

［金文］

［小篆］《說文》：彝，宗廟常器也。
从糸。糸，綦也。廾持之。米，器中
實也。从彑，象形。此與爵相似。周
禮六彝，雞彝、鳥彝、黃彝、虎彝、
蜼彝、斝彝，以待裸將之禮。彝、
𢇍，皆古文彝。（十三篇上）

雙手奉捆縛之雞以祭。

*瀕　bjien

［甲骨］

［金文］

［小篆］《說文》：瀕，水涯人所賓
附也。顰戚不前而止。从頁从涉。
凡瀕之屬皆从瀕。（十一篇下）

涉與頁組合，大人物愛惜形像，瀕
臨溪流，無橋可渡而需涉水，不欲
衣濕而有損形象，因而皺眉顧忌
之狀？

*齴　gen

［甲骨］

［金文］

［小篆］《說文》：齴，張口見齒。
从齒，只聲。（二篇下）

非只聲，只於此可能表現兔唇暴露
牙齒之象，以之表達類似形象。

*鼕、鼕　ler

［甲骨］

［金文］

［小篆］《說文》：鼕，弼戾也。从
弦省从鼕。鼕，了戾之也。讀若
戾。（十二篇下）

《說文》：鼕，引擊也。从幸攴見血
也。扶風有鼕屋縣。（十篇下）

人犯受繩縛及器械，又被鞭打至流
血，鎮攝暴戾人犯之法。

*夔　giwer

[甲骨]

[金文]

[小篆]《說文》：夔，即魖也。如龍一足。从夂。象有角手人面之形。（五篇下）

巫師扮鬼神而跳舞之狀。

*蠲　kwen

[甲骨]

[金文]

[小篆]《說文》：蠲，馬蠲也。从虫、罒，象形。益聲。明堂月令曰：腐艸為蠲。（十三篇上）

皿中之水漂浮有食物腐化之蟲。

*贙　gwen

[甲骨]

[金文]贙

[小篆]《說文》：贙，分別也。从虤對爭貝。讀若回。（五篇上）

兩虎無為一貝相爭之理，金文字形从鼎，或是鼎上飾有相對的虎紋，即常見的饕餮紋。

十一、緝侵　-əp,-əm

*入　njiəp

[甲骨]へへ∧へ人人人人∧

[金文]人人人人内人人

[小篆]《說文》：入，内也。象從上俱下也。凡入之屬皆从入。（五篇下）

記號?

*十　djiəp

[甲骨]｜｜｜

[金文]｜｜｜｜｜╋╋

[小篆]《說文》：十，數之具也。一為東西，｜為南北，則四方中央備矣。凡十之屬皆从十。（三篇上）

記號。

*马(函)　gəm

[甲骨]（ ⊗ ⊗ ⊗ ⊗ ⊗ ⊗ ⊗ ）

[金文]（ ⊗ ⊗ ⊗ ⊗ ⊗ ⊗ ⊗ ）

[小篆]《說文》：马，嘾也。艸木之華未發函然。象形。凡马之屬皆从马。讀若含。（七篇上）

《說文》：圅，舌也。舌體马马。从马。象形。马亦聲。肣，俗函从肉、今。（七篇上）

马自函字析出，函為裝矢之皮袋形，有封口。

*及　giəp

[甲骨]（甲骨字形）

[金文]（金文字形）

[小篆]《說文》：及，逮也。从又、人。乀，古文及。秦刻石及如此。

弓，亦古文及。𢏘，亦古文及。（三篇下）

碰及他人之意。

*三　səm

[甲骨]　三 三 三 三

[金文]　三 三 彡 三

[小篆]《說文》：三，數名。天地人之道也。於文，一耦二為三。成數也。凡三之屬皆从三。弎，古文三。（一篇上）

記號。

*彡（肜）　t'iəm

[甲骨]　彡 彡 彡 彡 彡 彡 彡 彡 彡 彡 彡 彡 彡 彡

[金文]　彡 彡 彡 彡

[小篆]《說文》：彡，毛飾畫文也。象形。凡彡之屬皆从彡。（九篇上）

《說文》：肜，船行也。从舟，彡聲。

彡自不同的字析出，代表不同的事物。甲骨的肜象連續的筆劃形，卜辭為祭名，或表示鼓聲連續不斷？

參　səm

[甲骨]

[金文] 參 參 參 參 參 參 參 參

[小篆]《說文》：參，商星也。从晶，㐱聲。曑，或省。（七篇上）

好像一跪坐的人頭戴三分歧裝飾的帽子形，或甚至表現一人有三個頭，長沙出土的戰國楚繒書就畫有三頭的神像。也許是參星的扮相，則彡部分表示發光，很可能是塗磷的現象。

尋　rjiəm

[甲骨]　尋 尋 尋 尋 尋 尋 尋 尋 尋 尋 尋 尋 尋 尋 尋 尋

[金文]

[小篆]《說文》：尋，繹理也。从工、口、从又、从寸。工、口，亂也。又、寸，分理之也。彡聲。此與㕡同意。度人之兩臂為尋，八尺也。（三篇下）

象伸張兩臂以度量某物之長度狀，席、管樂等皆長一尋，古代的自然標準長度單位，後來習慣十進，乃有丈之單位。

*凡　bjwəm

[甲骨] 凡 凡 凡 凡 凡 凡 凡 凡

[金文] 凡 凡 凡 凡 凡 凡 凡

[小篆]《說文》：凡，最括而言也。从二。二，耦也。从己。己，古文及字。（十三篇下）

象船帆形，因風而航行。寫法與抬舁之形稍有不同，有時輪廓作彎線。

鳳　bjəm

[甲骨]

[金文] 𪅂 （𪅂 𪅂）

[小篆]《說文》：鳳，神鳥也。天老曰：鳳之像也，麐前、鹿後、蛇頸、魚尾、龍文、龜背、燕頷、雞喙，五色備舉，出於東方君子之國，翱翔四海之外，過崑崙，飲砥柱，濯羽弱水，莫宿風穴，見則天下大安寧。從鳥，凡聲。𣴠，古文鳳，象形。𪅂，亦古文鳳。（四篇上）

《說文》：𩙿，八風也。東方曰明庶風，東南曰清明風，南方曰景風，西南曰涼風，西方曰閶闔風，西北曰不周風，北方曰廣莫風，東北曰融風。從虫凡聲。風動蟲生，故蟲八日而七。凡風之屬皆從風。𩙿，古文風。（十三篇下）

鳳鳥形，借為風，加上凡聲，或兄聲。

*亼　dziəp

[甲骨]

[金文]

[小篆]《說文》：亼，三合也。從入、一。象三合之形。讀若集。凡

亼之屬皆從亼。（五篇下）

記號。

*帀　tsəp

[甲骨]

[金文]

[小篆]《說文》：帀，𣅔也。從反屮而帀也。凡帀之屬皆從帀。周盛說。（六篇下）

懸吊物形，師以之構成，可能是有關軍事的標識，露營時懸掛之以為辨識。

*廿　njiəp

[甲骨]

[金文]

[小篆]《說文》：廿，二十并也。古文省多。（三篇上）

兩十相並。

*先　tsəm

[甲骨]

[金文]

[小篆]《說文》：先，首笄也。從儿、匕。象形。凡先之屬皆從先。𥮐，俗先，從竹、從朁。（八篇下）

飾於女性頭上之髮笄形。

蠶　dzəm

[甲骨]

[金文]

[小篆]《說文》：蠶，任絲蟲也。
从蚰，朁聲。（十三篇下）
象蠶蟲形。

*尣　tjiəm

[甲骨]

[金文]

[小篆]《說文》：尣，尣尣行貌。
从儿出門。（五篇下）

《說文》：牀，臥所以薦首者。从
木，尣聲。（六篇上）
一人擔重物或側臥在枕頭上之狀。

沈　diəm

[甲骨]

[金文]

[小篆]《說文》：沈，陵上滈水
也。从水，尣聲。一曰濁黕也。
（十一篇上二）
牛羊等牲沈於水中之狀，商代的祭
儀。

*心　sjiəm

[甲骨]

[金文]

[小篆]《說文》：心，人心土藏也。
在身之中。象形。博士說以為火藏。
凡心之屬皆从心。（十篇下）

象心臟之形。

*壬　njiəm

[甲骨]Ｉ Ｉ Ｉ Ｉ Ｉ Ｉ

[金文]Ｉ Ｉ Ｉ Ｉ Ｉ Ｉ

[小篆]《說文》：壬，位北方也。
侌極易生，故易曰：龍戰于野。戰
者，接也。象人懷妊之形。承亥，
壬以子生之敘也。壬與巫同意。壬
承辛，象人脛。脛，任體也。凡壬
之屬皆从壬。（十四篇下）
繞線器形，借為干支。

*今　kiəm

[甲骨]Ａ Ａ Ａ Ａ Ａ Ａ Ａ Ａ

[金文]Ａ Ａ Ａ Ａ Ｐ Ｐ Ｐ Ｒ

[小篆]《說文》：今，是時也。从
亼、乀。乀，古文及。（五篇下）
?

飲　ʔiəm

[甲骨]

[金文]

[小篆]《說文》：飲，歠也。从
欠，酓聲。凡飲之屬皆从飲。㱃，
古文飲从今水。㱃，古文飲从今
食。（八篇下）
人俯首就尊飲酒狀。

禽　giəm

[甲骨]

[金文]（略）

[小篆]《說文》：禽，走獸總名。從内。象形。今聲。禽离兕頭相似。（十四篇下）

擒的字源，捕鳥獸之有柄網形，引申為被捕的對象。

金　kiəm

[甲骨]

[金文]（略）

[小篆]《說文》：金，五色金也。黃為之長，久薶不生衣，百煉不輕，從革不韋。西方之行，生於土。從土。左右注象金在土中形。今聲。凡金之屬皆從金。金，古文金。（十四篇上）

已組合之立體多片泥模及範形，中國古代的金屬都由澆煉而得，少利用天然狀態存在的金、銀、銅等金屬錘打加工。

琴　gəm

[甲骨]

[金文]

[小篆]《說文》：琴，禁也。神農所作。洞越、練朱五弦。周時加二弦。象形。凡琴之屬皆從琴。鑒，古文琴從金。（十二篇下）

象琴端調弦處之形。

*冈　nrəp,niəp

[甲骨]（略）

[金文]

[小篆]《說文》：冈，下取物縮藏之。從又、從口。讀若聶。（六篇下）

手向箱中取物或藏物狀？

*立　liəp

[甲骨]（略）

[金文]（略）

[小篆]《說文》：立，佁也。從大在一之上。凡立之屬皆從立。（十篇下）

一人立於地上之狀。

*㞢　dziəm

[甲骨]

[金文]

[小篆]《說文》：㞢，入山之深也。從山、從入。闕。（五篇下）

山中礦坑，深入且多歧道之狀？

*羊(南)　njiəm/nəm

[甲骨]（略）

[金文]（略）

[小篆]《說文》：羊，撲也。從干。入一為干，入二為羊。讀若飪。言稍甚也。（三篇上）

《說文》：南，草木至南方有枝任也。从米，羊聲。𣏾，古文。（六篇下）

南字析出。南為鈴形，能敲擊，可能設樂時習慣陳設於南側，才借以名南方。

*合　gəp

[甲骨] 𠓥 𠆣 𠓞 𠓝 𠓝 合

[金文] 𠓥 合 𠓝

[小篆]《說文》：合，亼口也。从亼、口。（五篇下）

有蓋之盒子形。

*众　ngiəm

[甲骨]

[金文]

[小篆]《說文》：㣜，眾立也。从三人。凡众之屬皆从众。讀若欽崟。（八篇上）

眾字析出，象眾立之人群意。

*卅　səp

[甲骨] 𠦃 𠦃 𠦃 𠦃 𠦃 𠦃 𠦃 𠦃

[金文] 𠦃 𠦃 𠦃 𠦃 𠦃 𠦃 𠦃 世

[小篆]《說文》：卅，三十並也。古文省。凡卅之屬皆从卅。（三篇上）

三個十相並會意。

*邑　ʔiəp

[甲骨] 𠚻 𠚻 𠚻 𠚻 𠚻 𠚻 𠚻 𠚻

[金文] 𠚻 𠚻 𠚻 𠚻 𠚻 𠚻 𠚻 𠚻

[小篆]《說文》：邑，國也。从口。先王之制，尊卑有大小。从卩。凡邑之屬皆从邑。（六篇下）

象人群居住的一定範圍內之意。

*男　nəm

[甲骨] 𤰞 𤰞 𤰞 𤰞 𤰞

[金文] 𤰞 𤰞 𤰞 𤰞 𤰞 𤰞

[小篆]《說文》：男，丈夫也。从田力。言男子力於田也。凡男之屬皆从男。（十三篇下）

田地及耒耜會意，耕作乃男子之職。

*㼌　riəm

[甲骨]

[金文]

[小篆]《說文》：㼌，近求也。从爪壬。爪壬，微㼌也。（八篇上）

可能表現手拿壬，壬為繞線器，以熟悉紡織作業取意，熟練工人為主人所喜愛？

*𡥈　niap

[甲骨] 𡥈 𡥈 𡥈 𡥈 𡥈 𡥈 𡥈 𡥈

[金文] 𡥈 𡥈

[小篆]《說文》：𡥈，所以驚人

也。从大从干。一曰,大聲也。凡
夲之屬皆从夲。一曰,讀若瓠。一
曰,俗語以盜不止為夲。讀若籋。
(十篇下)
刑罰械具的象形。

執　tjiəp

[甲骨] （甲骨文字形）

[金文] （金文字形）

[小篆] 《說文》:䤵,捕辠人也。
从丮夲,夲亦聲。 (十篇下)
犯罪者上了械具之狀。

㙈　deəp

[甲骨] （甲骨文字形）

[金文]

[小篆] 《說文》:𩧄,㙈足也。从
足,執聲。 (二篇下)
足受刑械之狀。

*林　liəm

[甲骨] （甲骨文字形）

[金文] （金文字形）

[小篆] 《說文》:㭘,平土有叢木
曰林。从二木。凡林之屬皆从林。
(六篇上)
生長林木眾多的地方。

*沓　dəp

[甲骨]

[金文]

[小篆] 《說文》:沓,語多沓沓也。
从水曰。遼東有沓縣。 (五篇上)
表達水碰觸石塊或坑陷時激起的嘈
雜聲響。

*㐭　liəm

[甲骨] （甲骨文字形）

[金文] （金文字形）

[小篆] 《說文》:㐭,穀所振入
也,宗廟粢盛,倉黃㐭而取之故謂
之㐭。从入。从回,象屋形。中有
戶牖。凡㐭之屬皆从㐭。廩,㐭或
从广稟。 (五篇下)
藏禾之倉廩形。

*咠　tsjiəp

[甲骨]

[金文]

[小篆] 《說文》:咠,聶語也。从
口耳。詩曰:咠咠幡幡。 (二篇上)
不欲大聲,口在耳邊輕語狀。

*侵　ts'jiəm

[甲骨] （甲骨文字形）

[金文] （金文字形）

[小篆] 《說文》:𠊱,漸進也。从
人又持帚。若埽之進。又,手也。
(八篇上)
象以帚清潔牛身狀,或加手持帚以

示動作。

寢　ts'jiəm

[甲骨] （甲骨字形）

[金文] （金文字形）

[小篆]《說文》：寢，臥也。從宀，侵聲。寢，籀文寢省。（七篇下）

《說文》：寢，病臥也。從疒省，㝱省聲。（七篇下）

象屋中有帚之處，睡眠之處需時常清掃使乾淨。

*音　ʔiəm

[甲骨]

[金文] （金文字形）

[小篆]《說文》：音，聲生於心，有節於外謂之音。宮商角徵羽，聲也。絲竹金石匏土革木，音也。從言含一。凡音之屬皆從音。（三篇上）

長管樂器形，言之分別字。

*咸　grəm

[甲骨] （甲骨字形）

[金文] （金文字形）

[小篆]《說文》：咸，皆也。悉也。從口從戌。戌，悉也。（二篇上）

戉咸皆為儀仗兵器之形，儀仗隊有訓練，其威喊整齊而洪亮。

*甚　djiəm

[甲骨]

[金文] 㠯 （甚 甚）

[小篆]《說文》：甚，尤安樂也。從甘匹。匹，耦也。㲃，古文甚。（五篇上）

造意大概與吃有關，甜食美味。

*品　p'iəm

[甲骨] （甲骨字形）

[金文] （金文字形）

[小篆]《說文》：品，眾庶也。從三口。凡品之屬皆從品。（二篇下）

眾多品物存放一處之意。

嵒　niəp,ngrəm

[甲骨] （甲骨字形）

[金文]

[小篆]《說文》：嵒，多言也。從品相連。春秋傳曰：次于嵒北。讀與聶同。（二篇下）

《說文》：嵒，山巖也。從山，品聲。讀若吟。（九篇下）

甲骨文有一形下多作一側立之人，大半是象三頭之鬼神形。兩字都是貢卜骨的方國名，或是一字之異寫。

臨　liəm

[甲骨]

[金文] 𥄟 𥄟 𥄟

[小篆]《說文》:𥄨,監也。从臥,品聲。(八篇上)

一人低頭檢驗眾多物品之狀。

*罙　dəm

[甲骨]

[金文] 𡩃 𡩃

[小篆]《說文》:𡩃,深也。一曰竈突。从穴、火,求省。讀若禮三年導服之導。(七篇下)

象一人張口在礦坑中,地下深處空氣稀薄,因此呼吸困難而冷汗流出。

*眔　dəp

[甲骨] 𥄎 𥄎 𥄎 𥄎 𥄎 𥄎 𥄎 𥄎 𥄎 𥄎

[金文] 眔 眔 眔 眔 眔 眔 眔 眔 眔 眔 眔 眔 眔 眔 眔 眔

[小篆]《說文》:眔,目相及也。从目,隶省。讀若與隶同也。(四篇上)

象眼淚相及流下之狀。

*軜　nəp

[甲骨]

[金文]

[小篆]《說文》:軜,驂馬內轡繫前者。从車,內聲。詩曰:湊以觼軜。(十四篇上)

單轅之車? 內為轅及其衡之形。

*習　rjiəp

[甲骨] 𦏲 𦏲 𦏲 𦏲 𦏲 𦏲 𦏲

[金文]

[小篆]《說文》:習,數飛也。从羽,白聲。凡習之屬皆从習。(四篇上)

鳥之羽毛往復振動去水之聲響? 身子部分與羽分離而似日。

*集　dzjiəp

[甲骨] 𦫶 𦫶 𦫶 𦫶 𦫶 𦫶

[金文] 𦫶 𦫶 𦫶 𦫶 𦫶

[小篆]《說文》:雧,群鳥在木上也。从雥木。集,雧或省。(四篇上)

群鳥集在樹上之狀,後省為一鳥。

*森　səm

[甲骨] 𣛧 𣛧

[金文]

[小篆]《說文》:森,木多皃。从林从木。讀若曾參之參。(六篇上)

以林木眾多會意。

*朤　tsiəp

[甲骨]

[金文]

[小篆]《說文》:朤,眾口也。从四口。讀若戢。一曰,呶也。凡朤之屬皆从朤。(三篇上)

象眾物品排列整齊之狀，他字所析出。

*覃　dəm

[甲骨]

[金文]

[小篆]《說文》：覃，長味也。从旱，鹹省聲。詩曰：實覃實吁。𠃨，古文覃。覃，篆文覃省。（五篇下）

象酒尊之上有一香料包之狀，酒經香包過濾以增其香醇之味。

*羈　tiəp

[甲骨]

[金文]

[小篆]《說文》：羈，絆馬足也。从馬，○其足。春秋傳曰：韓厥執羈前。讀若輒。䪼，羈或从糸，執聲。（十篇上）

象馬足受捆綁之狀，或許是對馬發情時的措施，推廣為類似的事物。

*㷼　ngəp

[甲骨]

[金文]

[小篆]《說文》：㷼，眾微杪也。从日中視絲。古文以為顯字。或曰眾口兒。讀若唫唫。或以為繭。繭者，絮中往往有小繭也。（七篇上）

在日下曬濕絲之狀。如析自顯字，則為耳環受日照反光而閃爍之象。

濕　st'jiəp

[甲骨]

[金文]

[小篆]《說文》：濕，濕水，出東郡東武陽。入海。从水，㬎聲。桑欽云：出平原高唐。（十一篇上一）

象剛自水流中取出的漂絲尚未乾燥之意。

*㴸　siəp

[甲骨]

[金文]

[小篆]《說文》：㴸，不滑也。从四止。（二篇上）

象多足且方向不一致，阻礙交通行動。

*宷(審)　st'jiəm

[甲骨]

[金文]

[小篆]《說文》：宷，悉也。知宷諦也。从宀采。審，篆文宷从番。（二篇上）

采與番皆象獸蹄印，田為掌跟部之形，從足跡可知進入屋中者為何種類屬。

*闖　t'iəm

［甲骨］

［金文］

［小篆］《說文》：闖，馬出門皃。
从馬在門中。讀若郴。（十二篇上）
象馬急遽闖出門外之狀。

*繌　tsjiəp

［甲骨］

［金文］

［小篆］《說文》：繌，合也。从糸
集。讀若捷。（十三篇上）
形聲字？ 或表示糾合數股的線以成
線,以便紡織。

*戁　k'əm

［甲骨］

［金文］

［小篆］《說文》：戁,龢也。舞
也。从攵,从章。樂有章也。羍
聲。詩曰:戁戁鼓我。（五篇下）
由章與三足構成,表達衆足舞蹈以
順應樂章之旋律之意。

*籋　niəp

［甲骨］

［金文］

［小篆］《說文》：籋,箝也。从
竹,爾聲。（五篇上）
不與爾字同韻,非形聲字,竹作的
捕魚籠子會意？ 推廣以名竹製的器

物。

*疊　deəp

［甲骨］

［金文］

［小篆］《說文》：疊,揚雄說,以
為古理官決罪,三日得其宜乃行
之。从晶宜。亡新以从三日大盛,
改為三田。（七篇上）
象俎上疊多物之狀,祭祀時之景象。

*譶　dəp

［甲骨］

［金文］

［小篆］《說文》：譶,疾言也。从
三言。讀若沓。（三篇上）
三支管樂會意。事態急,多管喇叭
齊鳴以告警求援。

*龖　dəp

［甲骨］

［金文］（𣪊𣪊）

［小篆］《說文》：龖,飛龍也。从
二龍。讀若沓。（十一篇下）
襲等字析出,衣服上的刺鏽或塗畫
的圖案,高官之服裝。

　　十二、葉談　-ap,-am

*凵　k'jam

［甲骨］（凵凵）

[金文]（ ）

[小篆]《說文》：凵，張口也。象
形。凡凵之屬皆从凵。（二篇上）
坎陷形。

*广 ngiam

[甲骨]（ ）

[金文]（   ）

[小篆]《說文》：广，因厂為屋
也。从厂，象對刺高屋之形。凡广
之屬皆从广。讀若儼然之儼。（九
篇下）

有尖角頂之建築物形，側視。

*欠 k'jam

[甲骨]

[金文]（   ）

[小篆]《說文》：欠，張口氣悟
也。象气从儿上出之形。凡欠之屬
皆从欠。（八篇下）

睡眠不足而打哈欠。

*厃（詹） tjiam

[甲骨]

[金文]（）

[小篆]《說文》：厃，仰也。从人
在厂上。一曰，屋栭也。秦謂之
楣，齊謂之厃。（九篇下）

人在岸上，要仰望之。

《說文》：詹，多言也。从言，从

八，从厃。（二篇上）

以管樂告知崖上之人處境危險？

*乏 bjwap

[甲骨]

[金文]

[小篆]《說文》：乏，春秋傳曰：
反正為乏。（二篇下）

後來的分別字。

*冉 njiam

[甲骨]

[金文]

[小篆]《說文》：冉，毛冉冉也。
象形。凡冉之屬皆从冉。（九篇
下）

某物毛冉冉之形。

*甲 krap

[甲骨]

[金文]

[小篆]《說文》：甲，東方之孟，
陽氣萌動。从木戴孚甲之象。大一
經曰：人頭空為甲。凡甲之屬皆从
甲。甲，古文甲。始於一見於十，
歲成於木之象。（十四篇下）

記號，因上甲之名而合成一字，象
是一片綴甲形。

柙 grap

[甲骨]

[金文]

[小篆]《說文》：柙，檻也。所以藏虎兕也。从木，甲聲。𠁧，古文柙。（六篇上）

古文字形好像是柙檻之形。

*甘　kam

[甲骨]

[金文]（）

[小篆]《說文》：甘，美也。从口含一。一，道也。凡甘之屬皆从甘。（五篇上）

象口中含有甜物之狀，甜食慢慢品嘗，鹹則一口吞下。

猒　ʔjiam

[甲骨]

[金文]

[小篆]《說文》：猒，飽也。足也。从甘肰。猒，猒或从以。（五篇上）

不从甘聲，或與某種長嘴巴的動物有關。

*聿　niap

[甲骨]

[金文]（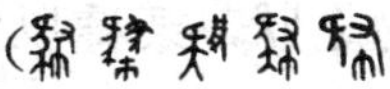）

[小篆]《說文》：聿，手之疌巧也。从又持巾。凡聿之屬皆从聿。（三篇下）

手持巾，作家務敏捷之意。也可能聿字之變形，寫字要有技巧才能美觀。

*占　tjiam

[甲骨]

[金文]

[小篆]《說文》：占，視兆問也。从卜口。（三篇下）

以甲骨上之兆紋與口會意，答案以兆紋的走向說出。

*丙　t'am

[甲骨]

[金文]

[小篆]《說文》：丙，舌皃。从谷省。象形。㐁，古文丙。讀若三年導服之導。一曰，竹上皮。讀若沾。一曰，讀若誓。弼字从此。（三篇上）

席子形。

*劦　geap

[甲骨]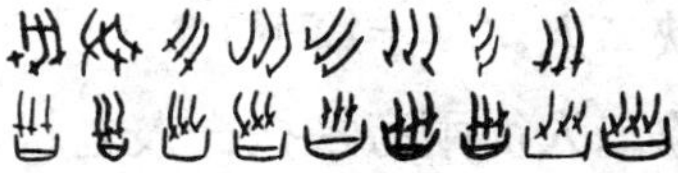

[金文]

[小篆]《說文》：劦，同力也。从三力。山海經曰：惟號之山，其風若劦。凡劦之屬皆从劦。（十三篇下）

力為挖土的工具，協合衆人之力以

挖掘深坑，大概為建設水利工程。

*叶（協）　xjap

［甲骨］

［金文］

［小篆］《說文》：恊，同衆之龢也。从劦十。叶，古文協从口十。旪，叶或从曰。（十三篇下）

古文作十口，以會衆口齊聲協力合作之意。

*劫　kjap

［甲骨］

［金文］

［小篆］《說文》：劫，人欲去，以力脅止曰劫。或曰，以力去曰劫。从力去。（十三篇下）

以強力去除之意。

*夾　kriap

［甲骨］🄰🄰🄰🄰🄰🄰

［金文］🄰🄰🄰🄰

［小篆］《說文》：夾，持也。从大挾二人。（十篇下）

象二人從兩旁挾扶一人之狀。

*耴　tiap

［甲骨］

［金文］

［小篆］《說文》：耴，耳垂也。从耳，乁下垂。象形。春秋傳曰：公

子耴者其耳垂也，故以為名。（十二篇上）

耳垂之狀。

*夒　mjwam

［甲骨］

［金文］

［小篆］《說文》：夒，腦蓋也。象皮包覆腦，下有二臂而夂在下。讀若范。（五篇下）

象馬額上銅飾之形？

*夾　st'jiam

［甲骨］

［金文］

［小篆］《說文》：夾，盜竊褱物也。从亦有所持。俗謂蔽人俾夾是也。弘農陝字从此。（十篇下）

一人偷物而藏於腋下之狀。

*羨　diam

［甲骨］

［金文］

［小篆］《說文》：羨，小爇也。从火，羊聲。詩曰：憂心如羨。（十篇上）

以火烤某物之狀，某種以慢火燒烤之製造業？

*妾　ts'jiap

［甲骨］🄰🄰🄰🄰🄰🄰🄰

[金文]（字形）

[小篆] 《說文》：（字形），有辠女子給事之得接於君者。從辛女。春秋傳云：女為人妾。妾，不娉也。（三篇上）

辛為刺墨之工具，表示受過刑罰之女性。

*法 pjwap

[甲骨]

[金文]（字形）

[小篆] 《說文》：（字形），刑也。平之如水，從水。廌所以觸不直者去之。從廌去。（字形），今文省。（字形），古文。（十篇上）

古代傳說，判案以獨角神羊觸有罪者而去之，持法當如水之平不偏倚。古文字形為泥鑄型，鑄型規定鑄器之形，一如律為行為準則。

*走 dzjiap

[甲骨]

[金文]

[小篆] 《說文》：（字形），疾也。從又。又，手也。從止。中聲。（二篇上）

象手拔長鬚根的雜草狀，在這種情況下用手較快捷，用工具反而慢。

*（字） tsjiam

[甲骨]（字形）

[金文]

[小篆] 《說文》：（字形），絕也。從從持戈。一曰田器古文。讀若咸。一曰，讀若詩：攕攕女手。（十二篇下）

可能象長柄有密齒的田器形，大概用以去除乾枯雜草。

*芟 sram

[甲骨]

[金文]

[小篆] 《說文》：（字形），刈草也。從艸殳。（一篇下）

象手持鐮刀除草狀。

*炎 viam

[甲骨]（字形）

[金文]（字形）

[小篆] 《說文》：（字形），火光上也。從重火。凡炎之屬皆從炎。（十篇上）

多層火焰上騰狀。

*臽 griam

[甲骨]（字形）

[金文]（字形）（字形）

[小篆] 《說文》：（字形），小阱也。從人在臼上。（七篇上）

象一人被陷於坑陷中之狀。

*奄 ʔiam

[甲骨]

[金文] 〔圖〕

[小篆]《說文》：電，覆也。大有
餘也。又，欠也。从大申。申，展
也。（十篇下）
申為閃電之形，或可能表示一人被
閃電所擊？

*枼　riap

[甲骨]〔圖〕

[金文]〔圖〕

[小篆]《說文》：枼，楄也。枼，
薄也。从木，世聲。（六篇上）
樹上之葉子形。

*染　njiam

[甲骨]

[金文]

[小篆]《說文》：綸，以繒染為
色。从水，杂聲。（十一篇上）
浸染於樹汁中多次，次數多則色深。

*弇　ʔiam

[甲骨]

[金文]

[小篆]《說文》：弇，蓋也。从
廾，合聲。弇，古文弇。（三篇上）
用手把蓋子合上之狀。古文字形則
似甲骨文的冥字，雙手自子宮取出
嬰兒狀。

*舂　ts'riap

[甲骨]〔圖〕

[金文]

[小篆]《說文》：舂，舂去麥皮
也。从臼，干聲。一曰，干所以舂
之。（七篇上）
象雙手持尖狀器向上刺突而致有碎
塊墜下之狀。

*盍　gap

[甲骨]

[金文]〔圖〕

[小篆]《說文》：盍，覆也。从
血，大聲。（五篇上）
皿中有食而上有蓋子之形。

*翕　t'ap

[甲骨]

[金文]

[小篆]《說文》：翕，飛盛兒。从
羽从冐。（四篇上）
鳥振羽飛翔狀？

*涉　djiap

[甲骨]〔圖〕

[金文]〔圖〕

[小篆]《說文》：涉，徒行濿水
也。从沝步。涉，篆文从水。（十
一篇下）

象一雙腳涉過水流之意。

*閃　st'jiam

［甲骨］

［金文］

［小篆］《說文》：，窺頭門中也。从人在門中。（十二篇上）

表現一人不欲人知，從門內窺探門外之情形。

*甜　deam

［甲骨］

［金文］

［小篆］《說文》：，美也。从甘舌。舌知甘者。（五篇上）

不从甘聲，聲母類不同。甘甜之物不但口含之，舌且舔之。

*兼　keam

［甲骨］

［金文］

［小篆］《說文》：，并也。从又持秝。兼持二禾，秉持一禾。（七篇上）

象一手兼拿多把禾之狀。

*斬　tsriam

［甲骨］

［金文］

［小篆］《說文》：，截也。从車斤。斬法，車裂也。（十四篇上）

表現以斤斬取合適的木材以造車之意，不同的部位需不同性質的木材。

*聑　teap

［甲骨］

［金文］

［小篆］《說文》：，安也。从二耳。（十二篇上）

可能與軍事有關，殺馘取一耳報功，兩耳俱在，即無生命的危險。

*敢　kam

［甲骨］

［金文］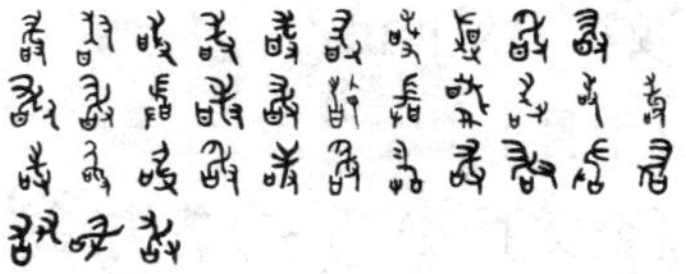

［小篆］《說文》：，進取也。从妥，古聲。，籀文敢。，古文敢。（四篇下）

嚴字去山岩的部分，象一人持挖掘工具在籃子旁邊，採礦為勇敢的行為。

嚴　ngjam

［甲骨］

［金文］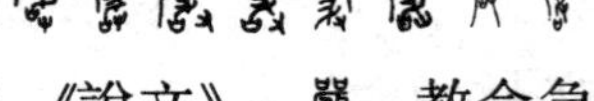

［小篆］《說文》：，教命急也。從吅，厰聲。，古文嚴。（二篇上）

手持挖掘器採礦於山岩中，籃用以置粗礦，有二籃已運至坑道外。採礦為艱苦而危險的工作。

*業　ngjap

［甲骨］

［金文］業　業（業）

［小篆］《說文》：業，大版也。所以飾縣鐘鼓。捷業如鋸齒，以白畫之。象其鉏鋙相承也。从丵，从巾。巾象版。詩曰：巨業維樅。業，古文業。（三篇上）

有多個掛鉤的木架形，可懸吊多物，很具效用。

*僉　ts'jiam

［甲骨］

［金文］（僉　僉　僉　僉　僉　鐱　僉）

［小篆］《說文》：僉，皆也。从亼从吅从从。虞書曰：僉曰：伯夷。（五篇下）

兩個張口的人在一三角形物之下，三角形在令字中為指揮官的帽子，指揮官說話的口氣都相似，有點傲氣？

*銜　gram

［甲骨］

［金文］

［小篆］《說文》：銜，馬勒口中也。从金行。銜者，所以行馬者也。（十四篇上）

行道之金屬見意，勒馬的銅銜為行道的車子所需的金屬物。

*監　kram

［甲骨］監　監　監

［金文］監　監　監　監　監　監　監　監　監

［小篆］《說文》：監，臨下也。从臥，衉省聲。監，古文監从言。（八篇上）

一人俯臨水盆之狀，用以檢視反映的形影。

籃　lam

［甲骨］

［金文］

［小篆］《說文》：籃，大篝也。从竹，監聲。籃，古文籃如此。（五篇上）

古文的字形籃表達於屋內焚燒薰草的薰爐。

*鬣　liap

［甲骨］

［金文］鬣　鬣　鬣

［小篆］《說文》：鬣，毛鬣也。象髮在囟上及毛髮鬣鬣之形。此與籀文子字同意。（十篇下）

毛蟲形，可能是分泌蠟的蠟蟲，作蠟燭的材料。

*曄　viap，viəp

［甲骨］

[金文]

[小篆]《說文》：晔，光也。从日
芺。（七篇上）

陽光下之花,表達生長茂盛之意。

*皣　viap

[甲骨]

[金文]

[小篆]《說文》：皣，草木白華
皃。从華从白。（六篇下）

以白華會意。

*燮(爕)　seap

[甲骨]

[金文]

[小篆]《說文》：燮，大孰也。从又
持炎辛。辛者，物孰味也。（十篇
上）

《說文》：燮，和也。从言又，炎
聲。讀若濕。古文字，籀文燮从

羊。（三篇下）

因字形變化而分化為兩字,作一手持
竹節燒烤於火上作米飯之狀，竹節
要燒至焦的程度飯纔熟。

*㲋　dzram

[甲骨]

[金文]

[小篆]《說文》：㲋，狻兔也。兔
之駿者。从㲋兔。（十篇上）

兔生性多疑，多兔傾聽四周動靜之
狀。

*聶　niap

[甲骨]

[金文]

[小篆]《說文》：聶，附耳私小語
也。从三耳。（十二篇上）

多耳會聚狀，傾聽某人的細語。

字根筆劃索引

升	266	支	318	夬	389	勻	451	去	283
厷	266	壬	318	屮	389	日	451	奴	284
不	267	勹	332	市	390	引	451	宁	290
尼	267	爪	333	曰	390	匹	452	白	290
夂	267	𠃜	333	月	390	尹	452	处	291
以	268	丑	333	尢	391	天	452	乍	291
巴	286	叉	333	丹	391	弔	452	乎	291
夫	286	手	334	卝	391	帀	471	兄	291
父	286	中	334	反	391	廿	471	古	291
牙	287	六	334	元	391	先	471	石	292
及	287	冗	334	幻	391	尤	472	永	292
互	287	少	354	犬	391	心	472	且	292
午	287	毛	355	片	392	壬	472	疋	292
毌	287	爻	355	介	392	今	472	皿	293
亢	287	夭	355	冊	394	卅	474	丙	293
卂	287	殳	364	不	421	欠	480	央	293
戶	287	斗	365	旡	425	厃	480	瓜	294
五	288	孔	365	內	425	乏	480	同	317
尺	288	公	365	气	425			只	319
予	288	从	365	火	426	**五畫**		令	319
王	288	丰	365	勿	426			冊	319
卬	289	凶	366	屯	426	孕	262	扩	319
方	289	木	366	允	426	弘	266	庀	319
爿	289	乙	380	斥	426	北	267	正	319
办	290	化	380	分	426	丘	267	平	320
巨	291	戈	381	云	426	司	267	厄	320
氏	316	厄	381	文	427	市	268	生	320
兮	318	瓦	381	比	451	史	268	包	332
井	318	刘	387	水	451	母	268	宄	333

多	382	由	431	众	474	赤	298	牢	340
朵	382	肖	431	丙	481	車	298	百	341
咼	382	厽	431	劦	481	谷	298	攸	341
危	382	聿	431			兵	298	酉	341
那	382	艮	431	**七畫**		囟	298	羑	342
伐	395	存	431			冶	299	宋	342
乓	395	先	431	攺	264	杏	299	臼	342
彡	395	舛	431	改	264	网	299	肘	342
安	395	冎	432	災	265	皀	299	秀	342
劣	395	旨	448	灾	265	茉	300	彤	343
全	395	牝	448	每	269	初	300	尿	356
妕	396	次	449	戒	270	余	301	兒	357
亘	396	年	450	弄	270	呈	318	甬	367
开	396	夷	455	里	271	芈	322	肖	368
舌	396	伊	455	臣	271	启	322	匦	368
辛	396	西	456	克	271	系	322	走	368
叩	397	自	456	毒	272	役	322	豆	369
叡	397	死	456	求	280	医	322	足	369
芾	397	弔	456	良	285	豕	323	東	369
延	400	至	456	甫	286	佞	323	秃	369
延	400	吉	456	宔	289	豸	323	谷	369
巴	427	米	457	更	293	巠	323	角	369
自	429	血	457	羌	295	狄	323	局	369
妃	430	因	457	呂	296	粤	323	弄	370
回	430	印	457	癸	297	尖	336	卤	370
耒	430	旬	457	巫	297	孝	340	龙	370
衣	430	囱	457	步	297	告	340	旱	373
虫	430	臣	458	走	297	牡	340	何	380
戌	430	合	474	吳	298	孚	340	攸	382

芻	374	原	410	牲	463	庶	308	教	355
辱	374	昔	410	畢	465	鹵	308	惱	360
豪	374	袁	410	罘	477	竟	309	巢	360
哭	374	冤	412	寀	478	章	309	票	360
容	375	連	412	盍	484	商	309	奢	360
邕	375	秫	428	舃	484	爽	309	梟	360
匈	375	殷	432	涉	484	強	310	雀	360
負	385	配	439	閃	485	象	311	兜	375
离	385	盈	439	兼	485	盛	316	婁	376
棐	389	衰	439			軛	319	亞	376
害	390	散	439			啟	322	扁	376
趴	390	豈	440	**十一畫**		徙	327	寇	376
覓	394	崇	440			規	327	晝	376
智	394	孫	440	羞	263	頃	327	鹿	376
舝	397	園	440	陵	274	殷	330	族	377
哲	398	晉	440	啚	277	匏	332	春	377
狽	399	員	441	得	277	戚	339	區	377
欷	407	隼	441	婦	277	曹	347	麻	385
桀	408	訊	451	嫠	277	馗	347	戩	388
泰	408	疾	453	麥	278	埽	348	朔	390
曺	408	眹	454	敕	278	掃	348	患	397
殺	408	陳	455	異	279	脜	348	敝	401
虐	408	妻	461	陝	279	彪	348	冕	401
威	409	秦	462	野	288	翏	348	專	402
臬	409	師	462	將	289	宿	348	帶	411
般	409	栗	462	梳	293	鳥	349	敗	411
祧	409	真	462	赦	298	孰	349	執	411
扇	409	雨	462	敘	301	參	349	祭	411
班	410	晉	462	魚	308	紹	354	彗	411
				圉	308				